SUMA TEOLÓGICA

Coleção Chaves de Leitura
Coordenador
Robinson dos Santos

Dados Internacionais de Catalogação na Publicação (CIP)
(Câmara Brasileira do Livro, SP, Brasil)

Loughlin, Stephen J.
 Suma teológica : uma chave de leitura / Stephen J. Loughlin ; tradução de Bruno Mendes dos Santos. – Petrópolis, RJ : Vozes, 2020. – (Coleção Chaves de Leitura)

Título original: Aquinas' Summa Theologiae
Bibliografia.
ISBN 978-85-326-6447-1

1. Tomás de Aquino, Santo, 1225?-1274. Suma de teologia I. Título. II. Série.

20-36539   CDD-230.2

Índices para catálogo sistemático:
1. Tomas de Aquino : Suma de teologia 230.2

Cibele Maria Dias – Bibliotecária – CRB-8/9427

Stephen J. Loughlin

SUMA TEOLÓGICA

Uma chave de leitura

Tradução de Bruno Mendes dos Santos

EDITORA VOZES

Petrópolis

© Stephen J. Loughlin, 2010.

Título do original em inglês: *Aquinas' Summa Theologiae*

Esta tradução é publicada com autorização de Bloomsbury Publishing Plc

Direitos de publicação em língua portuguesa – Brasil:
2020, Editora Vozes Ltda.
Rua Frei Luís, 100
25689-900 Petrópolis, RJ
www.vozes.com.br
Brasil

Todos os direitos reservados. Nenhuma parte desta obra poderá ser reproduzida ou transmitida por qualquer forma e/ou quaisquer meios (eletrônico ou mecânico, incluindo fotocópia e gravação) ou arquivada em qualquer sistema ou banco de dados sem permissão escrita da editora.

CONSELHO EDITORIAL
Diretor
Gilberto Gonçalves Garcia

Editores
Aline dos Santos Carneiro
Edrian Josué Pasini
Marilac Loraine Oleniki
Welder Lancieri Marchini

Conselheiros
Francisco Morás
Leonardo A.R.T. dos Santos
Ludovico Garmus
Teobaldo Heidemann
Volney J. Berkenbrock

Secretário executivo
João Batista Kreuch

Editoração: Leonardo A.R.T. dos Santos
Diagramação: Sheilandre Desenv. Gráfico
Revisão gráfica: Nilton Braz da Rocha / Nivaldo S. Menezes
Capa: Editora Vozes
Ilustração de capa: Alexandre Maranhão

ISBN 978-85-326-6447-1 (Brasil)
ISBN 978-0-521-567-55094-1 (Reino Unido)

Editado conforme o novo acordo ortográfico.

Este livro foi composto e impresso pela Editora Vozes Ltda.

Este livro é dedicado a Gerry Campbell,
Floyd Centore e Donald DeMarco,
cuja caridade e dedicação
me ensinaram todas as coisas tomistas.

Sumário

Prefácio, 9

1 Contexto, 13

    Biografia, 13

    Caráter, 19

    Obras, 20

    Suma Teológica, 22

2 Lendo a *Suma Teológica*, 47

    Prima pars, 47

    Secunda pars, 177

    Tertia pars, 365

3 Recepção e influência, 403

Referências, 415

Índice remissivo, 423

Prefácio

Este livro busca proporcionar ao estudante de graduação uma introdução à *Suma Teológica* de Tomás de Aquino, uma obra que teve um profundo impacto sobre toda a teologia católica e ocupa um lugar importante na disciplina de Filosofia. Esta não é uma tarefa fácil, dada a extensão da *Suma*, a profundidade e complexidade de seu material, o modo e a linguagem de sua apresentação, a riqueza de fontes das quais faz uso, e as expectativas de seu autor sobre seu leitor (i. é, que ele esteja familiarizado com essas fontes, que esteja confortável com a linguagem e o método utilizados, que seja capaz de uma leitura sustentada em um nível elevado de dificuldade, que seja capaz de expandir o que é frequentemente apresentado de forma abreviada e outras questões semelhantes). Essas dificuldades têm frequentemente impedido os estudantes mais ávidos de se dedicarem a essa obra de forma proveitosa, o que é uma grande pena, dada a sua importância para a tradição intelectual ocidental. Essa situação tem dado origem a muitos e diversificados livros (tais como este), que têm procurado atenuar essas dificuldades e encorajar o leitor a experimentar, no mínimo, o espírito que anima essa obra, com a esperança de que, com isso, mais estudos sejam realizados para apropriar-se cada vez mais, ao longo do tempo, dos tesouros que ela contém. Juntando-me a essas almas bem-intencionadas, apresento este guia como minha contribuição para a disseminação da *Suma*, e em gratidão por tudo o que ela me ensinou ao longo dos anos. Este guia não pretende de modo algum substituir um encontro direto com o texto da própria *Suma Teológica*. Tem sido dito com frequência, e isso desde há muito tempo, que o apresentador e defensor mais convincente do pensamento de Tomás é o próprio Tomás. Considero isso firmemente como verdadeiro e encorajo o leitor a enfrentar o texto, independentemente das dificuldades que ele possa apresentar. Pois, ao fazê-lo, começa-se a adquirir muito mais do que apenas o material a que dizem respeito os tratados específicos. Começa-se a desenvolver as disposições intelectuais próprias que são necessárias para penetrar bem no coração dessa obra e para aproveitar plenamente o que ela oferece. Para incentivar essas aquisições, organizei minhas considerações em torno dos vários tratados que compõem as três partes da *Suma*. Dada a minha própria experiência (e a de outros) no ensino dessa obra, passei bastante tempo concentrando-me na primeira parte da *Suma*, bem como na primeira seção de sua segunda parte. O material coberto por essas duas partes geralmente ocupa a maior parcela de qualquer aula dedicada a essa obra, dado que, primeiro, estabelece muito da base para o que está contido no restante da *Suma* e, segundo, que seu material é tão complexo que pede uma exposição adequada. Isso não deve desestimular o leitor a conferir seriamente a segunda seção da segunda parte da *Suma* ou sua terceira parte. Pois essas últimas partes constituem, para todos os efeitos e propósitos, a conclusão de todos os materiais que as precederam e à luz das quais muito do que estava implícito nessas seções prévias é então revelado em sua luz própria. É uma sorte para os estudantes de graduação que o material do qual a terceira parte e o final da segunda parte tratam seja de natureza mais acessível e, assim, permita que este guia trate apenas de seus princípios e argumentos mais importantes, situando o estudante, desse modo, para conferir uma leitura seletiva desses materiais, conforme determinado não só pelo professor que os introduz, mas também pelo seu próprio interesse nos tópicos de que eles tratam.

No primeiro capítulo deste guia de leitura, tratei dos assuntos históricos pertinentes ao primeiro encontro com a *Suma*, bem como de algumas discussões sobre sua estrutura, temas básicos, princípios unificadores, problemas básicos encontrados na leitura dessa obra e conselhos sobre como minimizar seu impacto inicial. Tendo lidado no segundo capítulo com a obra em si, como descrito acima, termino com uma breve consideração sobre a história da recepção da *Suma* e a influência que teve sobre a tradição intelectual ocidental. Uma bibliografia é fornecida, bem como informações sobre onde procurar obras mais detalhadas sobre a própria *Suma* e sobre o homem que a escreveu. Gostaria de agradecer à Universidade DeSales e especialmente ao seu Departamento de Filosofia e Teologia por seu apoio na composição deste guia. Também sou muito grato às várias pessoas que leram trechos deste trabalho e ofereceram seus comentários, em especial a Gregory Kerr, Rachel Coleman e Michelle McCarthy. Por fim, à minha mulher, Carol, expresso minha eterna gratidão por tudo o que ela tem feito.

1
CONTEXTO

Muito tem sido escrito sobre a vida de Tomás, seu caráter, o período em que viveu e as muitas e diversificadas influências que moldaram seu pensamento e sua obra. Neste breve capítulo, tentarei selecionar criteriosamente entre esses materiais para propiciar seu encontro inicial com a *Suma Teológica*.

Biografia[1]

Tomás de Aquino nasceu em uma família aristocrática em 1224 ou 1225 no castelo da família em Roccasecca, Itália, uma cidade a meio-caminho entre Roma e Nápoles. Sendo o mais novo dos filhos homens, o costume da época era que Tomás assumisse um papel dentro da Igreja Católica. Assim, aos cinco anos de idade, foi levado à Abadia de Montecassino, onde estudou durante os nove anos seguintes, recebendo sua educação elementar inicial e sua formação espiritual na tradição beneditina. Em 1239, seguindo o conselho do abade, Tomás matriculou-se numa universidade em Nápoles, onde estudou artes e filosofia durante os cinco anos seguintes. Seu período lá teve um profundo impacto em seu pensamento e seu caráter, especificamente porque ele encontrou tanto a riqueza da cultura intelectual grega e árabe (que tinha sido negada ao Ocidente até pouco antes de seu nascimento, esp. as obras de

---

1. Nesta seção e na próxima, recorro em grande medida a Torrell (1996 [1993]), Tugwell (1988), Weisheipl (1983 [1974]) e O'Meara (1997).

Aristóteles) quanto os dominicanos, uma ordem religiosa recém-formada cerca de dez anos antes de seu nascimento, que, junto com os franciscanos, marcou um retorno à modelagem da vida religiosa a partir de uma imitação da vida de Jesus, caracterizada pela oração fervorosa, pela pregação itinerante, pelo estudo assíduo e por um sério compromisso com os conselhos evangélicos de pobreza, castidade e obediência. Tomás foi atraído pelo carisma dos dominicanos, que se esforçavam em combinar a vida contemplativa com a vida ativa, isto é, a postura monástica de meditação sobre a Palavra com aquela evangelização que define a missão da Igreja para o mundo, particularmente por meio do ensino e da pregação. Entrou para essa ordem em abril de 1244, aos 19 ou 20 anos. Sua família e, particularmente, sua mãe, Teodora, estavam muito descontentes com a sua escolha, pois esperava-se que Tomás se tornasse abade de Montecassino, uma posição que asseguraria o futuro da família, novamente uma expectativa da época, em particular para os filhos das classes nobres. Os dominicanos, bem cientes disso e tendo sofrido a ira de uma outra família nobre que, do mesmo modo, não concordava com a escolha de seu filho, fizeram Tomás deixar Nápoles imediatamente. Teodora, entretanto, mandou dois de seus filhos perseguirem e interceptarem Tomás. Isso foi em meados de maio de 1244. Ele foi levado de volta ao castelo da família em Roccasecca, onde foi detido até o verão de 1245, quando sua família, tendo tentado, sem sucesso, convencê-lo a abandonar sua escolha de ordem, permitiu-lhe retornar aos dominicanos. Foi enviado a Paris onde, em 1248, com cerca de 24 anos, completou os estudos que tinha iniciado em Nápoles. Foi durante esse período em Paris que Tomás conheceu e começou a estudar com Alberto Magno, um dos maiores teólogos de sua época, que foi crucial para explicar Aristóteles ao povo de seu tempo. Tomás continuou sua educação com Alberto, além de ser seu assistente, seguindo-o para Colônia em 1248, onde Alberto foi convidado pelos dominicanos a estabelecer uma escola de estudos. Durante esse tempo, Tomás estava profundamente imerso no pensamento e no trabalho de seu mestre, especialmente em suas palestras sobre a *Ética a Nicômaco* de Aristóteles, uma importante fonte na qual o Aquinate se baseou para compor a segunda parte da *Suma Teológica*. Tão bem procedeu Tomás nos seus estudos, que Alberto lhe confiou alguns ofícios menores de ensino, que chegaram até nós sob a forma de comentários sobre os livros do Antigo Testamento de Jeremias, Lamentações e Isaías. Tendo completado sua formação com Alberto em 1252, Tomás, por recomendação de seu professor, foi enviado à Universidade de Paris para assumir a parte seguinte da formação requerida a quem se tornaria mestre (ou professor) de Teologia. Ele tinha 27 anos, dois anos a menos do que a universidade normalmente permitia para assumir os ofícios de ensinar/comentar as *Sentenças* de Pedro Lombardo (um trabalho que compilou habilmente as opiniões de um grande número de escritores patrísticos cobrindo as principais áreas e interesses da teologia), um processo comparável à dissertação de doutorado da era moderna. Ao longo de quatro anos, Tomás lecionou sobre essa obra, além de completar dois trabalhos bem menores, embora bastante importantes, *De ente et essentia* [*O ente e a essência*] e *De principiis naturae* [*Princípios da natureza*], e, na primavera de 1256, em meio a alguma controvérsia (principalmente devido à animosidade antimendicante entre alguns dos mestres da universidade), foi-lhe concedida uma licença para assumir os ofícios regulares de um mestre em Ciências Bíblicas (ou Teologia) na Universidade de Paris, um cargo que ocupou de 1256 a 1259. Como mestre, ele tinha três responsabilidades primárias: comentar profunda e significativamente as Sagradas Escrituras (a tarefa primária de um mestre, pois a Bíblia era o texto primário da época; todo o trabalho acadêmico era orientado de alguma forma para a elaboração da Bíblia), manter discussões privadas e públicas (um tratamento formal e rigoroso dos problemas que emergiram de uma consideração madura das Sagradas Escrituras), e aplicar os frutos colhidos das duas atividades anteriores ao dever pastoral da pregação. Essas atividades produziram trabalhos correspondentes – comentários bíblicos, coleções de disputas e sermões – dos quais muitos sobrevivem. Sua reputação como professor era excelente, particularmente porque suas preleções eram "concisas, claras e inteligíveis"[2], como afirma um dos primeiros biógrafos.

No final do ano letivo, em 1259, Tomás deixou sua posição na Universidade de Paris, tendo chegado ao fim de sua permanência no cargo, uma prática normal entre os dominicanos, a qual permitia a formação de mestres muito necessários dentro de sua ordem. Ele retornou à Itália no outono e continuou a trabalhar na primeira de suas duas *Sumas*, a *Summa contra gentiles* [*Suma contra os gentios*], que ele havia começado no final de seu período em Paris. Em 1261, aos 36 anos de idade, Tomás foi designado como leitor conventual do priorado dominicano de Orvieto. Nessa posição, foi responsável pela formação de frades que não tiveram a oportunidade de receber o tipo de escolaridade que Tomás teve em Nápoles (1239-1244), mas que, no entanto, tinham que estar preparados para assumir os deveres da pregação e da confissão. Ele passou quatro anos nessa função (1261-1265), durante os quais terminou a *Suma contra os gentios*, composta por muitas outras obras importantes (particularmente a sua exposição sobre Jó), aproveitou as bibliotecas monásticas da região (que o expuseram intensamente aos teólogos da tradição grega, algo que teve um grande impacto no seu pensamento) e adquiriu valiosa experiência e conhecimento

---

2. O'Meara (1997) citando Peter Cavo, um dos primeiros biógrafos de Tomás, p. 19.

das condições que exigiam a composição de uma obra de teologia como a de sua *Suma Teológica*, especificamente a de que muitos dos frades de sua ordem exigiam uma formação teológica para o desempenho apropriado de seus ofícios, o que não era suficientemente fornecido pelos textos ou manuais da época. Em 1265, aos 40 anos, Tomás foi orientado por sua ordem a resolver esse problema, algo que deu origem a uma escola de estudos em Roma e à ideia para a composição de sua *Suma Teológica*. Esse trabalho ocupou o resto da sua vida e restou inacabado no momento da sua morte, cerca de nove anos mais tarde. Nos três anos em que esteve em Roma, Tomás provavelmente terminou a primeira das três partes da *Suma*, além de várias outras obras. Em 1268, Tomás encontrou-se de volta a Paris para assumir mais uma vez a cadeira de mestre em Teologia reservada à ordem dominicana. Seu retorno a Paris foi ocasionado por três problemas que requeriam seus talentos: um novo ataque às ordens mendicantes, forte oposição dos teólogos mais conservadores de seu tempo ao uso de Aristóteles na disciplina de Teologia e, finalmente, a popularidade de certas teses do filósofo árabe Averróis que eram perigosas para a fé cristã, particularmente a de que havia apenas um intelecto para toda a humanidade e não intelectos individuais para cada pessoa. Tomás escreveu extensivamente a respeito desses problemas, além de atender a seu ofício regular de docência. O que muitos acham surpreendente é que, além dessas tarefas, Tomás compôs vários comentários extensos sobre as principais obras de Aristóteles (algo que ele havia começado em Roma), comentários importantes sobre a Sagrada Escritura (especificamente o Evangelho de João), séries de disputas, e a composição da totalidade da segunda parte da *Suma*, bem como as primeiras 20 a 25 questões da terceira parte, uma quantidade enorme de trabalho no espaço de quatro anos (1268-1272), exigindo vários secretários, muita pesquisa de sua parte e de outros, tempo para ler e pouco tempo, precioso, para comer e dormir. Estudiosos estimam que Tomás teve que compor mais de 12 páginas de texto moderno todos os dias para responder por essa produção literária, uma quantidade incrível mesmo com a ajuda de várias pessoas e o hábito de ter trabalhado dessa forma nos últimos 25 anos de sua vida. Na primavera de 1272, Tomás partiu de Paris para Nápoles, em resposta ao desejo de sua ordem de estabelecer uma escola de teologia. Lá, ele lecionou sobre as Cartas de São Paulo, o Livro dos Salmos, e continuou seu trabalho sobre a terceira parte da *Suma* e os comentários sobre Aristóteles que ele havia iniciado em Paris. Então, em 6 de dezembro de 1273, enquanto celebrava a missa, Tomás "ficou subitamente impressionado com algo que o afetou profundamente e o transformou"[3]. A partir desse ponto, ele não compôs nada. Quando pressionado por uma explicação, ele respondeu: "Não consigo fazer nada mais. Tudo o que escrevi me parece palha em comparação com o que vi"[4]. Embora seja difícil ser preciso em relação ao que lhe aconteceu durante a missa, é provável, especialmente à luz da sua saúde, que os últimos cinco anos da sua vida tenham tido um impacto físico e psicológico sobre ele. Isso, combinado com a experiência mística que, segundo a tradição, ele teve durante a missa, acelerou seu fim. Durante uma viagem a um concílio convocado pelo papa em Lyon, nos primeiros meses de 1274, adoeceu no castelo de sua sobrinha. Foi levado para a abadia cisterciense de Fossanova, onde, depois de algum tempo, faleceu em 7 de março de 1274. Ele tinha cerca de 50 anos.

---

3. Weisheipl (1983 [1974]), p. 321, citando Bartolomeu de Capaua citando Reginaldo.
4. Torrell (1996 [1993]), p. 289.

Caráter

Antes de examinarmos seus trabalhos e método, algo deve ser dito sobre o caráter de Tomás. Ao começar a ler a *Suma*, você descobrirá rapidamente que tanto o seu método quanto a dedicação aos assuntos que ela investiga tornam o acesso ao caráter de seu autor bastante difícil. A partir da breve biografia que acaba de ser apresentada, pode-se facilmente discernir que toda a vida de Tomás evidenciou uma dedicação a Deus e às coisas da fé católica.

Ler, contemplar, ensinar e pregar a Palavra de Deus ocupou e definiu a sua vida, buscando para si e para os outros os caminhos pelos quais Deus pudesse se tornar mais manifesto na mente e no coração, no pensamento e na ação. Era um sacerdote dominicano, profundamente comprometido com sua ordem e com as responsabilidades de formar seus companheiros dominicanos para que também eles pudessem desempenhar seus ofícios com beleza. Deve-se notar cuidadosamente a sua decisão de se tornar dominicano, sobretudo porque isso contrariava os desejos e aspirações da sua família e comprometia Tomás a uma vida vivida na imitação de Cristo, abandonando os confortos e posições que poderiam facilmente ter sido seus. Era um homem de grande oração, particularmente porque incorporou isso ao seu trabalho como acadêmico e professor. Tomás era um verdadeiro intelectual, tendo grande confiança nas habilidades da razão humana, quando devidamente treinada e engajada, mas sempre muito consciente de suas limitações. Ele gostava muito da vida interior da mente e era bem conhecido pela sua distração, algo que se tornava bastante manifesto à medida que envelhecia, a ponto de, às vezes, não ter consciência da passagem dos acontecimentos, de outros em sua presença, da experiência da dor, e assim por diante. No entanto, ele não rejeitou os avanços de outros. Era conhecido por ser acessível, gentil e generoso com seu tempo, particularmente quando chamado para resolver questões filosóficas ou teológicas, ou a assumir ofícios administrativos em nome de sua ordem. Ele era humilde em suas habilidades e não abusava desses poderes, mesmo no calor da disputa. Como professor, ele era paciente e encontrava o meio mais claro e sucinto para fazer valer o seu ponto de vista. Sua expressão escrita é muito simples e direta, sem todo o estilo retórico de um Agostinho. Ele lutou pela ordem mais direta e clara em sua apresentação de seus materiais para que a verdade da matéria pudesse ser melhor apresentada. Ele era um amante da sabedoria e a procurava onde quer que pudesse ser encontrada. Nisso, ele exibiu uma abordagem estimulante de suas fontes ao confrontar as preocupações teológicas de sua época, utilizando tudo o que podia obter. As Sagradas Escrituras tinham lugar de destaque, sendo o próprio Verbo revelado de Deus e aquele ao qual ele dedicou toda a sua energia em tentar compreender. Ele o fez não só pela oração, mas também por meio de um apelo aos escritores patrísticos (tanto latinos como gregos) e a Aristóteles, aos neoplatonistas, aos estoicos e aos grandes pensadores e comentadores árabes e judeus. Claramente, ele era um homem de grande vigor e dedicação, não só no que diz respeito à produção volumosa de seu trabalho escrito, mas também na distância que ele viajou no desempenho de seus ofícios, estimada em cerca de 15 mil quilômetros.

Obras[5]

Tomás compôs uma grande variedade de obras para abordar as diversas responsabilidades que assumiu e os pedidos que lhe foram feitos pela família, amigos, membros de sua Ordem e da

---

5. Para esse material, sigo o *Brief Catalogue of the Works of Saint Thomas Aquinas* [Breve catálogo das obras de Santo Tomás de Aquino] de G. Emery, tal como se encontra em Torrell (1996 [1993]), p. 330-361.

Igreja em geral. Além dos disputas sobre problemas filosóficos e teológicos que faziam parte da sua função como professor de Teologia (as mais famosas entre elas eram *De veritate*, *De potentia*, *De anima* e *De malo*), e os comentários que compôs sobre muitos dos livros da Sagrada Escritura (particularmente Isaías, Jó, Salmos, Mateus, João e as Cartas de Paulo), várias das obras de Aristóteles (algumas finalizadas – *De anima*, *Física*, *Analítica Posterior*, *Ética a Nicômaco* e *Metafísica* – outras restaram incompletas no momento de sua morte) e outros escritores das tradições teológica e filosófica (sobre *De trinitate* e *De hebdomadibus*, de Boécio; *De divinis nominibus* de Dionísio; e *Liber de causis*, de um filósofo árabe), Tomás escreveu vários tratados que continuam hoje a receber atenção séria (esp. *De ente et essentia*, *De principiis naturae*, *Compendium Theologiae*, *De regno* e *De substantiis separatis*). Foi convocado para pareceres de especialista sobre vários assuntos e nos deixou algumas obras importantes de natureza polêmica, respondendo aos problemas que enfrentavam tanto sua ordem quanto os mendicantes em geral (*Contra impugnantes Dei cultum et religionem*, *De perfectione spiritualis vitae* e *Contra doctrinam retrahentium a religione*) e aos problemas intelectuais/teológicos particulares de seu tempo (*De unitate intellectus contra Averroistas* e *De aeternitate mundi*). Vários sermões (sobre os Dez Mandamentos, a Oração do Senhor, o Símbolo Apostólico e outros) e orações sobreviveram (particularmente o conhecido hino *Adoro te devote*), bem como algumas cartas. É, no entanto, pelas suas três grandes sínteses teológicas que Tomás é particularmente lembrado: o seu comentário sobre os quatro livros das *Sentenças* de Pedro Lombardo e as duas sumas, a *Suma contra os gentios* e a obra que nos concerne neste livro, a *Suma Teológica* (*Summa Theologiae*).

Suma Teológica

Antes de considerarmos o texto da própria *Suma*, é necessário que nos dediquemos a algumas considerações propedêuticas. Devemos considerar a natureza e a finalidade deste trabalho, seu princípio unificador (macroestrutura) e seu método (microestrutura) e então considerar as exigências que faz aos seus leitores, além de oferecer alguns conselhos gerais sobre como ler este texto medieval de teologia.

A natureza e a finalidade da Suma Teológica[6]

Foi mencionado anteriormente que a experiência de Tomás em Orvieto o havia levado a conceber e escrever a *Suma Teológica*. Para aprofundar nisso, deve ficar bem claro que frades como Tomás, Alberto Magno e Boaventura (o grande teólogo franciscano, contemporâneo de Tomás e ex-colega durante sua primeira regência em Paris) foram a exceção e não a regra entre os mendicantes da época; a maioria dos frades não aproveitou (ou não pôde aproveitar) o tipo de educação que esses três homens haviam recebido. No entanto, como dominicanos, eles tinham que estar preparados adequadamente para assumir os ofícios que eram centrais para a sua ordem, aqueles de pregar e ouvir a confissão. Sua educação, então, tinha que cobrir os elementos pastorais da teologia, aqueles que os tornassem proficientes nessas duas áreas, com o propósito último de cuidar efetivamente das pessoas a que serviam. Para esse fim, foram gerados vários textos ou manuais para atender a essa demanda, textos que Tomás teria conhecido bem, especialmente quando estava prestes a assumir o cargo de leitor em Orvieto. Sua experiência em Orvieto levou Tomás, argumenta-se, a considerar

---

[6]. Muito do que aqui se apresenta baseia-se em Torrell (1996 [1993]) e Boyle (1982).

esses manuais como insatisfatórios na medida em que estavam tão preocupados com a pastoral e a moral, que não proporcionavam uma cobertura mais ampla das outras partes da teologia, especialmente porque podiam servir ou apoiar a pastoral. Para preencher essa "lacuna" na formação prática teológica que os frades dominicanos tradicionalmente recebiam, era necessário prestar atenção ao que hoje chamamos de teologia sacramental e dogmática ou sistemática, com o objetivo de colocar essa teologia moral prática em "um contexto teológico completo"[7]. O efeito dessa decisão por parte de Tomás foi a ideia e a composição inicial da *Suma Teológica*, uma obra que se esforça em apresentar a moralidade cristã como algo fundamentado na totalidade da teologia, e não como algo que pode seguramente, de um lado, ignorar a teologia fundamental e, de outro, a cristologia, a teologia sacramental e a escatologia.

É à luz dessas considerações que o prólogo de Tomás para a *Suma Teológica* deve ser lido:

> *O doutor da verdade católica deve não apenas ensinar aos que estão mais adiantados, mas também instruir os principiantes, segundo o que diz o Apóstolo: "Como a criancinhas em Cristo, é o leite que vos dei a beber, e não alimento sólido"[1Cor 3,1]. Por essa razão nos propusemos nesta obra expor o que se refere à religião cristã do modo mais apropriado à formação dos iniciantes. Observamos que os noviços nessa doutrina encontram grande dificuldade nos escritos de diferentes autores, seja pelo acúmulo de questões, artigos e argumentos inúteis; seja porque aquilo que lhes é necessário saber não é exposto segundo a ordem da própria disciplina, mas segundo o que vai sendo pedido pela explicação dos livros ou pelas disputas ocasionais; seja ainda pela repetição frequente dos mesmos temas, o que gera no*

---

7. Boyle (1982), p. 16.

espírito dos ouvintes cansaço e confusão. No empenho de evitar esses e outros inconvenientes, tentaremos, confiando no auxílio divino, apresentar a doutrina sagrada sucinta e claramente, conforme a matéria o permitir[8].

Os "iniciantes" que Tomás tinha em mente eram muito provavelmente "dominicanos jovens e comuns"[9] e não os dos círculos instruídos de um *studium generale* de Paris. No entanto, a dificuldade do trabalho parece discutir o ponto oposto, que é muito mais adequado para este último grupo. Torrell argumenta, no entanto, que o interesse de Tomás não era tanto materialmente motivado, mas sim centrado no seu arranjo dentro de um corpo doutrinal direto, coeso e inteligível[10]. Essa síntese, então, permitiria que eles assumissem seus ofícios de pregar e ouvir confissão de forma mais eficaz, e isso sem sacrificar uma grande parte do corpo da teologia cristã. A isso pode-se acrescentar o argumento de Boyle de que Tomás também pode ter tido uma audiência mais ampla em mente, isto é, não apenas seus estudantes em Roma, mas todos os iniciantes da teologia, pelo menos dentro da ordem dominicana, desde o frade geral até, inclusive, aqueles que se tornariam professores de teologia[11].

O princípio unificador (macroestrutura) da Suma Teológica

Dada a grande dimensão da *Suma* e a abundância de material com que lida, é vital que se compreenda a sua estrutura, bem como os princípios gerais que lhe dão unidade.

---

8. TOMÁS DE AQUINO. *Suma Teológica*. Vol. I. São Paulo: Loyola (GALACHE et al., 2001, p. 135).
9. Boyle (1982), p. 17.
10. Torrell (1996 [1993]), p. 145.
11. Boyle (1982), p. 17-20.

A divisão da obra é dada por Tomás na segunda questão da *Suma*:

> *O objetivo principal da doutrina sagrada está em transmitir o conhecimento de Deus não apenas quanto ao que Ele é em si mesmo, mas também enquanto é o princípio e o fim das coisas, especialmente da criatura racional, conforme ficou demonstrado. No intento de expor essa doutrina, havemos de tratar: (1) de Deus; (2) do movimento da criatura racional para Deus; (3) do Cristo, que enquanto homem é para nós o caminho que leva a Deus*[12].

Essa divisão está implícita na solução dos problemas que Tomás enfrentou tanto em Orvieto como em Roma, como discutido acima, ou seja, de incorporar a formação moral do frade em teologia no contexto teológico mais amplo. Ele faz isso "prefaciando" a parte moral dessa obra (a segunda das três partes mencionadas acima no prefácio de Tomás, tradicionalmente referida pelo seu nome latino, a *secunda pars*) com uma teologia fundamental (a primeira parte ou *prima pars*) e depois "arredondando-a" com uma teologia cristológica, sacramental e escatológica (a terceira parte ou *tertia pars*)[13].

Os detalhes dessa estrutura podem ser discernidos olhando para o material que Tomás cobre nessas três partes, algo prontamente discernido nos prólogos que ele oferece a cada uma dessas partes. No entanto, Tomás não afirma explicitamente um princípio arquitetônico maior governando o todo da obra, algo que muitos estudiosos têm trabalhado para fornecer. Veremos o mais popular deles, oferecido pelo Pe. Chenu, e então consideraremos a ligeira

---

12. ST. I. 2. *corpus* (GALACHE et al., I, p. 161).
13. Cf. Boyle (1982), p. 16. Quando as partes são citadas, é costume substituir os números latinos por romanos (I, I-II, II-II e III, respectivamente).

alteração disso pelo Pe. Torrell, bem como outra abordagem recentemente sugerida por Rudi te Velde. A introdução à questão 2 nos dá a ampla divisão em que Tomás divide a *prima pars*. Ele afirma que deseja tratar primeiro as coisas que dizem respeito à essência divina (questões 2 a 26); segundo, as que dizem respeito à Trindade, isto é, às pessoas e suas distinções, relações e atividades (questões 27 a 43); e terceiro, todas as que dizem respeito à processão de criaturas de sua atividade criadora (questão 44 até o final do *prima pars*, questão 119). Ao considerar a essência divina, Tomás questiona primeiro se pode ser demonstrado que Deus existe. Depois de estabelecer as condições sob as quais isso é possível, Tomás então considera a maneira da existência de Deus na esperança de que possamos ser capazes de dizer algo sobre sua essência. As questões 3 a 11 estão relacionadas com aquelas descrições essenciais que denotam algo positivo em Deus, mas que, da nossa perspectiva, denotam na melhor das hipóteses o que Deus não é. Essas descrições negativas ou apofáticas são seguidas, na questão 12, por um exame da maneira pela qual Deus pode estar presente no conhecimento humano, isto é, na distinção da abordagem apofática. Com isso determinado, a questão 13 detalha a natureza de nossa nomeação de Deus. Nas questões restantes desta seção inicial (14-26), Tomás se refere àquelas operações, ou atividades, que seguem a essência ou substância do próprio Deus. As questões 14 a 24 são dirigidas à natureza daquelas atividades que são imanentes a Deus, ou seja, aquelas que não encontram sua realização em qualquer coisa externa a Deus, mas sim que são realizadas dentro dele (tais como assuntos que pertencem ao seu intelecto e vontade). Ele então considera na questão 25 o poder de Deus, aquele princípio da operação divina que procede em direção a um efeito externo à unidade da própria essência divina. À luz de tudo isso, Tomás considera por fim o estado do próprio Deus, isto é, a sua bem-aventurança.

As questões 27 a 43 completam a consideração de Tomás a Deus, e constituem a segunda parte da *prima pars*. Nessas questões, ele aborda Deus não na unidade de sua essência divina, mas segundo a Trindade das Pessoas que Deus é. Ele discute a sua processão ou origem (27) e as relações que essas processões implicam (28) antes de considerar as próprias Pessoas, primeiro em termos gerais, já que "pessoa" pode se referir a Deus (29-32), e depois cada Pessoa individualmente (o Pai em 33, o Filho em 34 e 35, e o Espírito Santo em 36 a 38). Ele completa sua consideração sobre as Pessoas da Trindade, considerando-as em referência à essência de Deus (39), a suas propriedades (40), às relações que existem entre elas (41), a sua igualdade e semelhança (42) e, finalmente, a suas respectivas missões (43). Assim, temos as duas primeiras partes da *prima pars*, aquelas que consideram Deus como Ele sendo um e como Trindade.

Tomás toma então a processão de criaturas tal como elas resultam do ato criador do próprio Deus. Isso ocupará a atenção de Tomás até o fim da *prima pars*, e é dividido por ele em três grandes seções. A primeira trata de assuntos gerais associados à produção ou criação de criaturas (44-46), enquanto a segunda trata extensivamente das distinções que devem ser feitas entre elas (47-102). A terceira, então, considera a conservação e o governo de tudo o que foi criado (103-119). A segunda das três, composta por três tratados, distingue-se de acordo com os tipos de criaturas que foram criadas. O tratado sobre os anjos (50-64) trata das criaturas que são puramente espirituais, enquanto o *Tratado sobre a obra dos seis dias da criação* (65-74) trata das que são inteiramente materiais. O tratado sobre a pessoa humana (75-102) trata daqueles que são tanto espirituais quanto materiais. Todos os três tratados são temperados em seu escopo pelo contexto em que aparecem: primeiro, derivando da atividade criadora de Deus, que é o seu início e seu fim; segundo, abordando as preocupações particulares ao teólogo; e, finalmente, figurando de modo importante na segunda e terceira partes da *Suma*, especialmente à luz dos princípios abrangentes que unificam a totalidade da obra. Nessa última consideração, o tratado sobre a pessoa humana é de particular importância, tanto porque constitui a altura da atividade criadora de Deus como porque estabelece as doutrinas psicológicas básicas centrais para os temas que ocupam a *secunda pars*. A terceira e última divisão da *prima pars* completa o exame de Tomás sobre a atividade criadora de Deus ao considerar o todo da ordem criada, tal qual governada e conservada por Deus e as variadas formas pelas quais Ele realiza isso em si mesmo (105), e por meio dos papéis desempenhados pelos anjos (106-114), pelas coisas materiais (115) e pela pessoa humana (117-119).

O tema na *secunda pars* passa para o pináculo do ato criador de Deus, isto é, a própria pessoa humana, e considera como a pessoa humana realiza tudo o que ela pode realizar no seu caminho para Deus. Essa parte da *Suma* trata da teologia moral, que, de uma perspectiva moderna, pode parecer um pouco peculiar na medida em que não apenas trata do que muitos consideram ser questões morais típicas, mas também inclui discussões a respeito da felicidade, da psicologia humana, e das variadas atividades e modos de viver que caracterizam certas pessoas dentro da comunidade cristã. A razão desses "acréscimos" reside numa concepção de moralidade que inclui tais matérias como essenciais ao seu próprio projeto. A abordagem de Tomás à moralidade não é dominada pela resolução de "casos difíceis" ou centrada no cumprimento da lei, na definição e manutenção das obrigações do indivíduo ou na atuação de acordo com a consciência. Em vez disso, é uma abordagem que procura responder o que constitui a felicidade do homem e como ela pode ser alcançada[14]. Nisso, Tomás está dentro do que é característico da antiga abordagem da moralidade, mas de tal forma que ela é assumida e transformada à luz da revelação de Deus e da sua investigação e articulação pela disciplina de Teologia. O prólogo à *secunda pars* deve ser lido, então, sob essa luz:

> *Afirma Damasceno [De fide orthod. ii. 12] que o homem é criado à imagem de Deus, enquanto o termo "imagem" significa o que é dotado de intelecto, de livre-arbítrio e revestido por si de poder. Após termos discorrido sobre o exemplar, a saber, Deus, e sobre as coisas que procederam do poder voluntário de Deus; deve-se considerar agora a sua imagem, a saber, o homem, enquanto ele é o princípio de suas ações, possuindo livre-arbítrio e domínio sobre suas ações*[15].

Considera-se que a pessoa humana, entre todas as coisas da criação, é criada à imagem e semelhança de Deus, o que aqui implica, entre outras coisas, que ela não é totalmente determinada pelas forças que governam o mundo material; a pessoa humana não só conhece o "quê" e o "porquê" das coisas, isto é, as essências e propósitos da realidade, mas é capaz de determinar a si mesma de acordo com esse conhecimento. O homem, porém, não é um fim em si mesmo. Tampouco é seu fim algo que consiste simplesmente em sua autodeterminação, ou seja, em alguma realização absoluta de sua vontade como livre no ato de escolha. A liberdade do homem é relativa, isto é, ele é livre *para* alguma coisa, e é aí que seu destino e sua felicidade podem ser encontrados. Ao descobrir

---

14. Considerar o cap. 9 de Pinckaers (1995 [1993]), esp. p. 223 para a abordagem de Tomás e p. 229ss. para sua distinção de uma abordagem moderna.
15. ST. I-II. Prólogo (GALACHE et al., III, p. 29).

aquilo para que foi feito, a pessoa humana terá a chance de moldar a totalidade de sua pessoa para que, na mente, no coração e na ação, possa caminhar em direção àquilo em que possa alcançar sua perfeição e felicidade. Consequentemente, a *secunda pars* é dividida em duas seções. A primeira trata de uma articulação desse destino ou fim, aquele para o qual o homem é criado, à luz do qual encontra a sua plenitude, completude e felicidade. Esse é o tratado sobre a felicidade que inicia a *secunda pars* e se estende por apenas cinco questões. O restante da *secunda pars* (298 questões) se refere aos meios pelos quais a pessoa humana pode alcançar seu fim e sua felicidade, isto é, a união com o próprio Deus. Essa consideração dos meios está dividida em duas partes. A *prima secundae* (literalmente "a primeira [seção] da segunda [parte]") se refere aos princípios gerais da moralidade, aqueles que são diretamente relevantes às atividades nas quais as pessoas devem se empenhar para alcançar sua felicidade. O que se segue, então, pode ser considerado uma teoria da ação humana, começando com aquelas atividades que são particulares ao homem, ou seja, atividades que são voluntárias e tudo o que envolve ou influencia a natureza volitiva de tais atividades (questões 6 a 21). Tendo tratado do impulso apetitivo intelectual à ação humana, ele então considera o impulso apetitivo sensível comum tanto ao homem quanto a outros animais que carecem de razão e vontade. O que se segue é um exame detalhado das paixões ou o que poderíamos chamar de emoções (questões 22 a 48). O restante da *prima secundae* se refere aos princípios que podem ser aplicados no apetite da pessoa humana, aqueles princípios que são todos importantes para a efetivação de sua felicidade. Eles se dividem em princípios que são intrínsecos à pessoa e aqueles que são extrínsecos. Após tratar da natureza das potências da pessoa humana no tratado sobre a natureza humana na *prima pars*, ele considera aqui como essas potências podem ser aplicadas sobre a atividade do homem em prol da sua felicidade e, particularmente, a formação que essas potências, especialmente a apetitiva, podem receber. Essa formação se realiza por meio das virtudes e dos vícios. Assim, ele começa com uma consideração geral desses na medida em que são genericamente definidos como *habitus* (questões 49 a 54), e depois passa para uma consideração mais específica sobre eles, pois podem ser bons (virtuosos) ou maus (viciosos). As questões 55 a 70 consideram a natureza da virtude e sua divisão em intelectual, moral e teológica (55-67), e então aquelas matérias relacionadas a elas, ou seja, os dons do Espírito Santo (68), as bem-aventuranças (69) e os frutos do Espírito Santo (70). As questões 71 a 89 consideram o vício e o pecado, aqueles caminhos pelos quais a pessoa humana "perde" ou "se afasta" do fim e da felicidade para os quais é feita. A *prima secundae* termina com um exame dos princípios exteriores à pessoa humana que são diretamente relevantes para a realização da sua felicidade, isto é, pela lei (90-108) e pela graça (109-114).

A *secunda secundae* (literalmente "a segunda [seção] da segunda [parte]") é a mais longa das partes da *Suma*, composta de 189 questões. A maior parte dessa seção é dedicada à descrição detalhada das virtudes teologais e morais (fé, esperança e amor – questões 1 a 46 – e prudência, justiça, fortaleza e temperança, o que tradicionalmente tem sido chamado de virtudes cardeais – questões 47 a 170), e dos vícios que são opostos a elas. Essas são as virtudes (e vícios) que pertencem a todas as pessoas, independentemente de sua vocação. As questões restantes dessa seção tratam dos assuntos que dizem respeito a pessoas específicas dentro da fé cristã. Tomás considera três coisas: as graças gratuitas (profecia, arrebatamento, dom de línguas, dom da palavra de sabedoria e de conhecimento e milagres: questões 171 a 178), a vida ativa

31

em comparação à vida contemplativa (179-182) e, por último, os ofícios e estados de vida específicos (o que são, qual é o estado de perfeição e, depois, as perfeições do episcopado e da vida religiosa: questões 183 a 189)[16].

O prólogo à *tertia pars* mostra o modo como Tomás pretende completar o que foi iniciado na *secunda pars*, isto é, os meios pelos quais a pessoa humana pode efetivar sua felicidade:

> *Nosso Salvador, o Senhor Jesus Cristo, para salvar seu povo de seus pecados [Mt 1,21], segundo o testemunho do anjo, mostrou-nos em si mesmo o caminho da verdade, por meio do qual possamos chegar pela ressurreição à bem-aventurança da vida imortal. Por essa razão, para levar a termo o trabalho teológico, depois de considerar o fim último da vida humana, as virtudes e os vícios, é necessário que nossa consideração prossiga do Salvador de todos e dos benefícios por Ele concedidos a todo o gênero humano. Para tanto, em primeiro lugar, devemos considerar o próprio Salvador; em segundo lugar, seus sacramentos, pelos quais alcançamos a salvação; em terceiro lugar, o fim da vida imortal, à qual chegamos ressuscitando por Ele. Quanto ao primeiro tópico apresentam-se duas considerações: a primeira refere-se ao próprio mistério da Encarnação, segundo a qual Deus se fez homem para nossa salvação; a segunda ao que nosso Salvador, isto é, o Deus encarnado, realizou e sofreu*[17].

A viagem do homem a Deus é, pois, levada a sua completude apenas na medida em que o Verbo se encarna, sofre e morre em nome do homem e ressuscita ao terceiro dia. É Ele que se oferece como o segundo Adão, Ele que é o modelo perfeito para o homem

---
16. O prólogo da *secunda secundae* será tratado no próximo capítulo quando esta parte da *Suma* for considerada em maior detalhe.
17. ST. III. Prólogo (GALACHE et al., VIII, p. 55).

imitar no seu caminho para Deus, por Ele é que todas as graças fluirão, e por quem o homem pode de fato alcançar sua felicidade. Tomás dedica as primeiras 59 questões da *tertia pars* a Jesus Cristo. As questões 1 a 26 tratam da própria Encarnação, enquanto 27 a 59 dizem respeito às particularidades da vida de Cristo, às coisas que Ele fez ou sofreu, unidas à natureza humana, culminando em sua ressurreição, na ascensão ao céu, assentando-se à direita do Pai, e seu poder judiciário. A questão 60 inicia a consideração de Tomás sobre os sacramentos. Depois de tratar de sua natureza, necessidade, efeitos, causas e número (60-65), ele começa a examinar cada sacramento separadamente. Ele considera o Batismo (66-71), a Confirmação (72) e a Eucaristia (73-83), mas é interrompido em sua escrita pelos acontecimentos de 6 de dezembro de 1273, relacionados acima. Ele deixa a questão 90 no meio de seu tratamento de penitência[18].

Ao considerar os próprios princípios expressos por Tomás a respeito da estrutura dessa obra, como encontrados nos prólogos de cada parte da *Suma*, pode-se começar a apreciar sua estrutura abrangente, e isso particularmente à luz da situação à qual ele respondeu como leitor em Orvieto e em Roma. A quantidade de material, no entanto, parece exigir um modo mais sucinto pelo qual se possa representar como essa multiplicidade é formada dentro da unidade coesa que constitui esta obra. Pois essa é a marca da *Suma Teológica* de Tomás (e também de outras sumas que foram compostas em muitas disciplinas diferentes tanto antes como depois do

---

18. Os discípulos de Tomás, eu diria, tentaram completar a *Suma Teológica*, apelando para o seu *Comentário sobre as Sentenças de Pedro Lombardo*, e selecionando cuidadosamente o material apropriado para as indicações gerais que Tomás tinha dado na *tertia pars* a respeito do plano geral dessa parte. Lembrando que esse comentário está no início da carreira de Tomás, cerca de 20 anos antes, o suplemento, como é chamado, não deve ser considerado como definitivo no que diz respeito às suas visões maduras dos sacramentos remanescentes e das últimas coisas.

seu trabalho) de que é uma obra sistemática, que não é totalmente enciclopédica/exaustiva, nem sumativa, mas que tenta combinar ambas características, estando em algum lugar entre elas, visando "uma apresentação exata, completa e, especialmente, estruturada organicamente, onde nada essencial está faltando"[19]. Tal esforço exige, assim, um plano global, um macroprincípio, para assegurar a natureza sintética da obra e sua inteligibilidade como um todo.

Pe. Marie-Dominique Chenu, numa obra intitulada *Introduction à l'étude de Saint Thomas* [Introdução ao estudo de Santo Tomás], apresentou um princípio que tem sido muito útil para muitas pessoas que leem e estudam a *Suma*[20]. Ele propõe que a arquitetura dessa obra tem, em seu âmago, uma apropriação cristã do princípio neoplatônico de *exitus-reditus*, isto é, de emergência/emanação e retorno. Esse movimento é compreendido em termos metafísicos, psicológicos e históricos. Deus é o criador de tudo, e não há nada ou ninguém antes dele. Ele determina todas as coisas em suas descrições ou essências, é a causa suprema de toda ordem e inteligibilidade, é quem governa todas as coisas e é a razão pela qual todas estas perduram. A sabedoria é encontrada ao contemplar todas as coisas à luz da mente do Criador, à luz dessa causa mais elevada e perfeita. A própria pessoa humana é mais bem

---

19. Torrell (2005), p. 70. "A palavra '*summa*' designa uma obra literária empreendida com um triplo propósito: primeiro, expor, de maneira concisa e resumida, a totalidade de um dado campo científico de conhecimento (esse é o significado original de '*summa*'); segundo, organizar, para além da análise fragmentada, os objetos desse campo de conhecimento de forma sintética; finalmente, realizar essa finalidade de modo que o produto seja adaptado para ensinar os estudantes [...] de modo enciclopédico, sintético e em conformidade com os bons requisitos de ensino" (CHENU, 1964 [1950], p. 299).

20. Cap. 11 da obra de Chenu. Pode-se também considerar a exposição de Torrell sobre a posição de Chenu, algumas críticas que enfrentou, e suas respostas (1996 [1993], p. 150-158) e a exposição de O'Meara com diagramas (1997, p. 56-64).

compreendida a essa luz e é revelada pela dignidade e nobreza que é, tal como foi criada à imagem e semelhança de Deus. Ela se esforça não apenas para realizar essa sabedoria segundo seu entendimento, para assumir a mente de Deus, mas também para ordenar toda a sua vida à luz dela. Com isso, ela não só percebe o que está implícito em sua própria natureza como ser humano, mas descobre também que sua suprema completude e perfeição, sua felicidade, não se encontra nas coisas dessa existência, tão boas quanto elas sejam, mas sim no esforço para estar unido com a origem de todos esses bens. A sabedoria tornou-se uma pessoa com a qual a pessoa humana é convidada a comungar imperfeitamente aqui e agora, mas perfeitamente no tempo vindouro, algo que não pode ser efetivado pelo esforço humano apenas, mas exige o dom do próprio Deus, especificamente na pessoa e vida de Jesus Cristo, nos sacramentos que Ele instituiu, nas graças e dons derramados pelo Espírito Santo, nas virtudes que são recebidas tanto naturais como infusas, e no dom na vida seguinte daquela mesma união e comunicação com a fonte de todo ser e inteligibilidade. Deus é o Alfa e o Ômega de quem todas as coisas surgem e em quem todas as coisas encontram sua perfeição final, paz e felicidade. Isso, argumenta Pe. Chenu, constitui o princípio ordenador primário dos materiais da *Suma Teológica*. A *prima pars* descreve a emanação de toda a criação de Deus, seu Criador ou causa eficiente, cuja atividade culmina no estabelecimento da pessoa humana e que conserva tudo assim criado por meio de seu governo. A *secunda pars* muda seu foco para o tema do retorno, especificamente da pessoa humana cuja felicidade, perfeição ou fim consistem no próprio Deus. Criada à imagem e semelhança de Deus e, assim, capaz de conhecimento e autodeterminação, a pessoa humana é considerada à luz daquelas atividades que lhe são exigidas para começar o seu retorno a Deus. É, porém, somente na *tertia pars* que são determinadas as condições "'cristãs' desse retorno"[21], isto é, como Deus se fez homem em Jesus Cristo, e a salvação que Ele realiza para o homem pelo ato salvífico. Nisso, a totalidade dessa obra e do discurso teológico em geral, é levada à sua completude, especificamente como a *tertia pars* representa a transição de um exame daquelas estruturas metafísicas e psicológicas necessárias na obra de criação e especialmente no homem, para aquela intervenção histórica, livremente voluntária e amorosa de Deus na pessoa e nas ações de Jesus Cristo[22].

Pe. Torrell oferece uma ligeira modificação da abordagem de Chenu à luz da literatura em torno desse tema. Ele sugere uma distinção que ele diz ser familiar à tradição patrística entre "teologia" e "economia", isto é, entre as investigações de Deus em si mesmo e aquelas que dizem respeito à obra de Deus no tempo. Ele argumenta que Tomás poderia ser lido dividindo a *Suma* nessas duas partes, a primeira cobrindo a *prima pars* das questões 2 a 43, e a segunda cobrindo as questões restantes de toda a obra. O princípio de *exitus-reditus* se aplicaria, então, somente à parte "econômica" da *Suma*, com o *exitus* correspondendo às questões 44 a 119 da *prima pars* (i. é, da explicação bíblica da criação até seu governo), e o *reditus* à segunda e à terceira partes. Ele afirma:

> Essas partes estão perfeitamente unificadas sob o sinal do "retorno" da criatura racional a Deus sob a liderança de Cristo. O Verbo encarnado assume a liderança nesse movimento, pois só Ele é capaz de levá-lo à completude. Todo o projeto é levado (deveria ter sido levado) à completude no final da terceira parte pelo glorioso retorno

---
21. Chenu (1964 [1950]), p. 305.
22. Ibid., p. 315.

de Cristo no final dos tempos e no início dos novos céus e da nova terra. Entre as duas criações é colocada toda a história da salvação em seus diversos estágios. Tomás pode, assim, integrar a evolução histórica e existencial da obra de Deus de uma forma perfeitamente orgânica dentro de uma estrutura harmoniosa que, por si só, nos ajuda a compreender seu projeto[23].

Essa modificação da abordagem de Chenu explica muito bem o problema da simples atribuição do *reditus* à *secunda pars* quando claramente o *reditus* começa, muito antes, na *prima pars*[24]. Notando outros problemas com o esquema *exitus-reditus*, Rudi te Velde sugere uma maneira modificada de descrever o esquema básico da *Suma*.

Por mais poderoso e razoável que seja o esquema de *exitus-reditus*, Velde argumenta que uma leitura cuidadosa dos prólogos citados acima parece indicar que a abordagem de Tomás ao material da *Suma* é menos teocentricamente estruturada do que se supõe. A totalidade da teologia, como Tomás argumenta na primeira questão da *Suma*, de fato trata primariamente de Deus e de todas as outras coisas somente na medida em que são referíveis a Deus como seu começo ou fim[25], e que a *prima pars* tem Deus como seu tema primário. No entanto, Deus não é o agente primário na *secunda pars*. "O principal sujeito atuante da *secunda pars* é, talvez surpreendentemente, não Deus sob o aspecto da causalidade final, mas o homem na medida em que ele é um agente racional e livre"[26]. O foco muda da obra de Deus, como ela estabeleceu, con-

---

23. Torrell (1996 [1993]), p. 49-50.
24. Um dos vários problemas que incomodam Rudi te Velde (2006), p. 13-14.
25. ST. I. 1. 3. ad. 1.
26. Velde (2006), p. 16.

serva e governa a criação, para a obra do homem que, tendo sido criado à imagem e semelhança de Deus, exerce a obra de um ente que é racional e livre. Na *tertia pars*, o agente principal é Cristo, e nela o foco se desloca da liberdade criada, que o homem é, para a obra de salvação de Cristo e os benefícios que isso confere a todas as pessoas. Ele argumenta, então, que a *Suma* não parece ser ordenada de acordo com o esquema de *exitus-reditus* de Chenu, mas sim de acordo com os três agentes de Deus, homem e Cristo e a obra que eles realizam. Assim, a *prima pars* diz respeito a Deus e sua "obra de liberdade criadora", a *secunda pars* diz respeito ao homem e sua "obra da liberdade criada", e a *tertia pars* diz respeito a "Cristo e sua obra de salvação, isto é, a obra de restaurar e reabrir a liberdade caída do homem em direção a Deus"[27]. Por essa descrição, todas as coisas da teologia continuam a ser tratadas no que diz respeito ao próprio Deus ou suas criaturas, que se referem a Ele como seu princípio ou fim. Mas eles se tornam unificados na *Suma* não tanto pelo movimento do esquema de *exitus-reditus*, mas sim por "um movimento linear de crescente concretização em que ocorrem duas mudanças de perspectiva", ambas as quais dão origem à segunda e terceira partes da *Suma* e aos assuntos de que eles tratam[28]. A *prima pars* diz respeito a Deus tanto com respeito à sua natureza quanto a tudo que flui disso, culminando no estabelecimento, conservação e governo de toda a criação. A pessoa humana, no entanto, sendo uma criatura racional e, assim, livre para determinar seu curso ao buscar sua felicidade, dentro da e em relação à criação de Deus e seu consequente governo dessa criação, "transcende a perspectiva" da *prima pars*, exigindo assim uma reorientação da *Suma*, tanto sobre o ente e a atividade do homem

---

27. Ibid., p. 17.
28. Ibid., p. 18.

ao realizar sua imagem e semelhança com Deus como liberdade criada em sua busca da felicidade, como sobre o tipo de governo que Deus exerce em relação ao homem "cuja liberdade requer um novo e diferente modo de orientação divina que não pode ser tematizado a partir da perspectiva da criação"[29]. Isso, então, forma o tema da *secunda pars*. A *tertia pars* torna-se necessária na medida em que "o homem se afastou de Deus, da sua presença graciosa e salvadora, cometendo o pecado, cujo resultado é a corrupção da sua liberdade". A Encarnação, então, torna-se

> *a resposta divina à condição humana da liberdade danificada. Como resultado do primeiro pecado de Adão, toda a humanidade, no seu caminho através do tempo e da história, fica em necessidade de redenção e restauração da sua liberdade e isso só pode ser realizado pela ação de um agente que une, em si mesmo, o divino e o humano.* Na tertia pars, *portanto, vemos que a presença de Deus assume outra forma, isto é, encarnada em Cristo. A Encarnação, quero sugerir, deve ser entendida como a concretização final e mais "intensa" da graça de Deus em relação à liberdade humana corrompida pelo pecado*[30].

Seu método (ou microestrutura)

Uma das maiores dificuldades que qualquer pessoa enfrenta ao ler a *Suma* pela primeira vez é o método que Tomás usa na apresentação de seu material. É bem diferente dos textos acadêmicos dos dias atuais ou mesmo do mundo antigo e é algo que surge do estilo de ensino e aprendizagem da época de Tomás.

Uma maior parte do ensino foi realizada na época de Tomás por uma leitura atenta de algum texto considerado confiável na

---
29. Ibid. p. 17.
30. Ibid., p. 17-18.

área a ser ensinada. Procedendo linha por linha, o professor ou ofereceria explicações suficientes para uma compreensão inicial do texto em questão, sem se debruçar em quaisquer problemas que ele pudesse conter ou ocasionar (o que se chamava uma leitura "cursiva") ou expor o texto com mais cuidado, detalhando e considerando as questões que dele surgiram (uma leitura "ordinária")[31]. Dessas leituras surgiram problemas que não podiam ser resolvidos facilmente e, assim, ocasionariam muita discussão e pesquisa bem além daquela pela qual começaram. Isso deu origem a uma forma literária chamada *quaestio* ou "questão", que consistia geralmente de uma consideração de uma questão por meio de uma apresentação das posições pró e contra, uma solução considerada, oferecida pelo professor, seguida de uma abordagem das posições prós e contras, à luz da determinação que tinha sido oferecida. O objetivo era conseguir uma compreensão mais profunda do texto diante de si, não a prática moderna de questionar as autoridades como algo alimentado pelo ceticismo e pela dúvida. Esse procedimento não só influenciou o modo pelo qual um texto foi "lido" (no sentido que acabamos de mencionar anteriormente), mas também se tornou a base da sua evolução para a *disputatio*, da qual havia duas formas. A disputa "privada" foi ocasionada pelo mestre ou professor, que iria introduzir seus alunos a uma tese particular, os quais, em seguida, seriam obrigados a apresentar posições contrárias a essa tese, para que o assistente do mestre iria então responder. Isso permitia aos alunos não só desenvolver suas habilidades no debate, mas também contemplar as questões ou "nós" que "ligassem" a mente para que, em uma compreensão completa desses enigmas, um caminho pudesse ser descoberto para sua "fle-

---

31. Chenu (1964 [1950]), p. 84; Marenbon (1987), p. 16-19; Torrell (2005), p. 64-65.

xibilização" ou solução[32]. Isso também serviu como excelente treinamento para o assistente do mestre que estava envolvido em seu próprio estudo e treinamento para se tornar um mestre. Isso seria feito em uma sessão. Numa segunda sessão (mais tarde no mesmo dia ou no dia seguinte), o mestre resumia as objeções, oferecia sua própria determinação da tese e depois respondia a cada uma das objeções que haviam sido levantadas contra ela na sessão anterior, à luz de sua determinação. O segundo tipo de disputa era realizado publicamente e refletia os procedimentos da disputa "privada". Estas eram chamadas de disputas "ordinárias" e eram exigidas dos mestres regularmente ao longo do ano letivo. Havia uma forma particular de disputa pública chamada disputa "quodlibetal" que era bastante popular entre o público, mas não geralmente para o mestre. Essas eram realizadas com pouca frequência (na época de Tomás em Paris, apenas na Páscoa e no Natal), e eram conduzidas como a disputa "ordinária", exceto pelo fato de que a tese e as objeções a ela não eram determinadas pelo mestre e seus alunos, mas podiam ser oferecidas por qualquer pessoa na audiência a respeito de qualquer assunto de interesse[33].

A *Suma Teológica* é uma obra que muito provavelmente nunca foi ensinada aos estudantes. No entanto, ela carrega diretamente as marcas da disputa "ordinária". Como diz Torrell, "O que originalmente era simplesmente o reflexo de uma discussão oral mais ou menos animada tornou-se um processo de reflexão pessoal e escrita sobre ela"[34]. Vimos que a *Suma* é composta de três partes, e abordamos brevemente o material encontrado nessas partes,

---

32. Essa abordagem aporética da compreensão segue o método de investigação de Aristóteles. Cf. o *Comentário sobre a Metafísica de Aristóteles* por Tomás (livro III, lição 1) para mais informações.
33. Torrell (1996 [1993]), p. 59-63; Torrell (2005), p. 65-66.
34. Torrell (2005), p. 67.

bem como o princípio unificador da obra como um todo. Em uma abordagem mais direta a esse trabalho, você verá que cada parte é composta de questões (que são coletadas mais adiante na forma de tratados), e que as questões em si são determinadas por meio de uma série de "artigos". É importante notar que, embora o artigo vá prosseguir bastante segundo o modo da disputa "ordinária", no entanto, o artigo sempre serve ao propósito de detalhar o que precisa ser investigado para tratar adequadamente a questão dentro da qual o artigo é encontrado, a questão que é proposta para discussão. Por exemplo, quando se considera a segunda questão da *prima pars*, aquela famosa questão que trata da existência de Deus, Tomás apresenta três questões que devem ser abordadas no processo de considerar essa questão, ou seja, se a existência de Deus é algo que é evidente por si mesma (ou não, caso que levaria ao próximo artigo, p. ex.), se a existência de Deus é algo que possa ser demonstrado, isto é, abordado de outra forma que não apenas pela fé, e (se este for o caso, leva então ao próximo artigo, p. ex.) se há maneiras pelas quais essa demonstração pode ser realizada. Essas três matérias são tratadas separadamente em três artigos distintos, todos compartilhando a mesma estrutura básica. Cada artigo começa considerando as chamadas "objeções", ou seja, argumentos que são contrários à posição que Tomás tomará em sua determinação. Esses argumentos foram tomados dos textos oficiais, à disposição de Tomás, de uma natureza religiosa ou secular, ou dos argumentos feitos pelos homens de sua época. O objetivo disso, como foi dito anteriormente, era iluminar as dificuldades que se tinha de enfrentar na resposta ou na questão diante de si. Pois, sem considerar essas dificuldades, Tomás e outros consideravam que qualquer solução seria dificilmente encontrada por acidente. Isso afirma, então, a persuasão, pelo menos, das objeções, argumentos que devem ser levados a sério na busca pela resposta da questão em mãos. Três ou quatro objeções são geralmente consideradas, embora o número possa ser muito maior. Depois que as objeções são estabelecidas, segue-se a declaração de uma posição que é uma alternativa àquela proposta nas objeções. Essa é chamada de *sed contra*, ou "em sentido contrário", algo que não pretende ser lido como contradizendo diretamente as objeções, mas apresentando a posição em apoio à questão em mãos. Pois o curso da discussão, ou debate, se preferir, ainda não posicionou o mestre a oferecer um argumento direto contra essas objeções. Isso só pode ocorrer depois que a determinação magistral do autor tiver sido apresentada. Essa é a próxima parte do artigo e é chamada de *respondeo* ou "respondo". Às vezes, é referido como o "corpo" ou *corpus* do artigo. Tal como no caso da disputa, é apenas à luz da resposta que as objeções iniciais podem ser respondidas. Às vezes, a resposta às objeções (p. ex., "quanto à primeira") indica simplesmente o erro que subjaz à posição. É bastante comum, entretanto, que essas respostas permitam a Tomás a oportunidade de continuar a expor a sua resposta inicial, mas dessa vez à luz da questão particular sobre a qual a objeção se debruça. Finalmente, acontece por vezes que a resposta seja tão definitiva e clara que Tomás renunciará a responder às objeções iniciais, considerando-as óbvias para o leitor[35].

---

35. Há muitas maneiras de citar o texto de Tomás. Geralmente, as três partes da *Suma* são referidas por numerais romanos (I, I-II, II-II, II-II, e III, respectivamente). É típico referir-se, a seguir, à questão acompanhada pelo artigo, ambas em algarismos arábicos. Assim, o terceiro artigo sobre se Deus existe como encontrado na segunda questão da primeira parte da *Suma* é indicado como ST. I. 2. 3. Quando se deseja indicar algo dentro do próprio artigo, este é adicionado após o número do artigo da seguinte forma: a primeira *obj. 1* ou *arg. 1*; o "em sentido contrário" por *sc.*; o *corpus* ou corpo do artigo por *resp.* ou por nenhuma outra referência que não seja o próprio número do artigo; e a resposta à primeira objeção por *ad. 1*. Você vai notar variações nessa forma de citar, mas todas elas seguem a mesma ordem (parte – questão – artigo – *obj. 1 / sc. / resp. / ad. 1*).

Algumas considerações e conselhos finais

Apesar de tudo o que foi dito aqui de uma natureza propedêutica, a *Suma* ainda apresenta ao leitor alguns problemas únicos. Além do seu tamanho (ela trata de "512 questões, 2.669 artigos e aproximadamente 10 mil objeções com suas soluções"[36]), e o método rigoroso que é empregado em suas investigações (o método disputacional que acabamos de discutir, frequentemente referido como o "método escolástico"), a *Suma* requer uma boa compreensão das fontes nas quais se baseia em sua composição. A fonte da qual toda a teologia surge é a revelação contida nas Sagradas Escrituras. Assim, a *Suma*, como obra de teologia, é compenetrada pelo conjunto das Sagradas Escrituras, o que exige que o leitor seja bem versado nelas se quiser apreciar a obra como um todo. Aponta-se frequentemente que Tomás era um mestre da Sagrada Escritura, que o texto central do teólogo era a Bíblia e que a maior parte de seus deveres como mestre e como dominicano girava em torno de ensinar e pregar os macroprincípios discutidos acima. Esses, combinados com a grande devoção de Tomás a Jesus Cristo, devem ser levados em conta quando se lê a *Suma* na medida em que constituem percepções sobre o próprio teor da obra e do homem que a escreveu. Em seu desejo de conhecer as coisas de Deus e compreender sua revelação, Tomás dependia bastante da tradição de comentários sobre a Bíblia e das obras de teologia que estavam disponíveis para ele. Da tradição latina, as obras mais notáveis foram as de Agostinho, que aparecem de modo mais proeminente ao longo da *Suma*. Como assinala o Pe. Torrell, toda a *Suma* pode ser considerada como um "diálogo ininterrupto com Agostinho"[37], citando o estudioso L. Elders. Tomás teve também

---
36. Weisheipl (1983 [1974]), p. 222.
37. Torrell (2005), p. 74.

a oportunidade de mergulhar na teologia da tradição grega, particularmente durante sua permanência em Orvieto, fato que influenciou profundamente sua cristologia e teologia trinitária. Não contente em se restringir a essa abundância de obras teológicas, Tomás lançou sua rede de modo amplo, olhando para as obras dos antigos filósofos gregos (e para seus comentaristas árabes e judeus) para qualquer coisa que o ajudasse na compreensão e exposição dos assuntos dos quais a *Suma* tratava. Embora ele fizesse uso generoso dos materiais neoplatônicos e estoicos então disponíveis, Aristóteles figura mais proeminentemente a esse respeito, tanto que apreciação da *Suma* pode ser muito dificultada se não se tem pelo menos uma compreensão geral dos ensinamentos de Aristóteles, particularmente a sua lógica, epistemologia, psicologia, ética, física e metafísica. Isso é imediatamente notado tanto na lógica empregada ao longo da *Suma* (o método escolástico mencionado há pouco) quanto na linguagem "técnica" que ela emprega frequentemente em suas determinações. Não é incomum encontrar um glossário desses termos técnicos em antologias da Summa[38]. Embora sejam úteis, é mais prático dedicar-se diretamente às obras de Aristóteles, ou pelo menos fazer uso de um bom resumo de sua obra[39]. O uso de Aristóteles por Tomás (e da filosofia em geral) no tratamento de assuntos de revelação e da fé é mais complexo e tem sido objeto de grande controvérsia tanto dentro quanto fora dos círculos cristãos. Seja como for, dentro do contexto da *Suma*, é melhor abordar seu material não teológico, seu vocabulário e suas estruturas formais inicialmente como a apropriação cristã de uma sabedoria que é posta a serviço das próprias coisas de que a teologia trata, aquelas coisas com as quais os antigos filósofos se

---

38. P. ex., Kreeft (1990), p. 23-30; Regan (2003), p. 209-216.
39. P. ex., Barnes (1995); Barnes (2001); Ross (1953).

confrontaram, mas foram incapazes de alcançar. Assim, o uso de materiais e métodos filosóficos na *Suma* por Tomás deve ser visto à luz da ajuda que eles oferecem na ascensão da mente e da alma às coisas da teologia e, por fim, à bem-aventurança do homem, o próprio Deus[40]. De todas as dificuldades que o neófito experimenta ao ler a *Suma Teológica* de Tomás, esta é a mais difícil de superar, em minha opinião[41].

No próximo capítulo, nosso interesse será o texto da *Suma*. Dada a quantidade, sem falar da qualidade, dos materiais com os quais ela lida, seria prudente organizar nossa leitura à luz dos tratados que compõem a obra. Tal abordagem acomoda tanto a natureza deste texto introdutório como os macroprincípios que estão no âmago da *Suma*. Se pudermos abordar os variados tratados à luz desses princípios, bem como os muitos outros temas mencionados neste capítulo, receberemos não só uma primeira exposição decente a essa obra, a qual pode encorajar a leitura e a reflexão contínuas, mas também evitar o que parecem ser erros perenes na sua compreensão e interpretação[42].

---

40. Entre as muitas obras escritas sobre esses assuntos, considerar Jordan (1992) e Velde (2003), p. 55-74.
41. Para uma pesquisa mais extensa das fontes, considerar Torrell (2005), p. 72-85.
42. Alguns dos quais podem ser encontrados em Jordan (2003), p. 41-54.

2
LENDO A *SUMA TEOLÓGICA*

Este capítulo se dividirá de acordo com as três partes da *Suma* e considerará os variados tratados que compõem cada parte. Será oferecida uma discussão de cada tratado, alguns mais longos, outros mais curtos, com atenção dedicada às questões mais pertinentes do tratado em consideração.

Prima pars

Como foi dito no último capítulo, a *prima pars* pode ser dividida em duas partes, a primeira lidando com a teologia de Deus, isto é, um exame do ente e da vida interior de Deus, e a segunda com sua economia, isto é, sua obra no tempo, o *exitus* ou emergência de todas as coisas do seu poder criador. Ao considerar a primeira, Tomás compõe dois tratados, o primeiro *sobre a essência divina* (questões 2 a 26) e o segundo *sobre a Trindade* (questões 27 a 43), ambos precedidos por um breve, ainda que muito importante, *Tratado sobre a doutrina sagrada*. As demais questões que tratam da atividade transitiva de Deus (44-119), abrangem cinco tratados, isto é, o *Tratado sobre a criação, os anjos, a obra dos seis dias, o homem* e o *governo divino*.

Tratado sobre a doutrina sagrada (questão 1)[43]

Neste tratado bastante curto, Tomás considera a doutrina ou o ensino sagrados, procurando, em primeiro lugar, a sua necessidade

---
43. Pode-se consultar Velde (2006), p. 18-35, seu artigo em Kerr (2003), p. 55-74, e os apêndices da *Suma*, vol. 1 de Blackfriars para mais detalhes sobre o que é apresentado aqui.

(artigo 1), em segundo lugar, a sua definição (artigos 2 a 7) e, por último, o seu método particular (artigos 8 a 10)[44].

A questão da necessidade é introduzida pelas objeções à questão 1 que perguntam por que se exigiria qualquer outra doutrina ou ensino além daqueles que já foram desenvolvidos pela razão humana e perseguidos pelas artes e pelas ciências. Pois parece, dizem eles, que as tradições intelectuais da época já abordaram a totalidade da realidade, inclusive o próprio Deus, como realizado por meio do estudo da metafísica na filosofia. Pode haver, na verdade, dizem eles, um ensinamento que está fora do alcance da razão. Essa, porém, não pode ser a preocupação da pessoa humana, que deve se limitar, por causa dos limites da sua razão, às coisas que caem dentro do seu domínio natural. Pareceria, portanto, que uma doutrina ou ensinamento sagrados fossem supérfluos ou, no mínimo, inatingíveis. O *sed contra*, por outro lado, afirma que a necessidade da doutrina sagrada é assegurada pela sua própria fonte, isto é, o próprio Deus, particularmente porque Ele revela esse ensinamento, que de outra forma seria inatingível por meios naturais, para a melhoria da pessoa humana. Antes de prosseguir para a solução de Tomás, deve-se notar quão bem as objeções e o *sed contra* apresentam o campo do engajamento, as questões a serem abordadas e o dilema que precisa ser resolvido para que a questão seja respondida adequadamente. Tomás presume que o leitor será capaz de compreender esse campo e será capaz de expandir esses argumentos apropriadamente, de modo que o nó, por assim dizer, da questão possa ser claramente revelado, permitindo que se veja o caminho para uma resposta definitiva. A clareza a respeito da resposta de Tomás começa sempre com a forma como

---

44. Cf. Weisheipl (1983 [1974]), p. 223.

ele percebe o problema diante de si, algo que as objeções prontamente fornecem. Vale bem a pena, portanto, o esforço de leitura, para que se dedique cuidadosamente a esses assuntos.

Tomás aborda a questão da redundância olhando para a própria raiz da qual surgem as artes, as ciências e especialmente a filosofia, ou seja, que elas manifestam coletivamente a maneira característica da pessoa humana de se esforçar para compreender, articular e adquirir aquilo em que consiste sua completude, perfeição e felicidade. Como será visto nas primeiras cinco questões da *secunda pars*, todas as coisas criadas, todos os produtos do fazer, do agir e do aprender humanos contribuem para a realização da felicidade do homem, mas não são, singular ou coletivamente, como aquilo em que o homem encontra sua conclusão e sua felicidade perfeitas. E, ainda assim, o ser humano, em sua própria essência, é orientado naturalmente, em tudo o que faz, a sua felicidade e não pode deixar de se esforçar por esse fim. Assim, à luz dessa necessidade, é razoável supor que há alguma doutrina ou ensinamento que aborde essa mesma situação, oferecendo orientação com respeito à realização desse propósito supremo, bem como os meios pelos quais ele pode ser realizado tanto pelo instruído quanto pelo ignorante. Esse ensinamento, argumenta Tomás, é exatamente o que é revelado por Deus em favor da salvação da raça humana. Ele fornece precisamente o que está faltando nas tradições intelectuais e culturais do homem, ou seja, o próprio objeto da felicidade humana, aquilo para o qual os seres humanos foram feitos, para o qual todos se esforçam, mas que apenas alguns poucos poderiam até mesmo começar a abordar, ou seja, os filósofos que captam algo do divino por meio de seu engajamento na metafísica, um estudo às vezes referido como teologia natural. Mas essa busca é em si mesma imperfeita, exigindo uma grande dedicação de tempo e esforço de sua parte, bem como o sofrimento dos infortúnios que acompanham tal empreendimento (os erros inevitáveis do pensamento filosófico especulativo, a dificuldade em encontrar professores adequados à tarefa, o lazer e a economia necessários para conduzir tal vida de estudo, a paz em seu país, e assim por diante). Mas essa doutrina ou ensinamento é algo exigido por *todas* as pessoas para sua felicidade, e não é algo que se restrinja àqueles que por acaso são instruídos e afortunados. Assim, é razoável também defender uma doutrina como essa, que comunica eficientemente a todos os seres humanos aquilo por que se esforçam, aquilo em que consiste a sua felicidade, algo captado pelas artes e ciências, mas apenas realizado por eles de forma imperfeita e propedêutica. A plenitude da felicidade e da perfeição do homem só pode ser revelada à luz da comunicação do próprio divino, tanto no que diz respeito àquelas coisas que a inteligência humana nunca poderia compreender por si própria quanto ainda no que diz respeito àquelas coisas que o homem poderia descobrir sozinho, mas não o faz com segurança[45].

É à luz dessa determinação que Tomás pode então abordar apropriadamente as objeções iniciais, respondendo a elas e até mesmo indicando de que modo elas eram precisas Ele afirma que aquilo que está fora do alcance natural da razão humana não é algo que se possa compreender. No entanto, é uma questão diferente quando tais coisas foram levadas ao seu alcance, algo realizado pela revelação e pela aceitação de tal coisa por um ato de fé. O próprio fato de que há uma parte da Filosofia que trata de assuntos divinos não impede que outra disciplina (Teologia) trate das mesmas coisas. Assim, assim como o filósofo, o psicólogo, o

---

[45]. Considerar também o tratamento dessa mesma questão nos capítulos 3 a 8 do livro I da *Suma contra os gentios*.

psiquiatra e o biólogo podem preocupar-se com a felicidade humana, embora com perspectivas diferentes, adequadas e definitivas às respectivas disciplinas, assim também o teólogo pode ocupar-se dos assuntos que dizem respeito a Deus de modos próprios a sua disciplina. O problema da redundância, então, não é tão óbvio. Que essa doutrina exista é, no mínimo, razoável, considerando a insuficiência natural e histórica do esforço humano natural pela felicidade.

Os artigos 2 a 7 consideram a natureza da doutrina sagrada. Tomás descreve essa doutrina como uma *scientia*. A tradução literal desse termo como "ciência" pouco ajuda a indicar o que Tomás quer dizer aqui e, assim, exige alguma explicação. Ele está se referindo ao uso antigo da palavra, especificamente como encontrada nas obras de Aristóteles, onde ela representa qualquer conhecimento que se adquire pela descoberta das causas de um efeito. Diferentes *scientiae* são distinguidas de acordo com a maneira pela qual a coisa sob investigação é abordada. Assim, podemos falar de ciências variadas da pessoa humana à medida que a abordamos biologicamente, psicologicamente, politicamente, metafisicamente, e assim por diante, desenvolvendo, ao longo do tempo, os corpos organizados de conhecimento que agora chamamos pelos nomes acima mencionados. A questão é colocada: a doutrina sagrada é dessa natureza? Tomás diz que sim. Ele apela para um dos fundamentos de qualquer corpo organizado de conhecimento, ou seja, que ele surge ou de princípios que não são provados por ele, mas que são descobertos em relação à coisa em consideração, ou de princípios que são emprestados, por assim dizer, de outro corpo organizado de conhecimento que é mais universal, ou de maior extensão, do que aquele que toma o empréstimo. Considere os exemplos de Tomás. O primeiro poderia descrever a geometria euclidiana, uma ciência que se estabelece sobre axiomas ou postulados que definem os elementos sobre os quais se funda todo o estudo, axiomas que se descobrem, são evidentes por si mesmos e, assim, não derivam de uma ciência mais universal. O segundo poderia descrever a dependência estrutural ou teórica da música em relação à matemática. Claramente, existem estruturas matemáticas fundamentais para toda a música, algo que o músico não é obrigado a explicar, provar ou demonstrar a partir da própria ciência da música para que ele possa se envolver em sua disciplina Ele presume, por assim dizer, a existência e operação desses princípios, e se envolve de acordo com sua arte. Resta a uma *scientia* mais universal, a matemática, investigar esses princípios que a música como uma *scientia* emprestou e dos quais depende para sua natureza, operação e integridade. É dessa segunda maneira que a doutrina sagrada merece ser chamada de *scientia*. A ciência de maior extensão na qual se baseia, da qual toma seus princípios fundamentais e consequentemente sua coerência lógica, é o conhecimento que Deus tem de si mesmo, algo que Ele comunica pela revelação na Sagrada Escritura, que requer um ato de fé por parte do homem para ser possuído e tornar-se a própria base da qual a teologia surge.

A unidade dessa ciência é encontrada no princípio formal ou perspectiva primária sob a qual essa revelação é considerada. Assim, do mesmo modo como a física trata de uma ampla diversidade de coisas como materiais e, portanto, sujeitas aos princípios que governam a mudança, assim também a doutrina sagrada trata de uma grande variedade de coisas sob a perspectiva de que elas são divinamente reveladas. E como afirma a resposta à primeira objeção, essa revelação, que dá origem à doutrina sagrada, diz respeito primariamente a Deus, e secundariamente às criaturas na medida em que elas se referem a Deus como seu princípio e fim.

Consequentemente, essa ciência é tanto prática quanto especulativa, a primeira no que diz respeito ao fazer do Verbo, e não apenas o ouvi-lo, e a segunda no que diz respeito ao próprio Deus e a toda a criação em referência a Ele, com a primazia cabendo ao especulativo em favor da unidade dessa doutrina, e que o fazer do Verbo é possível somente no ouvir e no entendê-lo[46].

O artigo 5 argumenta que a doutrina sagrada é a mais nobre e certa entre todas as outras *scientiae* devido à sua fonte (a mente do próprio Deus), seu assunto (as mais altas de todas as causas, aquelas consideradas pelo próprio Deus, que constituem a base de toda a criação) e o benefício que ela confere a todas as pessoas (que ela fornece tanto a resposta ao que é o fim último e a felicidade perfeita do homem como os meios pelos quais ela pode ser alcançada). Assim, a certeza não é algo a ser julgado, na visão de Tomás, principalmente a partir da perspectiva da compreensão do homem, algo que pode muito facilmente cair no erro e não pode, por si só, aspirar a essa *scientia* que lhe permite a oportunidade de se tornar feliz. Todas as outras *scientiae*, particularmente a filosofia, podem ser usadas para a investigação e comunicação mais clara dessa doutrina ou ensinamento sagrado, particularmente como todas as outras *scientiae* podem tratar e apresentar assuntos revelados divinamente em termos que são mais familiares ao intelecto humano. Não é nenhuma surpresa, portanto, que essa *scientia* seja devidamente definida como sabedoria, esse conhecimento mais elevado que permite à mente contemplar todas as coisas a partir

---

[46]. ST. I. 1. 3. ad. 1. Os aspectos práticos e teóricos desse conhecimento e o princípio de que o primeiro depende do segundo é espelhado na organização da própria *Suma* na medida em que a *prima pars* detalha os aspectos teóricos da revelação de Deus, que é necessária para sua realização prática tanto na *secuna* como no *tertia pars*. Isso também reflete bem a abordagem de Tomás sobre o problema de uma teologia moral feita em distinção das outras partes da teologia, como discutido no cap. 1 deste trabalho.

da perspectiva de suas causas mais elevadas, contemplando assim toda a realidade à luz de sua base suprema. Por esse conhecimento, uma pessoa se torna capaz de ordenar de forma mais eficaz e bela tudo o que faz e age. Tal pessoa é considerada verdadeiramente sábia, isto é, aquela que é mais capaz de julgar corretamente todas as coisas e de ordená-las bem. A pessoa vê todas as coisas não apenas sob a perspectiva da revelação dada por Deus, mas pode se dizer que assume a mente de Deus em tudo o que pensa, age, faz e sente. Deus, então, forma o próprio sujeito dessa *scientia*, tanto em si mesmo quanto na medida em que todas as coisas provêm dele (*exitus*) e encontram seu cumprimento e perfeição em sua relação com Ele (*reditus*). É essa mente, essa *scientia*, essa sabedoria que o homem é chamado a assumir se quiser ser feliz.

Os artigos 8 a 10 descrevem o que é particular ao método dessa ciência, ou seja, o que é característico e adequado ao seu modo de investigação. Dado que a doutrina sagrada é uma *scientia*, seus procedimentos devem ter algo de argumentativo sobre eles. Com relação aos seus princípios fundamentais, essa ciência não discute tais coisas. Em vez disso, esses princípios constituem os artigos da fé e são aceitos como tal, o que então permite que se discuta a partir deles para outras posições de uma maneira logicamente coerente. Os artigos da fé estão contidos nos livros canônicos da Sagrada Escritura e são aceitos em razão da autoridade desses textos. No entanto, todos os outros conhecimentos dessa doutrina sagrada, que inclui as contribuições dos Padres da Igreja, das artes e das ciências, mas sobretudo da filosofia, estão sujeitos aos mesmos critérios de solidez que qualquer outro argumento.

Dada a natureza argumentativa dessa ciência, sua razoabilidade e coerência lógica, o artigo 9 questiona se há um uso apropriado de metáforas e símbolos dentro dela, especialmente dado que ambos são usados abundantemente nas Sagradas Escrituras. Tomás argumenta que há, na medida em que esses dispositivos literários acomodam o modo pelo qual as pessoas vêm a conhecer por meio de coisas e imagens sensíveis, tornando assim disponível a todos o conhecimento contido na doutrina sagrada. Sua resposta à segunda e terceira objeções fornece, como é frequentemente o caso, aperfeiçoamentos à sua resposta inicial à luz dos problemas que cada objeção apresenta. Embora uma metáfora de fato esconda a verdade, algo que a objeção considerada inapropriada a uma *scientia* que se refere à mais alta sabedoria, três "salvaguardas" são incorporadas na Escritura para evitar uma nebulosidade desnecessária da verdade, ou seja, que a mente nunca possa se basear meramente na imagem ou metáfora, mas seja sempre convidada a ascender à verdade que esta revela; segundo, que tudo o que é ensinado metaforicamente em um lugar da Escritura seja discutido mais abertamente em outro lugar; e terceiro, que a ocultação da verdade seja uma coisa útil pela qual a mente do fiel é exercitada e as verdades que as Escrituras contêm estejam escondidas dos infiéis e, assim, não expostas a seu ridículo. A resposta à terceira objeção prossegue de forma semelhante.

Finalmente, dada a natureza argumentativa dessa ciência, questiona-se se é apropriado que as Escrituras que comunicam essa ciência empreguem os vários sentidos em que as palavras podem tipicamente ser usadas. O tema da primeira objeção é importante: uma das condições necessárias para que uma ciência proceda solidamente é que o significado das palavras utilizadas nos seus argumentos mantenha o mesmo significado em todo o argumento. A argumentação razoável e logicamente coerente evita não apenas símbolos e metáforas, mas também o uso equívoco de seus termos. O uso unívoco da linguagem é uma das condições para a validade de um argumento, algo que todo teólogo da época de Tomás conhecia por sua formação em lógica. Esse tema permite a Tomás desenvolver uma característica que é particular e única a essa *scientia*. Por um lado, essa doutrina é como todas as outras, ou seja, as palavras empregadas são usadas para significar as coisas com as quais elas lidam. No entanto, por outro lado, as próprias coisas que essas palavras significam são, elas próprias, ocasiões para novas significações. No primeiro caso, constitui o sentido histórico ou literal da Escritura, enquanto no segundo se refere a seu sentido espiritual, um sentido que se baseia no literal, pressupondo-o na medida em que dá origem à ocasião em que esse sentido pode ser realizado. Tomás descreve três formas do sentido espiritual: a alegórica, a tropológica ou moral e a anagógica. O sentido alegórico permite ver como as coisas do Antigo Testamento significam aquelas do Novo. O sentido tropológico ou moral oferece as coisas que Cristo fez, ou aquelas que significam Cristo, como exemplos do que os próprios cristãos devem fazer. Finalmente, o sentido anagógico permite ver como as questões que as Escrituras tratam significam a glória eterna à qual todos são chamados. Dado esse modo especial de significação, que é baseado nas e surge das coisas do sentido literal e não apenas de mais um jogo das palavras que são usadas no sentido literal para significar tais coisas, deve ser o caso que o sentido espiritual não é pretendido pelo autor humano da Escritura, mas pode ser realizado apenas pelo autor do conjunto das Escrituras, o próprio Deus[47]. Consequentemente, o equívoco de argumento é evitado na medida em que as próprias palavras não estão em jogo, mas sim as coisas que elas significam,

---

47. Tomás sustenta que o sentido literal/histórico também é de autoria de Deus. Para uma consideração inicial das contribuições feitas pelos autores humanos da Escritura, considerar os apêndices 12 e 13 do vol. 1 da edição de Blackfriars da *Suma Teológica*.

significados que são diretamente intencionados por Deus, e cujo significado é guiado pelo sentido literal, bem como pela ação do Espírito Santo.

A doutrina sagrada, então, é um conhecimento que diz respeito a Deus e a todas as coisas que estão relacionadas a Ele. É um conhecimento que diz respeito tanto ao próprio mundo como à sua fonte, um conhecimento que os considera a partir da perspectiva ou mente do próprio Deus, uma perspectiva que é necessária para a salvação do homem e uma perspectiva que só pode ser adquirida por um ato de fé consequente à comunicação de Deus sobre isso por meio da revelação que está contida nas Sagradas Escrituras. Esse conhecimento é necessário a todos os cristãos e traz consigo os três temas que formam as três partes da *Suma*: o conhecimento de Deus, de quem toda a criação emana e por quem a pessoa humana tem sede como Aquele em quem encontrará a sua completude e felicidade; o meio moral pelo qual a pessoa humana pode começar a realizar sua felicidade; e finalmente, o meio cristológico e sacramental pelo qual a felicidade humana é realmente alcançada. O teólogo faz dessas questões o foco de seu estudo e, no caso presente, permite que esses assuntos estruturem o próprio trabalho da *Suma*. A totalidade da sua mente está voltada para essa revelação, para que ela possa contemplar os artigos da fé sobre os quais se apoia o estudo da própria teologia, e assim adquirir a base da qual tudo aquilo que a teologia faz surge como uma *scientia*. A doutrina sagrada chama o teólogo, tanto pessoal como profissionalmente, a tornar as questões divinas compreensíveis e acionáveis, procurando não só o sentido literal e histórico das Escrituras (algo que provavelmente incluiria a abordagem histórico-crítica do estudo das Escrituras hoje em dia), mas principalmente o seu sentido espiritual. A doutrina sagrada e a própria teologia só podem ter o caráter de uma *scientia* na medida em que se baseiam na e derivam da *scientia* desfrutada por Deus, tanto de si mesmo como de toda a criação em relação a Ele. Isso torna possível o seu caráter razoável e logicamente coerente, e justifica a ordem e o método usados por Tomás no seu tratamento teológico, algo que se esforça não só por fazer justiça ao caráter inerentemente inteligível dessa revelação, mas também por satisfazer o ofício pastoral de um teólogo ao relacionar os seus ensinamentos a seus alunos, ou no caso de Tomás, aos frades dominicanos sob sua tutela em Orvieto e Roma.

Tratado sobre a essência divina (questões 2-26)

Introdução

Tomás divide sua consideração de Deus em dois tratados. O primeiro deles, que se estende pelas questões 2 a 26, é dedicado à essência de Deus, enquanto o segundo, questões 27 a 43, considera a Trindade que é Deus. Essa divisão e a ordem em que são tratados "tem apenas uma função pedagógica", de acordo com Torrell, e não deve ser interpretada como o desenvolvimento de uma abordagem especificamente filosófica de Deus seguida de uma expansão teológica da primeira à luz do que foi revelado nas Sagradas Escrituras sobre a Trindade[48]. No entanto, o uso aparentemente pesado da filosofia em um contexto teológico exige algum comentário.

Embora Tomás fosse profundamente versado em filosofia e tenha feito uso liberal dela em toda a *Suma*, ele não se considerava (ou qualquer um que se considerasse cristão) como um filósofo, tal como os gregos antigos compreendiam isso[49]. A compreensão cristã da realidade que a revelação proporciona aperfeiçoa a sa-

---
48. Torrell (2005), p. 21.
49. Esse ponto está bem destacado em Jordan (1992), p. 30ss.

bedoria antiga, corrigindo o que há de errôneo nela quando vista com os olhos da fé. O cristão, então, não anseia por se tornar um filósofo, não abandona o perfeito para o imperfeito, mas aprecia, em vez disso, o aprendizado, a verdade e a sabedoria que podem ser encontrados na literatura filosófica e se apropria dela para o bem do aprendizado mais elevado da doutrina sagrada. Essa apropriação, porém, "não pode ser reduzida simplesmente a um uso da filosofia internamente à fé, visando a um esclarecimento analítico e argumentativo de suas afirmações doutrinárias"[50]. Pelo contrário, deve ser respeitada por aquilo que é, ou seja, como aquela *scientia* que se refere às causas mais elevadas e, assim, à própria sabedoria, de acordo com o acesso natural que a pessoa humana tem a elas. Nessa aquisição natural e abordagem das coisas mais elevadas, a pessoa humana manifesta um conhecimento que é realmente verdadeiro e bom, mas que é reflexo do seu acesso natural a tais coisas e, assim, de acordo com a natureza de seu modo de abordagem e com a compreensão que isso proporciona. Nisso, a filosofia (e toda outra arte e ciência) torna-se um modo pelo qual a pessoa humana, à luz da natureza do seu conhecer, pode trazer ao seu encontro com a teologia aquilo que as suas tradições intelectuais podem prover, para que possa progredir na sua compreensão daquela *scientia*, que lida com o dom suprarracional que lhe foi concedido por Deus. Nisso, "a filosofia serve como um poderoso pedagogo na ascensão à bem-aventurança"[51].

Questão 2: As provas da existência de Deus

O tratado sobre Deus começa com uma questão sobre se Ele existe. Há muita discussão entre os estudiosos sobre a razão pela

---
50. Velde (2006), p. 28.
51. Jordan (1992), p. 38.

qual Tomás começa dessa forma. À primeira vista, poderíamos ver essa questão como algo que surge naturalmente do tratado anterior. Se se trata aqui da doutrina sagrada como uma *scientia* do próprio Deus e de todas as coisas em relação a Ele, então deve-se estabelecer a existência de Deus, o próprio assunto dessa doutrina, como precondição para detalhar qualquer outro conhecimento sobre Ele. Isso, entretanto, não parece se encaixar bem nos princípios teológicos maiores que ordenam esse material, muito menos na intenção de Tomás na composição da *Suma*. À luz de tudo o que foi dito, tanto aqui como no capítulo anterior, pareceria mais apropriado abordar essas provas no espírito oferecido por Velde, ou seja, que

> *Embora existam várias objeções à suposição de que Deus existe, o que deve ser levado a sério, nós cristãos sustentamos firmemente, pela autoridade da própria Escritura, que Deus existe. Agora, uma vez admitido que isso seja verdade, como acreditamos que seja, tentemos então, com a ajuda de argumentos encontrados na tradição filosófica, mostrar como a mente humana pode ser conduzida a uma compreensão dessa verdade*[52].

A abordagem a essas provas no artigo 3 é feita cuidadosamente por meio das considerações dos dois artigos anteriores. O artigo 1 estabelece que o conhecimento de que Deus existe é algo que, para a pessoa humana, não é evidente por si mesmo. A razão para isso é dupla: primeiro, que se pode logicamente considerar a proposição de que Ele não existe, algo que até mesmo as Sagradas Escrituras atestam (o conhecimento evidente por si mesmo não permite que se considere sua contradição; assim, se é evidente que alguém está morto, não se pode logicamente considerar a proposi-

---

52. Velde (2006), p. 39. Cf. tb. Velde (2003), p. 70-72.

ção de que essa pessoa não está morta; é uma ou outra, e não pode ser ambas); em segundo lugar, que a evidência em si exige que as ideias envolvidas sejam compreendidas. Assim, nossa compreensão da proposição que "o todo é maior do que qualquer uma de suas partes" é evidente apenas na medida em que entendemos as ideias de "todo" e "parte" e a natureza da relação que se estabelece entre elas no contexto desse julgamento. Nesse conhecimento, vemos que "parte" está incluída na descrição essencial de "todo" e que o julgamento é evidente em sua verdade sem qualquer necessidade de demonstração. No entanto, se fôssemos incapazes de compreender as ideias de "todo" e "parte" dessa forma, tal julgamento, embora continuando a ser evidente por si mesmo, não seria evidente para nós. Agora, no julgamento de que Deus exista, as ideias de "Deus" e "existir" não são compreendidas pela pessoa humana dessa maneira para permitir que a evidência em si desse julgamento seja revelada, um conhecimento que é desfrutado somente pelo próprio Deus. E mesmo que houvesse uma compreensão da ideia de "Deus" dentro da mente da pessoa humana, isso em si não conduziria necessariamente ao estabelecimento da existência real da coisa, isto é, a sua existência fora ou não dependente da mente.

À luz disso, o artigo 2 questiona se é possível que a existência de Deus seja provada. Novamente, a autoridade das Escrituras (Rm 1,20) e os argumentos oferecidos pela filosofia afirmam que esse julgamento pode ser feito se estiver diretamente conectado a alguma experiência que as pessoas têm das coisas deste mundo. Essas coisas, sendo bem conhecidas ou mesmo, em alguns casos, evidentes por si mesmas podem proporcionar a oportunidade para uma demonstração, especificamente quando são consideradas como efeitos que requerem um exame das suas causas para que esses efeitos possam ser tornados inteligíveis tanto no que diz respeito às suas descrições essenciais como às suas condições existenciais. Nessa abordagem das coisas da experiência do homem, uma abordagem característica de todas as artes e ciências, descobre-se o que é uma coisa, como e porque ela existe, e espera-se que seja a causa perfeita ou primeira que dá uma explicação a essas coisas em primeiro lugar.

O artigo 3 oferece cinco maneiras pelas quais se pode aspirar a essa primeira causa. Essas são as provas bem conhecidas da existência de Deus que receberam bastante atenção na literatura secundária e na história da filosofia. Vou restringir minha discussão dessas provas a seus elementos básicos, o suficiente para permitir uma compreensão de sua estrutura e a oportunidade de investigar seus detalhes mais além, bem como o debate que gira em torno de sua solidez. A estratégia que Tomás emprega em cada um dos argumentos é encontrar algum aspecto da experiência cotidiana do homem que, quando examinado com cuidado, necessita a existência de uma primeira causa que, se negada, conduz à negação da experiência com a qual a própria prova começou, algo que seria muito difícil de fazer à luz da natureza fundamental ou mesmo da evidência dessa experiência.

A primeira prova lida com a experiência que temos de mover no mundo. Ele usa o exemplo do movimento que a madeira sofre quando fica quente para ilustrar os princípios que se aplicam aqui e a todas as formas de movimento. Tomás afirma que o aquecimento da madeira não é algo realizado *pela* própria madeira. Em vez disso, exige que um agente, ou seja, o fogo, atue sobre ela para que possa ser levada da condição em que está (ou seja, não quente num dado momento, mas em potência de se tornar) ao estado de estar quente em ato. Negar esse requisito de todas os movimentos e argumentar que uma coisa pode realizar mudanças por conta própria sem um agente, resulta, Tomás afirma, em contradição: isso só poderia ocorrer se, ao mesmo tempo, o sujeito do movimento, neste caso, a madeira, possuísse tanto ausência de calor quanto presença de calor, que fosse quente tanto em potência quanto em ato, ao mesmo tempo e no mesmo aspecto, uma impossibilidade; sua potencialidade pode ser realizada apenas por meio da atividade de algo, que não seja ela mesma, sobre ela. Agora, se considerarmos a causa que realiza esse movimento e descobrirmos que ela mesma está sujeita a movimentos, o mesmo argumento que acabamos de dizer se aplicaria a ela também. Surge então a questão: essa complexidade de causa e efeito se estende infinitamente, ou existe uma primeira causa nessa complexidade de causa e efeito pela qual todo movimento se torna realidade? Tomás responde que a primeira opção é impossível. Pois se não houvesse uma primeira causa, então o próprio efeito com o qual essa prova começou, ou seja, a experiência do próprio movimento, não ocorreria de fato. Pois a multiplicação de relações de causa e efeito nunca resultaria naquela primeira ativação necessária para explicar o movimento, aquela situação em que algo poderia ser a causa de seu próprio movimento; todo movimento seria em potência. Para salvar, então, a experiência do movimento em ato no mundo, deve-se colocar uma primeira causa, que é a causa de todo o movimento e não é movida por nada anterior a ela, sendo completamente realizada em tudo o que é e, assim, não tendo nada em potência a respeito dela. Essa causa, plenamente em ato e plenamente realizada, é o que "todos entendem ser Deus". Tomás considera essa prova como a forma mais evidente de estabelecer a existência de Deus, baseado aparentemente no fato de que, das cinco experiências com as quais essas provas começam, o movimento é o mais óbvio e certo de todas elas, sendo diretamente experimentada no nível sensorial e, assim, não exigindo um certo grau de aprendizado e argumento para sua força probatória, como as outras quatro parecem requerer para que funcionem como funcionam nessas demonstrações[53]. A segunda prova concentra-se na experiência de que aquilo que age, como agente ou causa eficiente, age nessa capacidade apenas na medida em que se tornou capaz de fazê-lo. Assim, o fato de eu ser algo capaz de realizar o estabelecimento de outro como uma agência de movimento é algo que eu mesmo não realizo. Se não fosse esse o caso, se fosse possível ser a causa de sua própria condição de agente de mudança, então isso exigiria que o agente existisse como agente antes de se tornar um agente, uma contradição, especialmente se a agência em questão resultar no estabelecimento da própria existência do agente em questão (que eu, sendo a causa de minha existência e, assim, de toda agência consequente disso, teria que existir antes de eu existir). Nesse ponto, a prova segue a mesma linha de raciocínio da primeira. Observa-se, como antes, uma complexidade de relações de causa e efeito, mas dessa vez a ênfase está mais no agenciamento da causa do que no movimento que o efeito sofre nessa relação. Novamente, Tomás nega que essa complexidade de relação no nível de agência seja infinita. Pois a multiplicação da série de causas e efeitos a esse respeito não faz nada para estabelecer a agência em ato que se experimenta no mundo, já que nada poderia por si só ter iniciado essa primeira realização de sua agência sem contrair a contradição que acabamos de notar. Assim, deve haver um primeiro agente ou uma primeira causa eficiente para toda a agência e para toda a complexidade de suas inter-relações no mundo, uma agência que seja plenamente ativa nessa capacidade, não exigindo nada para estabelecer essa condição, mas que é isso absolutamente.

---

53. No entanto, essa primeira prova admite muito mais detalhes e complexidade do que é apresentado aqui, como é testemunhado pelo tratamento prolongado dela no livro I, cap. 13 da *Suma contra os gentios*.

A terceira prova considera a contingência das coisas de nossa experiência, o que significa dizer que a sua existência não é necessária, mas é algo que surge na sua geração e morre na sua eventual destruição. Se assumirmos que todas as coisas são dessa natureza, então, dada uma quantidade infinita de tempo em que todas as variáveis tenham sido realizadas, teríamos que concluir que não haveria coisas existentes neste momento. Pois, em algum momento, em uma quantidade infinita de tempo, todas as permutações teriam sido realizadas, inclusive aquela em que todas as coisas teriam passado para fora da existência, não deixando nada. Uma vez que o ser de algo não pode surgir da pura negação do nada, o fato de que há algo agora contradiz a suposição original e deve haver um ente cuja existência é necessária. Agora a necessidade desse ente é causada ou por outro ou não é causada de modo algum. Se por outro, então a mesma questão se aplica ao que causou essa necessidade. Tomás então argumenta, como fez antes, que não se pode colocar um infinito nessas relações causais, uma vez que isso eliminaria a existência, em ato, dos entes contingentes com os quais a prova começou (ainda mais os entes necessários aos quais ele argumentou). Deve haver, portanto, um primeiro ente cuja necessidade não é consequência de outro, cuja necessidade é sua própria, a partir do qual todos os outros entes, tanto contingentes como necessários, têm sua existência.

A quarta prova aborda a observação de que as coisas exibem diferentes graus de perfeição nas formas em que existem. O bom, por exemplo, descreve uma perfeição atribuível a uma grande diversidade de coisas, mas não exatamente da mesma maneira, sendo alguns melhores que outros. Assim, descrevemos comida, vestuário, carro, cônjuge, pais, governo, virtude e outras coisas como boas, não de modo equivocado ou unívoco, mas análogo. No entanto, para esse tipo de nomenclatura e, assim, para essa comparação ou determinação do maior e do menor a ser realizado, deve existir um máximo ou um padrão a partir do qual a medida de tais coisas seja possível. Consequentemente, à luz do nosso exemplo, deve haver algo muito bom, que é a própria bondade e, em participação com todas as outras coisas, pode ser denominado como bom de maneiras variadas. Agora, ao aplicarmos o termo "bom" às coisas de nossa experiência, estamos tomando nota de uma perfeição do próprio ser das coisas em questão. Se for esse o caso, então, ao compararmos as coisas variadas que designamos como boas da maneira que acabamos de falar, estamos de fato comparando graus ou gradações do ser, o que leva à conclusão de que também deve haver um máximo no ser para que essas comparações ou determinações sejam efetivadas. O mesmo se pode dizer de todas as outras perfeições do ser, como a verdade, a nobreza e a beleza. Uma vez que o máximo em ser é a causa de tudo o que é encontrado em qualquer instância de ser, tais como os vários graus de bondade, verdade, nobreza e similares, esse deve ser o caso em que há um ente que não é apenas a causa do ente de todas as coisas, mas também de toda e qualquer perfeição que eles desfrutam, perfeições que são devidamente encontradas e características desse mesmo ente.

 A quinta prova trata da observação de que o mundo e todas as suas partes não agem casualmente, mas sim de um modo ordenado e regular, tanto no que diz respeito às suas naturezas individuais quanto na relação dessas naturezas com o todo propriamente. Na linguagem de Tomás, todas as coisas operam para um fim tanto individualmente (para a perfeição de suas próprias naturezas) como coletivamente (para o bem do próprio todo), conscientemente ou inconscientemente, por intenção ou instinto. O fato de que coisas inteligentes e não inteligentes fazem isso indica que não é por acaso que isso ocorre, mas sim que isso surge por meio do governo do universo e que, consequentemente, há um governador, que é responsável por essa ordem em seu estabelecimento, manutenção e culminação.

Antes de considerarmos a discussão de Tomás a respeito da essência de Deus, é bom reconhecer um problema que muitos têm ao estudar as provas pela primeira vez, ou seja, que as conclusões para cada prova não parecem corresponder intimamente com o Deus das Sagradas Escrituras e da revelação, mas sim a alguma deidade impessoal comum às crenças religiosas fora do e/ou antes do cristianismo. Embora isso possa parecer ser o caso, deve-se lembrar que a intenção dessas provas não é determinar a essência de Deus, mas sim estabelecer os caminhos disponíveis ao raciocínio humano pelos quais a existência de Deus pode ser demonstrada. Fazer então essa crítica antes do exame de Tomás da essência de Deus e da própria Trindade, isto é, criticar a sua visão de Deus com base nessa única questão, sem sua integração apropriada não só no tratado ao qual pertence, mas também no tratado seguinte e na própria *prima pars*, revela uma falta de compreensão de como Tomás desenvolve seu assunto. Como dito anteriormente, essas provas não pretendem estabelecer uma teologia filosófica natural propedêutica à teologia propriamente dita. Elas pretendem mostrar, entre outras coisas, que as doutrinas da fé católica têm uma inteligibilidade e uma razoabilidade próprias, algo que pode ser demonstrado apelando às disciplinas, particularmente à filosofia, que se dedicam a essas mesmas realidades por meio dos instrumentos naturais a sua disposição, instrumentos desenvolvidos e adequados à natureza da razão humana e aos modos pelos quais ela chega à posse de seu conhecimento. As conclusões, portanto, dessas provas filosóficas são algo que a *scientia* da teologia pode expandir dentro do contexto de sua disciplina mais universal e da fonte de que ela desfruta na revelação encontrada na Sagrada Escritura. É somente à luz desse contexto mais universal que o material filosófico da *Suma* começa a revelar o seu verdadeiro sentido e contribuição para a obra de teologia[54].

Questões 3-11: O que é Deus como Ele é em si mesmo

Tendo demonstrado as maneiras pelas quais é possível demonstrar que Deus existe, Tomás agora considera a maneira de sua existência para que ele possa dizer algo sobre sua essência, um assunto difícil tratado nas questões 3 a 11. Como veremos no *Tratado sobre o homem*, Tomás argumenta que o conhecimento de uma pessoa, como foi observado anteriormente, depende inteiramente da sua experiência sensível das coisas deste mundo, da qual ele abstrai tudo o que conhece em termos intelectuais, particularmente as essências das coisas. A dificuldade em articular isso com precisão está bem clara nas histórias das disciplinas que compõem nossas tradições intelectuais. Uma dificuldade ainda maior surge, entretanto, quando se começa a considerar os princípios fundacionais e as causas da realidade, causas que não são diretamente encontradas na própria experiência, mas são conhecidas apenas em relação às coisas sensíveis do próprio mundo. Então, o conhecimento que o homem tem das coisas mais elevadas, e particularmente do próprio Deus, é adquirido discursivamente e indiretamente, algo que exige o melhor que a mente e suas tradições intelectuais podem oferecer em sua busca. Isso, juntamente com a afirmação da Sagrada Escritura sobre essa dificuldade, requer um grande cuidado na abordagem ao divino.

---

54. Considerar uma descrição mais detalhada oferecida por Velde no cap. 2 (2006).

Claramente, então, o conhecimento da essência de Deus é algo que não é alcançado pela mente humana de forma direta; Deus não é encontrado do mesmo modo que encontramos outros entes no mundo. Nem nós, como foi visto na questão 2, temos um conhecimento intuitivo e evidente sobre Ele. A essência de Deus, além disso, não é algo que possa ser abarcado pela mente humana na maneira em que outras coisas, encontradas tanto direta como indiretamente, se tornam disponíveis à sua consideração e investigação. Pois só Deus vê a sua própria essência. Parece, então, que a maneira mais apropriada de falar da essência divina seria negar-lhe qualquer coisa que seja claramente imprópria. Essa maneira apofática de descrever a essência divina reflete a falta de acesso que os seres humanos têm a tal objeto e respeita a profundidade da essência do Criador. No entanto, Tomás não considera que todo o conhecimento do homem sobre a essência divina seja abordado negativamente. Quando se considera que o próprio conhecedor e o mundo do qual ele faz parte é um produto da atividade criadora de Deus, um efeito do qual Deus é a causa perfeita, há nesse fato uma possível abordagem positiva do conhecer e do nomear Deus, pelo menos um conhecer e um nomear que não é inapropriado para o que Ele é. A estratégia que Tomás emprega é olhar para os argumentos que estabeleceram sua existência e derivar deles a maneira pela qual Ele, como causa das próprias coisas com as quais as próprias provas começaram, pode ser descrito à luz delas. E assim, para citar diretamente Tomás, já que todas as coisas criadas

> são efeitos de Deus que não se igualam ao poder da causa. Por essa razão, a partir do conhecimento das coisas sensíveis, não se pode conhecer todo o poder de Deus, nem por conseguinte ver sua essência. No entanto, como são efeitos que dependem da causa, podemos ser por eles conduzidos a conhecer Deus e a conhecer

aquilo que é necessário que lhe convenha como à causa primeira universal, que transcende todos os seus efeitos. Por isso, conhecemos sua relação com as criaturas, a saber, que é causa de todas elas, e a diferença das criaturas com relação a Deus, a saber, que Ele não é nada do que são seus efeitos. Enfim que tudo isso lhe é negado não por deficiência sua, mas em razão de sua excelência[55].

Tomás descreve aqui as abordagens de causalidade, remoção e eminência, sendo o primeiro e o terceiro o meio pelo qual podemos articular algo positivo sobre a essência de Deus. Tomás começa, então, considerar a essência de Deus a partir dessas três perspectivas nas questões 3 a 11, resultando em um conhecimento que é negativo em sua maioria, mas que também inclui as formas de causalidade e eminência[56]. Isso permite um exame da apropriação subjetiva de qualquer conhecimento que a pessoa humana possa ter de Deus, (questão 12) e, então, como esse conhecimento pode ser nomeado apropriadamente (questão 13).

A questão 3 aborda a questão da simplicidade de Deus. Tudo o que o ser humano encontra em sua experiência é de natureza composta; coisas absolutamente simples, sem partes nem divisões em seu ser, simplesmente não são encontradas. Em cada um dos artigos desta questão, Tomás apela às diferentes áreas da filosofia para ver se algum aspecto de composição ou divisão pode ser atribuído a Deus. Em cada uma dessas áreas, ele conclui que não é esse o caso. Quer examinemos as ciências físicas, metafísicas, lógicas ou psicológicas, descobrimos que os princípios com os quais elas lidam, as preocupações que elas têm e a terminologia que é espe-

---
55. ST. I. 12. 12 (GALACHE et al., I, p. 208). A linha de exposição aqui deve bastante à discussão de Velde no cap. 3 (2006), p. 72-77.
56. Cf. tb. ST. I. 13. 1 para esses três caminhos.

cífica de cada uma, são todas elas negadas de Deus e são afirmadas, como consequência, como apropriadas à condição das coisas criadas. Assim, Deus deve ser totalmente simples, o que significa que Ele carece de todo e qualquer aspecto composicional em sua essência. Mesmo quando se trata das distinções mais básicas entre a essência de uma coisa, sua individualidade (uma pessoa não é idêntica à sua humanidade, mas sim uma instanciação dela) e sua existência (a humanidade de uma pessoa não é equivalente nem necessita de sua existência), Tomás as negará de Deus (Deus é sua essência e a essência e a existência de Deus são o mesmo). Tudo isso decorre da maneira como a primeira causa foi descrita nas cinco provas da questão 2. Assim, por exemplo, Deus não pode de modo algum ser material, pois isso introduziria potência em seu ser, algo negado de Deus na primeira prova (Ele é puramente em ato, não tendo nada em potência a respeito dele). Novamente, a essência e a existência de Deus devem ser idênticas, pois se não fossem, a existência de Deus derivaria de outra (algo negado pela conclusão da terceira prova).

A perfeição, para Tomás, indica a medida na qual nada falta na atualidade de uma coisa que tenha atingido, por assim dizer, o auge do que lhe é possível. A questão 4 argumenta que a perfeição é dita apropriadamente de Deus na medida em que Ele é puramente em ato e, assim, não tem nada em potência ou não realizado a respeito dele. Além disso, como o Criador de todas as coisas, Ele tem, de uma maneira mais perfeita, tudo o que é perfeito na criação, mas isso de uma maneira mais eminente, de acordo com o modo de sua existência. Assim, por exemplo, enquanto Ele não tem a perfeição de um corpo, pode-se dizer que tem a perfeição da integridade de um corpo, ou qualquer outro número de perfeições que poderiam ser associadas ao corpo, porém de maneira mais eminente e apropriada. Isso se aplica muito especialmente ao ente, às atualidades e perfeições de que todas as criaturas desfrutam, todas as quais só são possíveis na medida em que derivem desse mais perfeito dos entes. Surge então a questão: até que ponto a perfeição da pessoa humana é como a de Deus? Claramente, a semelhança não é do mesmo tipo (os seres humanos não são deuses), nem é alguma semelhança menor do mesmo tipo (as pessoas não são deuses menos poderosos ou menos inteligentes). É na linha da causalidade que as pessoas são como Deus, não como Ele gera outro como Ele mesmo (os seres humanos não são pequenos deuses ou deuses-crianças), mas como o Criador instila algo de si mesmo nas pessoas, o que inclui minimamente a capacidade de raciocinar e de escolher livremente, algo que será abordado na questão 93 da *prima pars*, e com a qual começa o prólogo da *prima secundae*.

A consideração da bondade de Deus está coberta pelas questões 5 e 6, com a primeira dedicada à ideia do bem em geral, que depois, na segunda, é discutida em relação a Deus. O uso da palavra "bem" indica, para Tomás, aquelas coisas que as pessoas acham desejáveis, algo que surge quando as pessoas tenham julgado que algo é perfectivo para a sua pessoa ou simplesmente é perfeito em si mesmo. Um músico, então, pode julgar um instrumento em particular como sendo bom na medida em que é bem e belamente construído, sendo um bom exemplo da arte do luthier. O músico pode então desejar o instrumento em si, ou como o meio pelo qual vai permitir que ele se dedique mais plenamente e belamente na apresentação, que é um aspecto tão importante de sua arte, e, assim, ser considerado como alguém que toca bem, digno do título de um bom músico, ou talvez um virtuoso, se ele estiver entre os melhores. O bem, então, está associado ao desejável, ao ser de um indivíduo, sua perfeição e atividade. Mas é algo que, em última análise, está associado ao propósito. Porque o bem, como Aristóteles notou, tem o aspecto de um fim, é que em favor dele se faz qualquer coisa que se faz. O desejo do músico para o bem de executar bem ordena sua vida e sua atividade para que ele possa aspirar a alcançar qualquer coisa que ele deva para que ele possa se dedicar plenamente em ser o que um músico é e, assim, cumprir sua potência, dessa forma particular. Quando se considera uma pessoa boa, diríamos não só que o seu ser humano é bom (o que é ser perfeito de certa forma), mas que ela também, em razão do bem da sua humanidade, pode se dedicar a toda uma série de atividades para realizar a potência que se encontra em ser humano. Tornar-se um músico permite que se aperfeiçoe de uma maneira particular, para aspirar à boa qualidade particular a essa arte. Mas no que diz respeito ao ser humano e não apenas um músico, o bem aqui é encontrado no grau em que se age de acordo com a plenitude da humanidade de alguém, buscando o propósito ou bem para o qual se existe e para fazer isso ao longo de toda a vida. Nisso, a pessoa humana realiza a bondade e a perfeição que está implícita em sua humanidade, tudo o que reside em potência no bem de seu ser. Nisso se encontra a felicidade da pessoa humana, aquela em que encontra sua mais elevada atualidade, perfeição e bem, algo que ocupará a atenção de Tomás na *secunda pars*.

À luz desses breves comentários sobre a noção de bem e tendo em vista as questões anteriores, pode-se ver que Deus não é apenas bom, Ele é o maior de todos os bens, a fonte de toda bondade, e que sua essência é idêntica à sua bondade. Pois o que uma coisa é ou tem é possuído de um modo mais eminente pelo agente que a causou. Portanto, assim como existe perfeição, atualidade e bondade nas coisas criadas, assim também estas existirão em sua primeira causa de uma maneira mais eminente. Uma vez que existe uma semelhança entre causa e efeito, uma semelhança mencionada na questão 4, a pessoa humana descobre o desejo de estar unida àquilo para o qual foi feita, aquilo em que encontra a sua verdadeira inteligibilidade, completude e paz. A desejabilidade da primeira causa é alimentada não apenas pelo fato de que Deus é bondade Ele mesmo (Ele é plenamente em ato, totalmente simples e perfeito, e indiviso em sua essência: Ele é sua bondade), mas que o desejo que a pessoa humana tem para o próprio bem é satisfeito não pelos bens externos, corporais ou espirituais de sua pessoa, mas apenas pela própria fonte dessas coisas, ou seja, o bem absoluto perfeito que Deus é (algo que será discutido mais adiante no tratado sobre a felicidade no início do *prima secundae*).

A questão 7 considera a infinidade de Deus. Ao contrário de todas as outras coisas que Ele fez, Deus não é finito e isso por causa do fato de que Ele é plenamente realizado em tudo o que Ele é, encontrando assim no seu ser nada que limite ou restrinja sua essência e sua existência. A questão da onipresença de Deus (questão 8) segue intimamente sua infinidade, pois esta implica aquela. Cada coisa, como vimos, é um ente contingente e, como tal, depende de Deus em cada momento da sua existência. Isso exige, então, que Deus esteja presente em todas as coisas e em todos os lugares, para que Ele possa manter em existência cada ente e toda a criação. Ele faz isso não como algum agente extrínseco às coisas que mantém em existência, mas por estar presente intimamente em todas as coisas.

A questão 9 extrai o que está implícito na anterior, isto é, que Deus é imutável. Foi mostrado anteriormente que Deus é puro ato, não tendo nada de potência nele. A consequência disso é que o que quer que seja Deus, existe integralmente, completamente e, na perspectiva da pessoa humana, em todos os momentos. Ele não move porque o movimento requer a presença de potencialidade, algo que falta totalmente a Deus Ele mesmo. Em cada movimento, há a realização de uma nova atualidade. Mas como Deus é infinito e perfeitamente e, ato, contendo em si mesmo as perfeições de todo ente, não há nova atualidade que Ele possa ganhar. Assim, o movimento não teria sentido para Ele. Nem poderia Deus perder qualquer aspecto de seu ser. Pois Ele é não causado e, assim, existe necessariamente e não contingentemente. Deus não pode deixar de ser, de maneira alguma. Agora, se Deus é imutável, então Ele é eterno (questão 10), o que Tomás define, seguindo Boécio, como a "posse simultaneamente completa e perfeita de vida sem princípio nem fim". A última parte é autoexplicativa – a eternidade não tem princípio nem fim. A primeira se refere ao modo pelo qual um ente eterno é medido, por assim dizer, como algo que não tem sucessão em seu ser, é simultaneamente inteiro em tudo o que ele faz e é. Na perspectiva do homem, como entes no tempo, Deus é em qualquer momento o que Ele sempre foi e o que Ele sempre será. Na perspectiva de Deus, Ele é a sua própria eternidade; Ele foi, é e será sempre a posse simultaneamente completa e perfeita da vida sem princípio nem fim. Diz-se que outros seres são eternos apenas na medida em que recebem dele a sua imutabilidade. Nesse sentido, tais coisas compartilham da eternidade de Deus, mas, no entanto, tiveram um começo, algo que falta a Deus inteiramente.

A questão 11 discute a unidade que Deus é, isto é, que não há apenas uma integridade ao seu ser, mas também nada dentro dele que o divida, um ponto importante à luz das muitas e variadas descrições que acabaram de ser apresentadas sobre sua essência. Assim, Ele é supremamente um, ao contrário da experiência da pessoa humana do que é um em relação aos entes compostos e contingentes que, embora desfrutando de uma integridade e uma unidade de ser, não podem ser descritos como supremamente um na forma como Deus é.

Questões 12 e 13: como Deus está no conhecimento humano e como Ele é conformemente nomeado

Tendo considerado essas descrições da essência de Deus, Tomás volta-se para a apropriação subjetiva delas pela mente do homem, o que, então, não só lhe permite considerar como Deus poderia ser nomeado apropriadamente em consequência do conhecimento do homem sobre ele, mas também a referência precisa desse conhecer, ou seja, de que maneira ele designa a essência divina, dada a maneira e as limitações do conhecer humano.

Deve haver, em primeiro lugar, um conhecimento de Deus desfrutado pela pessoa humana, que não é abrangido completamente pela abordagem negativa. Pois se o conhecimento do homem fosse restrito à *via negativa* em seu entendimento da essência divina, então não só tal conhecimento frustraria o cumprimento da sua natureza, mas também as próprias promessas feitas pelas Escrituras, isto é, de que os fiéis contemplarão Deus como Ele é. A questão para Tomás, então, não é se o homem pode contemplar a essência de Deus, mas sim como isso será realizado.

A visão da essência de Deus não será algo realizado pelos sentidos, nem por meio de uma semelhança dele criada, encontrada nas coisas deste mundo. Esse conhecimento só pode ser adquirido se for concedido ao homem por Deus, mas de tal forma que respeite os processos psicológicos que caracterizam seu saber. Isso será fortalecido por aquilo a que Tomás chama "a luz da glória", tornando possível a contemplação de Deus, onde de outra forma não aconteceria. Essa visão será realizada por meio do olho do intelecto, por assim dizer, como foi fortalecido dessa maneira. Encontramos aqui um princípio importante que permeia a totalidade do pensamento de Tomás, isto é, que a graça não destrói a natureza, mas antes a aperfeiçoa, que a graça não se opõe ao natural, mas é o meio pelo qual a sua plenitude pode ser realizada e isso sem violência à sua constituição. Esse princípio é ainda exemplificado pelo fato de que, embora todos os que recebem o dom da essência de Deus recebam o mesmo dom, todavia o entendimento e a apreciação desse dom dependem da disposição daqueles que o recebem; contemplarão melhor a essência de Deus aqueles que se prepararam para recebê-lo, que levaram uma vida dedicada à virtude e à santidade. Na visão da essência de Deus, a mente de um indivíduo não abrange inteiramente o que é concedido. Tal abrangência é reservada apenas a Deus que, sendo infinito, é o único capaz de abranger seu próprio infinito. A visão do homem será sempre incompleta e, no entanto, será de tal natureza que satisfará o seu desejo de conhecê-lo e de estar unido a Ele, uma visão que, dada a sua infinitude, satisfará por toda a eternidade. Enquanto essa visão é normalmente reservada para aqueles que passaram para a vida seguinte, Tomás afirma que ela pode ser concedida a um aqui e agora na experiência do arrebatamento: O dom de Deus é dado como e quando Ele assim desejar. Isso, no entanto, é muito raro. Na maior parte das vezes, a pessoa humana aguarda essa visão celestial nesta presente vida ao aspirar a alcançar um vislumbre da essência de Deus pelos caminhos discutidos anteriormente. Isso nos leva, então, à consideração de como o conhecimento que o homem atualmente tem de Deus pode ser designado.

Em primeiro lugar, a nomeação de algo pelo homem é consequência da sua presença em seu conhecer e que o nome que ele atribui reflete significativamente essa apropriação subjetiva. Uma vez que o homem, portanto, não adquire nesta vida um conhecimento da essência divina, ele não pode nomear Deus desse modo, mas apenas de acordo com os três caminhos da causalidade, da remoção e da eminência. Isso leva Tomás a determinar cuidadosamente as referências dos nomes usados até esse ponto. Nomes negativos (como "imutável" ou "imaterial") e nomes que significam a relação de Deus com as criaturas (como "Criador" ou "Senhor") não significam Deus corretamente, mas descrevem respectivamente a distância das suas criaturas, e a relação que as criaturas têm com Ele. Nomes positivos (tais como "bom" e "sábio") são pretendidos pela Sagrada Escritura a significar Deus, mas ainda ficam muito aquém de representá-lo. Tomás explica:

> Então quando se diz: Deus é bom, isso não quer dizer: Deus é causa de bondade, ou Deus não é mau; mas o sentido é: o que chamamos bondade das criaturas preexiste em Deus, e de maneira superior. Portanto, daí não se segue que seja próprio de Deus ser bom por causar a bondade; pelo contrário, porque é bom difunde a bondade nas coisas [...][57].

A consequência disso é que esses nomes positivos significam de fato o que Deus é. No entanto, a apropriação, pelo homem, dessa realidade assim denominada ocorre à luz da maneira pela qual as perfeições que são Deus são encontradas nas coisas deste mundo. Assim, palavras como "sábio" e "bom" têm sua gênese e são compreendidas em relação às coisas deste mundo, e assim ficam muito aquém de serem aplicadas a Deus seu Criador desse modo. No entanto, à luz da relação causal que as criaturas desfrutam com respeito a Deus e de que todas as perfeições encontradas neste mundo têm sua origem no próprio Deus, pode-se perguntar

---

57. ST I. 13. 2 (GALACHE et al., I, p. 288).

se há alguma maneira pela qual a experiência e o entendimento do homem sobre esses nomes positivos poderiam realmente indicar algo sobre o próprio Deus. Claramente, palavras positivas não são usadas como sinônimos; a intenção é indicar sua eminência, não esboçar alguma vaga similaridade entre Ele e as coisas que as pessoas chamam de "boas" ou "sábias". Nem é o caso que essas palavras positivas nomeiem Deus da mesma forma que as pessoas as usam (univocamente) ou de um modo completamente diferente (equívoca ou metaforicamente). A intenção é antes nomear Deus de tal forma que, ao mesmo tempo, a diferença e a similaridade indicadas estejam implícitas, algo realizado por meio de um uso análogo de palavras. Isso ocorre quando uma palavra, como "bom", "sadio" ou "pai", é usada para significar muitas coisas diferentes, em razão de uma referência a uma coisa que cada um desfruta em proporções diferentes e que deve ser incluída em suas definições. Assim, "pai" tem sido usado para significar o pai masculino, um mestre, um sacerdote e o próprio Deus, coisas claramente diferentes, mas cada um unido pelo que é essencial à noção de pai, ou seja, aquele que introduz o outro a algum aspecto da vida (biológica/ socialmente, intelectualmente, espiritualmente e absolutamente, respectivamente). A primazia da similaridade é encontrada em Deus, que é propriamente chamado de "Pai". Mas, da perspectiva do conhecer humano e de sua consequente nomeação, ele só pode começar a aproximar-se do que significa "Pai" tomando por sinal as realizações de "pai" nas coisas da sua experiência. Assim, a realidade de "pai" e de "bom", "sábio" e outros termos positivos são coisas que só serão compreendidas adequadamente na visão da essência divina, até a qual o homem aguarda analogamente, de um modo imperfeito, por meio da sua reflexão sobre os efeitos do ato criador de Deus. De todos os nomes que são dados a Deus, o mais próprio deles é aquele que Ele mesmo revela a Moisés em Ex 3,13: "Eu sou quem sou". Pois, como Tomás explica, um nome é dado porque significa a essência de uma coisa. Mas esse nome significa ser Ele mesmo, uma formulação que implica que o ser de Deus é a sua própria essência, algo discutido anteriormente como a maneira mais apropriada de descrever a essência de Deus. Além disso, o próprio nome não limita Deus de forma alguma; Ele é a sua própria existência. É um nome, portanto, que melhor respeita o que se pode saber sobre a essência divina e o que Deus é como Ele é em si mesmo, isto é, a partir da perspectiva tanto do subjetivo conhecer a Ele como da objetiva realidade que Ele é. No entanto, deve-se sempre lembrar que a nomeação análoga de Deus, embora designando algo próprio a Ele, todavia é algo que desafia o pleno entendimento do indivíduo, como se encontra nele, pelo menos à luz do fato de sua simplicidade, na qual todos esses nomes positivos atribuídos apropriadamente a Deus não são realizados nele de uma forma plural, ou em distinção de seu próprio ser. Deus é sua bondade, sua sabedoria e sua beleza, enquanto os seres humanos nunca são considerados sua bondade, sabedoria ou beleza, assim como nunca são considerados sua humanidade. Deus é isso em seu próprio ser, enquanto a pessoa humana é isso na maneira de ser uma criatura. Assim, pode-se fazer proposições afirmativas a respeito de Deus, tanto de natureza negativa quanto positiva, esta última dando origem a uma diversidade de conheceres de algo que em si mesmo é absolutamente simples, algo que reflete em última instância a inadequação da mente humana em sua abordagem ao mais inteligível dos entes, uma inadequação que manifesta a pluralidade como a única abordagem que ela pode ter na contemplação de tal ente por meio de seus efeitos.

Questões 14-24: Aquelas atividades imanentes a Deus (seu intelecto, vida e vontade)

Uma vez que as atividades de uma coisa fluem diretamente do que essa coisa é, Tomás passa da descrição da essência de Deus para uma consideração das atividades que são próprias dele. A atividade é de dois tipos: intransitiva e transitiva. A primeira se refere àquela atividade que é imanente ao agente, tendo sua gênese e terminação dentro dele, enquanto a segunda se refere à atividade que começa dentro do agente, mas encontra sua terminação fora dele. A atividade intransitiva ou imanente de Deus ocupa a atenção de Tomás para a maioria das questões restantes desse tratado. Sua atividade transitiva é tratada brevemente em relação ao seu princípio, ou seja, sua potência (no final desse tratado na questão 25), e é abordada mais diretamente no contexto da Trindade e no restante da *prima pars*, especialmente no tratado relativo à criação.

As dificuldades que rodearam a descrição da essência de Deus continuam com as descrições de seu intelecto (questões 14 a 17), sua vida (18), sua vontade (19-21) e as interações que existem entre seu intelecto e sua vontade em sua providência e predestinação (questões 22 a 23). Sua inteligência e seu *consequente* conhecimento são negativamente e analogamente descritos. Sabemos que a inteligência e o conhecimento de Deus são perfeitos. Contudo, diferente da nossa experiência de racionalidade, Deus não está limitado na sua. Ao contrário, ela se estende mais perfeitamente sobre toda a criação e é sua própria natureza. Ele conhece, assim, todas as coisas, tanto universal como particularmente: universalmente como um todo e de acordo com as naturezas que compõem esse todo, e particularmente por meio de sua própria presença em todas as coisas, algo que as estabelece e mantém em seu ser e as direciona para a plenitude nele. Ele compreende a si mesmo plenamente, não havendo nada escondido ao seu olhar ou não realizado em seu ser. Esse entendimento não é algo que seja discursivo como é para a pessoa humana. Pelo contrário, realiza-se tudo junto e sempre; Deus não "desperta" para si mesmo, mas é, antes, seu próprio entendimento (uma consequência da simplicidade e da plenitude da sua atualidade). Como a primeira causa eficiente, o conhecimento de Deus é a causa da existência e da essência de cada coisa, contendo dentro de si mesmo os exemplares de todas as coisas, que constituem a base para toda a verdade e da ordem e inteligibilidade de toda a criação e suas partes individuais. Seu conhecimento abrange não só tudo o que realmente foi e é, mas também os contingentes futuros, tanto da sua parte como da do homem; sua visão não é sucessiva, mas eterna. Isso se estende também ao mal que existe no mundo, em um grau muito maior do que o próprio homem conheceria, dada a natureza abrangente de seu conhecer e a maneira perfeita pela qual Ele sabe que todas as coisas não incorporam ou aspiram ao bem que é delas. À luz de tudo isso, Deus é a própria verdade, a maior sabedoria a que se pode aspirar, uma sabedoria à luz da qual se entende tudo da melhor maneira possível.

A vida de Deus é mais perfeita e plena. Na experiência do homem, diz-se "vida" daquilo que tem uma capacidade intrínseca de se determinar em seu movimento ou atividade. Assim, não se diz que uma pedra tem vida na medida em que seu movimento ou mudança é realizado por forças externas a ela, enquanto uma planta, por outro lado, é considerada como tendo vida, uma vez que suas atividades são importantemente realizadas a partir de dentro, ou seja, por ela mesma. No entanto, a vida vegetal também é influenciada diretamente por coisas externas a ela, coisas que ela requer para as atividades que caracterizam sua vida, ou seja, nutrição, crescimento e reprodução. Ao se considerar os animais e depois os seres humanos, nota-se uma maior capacidade de autoativação e uma maior variedade de atividades. Assim, o animal não só desfruta da habilidade de ir de um lugar a outro, mas também desfruta de toda a vida sensual, o que inclui a capacidade de conhecer o seu ambiente por meio de suas potências cognitivas sensitivas: o animal, entre as formas de vida, é o primeiro a saber. Nisso, diz-se que o animal exibe e desfruta da vida mais perfeitamente do que a planta, particularmente quando se envolve em sensações. Entretanto, ele o faz de maneira menos perfeita do que o homem, na medida em que o animal está determinado em suas reações ao que sabe, ficando desprovido de razão: o animal sabe para onde vai, mas não por quê. Diz-se, então, que a pessoa humana desfruta mais plenamente da vida na medida em que se engaja não só no sentido, mas também na cognição intelectual (conhece tanto as essências como as razões das coisas). Ele não é determinado inteiramente pelo seu conhecimento, mas é livre para ir à busca daquelas coisas que são boas ou que parecem ser. No entanto, essa liberdade é algo que se torna possível na medida em que ele é ativado tanto pelo verdadeiro como pelo bom, pelos princípios que são fundamentais para o seu pensamento e por seu desejo de ser feliz. Diz-se que Deus, porém, é perfeitamente a vida na medida em que não há nada que Ele precise para ativar o seu conhecer: Ele é a verdade e a própria sabedoria. Não há nada que Ele precise para ativar a sua vontade: Ele é a bondade perfeita, plenamente ativada em seu ser, não necessitando de nada para torná-lo melhor. Assim, como seu entendimento, sua verdade, sua bondade e seu amor são sua própria essência, algo que é eterno, simples, perfeito e completo, a vida de Deus não é apenas a perfeição da vida do homem, sua própria felicidade, é também a própria felicidade de Deus.

A vontade manifesta a altura do apetite de uma natureza racional e constitui a inclinação que busca decididamente, no amor, aquilo que é considerado bom como tal e, assim, como perfectivo daquele a quem falta esse bem. Quando possuída, a vontade repousa neste bem, um repouso que se manifesta na experiência do prazer e da alegria. Essa inclinação do ser racional ao que é bom e perfectivo dele também se manifesta, em menor medida, no apetite sensível de animais e no apetite natural que caracteriza todas as coisas. A noção operativa em todas as formas de apetite é que a coisa está naturalmente inclinada àquilo em que está sua perfeição. Com a natureza racional, há claramente muito mais em ação do que apenas o instinto que caracteriza a natureza animal; a pessoa humana faz julgamentos definidos a respeito da natureza daquilo que a aperfeiçoa e da maneira pela qual os busca. O que se quer demonstrar é que, onde há intelecto, também há vontade; assim como há compreensão do bem, assim também há um direcionamento para isso, a fim de que o que é conhecido como bom possa ser alcançado de fato. Deus, então, não só tem uma vontade, mas ela é dirigida primariamente para o bem perfeito que Ele é, pois não há nada que falte a Deus e nada que possa torná-lo melhor do que Ele é. No entanto, para que não se pense que isso restringe a atividade de Deus apenas a si mesmo, Tomás nota um terceiro aspecto da natureza do apetite, isto é, que além do desejo por um bem não possuído e, depois, do repouso e da alegria que se experimenta em sua posse, há também uma efusão natural desse bem para os outros, na medida do possível. Nisso se encontra a raiz da explicação do ato criador de Deus, como o estabelecimento de coisas além de si mesmo, na medida em que o bem que Ele é transborda, por assim dizer, no estabelecimento de toda a criação (mais se dirá sobre isso nos próximos tratados).

O que estranhamente impressiona os leitores modernos são as aparentes limitações que são impostas à vontade de Deus. Ao contrário da suposição de que a vontade de Deus é absoluta em todos os sentidos, mesmo com respeito à sua própria natureza e àquilo de que Ele faz ou comanda, Tomás diz que Ele quer necessariamente o bem que Ele é, assim como a pessoa humana necessariamente quer a sua própria felicidade, sendo esta uma manifestação natural de sua vontade sobre a qual ele não exerce escolha. Assim como a pessoa humana quer tudo o que ela quer sob a descrição de bem, assim também Deus quer de maneira semelhante o bem que Ele é. Ele quer todas as outras coisas livremente, não para a satisfação de algo não realizado nele (pois Ele é realizado perfeitamente em seu ser, não requerendo nada externo a Ele para ser quem Ele é), mas sim como elas são uma manifestação do querer seu próprio bem, de modo que tudo é criado como uma consequência do bem que Deus é e ordenado à sua própria bondade quanto ao seu fim último e sua perfeição. Assim, Deus quer a si mesmo como um fim, mas todas as outras coisas Ele quer para esse fim. E para evitar uma ligação entre a necessidade com a qual Deus quer a si mesmo e o consequente desejo de coisas além de si mesmo, deve-se notar que embora Deus necessariamente deseje seu próprio bem, Ele pode fazer isso sem querer que venha à existência qualquer das coisas da criação, ou a totalidade delas. A vontade de Deus é cumprida, em um sentido absoluto, no estabelecimento daquilo que Ele quer. Isso é aparentemente temperado, por assim dizer, no seu estabelecimento de criaturas que exercem escolha na adesão às coisas que Deus comandou. Assim, a sua vontade pode ser frustrada por tais criaturas quando cometem pecado. Contudo, no escopo maior das coisas, o pecador não escapa da ordem estabelecida pela vontade de Deus que é realizada no julgamento e na punição do pecador. Assim, o que Ele quer condicionalmente não precisa acontecer, mas a condicional existe, em última instância, no contexto de sua vontade absoluta que é sempre satisfeita. Sua vontade não muda, pois ela pretende o bem que Ele é eternamente e completamente, não tendo jamais deixado nada não realizado em sua vontade. Ele de forma alguma quer o mal. No entanto, Ele permite que o mal cometido por outros agentes inteligentes ocorra, bem como os defeitos naturais e punições, na medida em que Ele não pretende esses males em si mesmos, mas os bens aos quais esses males estão ligados. "Por exemplo, ao querer a justiça, quer a pena; e ao querer que seja guardada a ordem da natureza, quer que algo naturalmente seja corrompido"[58].

Por fim, Tomás considera três aspectos da vontade de Deus implícitos no precedente, isto é, seu amor, sua justiça e sua misericórdia. Seu amor é entendido inicialmente na forma como o homem experimenta a primeira e mais fundamental manifestação da vontade, isto é, na ligação desta a algum bem, seja ele possuído ou não. Disso surge, na esfera humana, o desejo pelo bem quando ele não está possuído e a alegria quando está. Enquanto o desejo, portanto, só poderia ser dito de Deus metaforicamente (porque no seu sentido próprio indicaria uma falta de ser e de bondade da parte de Deus, algo já visto como impossível), tanto o amor como a alegria podem ser apropriadamente ditos dele na medida em que o bem que Ele é, ama e possui é o mais perfeito, é o mais íntimo a Ele e não está separado de modo algum dele. Esse amor estende-se a todas as coisas na medida em que o bem que possuem é algo que Deus quer para elas como a causa de sua existência, descrição, conservação e felicidade. No entanto, não existe uma democracia, por assim dizer, nessa extensão do amor de Deus por todas as coisas, algo que se possa discernir nos graus de bem, comentados

---

58. ST. I. 19. 9 (GALACHE et al., I, p. 414).

na quarta prova (algumas coisas são melhores do que outras na medida em que Deus estendeu sua bondade e, portanto, seu amor mais ao primeiro do que ao último). Sua justiça é demonstrada na ordem que Ele efetua na criação do universo e estabelecendo o bem para cada coisa, e assim determinando aquelas coisas que são devidas a cada uma e as responsabilidades que cada coisa tem em relação a todas as outras. Sua misericórdia não se manifesta tanto na bondade que Ele realiza nas coisas criadas, nem na ordem que Ele estabelece entre elas em sua justiça, nem na liberalidade de seu ato criador, mas antes no fato de que o que Ele dá serve para amenizar as dificuldades e defeitos dos quais a pessoa humana é herdeira, mesmo aqueles que ela trouxe sobre si mesma e pelos quais ela merece a punição exigida por sua justiça. No entanto, a justiça pressupõe misericórdia na mesma medida que em seu ato criador e em sua conservação de todas as coisas. Deus dá às criaturas uma bondade que se sobressai a qualquer coisa proporcionada ao seu deserto.

Juntando todas essas questões, pode-se perceber a providência de Deus em ação onde toda a criação é trazida à existência, é estabelecida em sua ordem, é conservada nela e dirigida à sua consumação em Deus de acordo com a compreensão que Ele tem em mente sobre tudo isso, juntamente com a sua intenção de que essas coisas sejam assim. Assim, Tomás afirma que todas as coisas ocorrem de acordo com o entendimento e a intenção de Deus, que o ente, as descrições, as potências e as atividades de cada coisa são realizadas somente na medida em que são manifestações da providência que Deus exerce sobre toda a ordem criada. Nessa providência, nada é ou ocorre fora da causalidade que Deus realiza. Mesmo os eventos ocasionais só são possíveis na medida em que Deus tenha desejado um foro, por assim dizer, dentro do qual eles possam ocorrer. As atividades livres da pessoa humana para o bem ou para o mal também se enquadram no plano da criação que Deus realizou e direciona para sua realização em si. Aqui, encontramos suas opiniões a respeito da existência do mal, ou seja, que o mal não é algo criado ou pretendido por Deus, mas é todavia permitido na medida em que Deus, provendo o bem de toda a criação, "permitirá certos defeitos em efeitos particulares que o bem perfeito do universo não pode ser impedido, pois se todo o mal fosse impedido, muito do que é bom estaria ausente do universo. Um leão deixaria de viver se não houvesse o abate de animais; e não haveria paciência de mártires se não houvesse perseguição tirânica". A força dessa visão, isto é, de que Deus permite o mal a fim de que, por sua onipotência, bondade e providência, possa produzir o bem a partir dele (ou pelo menos conservar bens maiores do que os males perpetrados), é temperada um pouco à luz da providência de Deus, isto é, que, embora ocorram e sejam permitidos em prol de um bem maior, todas as coisas realizadas pela vontade do homem não podem, contudo, escapar à providência de Deus e, especialmente, o julgamento por vir. É preciso também lembrar a natureza do conhecimento com que estamos lidando. O governo ou a providência que Deus exerce, particularmente à luz da existência do mal, não é algo que possa ser adequadamente abordado em termos unívocos à nossa própria experiência do mal. Este é um erro que é frequentemente cometido por aqueles que argumentam contra a existência de Deus à luz da contradição que dizem existir entre a onipotência e a bondade absoluta de Deus e a existência real do mal no mundo. Como aponta David Bentley,

> *todo o caso tem como premissa um antropomorfismo inane – abstraído de qualquer sistema vivo de crença – que reduz Deus a um agente ético finito, uma personalidade psicológica limitada, cujos propósitos são mensu-*

> *ráveis na mesma escala que a nossa e cujos fins últimos para suas criaturas não transcendem o cosmos como nós o percebemos. Isso não significa dizer que seja um argumento sem considerável força emocional e mesmo moral; mas não há nenhuma força lógica. A menos que se possa ver o começo e o fim de todas as coisas, a menos que se possua uma vantagem divina e eterna sobre todo o tempo, a menos que se conheça a natureza precisa da relação entre a liberdade divina e a liberdade criada, a menos que se possa sondar a sabedoria infinita, não se pode tirar conclusões da experiência finita a respeito da coincidência em Deus da onipotência e da bondade perfeita. Pode-se, ainda, odiar a Deus pelo sofrimento mundano, se assim escolher, ou negar-lhe, mas não se pode "refutá-lo" dessa maneira*[59].

Nessas considerações, deve-se reconhecer que há um espaço, por assim dizer, dentro da ordem criada, que permite a atividade causal do homem em que sua volição é autêntica e a sua responsabilidade é real. As coisas que o homem realiza são de fato coisas que ele realiza e não devem ser vistas como ocasiões para que Deus exerça sua causalidade como se Ele fosse a causa eficiente direta e imediata de toda causalidade eficiente que é realizada na ordem criada; as coisas apropriadamente assumem seu papel como causas secundárias consequentes da causalidade primária eficiente e final realizada por Deus em sua providência. No entanto, a liberdade do homem não é absoluta, mas assegurada somente na medida em que é estabelecida em sua natureza, atividade e direcionalidade pela providência de Deus. Na natureza relativa da vontade, então, e sua consequente liberdade, encontra-se mais uma vez um princípio central para a *secunda pars*, isto é, que o homem deve de-

---

59. Hart (2005), p. 13-14. Talvez se queira refletir sobre ST. I-II. 19. 10.

terminar sua posição diante de Deus, se ele será dirigido em tudo o que ele é e faz para a fonte do seu ser, ou não, e assim escolher a si mesmo sobre Deus, uma situação que só pode existir à luz do resultado da atividade criadora de Deus e governo do mundo e da natureza que Ele estabelece para que o homem seja. Finalmente, a predestinação de Deus se manifesta em sua providência em relação à pessoa humana, especificamente que todas as pessoas sejam dirigidas a Deus quanto ao seu fim último e felicidade perfeita, algo que elas, porém, não podem realizar por si mesmas, mas devem receber como um dom concedido gratuitamente por Deus na vida seguinte. A predestinação é essa ordenação intencional de todos os homens à vida eterna, um aspecto integral da providência de Deus e algo central para o tratado sobre a felicidade, que fundamenta as considerações da *secunda pars*.

Esse tratado sobre a essência de Deus termina com uma consideração de sua potência (25) e sua bem-aventurança (26). Depois de termos abordado anteriormente esta última, terminamos com alguns breves comentários sobre a primeira. Seu poder descreve aquele princípio que dá origem ao que descreveríamos como a atividade transitiva de Deus, ou seja, a atividade que estabelece tudo o que é distinto dele, isto é, a própria criação. Uma vez que Deus não tem nada de potencialidade em si, sua potência é totalmente ativa e do mais alto grau. Ele pode fazer qualquer coisa, não em um sentido puramente absoluto e arbitrário, mas apenas em relação ao que é possível. Isso parece impor uma limitação ao poder de Deus, mas na verdade é algo que é uma consequência de sua natureza como um ente cuja própria essência é equivalente à sua existência, que é seu próprio ser e perfeição e de quem todo o ser e perfeição fluem em sua atividade criadora. Assim, tudo o que é possível no domínio do ser é algo que cai sob sua potência. Isso exclui tudo o que está em contradição com o domínio do ser, ou seja, não ser absolutamente considerado.

> Ora, nada se opõe à razão de ente, senão o não ente. Logo, o que é incompatível com a razão de possível absoluto, sujeito à onipotência divina, é o que implica em si mesmo simultaneamente o ser e o não ser. Isso não está sujeito à onipotência divina, não em razão de uma deficiência dela, mas porque não pode ter a razão de factível nem de possível[60].

Consequentemente, Deus não pode deliberadamente fazer o que é mau, não pode fazer com que eventos passados não tenham ocorrido, não pode fazer um quadrado para ter mais do que quatro lados e qualquer outra coisa que envolva uma impossibilidade lógica. Assim, Deus poderia ter criado de um modo diferente do que Ele fez, o que afirma a dificuldade de determinar as coisas a respeito de sua essência a partir de seus efeitos, e a sabedoria de proceder com tal cuidado em nossa compreensão negativa e analógica dele. No entanto, com respeito às coisas que foram criadas, Deus não pode ter feito as essências das coisas melhor do que Ele fez; Deus não falha na realização de sua providência, dada a perfeição e infinitude de sua potência. E, no entanto, quando se trata de coisas que vão além da essência de uma coisa, isso poderia ter sido melhorado (os joelhos do homem sendo um bom exemplo, juntamente com a sua sabedoria ou virtude moral). Ele também pode fazer algo melhor do que qualquer coisa que Ele tenha feito.

Tratado sobre a Trindade (questões 27-43)[61]

De todo o conhecimento que a pessoa humana tem a respeito de Deus, o da Trindade ocupa um lugar de destaque ao definir

---

60. ST. I. 25. 3 (GALACHE et al., I, p. 480).
61. Nesta seção, concentro-me nas questões 27-30 e 32, com uma breve referência feita às questões 33-38.

o cristianismo em distinção das outras formas de monoteísmo. É uma doutrina que não deriva de uma reflexão sobre os efeitos da criação, mas concedida ao homem pela revelação de Deus, especificamente por meio das declarações que Cristo faz no Novo Testamento. Seja como for, esse tratado dá testemunho da convicção de Tomás de que, embora essa doutrina tenha sua gênese na revelação realizada por Deus, ainda assim o raciocínio filosófico e os ensinamentos particulares da filosofia podem ser aplicados efetivamente na "inspeção", por assim dizer, da vida interior e da atividade de Deus.

As dificuldades que o leitor enfrenta para estudar este tratado são familiares. Primeiramente, as ideias centrais para explicar a doutrina da Trindade parecem entrar em conflito com os modos pelos quais compreendemos essas ideias em primeiro lugar, especificamente que as relações que são implicadas pela processão das pessoas da Trindade parecem ser contrárias à simplicidade divina. Pois, na nossa experiência, a maneira pela qual uma relação é estabelecida tipicamente é afirmar primeiro a realidade substancial de pelo menos duas coisas que possam ser relacionadas uma à outra. A relação, então, parece ser secundária à realidade substancial das coisas relacionadas, tornando a relação algo adicionado ao ente daquelas coisas relacionadas e, consequentemente, acidental a elas, algo que é bastante oposto à essência de Deus. É, assim, muito difícil abordar essa mais definitiva das doutrinas quando a própria base da nossa compreensão das ideias necessárias à sua explicação parece contradizer a essência da própria doutrina, isto é, que, embora haja uma relação real de três pessoas, Pai, Filho e Espírito Santo, em Deus, e uma distinção real entre elas como pessoas, a simplicidade divina deve ser todavia mantida e esses três não constituem três deuses, mas são, antes, um só Deus. A dificuldade, então, é manter um firme controle sobre a natureza da nossa compreensão da essência de Deus, como desenvolvida no tratado anterior, juntamente com essa exploração da Trindade. Seria um grave erro considerar esse tratado como algo secundário ou suplementar ao tratado anterior sobre a essência de Deus, como se as opiniões de Tomás a respeito de Deus fossem essencialmente não trinitárias, e que ele está cativado com a divindade do teísmo clássico. Recordando o que foi discutido anteriormente, isto é, a dedicação de Tomás às Sagradas Escrituras e, assim, a tudo o que elas contêm a respeito do próprio ente de Deus, deve-se, no mínimo, ver esse tratado como uma continuação da discussão da vida de Deus e, talvez, avançar a ponto de ver esse tratado como o clímax daquelas investigações que constituem a seção inicial da *prima pars* e fundamental a tudo o que segue. Ao lidar com a dificuldade desse material, deve-se ter em mente o papel que o paradoxo desempenha não só nos domínios teológico e filosófico, mas também em todas as artes e ciências, que só porque a natureza de uma doutrina traz consigo paradoxos aparentemente insolúveis, ela não pode ser posta de lado como irrelevante ou ininteligível. Pois há momentos em que o assunto em questão não pode ser tratado de outra forma, particularmente quando nos deparamos com as limitações do conhecer humano. Por isso, tal como os avanços da física moderna nos levam a postular realidades que contradizem claramente a nossa experiência do mundo, mas que nos permitem explicá-la de maneira muito melhor, assim também acontece com assuntos que dizem respeito à vida interior de Deus.

Na questão 29, Tomás aceita a definição de Boécio de *pessoa* como "uma substância individual de natureza racional". Sua compreensão disso, porém, é qualificada de duas maneiras importantes, primeiro, porque é desenvolvida no contexto de três considerações maiores, isto é, a da *processão* das pessoas (questão 27), as *relações* que são desfrutadas entre elas (questão 28) e como se distingue seu uso com respeito a Deus de sua aplicação mais familiar ao homem.

A noção de *processão* não é tirada da filosofia, mas das Escrituras Sagradas, especificamente da declaração de Cristo em Jo 8,42 que "eu vim de Deus". Baseando-se em grande medida nos escritos dos Padres da Igreja, tanto gregos como latinos, e nos vários concílios da Igreja, Tomás apela para uma divisão feita anteriormente entre a atividade intransitiva e transitiva de Deus, assim como para uma analogia utilizada por Agostinho em seu próprio tratado sobre a Trindade para explicar essa noção. Toda atividade, explica ele, implica uma processão, um ir adiante que encontra sua completude, seja em algo externo àquele de onde surge a atividade (atividade transitiva, o tema do restante dos tratados da *prima pars*) ou dentro do próprio agente (atividade intransitiva ou imanente). Com respeito a esse último, Tomás concentra-se nas atividades de pensar e querer. Agora é básico para os pontos de vista de Tomás a respeito da psicologia humana que tais atividades sejam atribuídas não primariamente a algum órgão ou sistema dentro do homem, mas antes à pessoa cuja natureza é caracterizada por tais órgãos ou sistemas; não é o intelecto que pensa ou a vontade que quer, mas sim a pessoa humana que pensa e quer por meio dessas potências. Em suma, as atividades imanentes da pessoa humana são o que a própria pessoa humana desempenha, atividades que constituem uma processão a partir de sua própria pessoa. Ao dar à luz um pensamento, algo procede da pessoa humana, algo que de certa forma pode ser distinguido dela. Esse é o *conceito*, a representação interna da própria coisa pela qual a pessoa humana a conhece. Embora se possa distinguir, dessa maneira, do conhecedor, essa distinção implica também, no entanto, uma união íntima entre o conhecedor e a própria coisa. Pois na compreensão de Tomás sobre o conhecer humano, o conceito é o meio pelo qual a coisa a ser conhecida (externa ao conhecedor) é tornada presente exatamente como é para o conhecedor, ou seja, o meio pelo qual o conhecedor se torna a própria coisa, não realmente, mas cognitivamente. Os pensamentos da pessoa humana, portanto, não devem ser vistos como radicalmente distintos dela. Eles são gerados dentro dela e podem, portanto, distinguir-se dela, daquilo que os gera. Entretanto, seus pensamentos estão relacionados mais intimamente com ela, com aquilo de onde surgem, uma intimidade que se torna mais intensa à medida que progride em sua compreensão. Isso não é tão misterioso como parece à primeira vista. É uma presunção básica do pensamento científico que nossas mentes são capazes de assumir a estrutura inteligível das coisas externas à nossa cognição; que nós, por meio de cuidadosa investigação e raciocínio, podemos compreender e representar as coisas do universo; que, em conhecer, podemos descobrir sua ordem intrínseca e, em nosso conhecer, podemos assumir essa ordem, tornando-nos, por assim dizer, a própria coisa em nosso conhecer sobre ela. Tanto para a ciência como para Tomás, isso é algo que deve ocorrer se quisermos ter certeza da objetividade de nosso conhecer, de que o que conhecemos ao final de uma investigação cuidadosa é objetivamente reflexo da realidade externa a nós. Negar isso seria negar a razoabilidade de qualquer investigação, científica ou não, e perder a esperança de, em algum momento, oferecer um relato objetivo das coisas que chegamos a conhecer.

A atividade imanente de conhecer, então, é aquela pela qual nos tornamos, cognitivamente, a própria coisa e, conforme a mente da pessoa humana se volta para as coisas do universo por meio das artes e das ciências, ela não apenas realiza uma compreensão daquilo de que é parte, mas também agarra a oportunidade de conhecer a si mesma em relação a e em distinção daquilo que chegou a conhecer; quanto mais profundamente conhece seu universo e transforma esse conhecimento em investigação dirigida a si mesma, melhor e mais precisamente ela se representa a si mesma em seu entendimento. Esse conhecer de todas as coisas, incluindo o de nós mesmos, constitui o aperfeiçoamento não só de nossas potências intelectivas, mas também de nossas próprias pessoas. Para Tomás, a própria felicidade é essencialmente uma atividade cognitiva pela qual estamos unidos à própria fonte de toda a inteligibilidade, ou seja, o próprio Deus. Deixando isso, por enquanto, para a posterior discussão do *Tratado sobre a felicidade humana* na *secunda pars*, deve-se notar que a perfeição dessa atividade na pessoa humana não gera outra pessoa; o conceito, ou como Tomás o chama nesse contexto, o *verbum cordis*, o "verbo do coração", é o meio pelo qual percebemos nosso potencial de estarmos unidos e, portanto, de conhecer todas as coisas que são conhecíveis e que é a base da própria linguagem, onde o conceito, ou verbo do coração, é significado pelo *verbum vocis*, o "verbo da voz", a palavra falada.

Em Deus, no entanto, as coisas são diferentes. Sua atividade imanente de entendimento é perfeita, não faltando de forma alguma; Ele é onisciente. Da mesma forma, não há nada de discursivo em seu entendimento; Ele compreende todas as coisas juntas em um único pensamento em seu eterno agora. Seu entendimento é a sua essência, seu próprio ente; Ele é totalmente simples. Ele entende a si mesmo perfeitamente e entende todas as coisas em si mesmo. Consequentemente, a sua atividade imanente de entender, embora indicada de algum modo pela experiência humana dessa atividade, manifesta-se, no entanto, numa procissão muito diferente daquela que é desfrutada pelo homem. A primeira procissão, então, que emana de Deus é uma processão intelectual. Mas ao invés de gerar um *verbum cordis* ou conceito, é gerado o Verbo em Deus, "e o Verbo que procede se chama Filho"[62], alguém que é da mesma natureza de Deus na medida em que o ato de compreender em Deus é o mesmo que a sua existência. Assim, o Verbo primeiramente concebido não é acidental ao ente de Deus, nem o resultado dele operando eficientemente, como se o Filho fosse um ente substancial criado em distinção de Deus (como será o caso das coisas da criação). Em vez disso, o Filho procede "como um subsistente da mesma natureza. Por essa razão, propriamente se chama gerado"[63] e, assim, não é alguma modalidade da essência de Deus, mas sim uma pessoa. Da maneira como nos entendemos, representamos a nós mesmos por meio do conceito que é formado em autorreflexão e autoentendimento. Assim, enquanto estamos distintos desse conceito, estamos, no entanto, possuídos desse conceito, estamos intimamente unidos a ele e desfrutamos de uma identidade com ele; a própria coisa (nesse caso, a pessoa) é idêntica, cognitivamente falando, àquele que a conhece. No entanto, com a pessoa humana, esse conceito nunca alcança a condição de equivalência a seu ente. Em Deus, porém, seu pensamento é seu ente e o que é gerado em seu ato de entendimento Ele mesmo é o Filho.

A outra atividade imanente que pode ser atribuída a Deus é a de sua vontade. Na pessoa humana, a vontade constitui nosso apetite intelectual. Ao contrário de nossos apetites animais, a vontade é algo sobre o qual exercemos um controle quase absoluto. Em sua constituição como uma potência, a vontade é naturalmente determinada à bondade considerada absolutamente. Assim, seja lá o que a pessoa humana queira, ela quer sob a descrição de bem;

---

62. ST. I. 27. 2 (GALACHE et al., I, p. 503).
63. Ibid., ad. 2.

97

não se pode fazer algo mau na medida em que é mau, mas apenas com respeito a alguma bondade que lhe está ligada. Mas uma vez que a bondade perfeita não se encontra em nenhuma coisa criada, a vontade não está necessariamente ligada a coisa alguma criada e, consequentemente, a pessoa humana desfruta da capacidade de autodeterminação com respeito aos bens de sua experiência, tanto aqueles que julga bons para ela como aqueles que são bons em si mesmos. A atividade da vontade, então, segue-se a suas atividades cognitivas e intelectuais; conhecer dá origem ao desejar. Agora, assim como há uma processão envolvida na atividade intelectual, assim também há uma atividade volitiva. A processão intelectual do conceito é o primeiro movimento da mente ao buscar a verdade, seu próprio objeto, aquilo que a aperfeiçoará como uma potência. A verdade, para Tomás, denota o que se chama de uma adequação entre a própria coisa e sua presença no conhecedor, uma conformidade de entendimento com a coisa externa a si mesmo. A geração do *verbum cordis* é o começo não só do conhecer, mas também das investigações apropriadas pelas quais o entendimento da pessoa é mais enormemente conformado com o ente e a inteligibilidade da coisa em si. No que se refere à atividade volitiva, existe um processo semelhante, que Tomás considera menos bem articulado pela linguagem disponível a ele. No entanto, há a presença da coisa no conhecedor que é visto, porém, não com respeito a sua verdade, mas sim em relação à sua bondade. Essa presença dá origem à processão particular da volição, ou seja, a do amor, esse impulso inicial do amante ao amado como o amado está unido cognitivamente ao amante. Essa processão, então, é caracterizada não apenas pelo repouso inicial que o amante goza em seu amado, pois os dois estão unidos cognitivamente, mas principalmente por esse impulso ou movimento em direção ao amado, para que este possa ser atingido em ato ou realmente. Assim, à medida que se aprofunda na essência da justiça e se chega a entender seu valor intrínseco e sua bondade, sua volição se torna unida à justiça num ato de amor, um ato que inclui e é aperfeiçoado pelo impulso de realizar a justiça em todas as suas atividades com outras pessoas. Em suma, ao contrário da atividade da mente que é realizada na presença cognitiva da coisa em si e se aperfeiçoa em verdade e sabedoria, a atividade de volição é realizada na inclinação de querer a coisa desejada, na impulsão que surge em direção ao amado e, por último, na alegria que surge na posse real do amado.

Aplicando nossa experiência da imanência do querer à de Deus, pode-se dizer que a processão de seu amor segue o conhecimento de si mesmo na pessoa do Filho, que, assim entendido, é amado pelo Pai. Mas dado que o Verbo subsiste na mesma natureza de Deus e que o Filho conhece como o Pai conhece, assim também o Filho ama ao Pai. É esse amor mútuo do Filho e do Pai que dá origem à pessoa do Espírito Santo. Essa terceira pessoa manifesta-se não nos termos geracionais apropriados à processão do Filho, mas sim de acordo com as noções essenciais de impulsão e movimento, como seria de se esperar dado o testemunho das Escrituras juntamente com a experiência humana de volição, como descrito anteriormente. Essa processão do amor mútuo do Pai e do Filho é descrita como *espiração*, uma noção que conserva e expressa o movimento ou impulso de amor familiar à experiência humana, mas agora um impulso que resulta na terceira pessoa da Trindade (pois o que procede da atividade imanente de Deus é equivalente ao seu ente). Novamente, ao contrário da experiência humana de amor, esse amor recíproco de Pai e Filho é perfeito na medida em que se dirige ao que é mais perfeitamente bom e em que se alegra com a posse em ato desse bem mais perfeito, um amor e deleite que se manifestam como uma pessoa, a pessoa do Espírito Santo.

Esse amor é desprovido de toda necessidade, de todo desejo; Deus não sofre de nenhuma privação do seu ser, mas é plenamente em ato e plenamente ativo em tudo o que Ele conhece e ama (lembre-se de que falamos da vida imanente do próprio Deus, uma vida da qual tudo mais seguirá, especificamente a criação do mundo). Esse amor, então, tem a própria natureza do dom, aquela doação gratuita de tudo o que o Pai é para o Filho e tudo o que o Filho é para o Pai, um amor realizado na processão do Espírito Santo.

Já que há duas processões do Filho e do Espírito Santo do Pai, naturalmente surgem questões sobre as relações que estes três desfrutam. A dificuldade, como foi dito anteriormente, em falar dessas relações é que, em nossa experiência, uma relação implica geralmente duas coisas substancialmente diferentes, o que então torna a relação possível. Por exemplo, antes que a relação de marido e mulher possa ser realizada, deve haver um homem e uma mulher em que a relação possa então ser realizada de modo que um se refere ao outro no Sagrado Matrimônio. Isso, porém, não ajuda a explicar as relações que surgem nas processões das três pessoas em Deus, como pode haver essas relações dentro de Deus sem violar a sua simplicidade. A analogia psicológica ajuda a amenizar essa dificuldade. No entanto, a menos que se possa oferecer algum relato de parentesco que não seja secundária ou acidental como parece ser no homem, então haverá pouca ou nenhuma clareza a respeito do uso da palavra "pessoa" para denotar Pai, Filho e Espírito Santo, muito menos como poderia haver três pessoas, mas apenas um Deus.

Tomás começa por explicar que a relação não é como o peso ou a cor de uma coisa que só existe na medida em que qualifica a própria coisa. Em vez disso, a relação é algo externo a uma coisa, algo que qualifica a coisa na referência que ela tem a outra coisa.

Assim, eu sou um *cidadão* de um determinado país, não por causa de tudo o que encontro na minha natureza, mas sim por causa das circunstâncias específicas de minha vida que me remetem ao país de que sou considerado cidadão. Nessa referência, posso então dizer que minha cidadania qualifica minha pessoa, ou, para usar a linguagem de Tomás, denota uma modificação ou realização acidental de meu ser. Essa referência, então, é "assistente" de meu ser, algo que "não é intrinsecamente afixada", mas sim significa "uma referência de certo modo contingente à coisa referida, enquanto a partir dela tente para um outro"[64]. Às vezes, essa referência está entre duas coisas em razão das naturezas que possuem na medida em que essas naturezas têm uma referência natural umas às outras. Assim, o homem e a mulher partilham uma inclinação mútua um ao outro, cuja relação dá origem a muitas coisas necessárias para a realização das suas pessoas, especificamente a amizade, o matrimônio, a família, a cultura e assim por diante. Em outras ocasiões, a referência entre duas coisas é puramente lógica e só existe na medida em que a razão compara uma coisa com outra. Assim, as ideias de "homem" e "animal" estão relacionadas na medida em que este é a descrição genérica daquele e aquele é uma espécie deste. Nesses dois exemplos, temos a diferença entre uma relação real e uma relação lógica.

Quando aplicamos essas noções à Trindade, a primeira coisa a notar é que essas relações são reais e não meramente lógicas. Isso evita a visão de que a doutrina da Trindade é uma metáfora que permite à pessoa humana imaginar melhor a vida de Deus, mas que em si mesma não reflete nada de real sobre Ele. Tendo em mente as processões que caracterizam a atividade imanente de Deus, dando

---

64. ST. I. 28. 2 (GALACHE et al., I, p. 515).

origem ao Filho e ao Espírito Santo e ao Pai de onde eles procedem, Tomás afirma que a realidade das relações assim implicadas por ambas as processões é assegurada pela relativa oposição que existe entre os termos nessas relações. Assim, na relação de mãe com filha há uma verdadeira distinção entre as duas na medida em que a primeira dá à luz a segunda, dando origem à oposição de geradora e gerada, o que propriamente se designa por oposição relativa, na medida em que os próprios termos, embora opostos, contêm nas suas descrições essenciais uma referência mútua entre si. Assim, a mãe só o é na medida em que deu à luz sua filha e a filha só o é na medida em que proveio de sua mãe. Na processão do Filho a partir do Pai há, então, uma relação real e, assim, uma distinção real entre os dois na medida em que o Filho é assim chamado pela razão de ter sido gerado pelo Pai e o Pai é assim chamado por ser a origem ou o princípio do Filho a quem Ele gera. A linguagem da relação é menos clara, embora a oposição relativa seja igualmente real, na processão do Espírito Santo a partir do amor mútuo que tanto o Pai como o Filho desfrutam, como descrito anteriormente. Nessas distinções reais, temos um vislumbre do que constitui a própria vida de Deus, que em sua perfeição, unidade e simplicidade, está assegurado, por revelação, um entendimento aparentemente contraditório a esse respeito nas processões e consequentes relações e distinções reais entre Pai, Filho e Espírito Santo. Pois essas relações, resultantes das processões tanto do Verbo quanto do Amor a partir de seu Princípio, surgem "de um princípio da mesma natureza" e, além disso, aquilo que procede e aquilo do qual surge a processão são da mesma natureza[65]. Em contra distinção, portanto, de outros entes racionais, as processões e relações reais que Deus desfruta são identificadas com sua pró-

---

65. Ibid.

pria essência, embora nunca se possa chegar a isso racionalmente na medida em que as descrições essenciais de Deus não implicam essa vida relacional no próprio coração do ente de Deus e, assim, constitui outra razão pela qual a vida interior trinitária de Deus teve que ser revelada pelo próprio Deus[66]. Dessas processões e consequentes relações podemos discernir quatro relações reais dentro de Deus, ou seja, de paternidade, filiação, espiração e processão, das quais as duas primeiras estão associadas à processão do Verbo, enquanto as duas últimas pertencem à processão do Amor. No que diz respeito a uma ou outra processão, existem as relações daquilo que procede do princípio e a relação do princípio com o que procede. De acordo com isso, na processão do Verbo, ao qual está associada a linguagem de geração, há *filiação* e *paternidade* respectivamente, enquanto na processão do Amor há *processão* e *espiração*. E, ainda assim, "a paternidade é idêntica na realidade à essência divina e a filiação também. Entretanto, uma e outra implicam, em suas razões próprias, referências opostas. Portanto, distinguem-se uma da outra"[67]. E o mesmo se aplica à processão do Espírito Santo.

Isso leva Tomás ao uso da palavra *pessoa* (na questão 29). Aceitando a definição de Boécio de pessoa como "uma substância individual de natureza racional", Tomás afirma que essa definição é adequadamente aplicada ao Pai, Filho e Espírito Santo, mas não sem algumas modificações ao teor geralmente compreendido dessa definição, isto é, como se aplica aos entes racionais criados. A definição de *pessoa* designa o que é mais perfeito na criação, ou seja, um indivíduo subsistente de natureza racional. Consequentemente, *pessoa* é um termo adequadamente atribuído a Deus na

---
66. Ibid.
67. ST. I. 28. 3. ad. 1 (GALACHE et al., I, p. 518).

medida em que Ele é a fonte de todas as perfeições na criação e isso da mesma maneira que as outras perfeições foram analogamente atribuídas a Deus na questão 13, em quem a *pessoa* existe em sua maneira mais perfeita e objetiva, algo que só é captado imperfeitamente em nosso uso do termo. Parte do uso da palavra *pessoa* em relação a Deus indica sua dignidade, uma dignidade que se sobressai a todas as outras *pessoas* e fundamenta esse uso da palavra em relação aos entes racionais criados[68]. Novamente, a noção de *indivíduo* contida na definição de Boécio implica um princípio material que, embora bastante necessário em nossa experiência de individualidade, não pode ser aplicado a Deus, como explicado anteriormente. Em vez disso, essa noção é usada para Deus apenas na medida em que denota a noção de *incomunicabilidade* da pessoa em questão, sua unicidade e a incapacidade de que ela pudesse ser instanciada em qualquer outra pessoa[69]. Novamente, a noção de *substância* na definição de Boécio é entendida como denotando em Deus a *autossubsistência* de qualquer coisa que a palavra "pessoa" seja utilizada para designar[70]. E, finalmente, a *natureza racional* deve ser qualificada pelo que consta antes no tratado a respeito da essência de Deus, ou seja, que embora Deus seja eminentemente racional, essa atividade imanente não deve ser entendida como uma atividade que chega discursivamente ao conhecimento, mas como algo que é perfeitamente atual em cada momento de toda a eternidade[71]. Ele, assim, pergunta no artigo 4 se *pessoa* designa as relações que resultam das processões ou a essência mesmo do próprio Deus. Notando as dificuldades que outros escritores enfrentavam ao considerar essa questão, Tomás apela para algo que

---

68. ST. I. 29. 3. ad. 2 (GALACHE et al., I, p. 522).
69. ST. I. 29. 3. ad. 4.
70. Ibid.
71. Ibid.

está implícito no uso analógico da palavra *pessoa*, ou seja, que sua aplicação para o homem e para Deus incluirá noções que, embora apropriadas a cada um, não são necessariamente encontradas em ou apropriadas ao outro. Especificamente, quando se fala de um ser humano, a noção de *individualidade* indica algo indiviso em si mesmo e distinto dos outros, assim como é dividido deles pelas coisas particulares à própria substância – "estas carnes, estes ossos e esta alma, que são os princípios individuantes do homem. Se tais elementos não entram na significação de *pessoa*, eles entram na significação de 'pessoa humana'" (GALACHE et al., p. 532). Esse ponto serve para indispor o leitor a importar para o uso da palavra pessoa coisas que, embora apropriadas à sua experiência mais próxima de pessoas, não são essenciais à noção em si. A perfeição de pessoa é encontrada em Deus e só é abordada na medida em que tiver sido revelada à razão que esse seja o caso, usando nossa experiência e entendimento de pessoa no domínio criado para começar a abordar sua perfeição em Deus. Retomando a noção de distinção, Tomás afirma que isso, em Deus, só se realiza na medida em que as processões de que falava anteriormente se manifestam em oposições relativas dentro dele. Essas relações não são acidentais, como é o caso para coisas criadas. Em vez disso, são realidades subsistentes equivalentes à própria essência divina. "Portanto, assim como a deidade é Deus (*deitas est dens*), do mesmo modo também a paternidade divina é Deus Pai (*paternitas divina est dens pater*), isto é, uma pessoa divina. Assim, pessoa divina significa a relação enquanto subsistente" (GALACHE et al., I, p. 532). Portanto, nas palavras de Fergus Kerr, as pessoas da Trindade "são inteiramente constituídas por suas relações, no sentido de que as pessoas divinas não são nada mais (ou menos) do que relações subsistentes"[72]. Assim, a palavra "pessoa" significa

---

72. Kerr (2002), p. 198.

primariamente essas relações que se seguem às processões notadas anteriormente. A pessoa do Pai, quando se fala de Deus, indica a relação de paternidade, Deus considerado como aquele princípio a partir do qual o Filho é gerado ou concebido e que, junto com o Filho, espira o Espírito Santo. A pessoa do Filho, quando se fala de Deus, indica a relação de filiação, Deus considerado como Verbo procedente do Pai em sua atividade intelectual imanente, a perfeita Imagem do Pai procedendo como o Pai entende a si mesmo perfeitamente. Por fim, a pessoa do Espírito Santo, quando se fala de Deus, indica a relação de espiração, a processão de amor que é o Espírito Santo, tanto do Pai como do Filho, para que a processão do Amor se distinga da processão do Verbo e que a ordem de verbo e amor, mencionada acima na experiência humana, não se confunda na atividade imanente de Deus em sua intelecção e vontade (onde o ímpeto que é o amor procede do verbo como entendido), evitando o colapso do Amor no Verbo, e da vontade no intelecto[73]. No entanto, como já foi dito, essas processões, relações e pessoas denotam a própria essência de Deus, uma essência cuja simplicidade e unidade se manifestam nessas mesmas processões e nas suas consequentes relações e pessoas, como revelado pelas Sagradas Escrituras.

Conclusão dos tratados a respeito de Deus (questões 2-43)

A partir desse breve ensaio dos principais aspectos da visão de Tomás a respeito de Deus, algumas coisas devem estar claras. O Deus que é apresentado aqui não é aquilo que pode ser derivado da razão natural ou de uma filosofia que trabalha diligentemente sobre as coisas deste mundo e desvenda as características de sua

---

73. Cf. ST. I. 36. 2. Cf., no entanto, o próximo artigo onde Tomás permite que o Espírito Santo proceda do Pai *pelo* Filho, algo que Brian Davies considera ser um movimento conciliatório da parte de Tomás para a Igreja Oriental (1992, p. 204-206).

primeira causa, que pode então ser complementada por qualquer revelação e teologia que tenha a oferecer. Seu relato é mais complexo do que isso. Há uma clara atenção à revelação, por Deus, de si mesmo nas Sagradas Escrituras e uma atenção cuidadosa a tudo o que a comunidade de fé e a tradição da Igreja oferecem na sua interpretação. Tomás faz bastante uso da rica herança teológica de que é herdeiro na formulação de suas respostas a essas preocupações perenes, aproveitando particularmente os escritos dos padres gregos e latinos da Igreja, bem como as determinações dos vários concílios dedicados a essas mesmas questões. Materialmente falando, então, há uma grande continuidade e congruência entre o entendimento de Tomás sobre Deus e as tradições e fontes das quais ele depende. Ao longo dos dois tratados, ele se mostra muito consciente das dificuldades que se encontram na revelação de Deus sobre si mesmo, em termos adequados ao nosso conhecer humano. Ele está mais particularmente consciente das condições e das limitações que definem a experiência cognitiva humana sob a qual esse conhecimento é adquirido e atento a mostrar até onde se pode proceder para conhecer e nomear a Deus em conformidade. Uma das diferenças mais notáveis entre seus escritos a respeito de Deus e os da tradição da qual faz uso é o grau em que ele e o meio teológico de sua época eram influenciados pelo pensamento e pelo método dos antigos filósofos gregos e a tradição árabe de comentários sobre eles. Longe de comprometer a natureza teológica e espiritual dessas considerações, esse apelo à disciplina filosófica não apenas aumenta a consciência de Tomás sobre as dificuldades envolvidas em descrever a essência de Deus, mas também permite uma nova abordagem à mais premente dessas questões. Qual é o resultado? Em contraposição à acusação comum levantada contra Tomás, a de que seu Deus é o dos filósofos gregos, totalmente em ato e, portanto, "uma entidade estática, desprovida de potencialidade e, portanto, sem vida"[74], as descrições de Tomás sobre Deus ao longo desses dois tratados são primariamente verbais em vez de substantivas, que Deus é melhor descrito em termos que evocam atividade ou "evento", como afirma Kerr[75]. O nome apropriado para Deus é o que Ele dá a Moisés em Ex 3,14, "Aquele que é", um nome que pelo menos requer que o substantivo seja interpretado em categorias evocativas do que é essencial à linguagem verbal. Assim, por exemplo, a essência de Deus é simplesmente idêntica a sua existência; Ele *é ipsum esse per se subsistens*, aquele ente cujo próprio ser (no sentido da existência) é autossubsistente, é simplesmente idêntico ao que Ele é, algo que é especialmente manifesto na descrição de Tomás da atividade intelectual e volitiva de Deus, a natureza de sua vida, felicidade e potência e, por fim, a totalidade da doutrina da Trindade. Nas processões e relações que definem as pessoas da Trindade, Tomás não fala de um processo que termina na geração de três substâncias distintas que são relacionadas uma à outra. Em vez disso, temos três pessoas que são constituídas pelas próprias processões que estabelecem essas relações, a geração eterna do Filho e o amor mútuo de Pai e Filho que espira o Espírito Santo. É essa descrição da Trindade "como atividades que fluem eternamente da divindade", de Deus como pura atividade ou pura atualidade, como "uma emanação incessante de forças ativas e pessoais", que Tomás julga como a maneira mais adequada de considerar a subsistência de Deus[76]. Em suma, então, temos uma descrição de Deus a respeito do fato de que Ele não é um objeto a ser compreendido em si mesmo, mas aquilo para que

---

74. Kerr (2002), p. 200.
75. Ibid., p. 190.
76. O'Meara (1997), p. 95. Sugiro ler o cap. 11 de Kerr (2002) para um excelente tratamento desses dois tratados sobre Deus.

todas as coisas em seu ser e sua essência apontam, uma descrição a respeito da maneira pela qual esse apontamento surge (através da contingência de tudo o que somos) e o grau pelo qual as coisas podem ser indicadas por nossa linguagem, um ente que se acredita ser, uma crença que é em si mesma razoável e cuja vida interior é abordada analogamente, começando com as perfeições que encontramos em nosso mundo, o qual deve ser e estar perfeita e apropriadamente no próprio ente do qual eles derivam originalmente, um ente que tinha sido descrito mais reverentemente indicando o que não é apropriado ao seu ser, vendo-o como fonte de tudo o que é, a fonte e perfeição de todo ente, inteligibilidade, sabedoria, verdade, bondade e assim por diante, um ente que deve revelar não só o dinamismo de sua vida para que ela seja conhecida, mas também sua própria Trindade, as pessoas do Pai, do Filho e do Espírito Santo, pessoas que fundamentam nossa própria noção de pessoa e atuam como uma potente oportunidade para refletir sobre como isso pode nos revelar algo sobre o uso da palavra *pessoa* em relação às nossas próprias naturezas.

Tratados sobre a criação (questões 44-49), os anjos (questões 50-64), a obra dos seis dias da criação (questões 65-74) e o homem (questões 75-102)

Neste ponto da *prima pars*, Tomás começa seu exame sobre a atividade transitiva de Deus, aquela atividade que procede de Deus e encontra a sua completude no estabelecimento de algo ou, mais genericamente, de algum efeito externo a Ele. O primeiro tratado, o da criação, refere-se genericamente a essa processão de todas as coisas a partir de seu poder. Os três tratados seguintes referem-se às diversas distinções que podem ser feitas entre as coisas criadas, especificamente, bem como o tratado a respeito dos anjos refere-se às criaturas que são puramente espirituais, o *Tratado sobre a obra dos seis dias* refere-se às que são puramente materiais e o terceiro tratado reservado para aquela criatura na qual o espiritual e o material se encontram, isto é, o homem ou a pessoa humana, que é, assim, descrito conformemente como um microcosmos ou horizonte. A *prima pars* terminará, então, com uma consideração sobre a conservação e o governo da criação assim descrita.

Tratado sobre a criação (questões 44-49)

Os ensinamentos deste tratado são bastante diretos e definitivos. Tomás começa com um retorno à descrição de Deus encontrada anteriormente como aquele ente que é existência subsistente em si. Seu ser e, portanto, sua existência não é apenas necessária, não tendo nada de contingente a seu respeito, mas também sua própria existência: Ele é simples, indiviso, uma unidade perfeita – Deus, sozinho, é sua existência. Então, tudo o mais que existe não pode ser sua própria existência, não pode ser necessário nem desfrutar da simplicidade ou unidade que é propriamente de Deus. Diz-se que todas as outras coisas só existem na medida em que desfrutam de um ente *participado*, ou seja, uma "relação de dependência não recíproca"[77], isto é, uma existência que surge na completa dependência do próprio Deus, que quer todas as coisas na existência e por cuja vontade todas as coisas são assim conservadas, uma relação que é não recíproca na medida em que Deus, sendo Ele próprio existência, não depende de modo algum das coisas que Ele criou para a sua existência. Assim se estabelece a distinção entre o Criador e a criatura, bem como a mais especial e íntima das relações na qual tudo o que o homem é vem a ser e é conservado em seu ser. Em distinção dos antigos filósofos gregos, o ato criador de Deus estende-se até mesmo ao material do qual todas as coisas foram

---
77. Burrell (2005), p. 87.

feitas. A criação, portanto, não pode ser vista como a obra de Deus sobre um material preexistente que, por acaso, estaria disponível. O ponto, então, que Tomás destaca, surpreendente para a visão do mundo antigo (na medida em que considerava o universo e todos os seus materiais como não criados e eternos), é que todas as coisas, o próprio universo e mesmo o material a partir do qual tudo é moldado, é o resultado da atividade criadora de Deus. Tudo o que é ordenado e formado, tudo o que é determinado tanto em si mesmo como em suas relações de um com outro, deriva das próprias ideias que Deus tem de todos as coisas. Essa é a sabedoria divina que determinou a própria ordem do universo e a inteligibilidade de todas as suas partes. Por fim, além de Deus ser a primeira causa eficiente do ser de todas as coisas, incluindo a própria matéria da qual as coisas são feitas, e a causa exemplar da ordem, do parentesco e, assim, da inteligibilidade de ambas as coisas e do universo como um todo, Deus é a causa final de todas as coisas, tanto na medida em que todas as coisas criadas encontram sua perfeição na sua fonte como em que o próprio Deus atua como um agente perfeito, pretendendo, com sua atividade criadora, a comunicação de sua bondade, na qual Ele é considerado "o doador mais perfeitamente liberal"[78], atuando não em favor de seu próprio proveito, mas simplesmente a partir de sua própria bondade.

A questão 45 enfatiza como a ideia de criação é diferente da ideia geralmente considerada de fazer ou mudar. Primeiro, a criação não é a partir do nada (*ex nihilo*); ela não pressupõe nenhum material a partir do qual ela possa ser moldada. Em nossa experiência de fazer, há sempre um material pressuposto; não realizamos algo do nada onde o "nada" é entendido como pura negação,

---

78. ST. I. 44. 1 *corpus* e ad. 1.

puro não ente. A criação, portanto, é uma atividade que é própria de Deus apenas e, quando usada para descrever o fazer humano, é claramente usada apenas em um sentido metafórico. Não se pode chamar de criação uma mudança na medida em que mudança, entendida apropriadamente, implica algo que existia antes da mudança que se deseja significar, algo que já foi negado à criação. Pela mesma razão, não pode haver movimento ou processo ou uma série de gradações envolvidas na criação. O ato criador carece dessas noções familiares à nossa experiência de fazer e de mudar e denota, em vez disso, o instantâneo ou o não sucessivo. Se nos lembrarmos do que foi dito anteriormente a respeito da natureza contingente de todas as coisas criadas, então a criação deve ser entendida não apenas como a emanação do ser de todas as coisas de Deus, mas também como incluindo uma referência essencial à manutenção do ser de todas as coisas. Assim, a doutrina da criação inclui o que Brian Davies chama de "doutrina da conservação contínua"[79].

Atenção especial deve ser dada aos artigos 6 e 7 da questão 45, na medida em que tratam da relação das pessoas da Trindade com o ato de criação e, assim, servem para conectar esse tratado ao anterior. Tomás começa afirmando que a atividade de criação pertence apropriadamente ao próprio Deus e não a alguma das pessoas especificamente, já que a criação denota o causar do ser das coisas, cujo princípio pertence a Deus, como descrito anteriormente. No entanto, afirma que, embora a criação não seja própria de nenhuma das pessoas, é uma atividade "comum a toda a Trindade" (GALACHE et al., II, p. 58) na medida em que a essência de Deus é comum a todas as três. Além disso, uma maior precisão em relação à causalidade exercida pelas pessoas da Trindade pode ser

---

[79]. Davies (1992), p. 35.

alcançada olhando para as suas respectivas processões. Apelando ao exemplo do artífice, que em seu trabalho realiza a criação de algo por meio "da palavra concebida em seu intelecto e pelo amor de sua vontade", Tomás afirma que assim, "Deus Pai produz a criatura por sua Palavra, que é seu Filho, e por seu Amor, que é o Espírito Santo" (GALACHE et al., II, p. 58). À luz das próprias processões, já que o Pai é o princípio do qual tanto o Filho como o Espírito procedem e que o Pai, consequentemente, não recebe de outrem o poder de criar, Ele é chamado de Criador. O Filho, procedendo do Pai, e assim recebendo seu poder de criar por meio dessa geração, explica o que João diz em 1,3: *"Por meio dele, todas as coisas foram feitas"*. Finalmente, diz-se que o Espírito Santo, recebendo o mesmo poder do Pai e do Filho, governa toda a criação. Ao Pai é então apropriada a potência; ao Filho, como Palavra, sabedoria; e ao Espírito Santo, bondade, "à qual pertence governar, conduzindo as coisas para seus devidos fins, e dar a vida" (GALACHE et al., I-II, p. 59).

O artigo 7 diz respeito à imagem da Trindade nos efeitos de sua atividade criadora. Novamente, baseada nas processões dentro da divindade, a imagem da Trindade se encontra mais especialmente nas criaturas racionais, as que possuem intelecto e vontade e que, em suas respectivas atividades, se encontram "uma palavra que é concebida e um amor que procede" (GALACHE et al., II, p. 61). Mas, mesmo nas criaturas não racionais, encontra-se um vestígio da Trindade na medida em que "toda criatura subsiste em seu ser" e, portanto, recebe seu ser do Pai, "possui uma forma que determina sua espécie", por intermédio do Filho que procede como Verbo do intelecto do Pai e estabelece todas as coisas à luz disso, "e está ordenada a algo distinto" por meio da ordem que o Espírito Santo realiza na criação como o amor e a vontade do Criador.

Nisso, então, "as processões das pessoas são o tipo das produções de criaturas na medida em que incluem os atributos essenciais do conhecer e do querer", como imagem nas criaturas racionais e vestígio nas não racionais. Assim, toda a criação é modelada, por assim dizer, segundo as próprias processões encontradas dentro da Trindade, algo que, para a pessoa humana, estabelece não só que Ele é feito à imagem de Deus, mas também arraiga a possibilidade do *reditus* da pessoa humana naquele de onde surgiu, algo que é representado na *secunda pars*, e intensificado conforme essas missões invisíveis se tornam visíveis na Encarnação do Filho e na morada do Espírito Santo, o assunto da *tertia pars*[80].

Estabelecimento, conservação e governo estão todos incluídos na descrição de criação. Não pode ser visto como algo estático, mas sim como uma atividade dinâmica e contínua da Trindade. O ser, a inteligibilidade e a ordem de todas as criaturas são um resultado direto dos caracteres das processões dentro da divindade, e, por extensão, assim também é a distinção e a multiplicidade de coisas no mundo. Tomás afirma no artigo 1 da questão 47 que essa distinção e multiplicidade tem suas raízes na comunicação da bondade de Deus no ato da criação, algo que não pode ser representado adequadamente por apenas uma coisa, mas requer muitas e diversas criaturas para que "o que falta a uma para representar a bondade divina seja suprido por outra" (GALACHE et al., II, p. 78). Desse modo, a simplicidade e a uniformidade da bondade de Deus se encontram na diversidade e na multiplicidade da criação, que, consideradas em conjunto, "participam da bondade divina e a representam mais perfeitamente do que uma criatura, qualquer que seja ela" (GALACHE et al., II, p. 78). De maneira semelhante,

---
80. Para o desenvolvimento desse ponto, cf. Rikhof (2005), p. 36-57; Emery (2005), p. 58-76.

a desigualdade que percebemos nas coisas da criação é o resultado da inadequação de qualquer grau ou nível de bondade que represente a bondade de Deus, uma representação que é aproximada pela perfeição do universo em sua diversidade, multiplicidade e graus de bondade.

Tomás dedica as duas últimas questões desse tratado (48 e 49) à natureza e às causas do mal na criação. Quando se considera que a atividade criadora de Deus procede de Alguém que é perfeitamente bom e, portanto, incapaz de fazer o mal, a própria existência do mal pressiona-nos a explicar sua existência em suas formas tanto natural como moral, isto é, o mal como uma parte da própria criação e, portanto, sofrido naturalmente, e como executado e cometido intencionalmente por um agente racional e, assim, algo sofrido tanto pelo seu receptor como pelo seu perpetrador, mas, claro, de formas diferentes: o primeiro sofre os efeitos nocivos do mal perpetrado, o último sofre uma privação ou imperfeição da sua própria natureza ao cometer tal ato. Tomás começa a sua explicação aceitando a discussão geral de Agostinho e a definição de mal, ou seja, como uma privação da bondade, uma privação em uma coisa de alguma perfeição ou atualidade que ela deveria ter, de acordo com a sua natureza. Assim, a cegueira seria considerada um mal numa pessoa humana, que, segundo a sua natureza, deveria ter aquilo de que é privada. O mal, então, não é algo que se cria. Pelo contrário, designa essa privação, ou relativa inexistência, que se sofre, um estado que só poderia existir em relação a uma coisa positivamente existente na realidade. É preciso ter cuidado aqui. Sua existência em coisas não deve ser entendida da maneira que cor, peso ou altura existem nas coisas. Pois essas características manifestam uma certa qualificação positiva do seu ser. O mal, por outro lado, denota a própria ausência de algo que deveria existir. Assim, o mal só existe na medida em que o bem existe, mas é possível que o bem exista sem o mal, como é o caso de Deus. Os dois, portanto, não são princípios conjuntos; o bem ou ente é primário e o mal indica alguma privação ou falha ou afastamento do bem ou de ser ele mesmo. Agora, a causa disso é algo implícito na própria multiplicidade, diversidade e desigualdade das coisas da criação, especificamente na medida em que há coisas criadas que podem sofrer a perda de algum bem que lhes é próprio, desde alguma corrupção do seu ser até (e inclusive) a perda da sua existência. Que tais coisas são possíveis e de fato acontecem são uma consequência da perfeição do universo. As coisas materiais, por exemplo, não são naturalmente eternas, mas estão sujeitas aos princípios que governam a mudança, não só para o melhor, mas também para o pior, seja por acidente (por meio de alguma circunstância casual, como a quebra de um braço consequente à queda de uma altura) ou por algum defeito em sua constituição (como em, digamos, uma disposição genética ao câncer ou à diabetes). As coisas da criação não são determinadas a tais coisas[81]. Tampouco a pessoa humana está determinada a abusar da razão e do livre-arbítrio que possui. Todos são criados bons e, como consequência, procuram naturalmente as coisas em que sua perfeição reside e, naturalmente, repelem as coisas que são destrutivas a ela. No caso de seres racionais e volitivos, tudo o que eles querem é desejado sob a descrição do bem, mesmo aquelas coisas que são destrutivas a sua natureza. Assim, o suicídio, por exemplo, não é desejado em si mesmo e pelo mal que é, mas destinado e procurado apenas na medida em que é considerado bom, isto é, como o meio pelo qual

---

81. Isto é, pelo menos antes da queda. Tomás dirá mais tarde que as coisas naturais das quais a carne é herdeira teriam sido evitadas pelas graças especiais que Deus lhes concedeu.

a dor é terminada, ou uma pessoa é libertada de uma situação impossível ou intolerável, e assim por diante. O mal resulta, então, pois é algo causado incidentalmente ou indiretamente, uma vez que se pretende primariamente o bem nas próprias atividades, seja no ato criador de Deus ou nas atividades empreendidas pela própria pessoa humana. Dessa forma, Tomás argumenta na questão 49, artigo 2, que Deus não tem em mente diretamente os males da corrupção e da morte, mas sim o bem da ordem do universo, no qual o fracasso de algumas coisas em alcançar seu bem é uma consequência de sua intenção do bem. Além disso, uma vez que Deus é plenamente realizado em seu ser e, portanto, não sofre nenhum defeito, a disposição defeituosa das coisas, bem como as ocorrências fortuitas que caracterizam o destino de muitas das coisas da criação, não podem ser atribuídas a Deus como sua causa. A boa ordem da criação e a natureza das coisas das quais ela é composta são o que Deus pretende em sua atividade criadora e não as consequências dela. E, quando consideramos o mal que é pretendido e cometido por seres racionais criados, é novamente o caso de que Deus não é a sua causa, mas sim que ele surge a partir desses próprios agentes racionais em questão agindo contra o que é o seu verdadeiro bem e o bem de outros.

A natureza difícil das respostas de Tomás à existência do mal e de como ela deve ser reconciliada com o que podemos conhecer sobre Deus, em relação a sua atividade criadora, foi notada anteriormente, ao lidarmos com a providência de Deus. É bastante claro que Deus desejou a criação de um mundo no qual os entes físicos e sensíveis estivessem sujeitos, nas suas próprias naturezas, a serem tanto bons como maus, isso na vontade do domínio criado. Ele pretende diretamente seu bem e, ao fazê-lo, permitiu que os males da ordem natural fossem algo inevitável[82], uma posição que resulta razoavelmente de sua onisciência. Da mesma forma, é também bastante claro que Deus permitiu que surgisse a situação em que os agentes racionais livremente atuantes pudessem pretender e empreender atividades de natureza maligna e que Ele permitiu isso não como algo inevitável (pois a natureza da pessoa humana e da liberdade humana não necessita da intenção e da prática do mal, enquanto na ordem natural os acidentes e defeitos são coisas que resultam da constituição ontológica das coisas em seu ser), mas sim em prol de um bem maior, ou seja, que a pessoa humana possa manter a integridade de sua liberdade (que inclui o poder, não a necessidade, de agir imoralmente) e aspirar ao que Deus diretamente pretende em seu ato criador, ou seja, buscar o bem e a perfeição de sua natureza por meio de suas atividades racionais e volitivas, especialmente porque isso culmina em seu desejo de união com Ele. A questão, no entanto, para os pensadores modernos, tem sido como e por que Deus, que é a bondade perfeita, é todo-poderoso e desfruta de onisciência, criou livremente um universo no qual se encontra tanto mal natural e moral. O próprio Tomás estava bem consciente da realidade do mal no mundo. No prólogo a seu comentário sobre o Livro de Jó, Tomás julga, de acordo com Copleston, que "nada é mais difícil de conciliar com a providência divina do que os sofrimentos dos inocentes"[83]. E, contudo, isso não se torna uma razão para ele argumentar contra a existência de Deus. Isso não é apenas porque os argumentos desse tipo são infundados, algo bem apresentado por David Bentley Hart anteriormente neste capítulo. E é simples demais dizer que ele não tem a preocupa-

---

82. No mínimo inevitável para um mundo que caiu de sua condição originalmente pretendida após o pecado dos primeiros pais.
83. Copleston (1955), p. 154.

ção de um filósofo ou de um pensador moderno para quem essa questão tem tanta força.

Pelo contrário, é preciso recordar o contexto teológico a partir do qual surgem essa obra e o tratamento de seus materiais[84]. O fato de que o mal existe é algo a que todas as pessoas prontamente dariam sua ascensão. Tão penetrante é o mal que não se pode deixar de descrevê-lo como um dado básico da vida no mundo, algo necessário para sua existência sobre o qual se pode exercer pouco ou nenhum controle. O tratamento cristão dessa realidade aceita esse dado de sua experiência, mas considera como ela se manifesta à luz da história cristã e, consequentemente, se distingue dela. Assim, o mal deste mundo é revelado como uma importante consequência do pecado do homem, algo que revela que esse mal não precisa ter sido em suas formas tanto morais quanto ontológicas[85]. Isso revela não só que Deus não é o criador do mal, mas também que sua bondade tem prioridade sobre nossa experiência inicial da aparente primazia e inevitabilidade do mal em si. E, quando se considera os meios de redenção disponibilizados por Deus pela Encarnação, Paixão, Morte e Ressurreição de seu Filho, há motivo para grande esperança. Isso, como Robert Sokolowski afirma,

> *faz parte das boas-novas do cristianismo. Mas quando entendemos a "não necessidade" cristã do mal e do so-*

---

[84]. O que se segue ao final desse parágrafo analisa a discussão de Robert Sokolowski sobre "The Theology of Disclosure" [A teologia da revelação] (1995 [1982]) como encontrada no cap. 8, p. 88-103.

[85]. Muitas das doenças do corpo são consideradas como resultado da desordem introduzida em sua natureza e na criação pelo pecado. Quanto aos acidentes ou acontecimentos fortuitos, embora fossem possíveis, dado o estado passível da pessoa humana, no entanto, sua razão e a graça da Divina Providência teriam impedido que isso acontecesse – cf. ST. I. 97. 2. ad. 4. Quanto à morte, embora a pessoa humana fosse de natureza diferente dos anjos que, em razão da sua constituição, não sofrem a morte, ainda assim, em razão da graça de Deus, a pessoa humana teria permanecido incorruptível e imortal "enquanto ela mesma permanecesse sujeita a Deus" (ST. I. 97. 1).

> *frimento, contrastando-a com a necessidade que o mal e o sofrimento têm de experiência natural [...] ficamos menos tentados a fazer perguntas como "Por que Deus permitiu o mal e o sofrimento?" [...] Não é que agora tenhamos respostas para tais perguntas, mas compreendemos mais claramente que se trata de perguntas inadequadas. O importante é que o mal e o sofrimento, que parecem tão densos e tão escuros, de alguma forma não tinham que ser; que Deus não está subordinado a eles; e que nós podemos ser salvos deles. Perguntas sobre por que Deus permite o mal, ou por que Ele permitiu que um determinado mal nos acontecesse, começam a parecer perguntas vãs quando apreciamos o impacto da verdade de que o mal não é uma última palavra*[86].

É nesse contexto que se pode compreender melhor sua abordagem a essa questão, que sua adoção de "uma atitude menos antropocêntrica em relação ao sofrimento e à morte"[87] do que muitos em nossa época estariam dispostos a adotar é uma indicação de que Tomás pensou a partir de um contexto que difere marcadamente, em alguns aspectos, do contexto moderno que se preocupa com tais questões, uma diferença que não pode ser justificada como uma simples manifestação da inadequação da parte de Tomás em considerar o que, na perspectiva moderna, é uma questão óbvia e premente.

Tratado sobre os anjos (questões 50-64)

Após lidar com os princípios gerais do ato criador de Deus, Tomás volta-se para as especificidades dessa atividade. Ele primeiro considera aquelas criaturas que são puramente espirituais, ou seja, os próprios anjos. Essa reflexão relativamente longa sobre o

---

86. Sokolowski (1995 [1982]), p. 94-95.
87. Copleston (1955), p. 154.

que alguns consideram ser um assunto menos importante tem por inspiração não só o claro interesse que os Padres antes de Tomás tinham por esses entes, algo inspirado, sem dúvida, pelo testemunho bíblico dessas criaturas e pelo uso de que Deus lhes fez pelas Escrituras (especificamente, no papel que desempenham, ao final da *prima pars*, no governo da criação e nos assuntos dos seres humanos), mas também porque dão testemunho da natureza fecunda do ato criador de Deus. Lembre-se de que a multiplicidade e a diversidade evidentes na criação, assim como a perfeição encontrada em sua unidade e inteligibilidade, seguem o fato de que qualquer coisa criada é incapaz de representar adequadamente a bondade de Deus, mas, para abordar isso, requer-se a totalidade da criação em toda a sua multiplicidade, diversidade, ordem, inteligibilidade e desigualdade.

Na ordem perfeita da criação, é conveniente, argumenta Tomás, que sejam encontradas não apenas criaturas intelectuais, mas que haja entre elas algumas cuja natureza intelectual e consequente atividade não se manifestem de forma corpórea, como é o caso da pessoa humana. O desafio das questões 50 a 53, então, é descrever a substância desses entes, logo seguido de um exame tanto de sua atividade intelectual quanto volitiva, primeiro em si mesmos (questões 54 a 58 e 59 a 60, respectivamente) e depois em sua primeira realização após sua criação (61-64).

No que diz respeito à sua substância, os anjos, como já foi dito, são totalmente incorpóreos. Embora isso possa parecer um ponto de vista um tanto óbvio a fazer, ele apresenta a Tomás a oportunidade de tratar como esses entes puramente espirituais diferem do ente puramente espiritual do próprio Deus. Pelo fato de terem sido criados por Deus[88], a essência de um anjo é algo que é distinto de

---

88. ST. I. 61.

sua existência, algo que, consequentemente, revela que o anjo não é ato puro, como é o caso de Deus. Pelo contrário, a existência de sua essência ou natureza é contingente, situando-se como algo que é potencial à existência, potencial à participação daquele ente que é propriamente de Deus, algo de que se fala no tratado anterior[89]. Uma vez que, então, a "composição" desse ente criado não está no nível da matéria e da forma, mas antes em relação a sua essência e existência, o modo pelo qual uma espécie é tipicamente multiplicada (por meio da sua matéria – assim, uma pessoa humana difere da outra não na sua humanidade, mas sim como ela é instanciada aqui e agora nessa coisa particularmente existente, tendo sua própria matéria que não divide com nenhuma outra pessoa humana) não se aplica aqui. O resultado é que há tantas espécies ou tipos diferentes de anjos quanto há anjos individuais, dos quais há uma multidão muito maior do que todas as coisas materiais tomadas em conjunto. Assim, ao contrário da palavra "homem", as palavras "anjo" ou "substância separada" não indicam diretamente uma essência compartilhada por um e todos semelhantes, mas sim a maneira pela qual podemos nos referir a esse grupo de seres intelectuais criados como um todo, em distinção tanto da pessoa humana em um extremo quanto de Deus no outro. Dentro desse meio-termo, por assim dizer, que os anjos ocupam, essa multiplicidade de espécies também manifesta a desigualdade que caracteriza a criação material com a qual estamos mais familiarizados. Aqui se encontra a base para a doutrina da hierarquia dos anjos, desde o mais alto dos serafins até o mais baixo dos anjos propriamente ditos, algo que será tratado em seu devido lugar no *Tratado sobre o governo divino*, na conclusão da *prima pars*[90].

---

89. Considerar o comentário de Etienne Gilson (1994 [1956], p. 164-168) sobre esse ponto.
90. Para um bom resumo disso, cf. Gilson (1994 [1956]), p. 168-173.

Após ter considerado a substância angélica em relação aos corpos que às vezes assumem (como relatado nas Escrituras: questão 51), a relação dos anjos com o lugar (52) e como se pode dizer que eles movem (53) desprovidos de uma condição corpórea, Tomás considera a natureza do seu conhecimento (ou intelecção) (54-59). Mais uma vez, dada a natureza imaterial do anjo e, assim, sua semelhança, nesse aspecto, a Deus, Tomás tem o cuidado de notar que o conhecer do anjo não é idêntico a sua substância, existência e essência[91]. Por outro lado, ele também tem o cuidado de distinguir o conhecer do anjo daquilo de que a pessoa humana desfruta. A diferença central entre essas duas formas de conhecer diz respeito ao acesso que cada um desfruta tanto à inteligibilidade das coisas e sua instanciação em coisas materiais particulares. O conhecer da pessoa humana é tal que tudo o que ela conhece tem seu início em seus sentidos: as coisas materiais individuais e particulares do mundo são encontradas por meio de suas potências cognitivas sensitivas e é a partir delas que suas potências intelectivas abstraem a inteligibilidade que está latente, por assim dizer, neles. Enquanto isso será discutido em maior detalhe no próximo tratado, é importante notar que a atividade intelectual da pessoa humana é algo que requer um esforço considerável. São necessárias duas potências, uma que trabalha naturalmente para revelar, por assim dizer, as naturezas inteligíveis das coisas (algo que ele chama de intelecto ativo), e outra que é receptiva a essas naturezas inteligíveis e procura esclarecer o que está implícito nelas (o intelecto passivo). É esse último que nos é familiar por realizar as atividades que associamos ao ser racional, ou seja, definir, julgar, fazer distinções, construir argumentos – em suma, a natureza discursiva que caracteriza o processo racional humano. Isso é algo que é pró-

---

[91]. ST. I. 54. 1-3.

prio da pessoa humana como uma alma materializada, cuja inteligência se manifesta sob as condições corpóreas próprias de sua humanidade. Dado que o anjo é totalmente imaterial, as operações intelectuais em que ele se envolve são muito diferentes das experimentadas pelos seres humanos. Primeiro, não há necessidade de propor neles os dois elementos do intelecto ativo e passivo necessários à cognição humana[92]. Nem é o caso que eles precisem se envolver nos processos investigativos tão familiares e necessários ao conhecer humano[93]. Sua experiência de cognição intelectual não se baseia nos sentidos, ela é inata ao seu ser e surge na medida em que Deus as dotou, de formas variadas, com as essências ou ideias inteligíveis que estão contidas em sua mente e que servem como exemplares de todas as coisas criadas, as quais são elas próprias instanciadas nas coisas materiais particulares deste mundo, sendo essas a base sobre a qual repousa todo o conhecer humano. A visão intelectual dos anjos, portanto, vai imediatamente e de um modo não sucessivo para a própria essência daquelas coisas pelas quais nós, sendo humanos, devemos nos esforçar discursivamente para alcançar e, mesmo assim, sabemos apenas imperfeitamente, na maior parte. Esse conhecimento é chamado "conatural" ao ser dos anjos, apropriado a uma substância intelectual separada das condições e limitações da matéria e que constitui sua experiência de ser e o conhecimento que se segue a isso.

Sua atividade volitiva (questões 59-60) é, em muitos aspectos, muito parecida com a da pessoa humana. Sua vontade é naturalmente inclinada para o bem, envolve-se livremente e dá origem ao amor deles por si mesmos, pelos outros e por Deus. A diferença, no entanto, encontra-se quando se considera como sua atividade

---

[92]. ST. I. 54. 4.
[93]. ST. I. 58. 1-5.

voluntária se manifestou após sua criação, juntamente com a natureza particular de seu conhecer, assunto das questões restantes desse tratado (61-64).

Ao serem criados, os anjos, desfrutando o tipo de conhecimento específico a eles, possuíam, desde o início, o que Tomás chama, no tratado sobre a felicidade, de uma felicidade natural, que está ao alcance natural do anjo, após a contemplação das coisas mais elevadas, algo com que foram naturalmente agraciados, mas pelo qual o homem busca discursivamente por meio das artes e das ciências. No entanto, há algo mais a ser alcançado aqui, dado que a felicidade ou bem-aventurança perfeita de uma pessoa não pode consistir em qualquer coisa criada, mas é encontrada somente no próprio Deus. Essa união com Deus e sua posse subjetiva está além da potência de qualquer ente criado e deve ser concedida a alguém para que seja desfrutada. Assim, mesmo que os anjos possuam um tipo de conhecimento com o qual a pessoa humana só poderia sonhar, ele não é equivalente à bem-aventurança que o próprio Deus desfruta e à qual todos os entes racionais são convidados a participar por meio do dom gratuito de Deus a eles[94]. Há, pois, desde a sua origem, a exigência de que os anjos, como a pessoa humana, se voltem a Deus para a sua felicidade perfeita, uma volta que em sua manifestação inicial é uma graça que receberam de sua criação, tornando possível a orientação para o que está acima de suas naturezas e perfectivo a elas[95]. Como acontece com o homem, assim também com os anjos é o caso que o dom da bem-aventurança é um dom concedido gratuitamente por Deus para o qual o ente racional nada pode fazer para necessitar sua concessão. No entanto, Deus requer que a pessoa humana viva uma vida de vir-

---

94. ST. I. 62. 1.
95. ST. I. 62. 2-3.

tude, para que possa estar pronta para receber esse dom, do qual falaremos mais detalhadamente na *secuna pars*. Com os anjos, porém, a situação é um pouco diferente devido às diferenças em sua natureza, especificamente no que diz respeito ao modo de seu conhecer, já que isso impacta diretamente a qualidade de sua escolha. Os anjos que recebem o dom da bem-aventurança fazem-no imediatamente após o seu primeiro ato de caridade, determinando nesse único ato tudo o que é pedido por parte de Deus pelo dom a ser concedido. Isso é possível dada a natureza não discursiva e não sucessiva do conhecer do anjo, algo que não permite a hesitação da vontade, nem a passagem de um nível de desenvolvimento moral a outro, como é o caso da pessoa humana, mas que em vez disso permite a orientação imediata e a determinação perfeita do anjo a Deus nesse ato de caridade que então leva em conta a manifestação imediata da sua bem-aventurança[96]. Isso pode ser visto claramente no caso daqueles anjos que não recebem o dom da bem-aventurança, daqueles anjos maus que caíram da graça ao cometer o seu pecado original, o da soberba. Nesse primeiro pecado, eles se recusaram, após à sua criação, a estarem sujeitos a Deus, uma sujeição que lhes era apropriada em sua natureza criada e devida a Ele como seu Criador[97]. Em vez disso, eles desejavam ser como Ele, não no sentido de desfrutar de uma igualdade com Ele, mas sim em semelhança com Ele. Isso de uma forma que não era apropriada à natureza dos anjos, especificamente buscando sua bem-aventurança separadamente de Deus e, portanto, de acordo com suas próprias potências, e buscando submeter a eles todas as coisas criadas, do modo que elas estão sujeitas ao próprio Deus[98].

---

[96]. ST. I. 62. 5.
[97]. ST. I. 63. 1-3.
[98]. ST. I. 63. 3. A inveja é o outro pecado ao qual os anjos caídos estão sujeitos. Ela segue o orgulho na medida em que consideravam que sua "excelência singular" esta-

Dada a natureza do anjo, essa soberba não é algo que se desenvolveu ao longo do tempo como para a pessoa humana. Em vez disso, é algo que se manifestou imediatamente após o primeiro instante de sua criação, na primeira livre-escolha que fizeram para não se submeterem a Deus como descrito acima[99]. O efeito dessa escolha foi tornar inflexível a vontade dos anjos caídos, confirmada em sua escolha, novamente algo que não ocorre à pessoa humana em uma ou mesmo em uma série de ações, mas requer uma vida inteira de tais decisões, de modo a confirmar-se de tal modo[100]. A "rapidez" e natureza absoluta dessa confirmação é, novamente, uma consequência da própria natureza do ente em questão. A vontade da pessoa humana é mutável na medida em que seu conhecimento não está firmemente fixo, movendo de um princípio a outro, investigando a natureza das coisas para que por meio dessa investigação e da natureza discursiva de seu raciocínio ela possa alcançar uma visão melhor das coisas inteligíveis para as quais ele volta seu olhar. Como vimos, entretanto, por parte do anjo, seu olhar é desimpedido pelas limitações e condições sob as quais o conhecer humano é realizado, contemplando a própria inteligibilidade das coisas com as quais o anjo foi dotado em sua criação. Uma vez que seu conhecimento não é progressivo, mas completo em si mesmo, a escolha da vontade que sucede esse conhecimento é igualmente completa, tendo sido fixada em sua escolha, da qual ele não pode ser removido[101]. A dificuldade que muitos experimentam em aceitar essa posição foi mencionada anteriormente, isto é,

---

va ameaçada não só pela própria excelência divina, mas pela excelência mostrada e demonstrada pela raça humana, algo que gerou essa tristeza sobre o bem alheio, que constitui a descrição da inveja.
99. ST. I. 62. 6.
100. Ibid., ad. 3.
101. ST. I. 64. 2.

que em matérias de livre-arbítrio, muitos hoje consideram esse poder como absoluto, como algo que está totalmente sob o controle do indivíduo e pode, portanto, ser mudado a qualquer momento, sob qualquer circunstância. Essa não é a visão de Tomás, o qual considera que a liberdade da vontade deriva de sua determinação inicial para o bem e é algo que, juntamente com o conhecimento que se tem, os juízos que se fizeram e, no caso dos seres humanos, a vida que se levou, pode ser voltada decisivamente para o bem ou para o mal e pode ser confirmado habitualmente para um ou para o outro, algo que ocorre na primeira livre-escolha do anjo, mas só depois de uma vida de escolhas ter sido completada por uma pessoa humana no momento da sua morte.

Tratado sobre a obra dos seis dias da criação (questões 65-74)

Nesse tratado, Tomás lida com o produto material da atividade criadora de Deus e isso no contexto de um comentário sobre os seis dias da criação, conforme se encontra em Gn 1,1–2,4a. O ensinamento aqui apresentado se baseia, em grande medida, em duas áreas do pensamento antigo e medieval; física e astronomia/cosmologia. Em muitos aspectos, os desenvolvimentos da física e da cosmologia modernas forneceram muito do que está contido nesse tratado de interesse apenas para o historiador. No entanto, para os propósitos desse trabalho, podemos atender a alguns de seus interesses que podem ser relevantes para o neófito em sua abordagem inicial da *Suma Teológica*[102].

Embora Tomás tenha lidado anteriormente com a questão do ato criador pertencente exclusivamente a Deus, afirma no artigo 1

---

102. Caso haja interesse em aprofundar esses assuntos, William Wallace, O.P. forneceu um número de excelentes apêndices à sua tradução desse tratado (p. 171-234 do vol. 10 (1967) da edição de Blackfriars da *Suma Teológica*).

da questão 65 que todas as criaturas e coisas materiais derivam de Deus. Isso é para contestar a opinião de alguns cristãos como os maniqueus, de que o aspecto material da criação era mau e que tinha sido criado não por Deus, mas por algum outro princípio mau em si mesmo na natureza. De maneira semelhante, ele argumenta novamente a favor da bondade da criação material no artigo 2. Dessa vez, ele tem em vista as opiniões de Orígenes, para quem a desigualdade observada anteriormente entre as coisas da criação só poderia ser explicada como a consequente punição aplicada às criaturas espirituais que rejeitaram Deus, sendo o corpo, assim, algo não originalmente pretendido por Deus em suas atividades criadoras, mas sim o resultado do pecado do homem. Não só essa visão é contrária ao próprio testemunho do Livro do Gênesis (especificamente o pronunciamento de Deus de que o que Ele criou em cada dia era bom), mas também à perfeição que é a criação, que a multiplicidade, diversidade e desigualdade que ela contém é o modo pelo qual a bondade que é Deus é representada, algo que inclui a criação de coisas materiais. Quando alguém contempla a unidade e o parentesco de todas as coisas como cada aspecto da criação busca o seu próprio bem, que seus aspectos menores são em prol dos mais elevados, que a totalidade dessas relações é para o bem da perfeição do todo em si e que tudo isso é ordenado a Deus como a seu fim último e a sua perfeição, não pode senão aceitar a bondade de toda a criação e de cada uma de suas partes, incluindo seu aspecto material e corporal. Finalmente, nos artigos 3 e 4 Tomás afirma mais uma vez que só Deus é o princípio do qual deriva toda a criação e que os anjos não desempenharam um papel nessa atividade, algo que era contrário às opiniões do filósofo árabe Avicena, que desfrutou de alguma influência na época de Tomás[103].

---

103. Para essas opiniões, cf. Wallace (1967), p. 181.

As questões 66 a 73 tratam das particularidades de cada dia da criação à luz tanto da física como da cosmologia à disposição de Tomás, assim como da tradição de comentários sobre os seis dias da criação conforme se encontra em muitos dos Padres da Igreja, uma tradição que o próprio Tomás demonstra possuir solidamente. O primeiro artigo da questão 73 afirma a perfeição do esforço criador de Deus, uma perfeição que estabeleceu todo o universo em sua integridade pretendida e em sua abertura, por assim dizer, à sua conclusão na "perfeita bem-aventurança dos santos na consumação do mundo", uma consumação que se realiza por meio da Encarnação e do ato salvífico. Como a resposta à primeira objeção afirma, há, então, três consumações a serem notadas na atividade criadora de Deus, sendo a primeira a consumação da *natureza* realizada no estabelecimento de todas as coisas criadas após a conclusão dos seis dias da criação, a segunda, a consumação da *graça* realizada na Encarnação de Cristo e a terceira, a consumação da *glória* no fim dos tempos. A resposta à terceira objeção nota que a atividade criadora de Deus está restrita a esses seis dias, que a multiplicidade e diversidade da criação, então, agora e vindoura, estavam presentes implicitamente em tudo o que foi produzido naqueles seis dias. Por último, a questão se houve de fato seis dias é abordada no artigo 2 da questão 74. Tomás mostra grande cautela aqui, na determinação dessa questão, na medida em que a tradição patrística não resolve o assunto decisivamente. No entanto, segundo Wallace, o teor da discussão, juntamente com vários comentários feitos ao longo do tratado, indicam a disposição de Tomás para aceitar a posição de Agostinho, isto é, da criação simultânea de todas as coisas e que a referência aos seis dias no Livro do Gênesis reflete a progressão da revelação das atividades criadoras de

Deus aos anjos[104] ou, como afirma Gilson, o modo pelo qual as variadas ordens de entes são simbolizadas[105].

Tratado sobre o homem (questões 75-102)

Com esse tratado, Tomás completa sua consideração da atividade criadora de Deus, sua culminância na pessoa humana, aquele ente que é tanto espiritual quanto material em composição, um ente no qual toda a criação é em pequena escala (a pessoa humana entendida como *microcosmos*), ou no qual o espiritual e o material se encontram (a pessoa humana entendida como *horizonte*). Dada a importância desse tratado, tanto em si mesmo (ao resumir a visão psicológica de Tomás sobre a pessoa humana) como no plano da *Suma* (ao estabelecer uma quantidade de princípios e doutrinas centrais para os assuntos determinados na *secunda pars* e para uma quantidade de discussões na *tertia pars*, especificamente sobre a natureza humana de Cristo), muito tem sido escrito sobre ele na literatura secundária. Nas poucas páginas que podemos dedicar a esse tratado, espero dar uma visão geral de seus ensinamentos mais importantes e direcionarei o leitor, nos lugares apropriados, a obras que ofereçam uma cobertura mais detalhada do que só pode ser tratado brevemente aqui.

O tratado propriamente dito divide-se em duas seções. A primeira trata da natureza do próprio homem (questões 75 a 89), enquanto a segunda trata de sua origem ou produção (90-102).

---

104. Cf. as notas dessa seção no texto da tradução de Wallace (p. 155-159).
105. Gilson (1994 [1956]), p. 175. Gilson sugere também, apoiado por várias citações desse tratado, que os seis dias foram um dispositivo pelo qual Moisés, o autor dos primeiros cinco livros das Escrituras de acordo com a tradição da época, explicou esses assuntos às pessoas simples e iletradas a quem ele guiou.

A primeira das duas recebeu a maior atenção e constitui o que Torrell chama de "psicologia racional"[106] de Tomás, ou seja, suas considerações sobre a alma do homem, as potências que surgem dela e uma descrição geral de suas variadas atividades com ênfase nas potências racionais, deixando uma consideração sobre as potências apetitivas para a *secunda pars*. Essa última decisão pode parecer equivocada, pois parece deixar esse tratado incompleto em sua amplitude e profundidade. No entanto, quando se recorda que o foco da *prima pars* não está na agência humana, mas sim no próprio Deus e em sua agência, como essa última se manifesta em sua atividade criadora e na conservação e governo de tudo o que Ele criou, começa-se a entender o tratamento sumário que é oferecido aqui da psicologia da pessoa humana, e por que é mais apropriado expandir seus aspectos voluntários e afetivos na *secunda pars* quando ao tratar especificamente da agência humana, isto é, de sua atividade moral. É por essas razões que Tomás deixa de lado também uma consideração detalhada do corpo da pessoa humana, deixando uma investigação tão importante e útil à sua disciplina apropriada, a das ciências médicas ou "experimentais". As únicas considerações que Tomás faz a respeito do corpo humano são aquelas que têm uma relação direta com os propósitos do teólogo nessas duas primeiras partes da *Suma*[107].

As questões 75 e 76 tratam da alma do homem e de sua união com o corpo. Essas duas questões são bastante difíceis de apreciar e compreender por uma série de razões diferentes, três das quais são de particular importância: a suposição, por Tomás, de que o

---

106. Torrell (2005), p. 25.
107. Essa posição é também reforçada quando se recorda a audiência e o propósito pelos quais a própria *Suma Teológica* está escrita. Para uma avaliação do conhecimento e do uso das disciplinas médicas por Tomás (e para outros assuntos importantes relacionados), considerar Jordan (1988), p. 233-246 e Jordan (2006), p. 33-59.

leitor tem uma boa compreensão da psicologia aristotélica sobre a qual as suas próprias opiniões se baseiam; segundo, que este tratado pressupõe um conhecimento das controvérsias psicológicas da época em que ele estava envolvido; e, por último, a tendência de nossa parte, dada a história do pensamento, de compreender e interpretar o ensino e a linguagem psicológica de Tomás de uma maneira distintamente moderna, algo que não coincide em todos os momentos com a própria abordagem de Tomás. Para amenizar um pouco essas dificuldades, comecemos pelas metáforas acima mencionadas como descritivas da pessoa humana, ou seja, como "microcosmo" e "horizonte".

Tomás provavelmente entendia "horizonte" da mesma forma que nós, ou seja, como aquele "lugar" onde o céu e a terra se encontram. Ele usa essa noção como descritiva da pessoa humana de três maneiras. Primeiro, esse ser humano envolve tanto um aspecto material ou corpóreo quanto um aspecto imaterial ou espiritual – corpo e alma, respectivamente. No entanto, "horizonte" não é nem o céu nem a terra tomados separadamente. Só pode ser nomeado e descrito em relação a sua "união", o ponto em que ambos se encontram, e sem essa união nenhum desses aspectos existiria da forma como são respectivamente nomeados. Da mesma maneira, a pessoa humana não é entendida nem como seu corpo nem como sua alma. Pelo contrário, ele é a sua união, aquele "lugar" em que o corpo e a alma se unem, aquele "lugar" em que o corpo e a alma se tornam realidades sem as quais inicialmente não haveria tais coisas. Por fim, "horizonte" é usado como uma forma de comparar a pessoa humana com o resto da criação, especificamente que o homem, em sua natureza, ocupa uma "posição intermediária" dentro da criação, sendo tanto material como espiritual, relacionado essencialmente com as coisas da terra e do céu, sendo tanto animal como imagem de Deus.

O perigo em relação a essa imagem e sua aplicação é que ela se presta muito facilmente a interpretar o entendimento de Tomás sobre a pessoa humana em termos dualistas, em que os dois aspectos que compõem a pessoa humana são radicalmente opostos entre si em suas naturezas, desfrutando de suas próprias existências separadas, além da sua "união" na pessoa humana, que seria do tipo mais fraco, semelhante a um cavaleiro montado a cavalo, ou a um marinheiro a bordo de um navio. A alma, nessa perspectiva, estaria alojada no corpo, para usá-lo como instrumento. Por fim, o corpo seria considerado, no mínimo, como secundário em relação ao que é primário e essencial à humanidade do homem, isto é, sua própria alma. Para evitar essas interpretações, é preciso notar que, embora Tomás seja claramente dual em sua descrição da pessoa humana, falando de aspectos tanto materiais como imateriais, corpo e alma respectivamente, ele enfatiza a unidade desses dois como sendo definitiva na pessoa humana. A pessoa humana não é só seu corpo nem só sua alma. O corpo, para Tomás, deve ser entendido não como distinto ou radicalmente oposto à natureza humana, mas sim como um aspecto intrínseco a ela. Tão intrínseco é o corpo à natureza humana que Tomás considera o corpo como algo que é trazido à existência não só pela alma, mas também com a alma. De maneira semelhante, ele não considera a alma como algo que preexiste a uma pessoa humana em particular. Em vez disso, começa a existir na primeira realização de uma pessoa humana em particular. Antes dessa realização, então, não há alma nem corpo. Em termos mais formais, o "corpo" deve ser entendido como a condição material da alma humana, algo que necessariamente vem a ser na atualização da alma e da própria pessoa humana. A "pessoa humana" é esse ente racional corpóreo particular que tem a capacidade de se envolver em todas as potências próprias de sua humanidade. "Alma" é o princípio formal da existência da pessoa humana. Ela especifica o tipo de ser que a pessoa humana é e aquelas atividades e potências próprias dele. Isso inclui uma realização essencial e necessária do corpo, sua organização e função dentro de toda a vida de homem[108].

A partir dessa descrição inicial de "alma", deve ficar claro que não é um termo puramente teológico. É uma noção desenvolvida antes pelos antigos filósofos gregos e, especialmente, por Aristóteles. Nesse uso pré-cristão, "alma" designava o que é responsável pela distinção mais básica entre coisas vivas e não vivas; aquelas tinham alma, enquanto essas não tinham. Nesse uso, então, a vida de uma coisa surgiu de sua alma. O termo "alma" também foi usado para se referir ao tipo de coisa viva, tradicionalmente dividida em três tipos: planta, animal e humano. Por fim, "alma" era responsável por todas as atividades que caracterizavam a *espécie* de ser vivo que porventura era considerado. Assim, uma alma animal faz com que o próprio animal esteja vivo e seja uma certa espécie de coisa viva e permite que aquelas atividades que nós comumente entendemos como animais sejam exibidas. Em suma, "alma" é um princípio vivificante, especificador e atualizante e inclui em si a condição material, corporal e operacional, as potências e as atividades tão familiares à experiência da pessoa humana de uma coisa viva.

Embora isso soe muito parecido com uma posição dualista, vimos que não é o caso; a pessoa humana é aquilo que é primário, não sua alma. No entanto, é difícil ver por que é que, à luz da importância da alma e da herança dualista de que fomos dotados,

---

108. Para uma exposição muito mais detalhada dessa linha de pensamento, considerar o cap. 6, "Forms and bodies: the soul" [Formas e corpos: a alma], em Stump (2003), p. 191-216.

o foco do indivíduo deveria mudar da alma para a pessoa. Pois parece que, para que a alma possa atuar nessas capacidades, deve preexistir o corpo. Como poderia vivificar, especificar e atualizar o ser vivo em questão se ele não existia *antes* que isso ocorresse?

Quando consideramos as coisas de nossa experiência sensível direta, entendemos que cada uma delas tem um aspecto material, a matéria a partir da qual cada uma é feita. Assim, no caso de uma casa, diríamos que o seu princípio material são os tijolos, a madeira, o cimento, os pregos, o gesso e outras coisas semelhantes, que entram em sua construção. Mas, ainda que esse material seja necessário para a existência e a descrição da casa, ele não é totalmente suficiente; há algo que falta. Que pessoa consideraria que uma empresa de construção tenha terminado seu trabalho de construir uma casa simplesmente entregando os materiais no local da obra? Claramente, deve haver também um princípio ordenador, um que organize esses materiais para que por meio dessa determinação imposta a esses materiais, a casa venha realmente a existir. Tomás se refere a esse princípio organizador como o aspecto formal de uma coisa ou, simplesmente, sua forma, aquilo que faz com que a coisa seja o que é.

Os materiais usados na construção da casa possuem suas próprias características e suas próprias naturezas. A escolha acerca de que materiais são apropriados é amplamente feita de acordo com o princípio organizador da casa, algo determinado não só pelo construtor, mas também pelo uso a que a casa será colocada – diferentes estruturas requerem diferentes tipos de materiais e isso é diretamente influenciado pelas razões pelas quais essas estruturas são feitas em primeiro lugar. Assim, uma estrutura de madeira pode ser adequada para uma habitação familiar de um andar, enquanto o aço é mais apropriado para um prédio alto de apartamentos. Novamente, se a casa é para proteger uma das típicas chuvas e invernos comuns às partes do Nordeste da Europa e América, não se vai considerar palha e papel como materiais adequados para o telhado e paredes; madeira e pedra seria muito mais apropriado. Novamente, se um edifício for destinado à habitação, diferentes materiais serão enfatizados em detrimento daqueles utilizados na construção de estruturas não habitáveis, tais como armazéns. Quando esses materiais são reunidos na construção da casa, eles assumem uma natureza e uma função além daquelas que eles já possuem como materiais individuais de naturezas e funções definidas. Assim, um tijolo já não é simplesmente um tijolo, mas um elemento dentro do "corpo" da casa, um elemento dentro de toda uma estrutura, agora desfrutando de uma nova função de acordo com sua natureza (nesse caso, como parte de uma parede, cuja parede é importante para a estrutura geral e para a realização dos outros elementos da casa que dependem dessa parede e sua integridade para seu próprio funcionamento em relação à casa em si). Isso também é determinado pelo aspecto organizacional da casa. Pois deve ficar claro que essas novas naturezas e funções não emergem simplesmente do próprio material, mas sim por causa da e em união com a organização que lhes é conferida pela forma da casa. Assim, pode-se dizer que a forma da casa "dá origem a" ou "causa" seu aspecto material, neste exemplo, o "corpo" da casa, um "corpo" que só veio a existir por meio da atividade da própria forma. Sem esse "corpo", a casa não existiria realmente e, assim, não funcionaria como uma casa. Os materiais ainda teriam suas próprias naturezas e funções, mas não desfrutariam dessa natureza e função das quais apenas o princípio organizador da "casa" poderia extrair. É apenas na conclusão da encomenda dos materiais que a casa é finalmente realizada, que uma coisa nova começa a existir, uma coisa que tem a sua própria natureza, qualidades e funções, algo que pode ser clara e propriamente chamado de "casa". Até então, a forma meramente existe na mente do arquiteto e os materiais, na melhor das hipóteses, estão sobre o local da obra esperando que seu corpo seja realizado. É apenas o produto acabado que merece o nome de "casa". Chamar de "casa" uma pilha de materiais no local de trabalho ou aquele plano arquitetônico no papel ou na mente é falar de forma imprópria ou metafórica, na melhor das hipóteses.

De maneira semelhante, podemos entender o ensinamento de Tomás a respeito da pessoa humana. Quando distinguimos uma coisa viva de uma coisa não viva, reconhecemos que seu aspecto material por si só não é suficiente para explicar essa diferença. Pois se assumíssemos que a matéria fosse o único princípio necessário para a vida, teríamos então que explicar por que algumas coisas materiais vivem enquanto outras não vivem (se a matéria fosse o único princípio necessário para a vida, então todas as coisas que têm matéria deveriam estar vivas. Mas claramente não são. Portanto, deve haver algo mais). Se tentamos argumentar que a vida surge por meio de um maior grau de ordem e complexidade presente na matéria daquelas coisas a que chamamos vivas, então admitimos a posição contra a qual estamos tentando argumentar. Pois, nessa explicação, já não nos referimos à matéria apenas, mas sim a sua organização, sua estrutura, sua determinação, sua configuração, isto é, ao seu princípio formal. É esse aspecto formal que dá origem ao tipo de vida que temos diante de nós e às atividades apropriadas a seu tipo. A forma determina aqueles materiais apropriados para a realização da coisa viva, que, quando reunidos, provêm as condições materiais que sua própria existência e funcionamento requerem. A matéria da coisa viva, então, não é qualquer matéria, mas matéria de um certo tipo, que tem uma certa configuração, ordem e determinação. Esse material, assim ordenado e determinado, garante o nome especial de "corpo". É nesse sentido, então, que podemos dizer que a alma "dá origem" ao corpo, ou que o corpo é a "condição material" da alma, ou que o corpo "é causado" pela atividade da alma, sendo cada expressão um sinônimo dos outros. O corpo humano, então, é necessário para a realização da pessoa humana e das atividades em que se envolve. A pessoa humana não existe antes da realização da alma (a matéria pode existir, mas não o corpo) e a própria alma só existe realmente à luz de sua condição material. O que existe primeiro, então, é a pessoa humana. Todo o resto é entendido como referência e subordinação a ela. Sem essa referência, não há inicialmente nenhum corpo e nenhuma alma.

Dado que o corpo é a condição material de existência da alma e que, consequentemente, o corpo e a alma não são radicalmente opostos entre si, não há necessidade, da parte de Tomás, de falar de uma mistura dos dois ou de considerar os problemas que surgem quando se tenta explicar suas respectivas potências e as interações de que desfrutam, uma grande dificuldade para qualquer posição dualista. As questões 77 a 83 consideram as potências da pessoa humana, especificamente aquelas que interessam ao teólogo. Esse interesse é determinado pelo plano da própria *Suma*, ou seja, as potências que estão diretamente envolvidas no retorno que o homem faz a Deus, e especificamente as potências que podem se tornar mais excelentes em suas operações nesse sentido, uma excelência que é realizada por meio da aquisição das virtudes, sendo todas elas objeto da *secunda pars*. Tomás trata das potências de um modo geral na questão 77 e então considera na 78 as potências que servem diretamente às potências intelectuais (79) e apetitivas (80-83).

As potências de um ser vivo estão enraizadas na alma, mas ao contrário da própria pessoa humana, muitas delas não são imediatamente manifestadas ou atualizadas na primeira realização da pessoa. As potências não são o mesmo que a alma, mas sim tornadas possíveis pela primeira realização da alma nesse tipo particular de coisa viva que se tem diante de si, seja planta, animal ou humano. É nesse contexto que se pode entender a definição clássica de alma como a primeira forma ou ato de um corpo orgânico físico que tem potencialidade de vida. Esse primeiro ato é a realização daquela primeira perfeição, ou seja, a existência de um tipo específico de ser vivo, a pessoa humana, nesse caso. É após essa primeira realização que as potências da pessoa humana são estabelecidas, mas não em sua plena atualização. Em vez disso, elas são princípios potenciais que admitem outras realizações por meio das muitas e variadas atividades em que a pessoa humana se envolve após sua primeira realização. As potências, então, constituem as atualidades adicionais ou secundárias das quais a pessoa humana é capaz, o estado em que ela se encontra e ao qual, por meio de sua atividade e a dos outros e da sociedade, aspira a realizar e a aperfeiçoar. Dada a complexidade de sua natureza, a pessoa humana tem muitas e diversas potências e todas requerem atenção para que elas próprias e a pessoa humana que as possui possam ser aperfeiçoadas. À luz do destino da pessoa humana, algumas potências requerem maior atenção do que outras. Assim, há uma hierarquia de potências identificadas na pessoa humana, sendo as potências intelectivas as mais elevadas e, portanto, definitivas, pois são essas que influenciam, dirigem, comandam e transformam todas as outras potências encontradas no homem, ainda que sejam as últimas a desenvolver e exijam maior nutrição e cuidado. São essas que permitem que a pessoa humana se liberte do determinismo de seu aspecto animal e daquilo que Tomás chama seu aspecto vegetativo, responsável pelos processos fisiológicos básicos da vida do homem.

Embora a variedade e a multiplicidade de potências de que a pessoa humana desfruta esteja enraizada na alma, a questão 78 mostra que elas se manifestam de formas diversas, de acordo com o grau em que exigem o envolvimento do próprio corpo, os objetos que lhe dizem respeito e suas atividades características. As potências vegetativas da pessoa humana são as mais imersas na condição material do homem, estando totalmente orientadas para a integridade e o cuidado do corpo, especificamente no que diz respeito à sua nutrição, crescimento e geração. As potências sensitivas são mais extensivas em seu alcance, relacionadas a todos os corpos materiais e não apenas àquele em que se encontram. Suas potências intelectivas abrangem todas as maneiras de ser e não apenas aquelas que são materialmente realizadas. Quanto a suas potências sensitivas e intelectivas, essas são amplamente encontradas entre aquelas que são cognitivas e as que são apetitivas. As potências cognitivas fazem coisas que são externas à pessoa humana presente em si e são coletivamente responsáveis por suas variadas atividades do conhecer. As potências apetitivas servem para orientar a pessoa humana pessoalmente às coisas que ela conhece. Seu apetite a esse respeito é duplo, seguindo o modo de seu conhecimento. Por seu apetite sensível, a pessoa humana se orienta àquelas coisas materiais particulares que, de alguma forma, parecem adequadas ou não a ela, pessoalmente falando. Por seu apetite intelectual, ela se orienta a todos os seres, e não apenas àqueles que são materialmente realizados, conforme sejam entendidos como bons (ou não) em si mesmos e não primariamente em relação a ela. Por suas potências apetitivas, assim, a pessoa humana é atraída ou desviada de todas as coisas que podem ser conhecidas por meio de suas potências cognitivas. Por fim, há aquelas potências exigidas para o movimento próprio, que são exigidas para levar a pessoa humana à posse das coisas que ela conhece e que julgou adequadas para si ou como tal ou para evitar aquelas que não são adequadas.

A questão 79 retoma as atividades da potência cognitiva intelectiva, que caracterizam e definem especialmente a alma e a vida do homem[109]. Novamente, muito do que está contido aqui parecerá impenetrável para aqueles que não estão familiarizados com as obras de Aristóteles a respeito da cognição intelectual, para não mencionar as controvérsias, tanto antigas como medievais, que cercavam sua interpretação. Uma breve apresentação de alguns dos principais pontos será suficiente para os nossos propósitos.

Os artigos 2 e 3 afirmam que a potência intelectiva tem um aspecto passivo e um ativo. Isso é algo que não é específico da potência intelectiva, mas que caracteriza a cognição do homem. No que diz respeito a sua cognição sensitiva, comumente se entende que a pessoa humana constitui um receptor passivo das coisas que a rodeiam. O agente ativo não é tanto a pessoa, mas a própria coisa que constitui algo que pode imprimir-se, por assim dizer, sobre seus cinco sentidos e sobre os sentidos internos da memória, da imaginação e afins.

Quando o indivíduo aborda as coisas de sua experiência, descobre que as coisas não são inteligíveis em si mesmas. Se as coisas fossem conhecidas intelectivamente simplesmente ao contemplá-las, então não haveria necessidade de escolarização, investigação,

---

[109]. As potências cognitivas sensíveis são tratadas de forma muito resumida na questão 78, artigos 7 e 4, apenas de acordo com os papéis que desempenham na cognição intelectiva e, de um modo mais geral, no apetite humano. Maiores detalhes sobre cognição sensitiva podem ser encontrados no Comentário de Tomás sobre *De anima*, de Aristóteles.

ciência, argumentação ou da leitura de qualquer livro. Não é esse o caso, no entanto. O homem deve exercer algum tipo de atividade sobre seu conhecimento cognitivo sensitivo para que este possa revelar o conteúdo inteligível que está latente dentro de si. Para Tomás, isso não é algo que simplesmente requeira um trabalho árduo. Há um estágio anterior a esse, pelo qual o conteúdo inteligível que está latente nas coisas da experiência do indivíduo deve primeiro ser revelado a fim de que se torne um objeto de consideração intelectiva. Nessa revelação encontra-se o componente ativo da intelecção, algo executado pelo que Tomás, seguindo Aristóteles, chama de *intelecto ativo ou agente*. Essa potência toma o que é recebido passivamente no conhecer sensitivo e "ilumina" ou "abstrai" seu conteúdo inteligível para que possa, então, ser investigado pelo que é chamado de *intelecto passivo ou paciente*. Assim, o que foi iluminado pelo intelecto ativo é "impresso", por assim dizer, sobre o intelecto passivo que então "contempla" o que foi "iluminado" e pode, então, começar a investigar aquilo com que foi impresso. A atividade intelectiva sobre a qual a pessoa humana tem controle é exercida pelo intelecto passivo, sendo o intelecto agente comparado a uma luz que "revela" o material que ocupará o intelecto passivo. A atividade do intelecto agente, portanto, não é criadora, mas sim aquela que simplesmente expõe o que de outra forma teria ficado oculto. E o que é exposto é algo que precisa ser esclarecido pelas atividades de compreensão realizadas por meio de definição, do discernimento da verdade e de falsidade dos julgamentos que fazemos a respeito das coisas que foram definidas e, finalmente, a validade e a solidez do raciocínio silogístico feito a respeito do que se definiu e julgou. O que é que se alcança por meio da atividade intelectiva? Nada mais do que a forma da coisa, aquilo que a faz ser o tipo de coisa que é, como descrito acima.

Assim, na experiência de muitos homens e mulheres, vai-se do conhecimento sensitivo de "um homem" ao "homem" por meio da atividade do intelecto agente, que torna a forma "homem" disponível para a mente, para que possa então continuar sendo penetrado, revelando, ao longo do tempo e por meio do envolvimento de muitas mentes e da cooperação de comunidades intelectuais e tradições, suas próprias profundezas e riquezas, ou seja, a própria natureza ou essência do "homem". Aqui se encontra a possibilidade da linguagem humana onde as palavras são usadas para apontar para o que foi disponibilizado à pessoa humana pelo intelecto agente e passivo. Quando o intelecto se volta para o conhecer sem qualquer visão da aplicação do que foi descoberto, Tomás se refere a isso como o *intelecto especulativo*, ou seja, o intelecto operando de tal modo que ele simplesmente deseja descobrir as essências e propósitos das coisas para as quais está voltado. Quando, porém, se volta para a aplicação do que sabe, seja para a fabricação de um produto ou para a execução de alguma ação, Tomás se refere ao *intelecto prático*, ou seja, o intelecto operando em prol da realização quando se age ou se faz aquilo que foi contemplado nas investigações especulativas. No entanto, é a mesma potência intelectiva que age dessas maneiras e não duas potências distintas. Do mesmo modo, a memória intelectiva não é uma potência distinta do intelecto, mas sim o intelecto em sua capacidade de reter as ideias ou conceitos que foram revelados pelo intelecto agente e, então, impressos no e investigados pelo intelecto passivo. Por fim, a consciência é, novamente, não uma potência separada do intelecto, mas o nome dado ao processo de raciocínio do intelecto prático ao se decidir como agir em uma dada situação moral.

As questões 80 a 82 tratam das potências apetitivas tanto sensitivas quanto intelectivas do homem. Elas são tratadas separadamente das potências cognitivas pelo fato de que, embora o conhecimento seja exigido em todo ato de apetite (como se pode desejar o que não se conhece?), esse conhecimento por si só não é suficiente para levar alguém à ação; deve ser feita alguma avaliação sobre esse conhecimento a fim de que aquilo que inicialmente é considerado como verdadeiro possa ser visto como bom e que, então, pode tornar-se objeto de desejo do indivíduo e, consequentemente, a causa do impulso. Tomás explica o apetite como uma inclinação, por parte do indivíduo, que surge após alguma forma. A forma mais básica de que o ser vivo desfruta é a da sua alma, a primeira forma que o torna aquilo que é e possibilita todas as potências e atividades nas quais ele pode se envolver, de acordo com a sua espécie. É com essas últimas potências ou potencialidades que surge a primeira forma de apetite, o *apetite natural*, especificamente na medida em que cada potência é inclinada, por sua própria natureza ou constituição, a algo em que encontrará a sua ativação, atualização e perfeição. Por exemplo, se tomarmos o sentido da audição, entendemos que ela está assim constituída em sua natureza, de modo a ter uma inclinação natural para seu objeto próprio, isto é, o som. Na presença do som, a audição é ativada, isto é, tornada em ato e, portanto, plenamente realizada em sua natureza. Assim, pode-se dizer que a audição tem um "apetite natural" pelo som, que "deseja" ou está naturalmente inclinada ao som, em prol do próprio ato ou perfeição de ouvir como uma potência. O apetite natural, portanto, não é a respeito da atualização do ente que tem essas potências, mas sim da atualização dessas mesmas potências, da inclinação natural dessas potências para os objetos que as ativarão e completarão, uma inclinação que está enraizada na própria natureza da potência envolvida e dela é uma manifestação. Assim, esse tipo de apetite é puramente passivo, é necessariamente orientado para um objeto em particular e é necessariamente ativado em sua presença. Então, poderíamos falar desse apetite como sendo automático ou instintivo. Esse apetite é certamente parte da existência e definição de toda potência e é algo comum a todas as formas de vida.

A forma que é central para o apetite sensitivo é aquela que é fornecida pela cognição sensitiva, ou seja, a coisa material individual da experiência do indivíduo. Agora, como é que as coisas da experiência do indivíduo podem ser consideradas aqui como formas que dão origem às inclinações do apetite sensitivo? Esse é um ponto da teoria do conhecimento de Tomás que requer mais espaço do que o disponível aqui para explicar apropriadamente. Para incentivar o entendimento inicial do leitor sobre isso, considere que em todo ato de cognição há uma aquisição, uma interiorização, uma união do conhecedor com a coisa conhecida. Claramente, o conhecedor não assume a questão da coisa a ser conhecida, nem a própria existência da coisa em questão. A matéria e a existência específicas à coisa a ser conhecida são as suas próprias, assim como a matéria e a existência do próprio conhecedor. O que resta, então, é o princípio formal da coisa a ser conhecida, aquilo que a determina a ser o que é e a possuir as potências apropriadas à sua espécie. A cognição, para Tomás, é realizada assumindo as formas das coisas e se transformando nelas, não realmente, mas intencionalmente. Nisso, o conhecedor não fica conhecendo por meio da contemplação das imagens de coisas que passam por ele, como se fosse um espectador num teatro assistindo a um filme. Em vez disso, diz-se que ele vê as coisas como elas são em si mesmas e como ele se transformou nelas, intencionalmente falando. É assim que Tomás entende a declaração de Aristóteles em *De anima* III. 8, que a alma é potencialmente todas as coisas sensíveis e inteligíveis.

Agora o apetite sensitivo não é um apetite puramente passivo, como foi observado anteriormente; o simples conhecimento das coisas não garante o desejo em relação a elas. É preciso que haja algum tipo de avaliação realizada em relação ao objeto de conhecimento, especificamente que ele é considerado adequado (ou não) para aquele que o está sentindo. Assim, tanto para o animal como para a pessoa humana, que desfrutam de um conhecimento sensitivo, pode seguir-se um apetite sensitivo em relação às coisas, pessoas e situações de sua experiência, na medida em que são consideradas boas para eles, pessoalmente falando. Só na medida em que essa avaliação é feita, o apetite sensitivo é fornecido com seu próprio objeto, o que, então, leva à sua ativação. Assim, o apetite sensitivo é tanto ativo quanto passivo; não há necessidade de desejar as coisas da própria experiência *até* que tenham sido avaliadas como adequadas para aquele que as conhece. No animal, essa avaliação é realizada natural e instintivamente por aquilo que Tomás chama de potência *estimativa*, que opera de maneira semelhante na pessoa humana, mas, como essa potência pode ser influenciada pela potência intelectual superior que existe em seu interior e surge da alma intelectual, Tomás chamará essa potência de *cogitativa* para reconhecer esse estado de coisas.

Como há a avaliação de adequação, o apetite sensitivo manifesta uma inclinação mais complexa na maneira pela qual ele pode direcionar quem possui esse apetite às coisas, pessoas e situações de sua experiência. Tomás fala de uma dupla manifestação da natureza do apetite sensitivo. Em primeiro lugar, há o esforço para adquirir as coisas consideradas adequadas para o ser e a vida do indivíduo e há o evitamento daquelas consideradas inadequadas para a vida e para a integridade física. Em segundo lugar, há uma resistência ativa exibida no apetite sensitivo quando se procura superar qualquer dificuldade que esteja associada à busca do adequado ou a evitar o inadequado. Tomás refere-se ao primeiro como o aspecto concupiscível do apetite sensitivo e, ao segundo, como o aspecto irascível. O apetite concupiscível diz respeito aos bens e males em que há pouca ou nenhuma dificuldade envolvida em sua busca ou seu evitamento, respectivamente. O momento irascível de apetite surge quando se acrescenta a noção de dificuldade ao bem que se busca ou ao mal que se evita. O concupiscível é, assim, anterior e mais básico do que o irascível; o irascível surge do concupiscível e nele termina, atuando como um ajudante do concupiscível, por assim dizer, quando as coisas começam a apertar. Em situações nas quais não há dificuldade em perseguir o bem ou evitar o mal, o aspecto concupiscível é suficiente. Mais será dito a respeito do apetite sensitivo quando tratamos da *secunda pars*, onde se mostrará que as emoções básicas que a pessoa humana experimenta constituem uma manifestação adicional da arquitetura, por assim dizer, do apetite sensitivo, no qual as emoções básicas tanto do animal quanto do homem são os momentos variados dos apetites concupiscíveis e irascíveis, algo que no homem será o próprio material sobre o qual as virtudes operam, especificamente as virtudes cardeais de temperança e fortaleza.

Essa configuração reflete o fato de que a pessoa humana pode manifestar um certo controle racional sobre seu apetite sensitiva, um problema que Tomás aborda diretamente na questão 81, artigo 3. A natureza desse controle não é semelhante à regra "despótica" que se exerce sobre a própria pessoa. Como afirmado anteriormente, a avaliação da adequação não é algo totalmente determinado pela razão em si, mas se efetua apropriadamente por meio da potência cogitativa, que pertence às potências cognitivas sensitivas. Assim, a razão pode influenciar o apetite sensitivo à medida que opera por intermédio ou em conjunto com a potência cogitativa à qual o apetite sensitivo corresponde diretamente, resultando em uma regra "monárquica" da vida afetiva pela razão. Nisso, Tomás sugere a imagem de um governante exercendo seu poder sobre seu sujeito livre, em oposição à regra que o indivíduo exerce sobre sua própria propriedade. Isso reflete o fato de que o apetite sensitivo tem algo de si próprio, uma potência de si próprio, pelo qual ele pode resistir ao comando da potência superior da razão. A importância disso reside no fato de que os aspectos concupiscíveis e irascíveis do apetite sensitivo humano precisam, portanto, ser propriamente guiados e formados pela criação e pela educação que se recebe, de modo que o apetite sensitivo não busque apenas aquilo a que é naturalmente inclinado, mas sirva às metas maiores e mais elevadas da pessoa humana. Aqui reside o principal objetivo das disciplinas éticas, discernir o bem da pessoa inteira e alinhar todos os aspectos dessa pessoa para que esse bem possa ser alcançado. O apetite sensitivo busca seu próprio bem e é a base para a vida emocional do homem. Mas a perfeição desse apetite só é encontrada em relação àquele que o possui. Assim, por meio da habituação, da educação e da formação que podem ser recebidas somente por meio de uma comunidade centrada no bem do ser humano, esse apetite coopera na aventura ética do homem. As formas imediatas pelas quais isso é alcançado são as virtudes morais, especificamente a temperança (aperfeiçoando o aspecto concupiscível) e a fortaleza (aperfeiçoando o aspecto irascível), como já observado acima.

As questões 82 e 83 tratam do apetite intelectivo, da vontade e de seu papel no livre-arbítrio. Começamos, mais uma vez, com a forma após a qual surge o apetite intelectivo. Isso é provido pela cognição intelectiva e, assim, lidaremos com a inteligibilidade e a universalidade das coisas e não com a sua materialidade ou particularidade. E, tanto quanto o apetite sensitivo estava envolvido apenas na medida em que seu objeto era considerado adequado (ou não) por quem sentia, assim também deve haver alguma avaliação realizada sobre o objeto de cognição intelectual. Essa avaliação está de acordo com a natureza da forma apresentada, que é considerada a respeito de sua bondade, simplesmente falando, e não primariamente como boa em relação a quem a está considerando, como era o caso do apetite sensitivo. Isso constitui o apetite natural da vontade que deseja a bondade considerada absolutamente em si mesma, e, como acontece com todo apetite natural, essa inclinação é definitiva da própria natureza da vontade e é a condição de sua existência e operação. Essa é a única determinação da vontade; tudo o que ela deseja deve ser desejado em razão da bondade do objeto. A vontade, portanto, é movida necessariamente apenas se a razão puder prové-la com algo que seja perfeita ou universalmente bom, isto é, a bondade em si. No entanto, se o que é apresentado à vontade não é perfeitamente bom, então a vontade não é necessariamente movida em relação a ela. Isso não quer dizer que a vontade não possa ser movida em relação a tais coisas; ela certamente pode. O ponto é que essa inclinação permanece dentro da potência da pessoa que possui vontade. O indivíduo tem a escolha de unir-se ao bem que lhe é apresentado pelo intelecto. Então, com respeito a quaisquer bens que sejam relativos a um bem absoluto ou que dele participem, a vontade não está determinada a segui-los da mesma forma que o apetite sensitivo estava na presença daqueles bens que foram considerados adequados a quem possuía esse apetite. Um exemplo de um bem absoluto seria a felicidade; todos, como diz Aristóteles no início de sua *Ética a Nicômaco*, desejam ser felizes – isso não é um objeto de escolha, mas uma determinação que é básica para o ser do homem, aquela na qual reside sua perfeição, em favor da qual ele faz tudo o que faz. O problema, naturalmente, é discernir em que consiste a felicidade do ser humano e, então, selecionar os meios pelos quais isso pode ser alcançado. Estes últimos são, de fato, objetos de escolha e, portanto, algo ao qual o indivíduo não necessariamente adere, mas que ele determina para si livremente, sem coerção.

Pode-se ver, então, a diferença entre o desejo do apetite sensitivo e o da vontade. O apetite sensitivo dirige ou orienta o indivíduo para as coisas apenas na medida em que elas existam sob as condições de matéria, como coisas materiais particulares consideradas adequadas (ou não) para aquele que as sente. A vontade, por outro lado, deseja as coisas como elas existem, independentemente de sua materialidade e de acordo com a sua própria forma apenas. Isso é importante, pois explica como é que uma pessoa humana pode desejar e amar coisas como a verdade, a justiça e a beleza, coisas que só são encontradas e entendidas adequadamente no nível da sua inteligência. Isso não quer dizer, porém, que a vontade não possa ter em conta coisas materiais particulares. Ela pode e o faz, mas não do mesmo modo que o apetite sensitivo, ou seja, como bens particulares e materiais adequados a um indivíduo. Em vez disso, a vontade pode desejar tais coisas como exemplos ou representações de um bem ao qual a vontade adere adequadamente. Assim, se alguém tem sede de justiça, então pode intelectualmente desejar e amar aquelas ações particulares que exibem essa qualidade, ou pessoas que incorporam essa virtude em tudo o que fazem, ou um partido político ou líder cujas políticas conservam, protegem e promovem a justiça em seu país.

Quando se considera, então, a questão do livre-arbítrio, pode-se ver que é uma coisa complexa, que se estende além do alcance da vontade em si. Que o livre-arbítrio ou a livre-vontade existam é, para Tomás, algo evidente na vida do homem, considerada tanto em sua manifestação individual quanto social. Pois, se não houvesse livre-escolha, então "os conselhos, as exortações, os preceitos, as proibições, as recompensas e os castigos seriam vãos" (GALACHE et al., I-II, p. 487), ou seja, todos os esforços éticos, tanto no nível pessoal como no comunitário. Ser racional liberta a pessoa humana da pura determinação da matéria, uma determinação que, no entanto, se manifesta totalmente no seu nível fisiológico, mas apenas parcialmente no sensitivo. A pessoa humana descobre que não exerce nenhum controle direto sobre o funcionamento de sua fisiologia. Na melhor das hipóteses, ela pode influenciá-lo indiretamente por meio de exercício, dieta, um estilo de vida saudável e outras atividades que permitem que o corpo e sua fisiologia tenham um desempenho de nível ideal. Com respeito a seu aspecto sensitivo, a situação é mista, como vimos. Ao contrário do animal, que é totalmente determinado em sua estimativa e em seu apetite, a pessoa humana pode influenciar ambos de forma importante e só na medida em que seu aspecto sensitivo seja realizado dentro de sua racionalidade, isto é, na medida em que seu aspecto sensitivo não constitui a altura de seu ser, mas antes um aspecto integral da realização de sua alma racional, algo que surge de sua vida racional, ou dentro dela existe ou dela participa. Não é verdade que os seres humanos sejam simplesmente animais com a razão de alguma forma anexada. Essa abordagem é de natureza demasiado dualista para representar adequadamente os pontos de vista de Tomás sobre o assunto. Como foi dito anteriormente, tudo o que se encontra dentro da coisa viva é uma manifestação de tudo o que está implícito em sua espécie, em sua alma. Assim, mais uma vez, não encontramos essa oposição dualista entre razão e animalidade, mas vemos, pelo contrário, que ser racional, para a pessoa humana, manifesta animalidade, uma animalidade que se altera de tal forma que nossa memória, imaginação, estimativa, sensação, emoções e desejos, embora ainda de natureza animal, manifestam uma atividade que indica sua realização dentro da própria vida de razão em si, às vezes até mesmo ao ponto de garantir uma mudança no nome (como foi o caso da estimativa no animal, agora tornando-se cogitação ou razão particular na pessoa humana); a memória igualmente recebe o nome adicional de reminiscência no homem). Assim, a pessoa humana pode, de modo importante, influenciar suas estimativas tanto antes de seu apetite sensível quanto posterior a ele. Da mesma forma, embora os movimentos de nossos desejos e emoções animais sejam de alguma forma instintivos, eles não o são totalmente, já que podemos influenciar sua excitação antecedente, bem como a forma como eles atuam uma vez excitados. Em suma, ser racional permite que a pessoa humana tenha um controle importante sobre o que é uma questão de puro determinismo no animal; a razão liberta o indivíduo da tirania, por assim dizer, de sua animalidade, e permite, como foi afirmado anteriormente, o estabelecimento de uma monarquia. Tudo isso só é possível na medida em que a razão e a vontade não são determinadas a nada além das coisas que lhes permitem ser e operar como potências que são, o intelecto para o ser e a verdade, e a vontade para o bem em si. Assim, embora em livre-arbítrio, há um papel importante desempenhado pela razão em seu fornecimento do objeto próprio da vontade, uma forma inteligível cuja bondade a razão revelou, como algo digno de ser buscado; no entanto, a busca não surge simplesmente desse conhecimento, mas requer outra potência, a vontade, para que essa busca possa ser realizada. Assim, temos conselho por parte da razão e o ato de aceitação daquilo que foi aconselhado por parte da vontade. O livre-arbítrio, então, é um desejo procedente do conselho, o direcionamento que se determina pessoal e livremente em relação aos meios pelos quais se pode alcançar algum bem ou fim, como foi discutido acima. A esse respeito, pode-se considerar que o livre-arbítrio é um refinamento da vontade do bem, um refinamento que ocorre na medida em que o intelecto é aplicado ao bem em vista, e as muitas e diversas maneiras pelas quais ele pode ser alcançado. Tomás falará, com muito mais detalhes, dos momentos envolvidos na escolha propriamente humana, mais adiante na *prima secundae*.

Tomás volta sua atenção, nas questões 84 a 89, para as atividades da potência cognitiva intelectiva, especificamente como ela entende coisas que são de natureza material e, portanto, diferentes dela (pois ela em si é imaterial – questões 84 a 86), como ela entende a si mesma e o que está contido nela (87) e, finalmente, como ela entende aquelas coisas que são de natureza imaterial (88-89). Dada a natureza introdutória do presente trabalho, bem como seu pretendido público teológico, e tendo já oferecido um relato muito geral da cognição, tanto aqui quanto anteriormente, ao tratar do conhecimento da pessoa humana sobre as coisas mais elevadas, especialmente o próprio Deus, passo essa sessão adiante e encorajo o leitor a considerar as muitas e belas obras que tratam das visões de Tomás sobre os processos envolvidos no conhecimento intelectual humano[110].

A segunda parte do tratado sobre a natureza humana (questões 90 a 102) trata da criação dos primeiros seres humanos (90-93) e do estado das suas pessoas antes de caírem no pecado (94-102). Em relação aos seres humanos, Tomás considera a criação da alma humana, o primeiro corpo do homem e, então, o da mulher (90-92). Essas questões são hoje de interesse limitado, em parte devido à influência que a biologia e a ciência atual têm sobre elas, disciplinas que estavam em seus estágios incipientes naquela época. A questão 93, porém, é de grande importância. Pois trata-se

---

110. P. ex., parte III de Pasnau (2002) e cap. 8 de Stumpf (2003).

do ponto-final, por assim dizer, na criação do homem, que é feito "à imagem e semelhança de Deus", algo que, entre outras coisas, figurará de modo proeminente na transição da *prima pars* para a *secunda pars*.

Note-se, em primeiro lugar, a colocação dessa questão[111]. Ao tratar do "fim ou termo" da criação da pessoa humana, Tomás chama a atenção para algo mais do que apenas o estado finalizado do ser humano, aquele estado logo após a sua criação. Ele se refere à sua primeira forma ou atualidade, aquela que o estabelece como uma espécie particular de ser, pronto para se envolver em tudo o que agora se tornou possível à sua espécie. Embora isso tenha sido discutido na primeira seção do tratado sobre a natureza humana quando ele examinou a alma e sua natureza, isso não deve ser considerado como uma adição particular à teologia, uma contribuição vinculada, por assim dizer, no chamado "tratamento filosófico" do homem nas questões 75 a 89. Isso, como foi argumentado anteriormente, confundiria a intenção e o método de abordagem de Tomás. Pois, embora seja um projeto extremamente válido e viável para considerar (e até mesmo desenvolver) suas visões filosóficas sobre a pessoa humana, é preciso sempre começar com seu próprio contexto teológico e ordenação de materiais, como foi descrito no capítulo anterior e acima, caso se queira reter a plenitude de suas visões sobre a natureza humana e beneficiar-se delas em suas aplicações modernas. Assim, as questões que formam a segunda parte desse tratado contribuem significativamente para os assuntos tratados no primeiro, com a questão 93 fornecendo o que é um "conceito-chave na antropologia teológica do Aquinate"[112].

---

111. No que segue, baseio-me em grande parte no cap. 4 de Torrell (2003 [1996]) e em Merriell (2005), p. 123-142.
112. Merriell (2005), p. 124, referindo-se à obra de estudiosos do século XX, particularmente a de Ghislain Lafont.

O primeiro artigo afirma o testemunho bíblico de que a imagem de Deus está no homem, uma semelhança expressiva de seu criador, embora imperfeitamente (pois somente Cristo é a imagem perfeita de Deus). Ao tentar explicar o que "imagem" implica aqui, Tomás afirma, no artigo 2, que uma imagem é realizada em uma semelhança de espécie, na qual essa semelhança se baseia numa semelhança entre duas coisas do mesmo tipo (assim, a imagem do pai existe em seu filho) ou está de acordo com um acidente que é próprio a eles, isto é, conforme Tomás, a sua forma (assim, diz-se que a imagem do pai está numa pintura ou numa escultura). Utilizando o último dos dois (que efetivamente incorpora a distância entre o exemplar e a imagem, bem como o aspecto criador envolvido na produção da imagem), Tomás afirma que uma coisa é como Deus tal qual ela existe, vive e conhece ou entende. É com respeito a esses últimos, no conhecer ou no entender, que a imagem de Deus é mais bem encontrada no homem. Essa imagem, porém, não se manifesta apenas no que se poderia chamar uma maneira estática de acordo com sua primeira forma ou atualidade, como se alguém dissesse que a natureza do homem simplesmente descrita como racional e volitiva descrevesse inteiramente o que significa para ele ser criado à imagem e semelhança de Deus. Pelo contrário, essa imagem é mais perfeitamente realizada quando a criatura racional imita a natureza dinâmica intelectual de Deus especificamente na medida em que Deus ativamente entende e ama a si mesmo. Consequentemente,

> *a imagem de Deus no homem poderá ser vista de três maneiras. Primeiramente, enquanto o homem tem uma aptidão natural para conhecer e amar a Deus, aptidão que reside na natureza da alma espiritual, comum a todos os homens. Segundo, enquanto o homem conhece e ama atual ou habitualmente a Deus, embora de maneira imperfeita. Trata-se então da imagem por conformidade da graça. Terceiro, enquanto o homem conhece e ama*

a Deus atual e perfeitamente. Tem-se então a imagem segundo a semelhança da glória. Por isso, comentando as palavras do Salmista: "A luz de tua face foi impressa sobre nós, Senhor" [Sl 4,7], a glosa distingue três peças de imagens: a da criação, da recriação e da semelhança. A primeira dessas imagens se encontra em todos os homens, a segunda nos justos somente e a terceira somente entre os bem-aventurados[113].

Mas a pessoa humana também manifesta a imagem de Deus de acordo com a Trindade na medida em que há nela "a processão do verbo na inteligência e a processão do amor na vontade"[114], algo que, além disso, enfatiza a importância da realização de tudo aquilo que o homem vem a ser, particularmente nas virtudes intelectual, moral e teológica, aqueles meios, que logo veremos na *secunda pars*, pelos quais a pessoa humana não só aperfeiçoa sua natureza, mas também agora, à luz do exposto acima, aspira à imagem de Deus que ele é. O resto da criação também manifesta a natureza divina e a Trindade, não em imagem, mas em vestígio, como um efeito que aponta para a sua causa, mas de tal forma que o efeito falha em aspirar à representação proporcionada pela imagem. Com respeito, então, aos animais *irracionais*, um traço da inteligência divina pode ser encontrado naquilo a que Tomás chama sua disposição, presumivelmente a determinação de suas naturezas que dão origem a uma atividade não apenas particular à sua espécie, mas que aparentemente envolve ordem, propósito e, portanto, alguma forma de razão, embora extrínseca a seu tipo, mas exemplificada no caráter do seu comportamento, o que poderíamos chamar de atividade instintiva. A respeito do traço da Trindade em criaturas outras além daquelas que são racionais, Tomás afirma que

---

113. ST. I. 93. 4 (GALACHE et al., II, p. 625).
114. ST. I. 93. 6 (GALACHE et al., II, p. 631).

> *o fato de a criatura ter uma substância a seu modo e finita demonstra que ela vem de algum princípio; sua pertença a uma espécie demonstra o verbo daquele que a faz, como a forma da casa demonstra o amor daquele que a produz, pelo qual o efeito é ordenado para o bem, como o uso de um edifício demonstra a vontade do arquiteto*[115].

Em relação ao homem, porém, o caso é muito mais direto: a imagem da Trindade se encontra, primariamente, no modo pelo qual ele representa imperfeitamente, em seu conhecer e seu amar, as processões do Verbo e do Amor em Deus e, secundariamente, nas potências que dão origem a essa atividade e aos hábitos e virtudes que as aperfeiçoam. E o ápice, por assim dizer, dessa atividade e, portanto, da própria imagem de Deus que o homem é, não é encontrado apenas com relação a qualquer tipo de conhecer e o decorrente amor que brota dele. É encontrado quando está relacionado ao próprio objeto do qual ele é uma imagem, ou seja, o próprio Deus. No conhecimento de Deus, então, a contemplação do homem gera aquele verbo interno mais digno de ser refletido e mais adequado à natureza do que o gera, algo que resulta na mais perfeita realização da própria imagem de Deus que define sua natureza: o que começa com a constituição natural da natureza do homem, é estimulado na vida do justo pelo dom da graça e plenamente realizado nos bem-aventurados ao receberem o próprio dom de Deus na visão beatífica.

Nessas descrições, pode-se facilmente discernir a sua importância, no mínimo, para o curso que resta à *Suma*. Se o homem é feito à imagem e semelhança de Deus e isso implica especificamente que ele é o mestre tanto do seu conhecer como de seu amar, que

---

115. ST. I. 93. 6 (GALACHE et al., II, p. 631).

ele é "um ente inteligente dotado de livre-arbítrio e movimento próprio", então é necessário, por parte do teólogo, articular os meios pelos quais essa imagem no homem possa ser realizada plenamente, que Deus possa vir a habitar nele[116]. Isso é algo realizado, em grande parte, pela *secunda pars*, e está diretamente relacionado com o modo pelo qual o homem pode ser orientado, na plenitude do seu ser, agir e sentir, à posse de Deus, no qual sua perfeição e felicidade existem. Da mesma forma, a *tertia pars* fornece, entre outras coisas, aquela imagem perfeita de Deus, ou seja, de Cristo, como o modo pelo qual o homem poderia realizar mais perfeitamente a imagem de Deus que ele é. Na base desses usos, porém, está o fato de que o homem é formado à imagem do próprio Deus, algo que explica a sede insaciável do homem por Deus como sua completude e felicidade na medida em que ele se encontra ontológica e psicologicamente orientado a Deus no âmago de seu ser, algo que é bem descrito tanto por Merriell como por Torrell. A pessoa humana, portanto, do ponto de vista do teólogo, não é simplesmente abordada como o filósofo o poderia fazer, isto é, à luz de sua "natureza constante e imutável", mas sim à luz dessa "dinâmica de movimento de e para Deus", o *exitus et reditus* que foi discutido acima e no primeiro capítulo deste trabalho[117].

Tomás termina o tratado sobre o homem considerando o estado dos pais da raça antes de caírem no pecado (94-102). Esse tratamento é fascinante pelo menos pela visão que nos apresenta da operação pré-queda de suas pessoas e, por extensão, da natureza humana, tal como Deus a criou para ser. Tomás afirma que os primeiros pais não desfrutaram da visão beatífica (pois se o

---
116. Para um desenvolvimento adequado dos temas da assimilação do homem à Trindade e da habitação da Trindade nele, cf. Merriell (2005), p. 132-138.
117. Merriell (2005), p. 123.

tivessem feito, não teria sido possível que tivessem caído no pecado – o mesmo foi dito dos anjos após sua criação). No entanto, o entendimento de Deus pelos anjos foi maior do que aquele desfrutado pelo homem depois da queda, uma vez que suas mentes e vontades não foram perturbadas pelas muitas e diversas coisas que afligem os caídos, especialmente uma experiência afetiva desordenada. A ordem correta e o autogoverno existiam na pessoa do homem, em todos os níveis, no estado de inocência, tornando sua visão de Deus, por meio de sua experiência das coisas da criação, muito mais preciso e profundo[118]. Essa profundidade se estendeu às coisas que eles podiam conhecer sobre o mundo, mas não era perfeita em detalhes ou completa em escopo[119]. A retidão de sua condição, ou seja, de suas mentes submetidas a Deus, de seus aspectos sensitivos e vegetativos à sua razão e de seus corpos a suas almas, era uma condição agraciada a eles em sua criação e não era algo implícito em sua natureza. A primeira dessas submissões foi fundamental, dando origem às outras duas[120]. Isso teve um efeito particular sobre o alcance de sua vida afetiva. Uma vez que não sofreram o mal, eles não experimentaram as emoções que têm o mal como seu objeto (p. ex., medo e tristeza). Tampouco queriam qualquer bem de uma forma desordenada, evitando assim a experiência da concupiscência. Em vez disso, experimentaram seu amor e alegria (em relação aos bens que possuíam), seu desejo e esperança (pelos bens ainda por vir) de um modo que estava em completa conformidade com sua razão e, portanto, sem a doença e a rebelião que caracterizam a vida afetiva do homem caído[121].

---

118. ST. I. 94. 1.
119. ST. I. 94. 2-3.
120. ST. I. 95. 1.
121. ST. I. 95. 2.

Nessa retidão, os primeiros pais desfrutaram de toda a virtude, de acordo com a perfeição de seu estado inocente[122].

Seu domínio estendia-se a todas as coisas criadas abaixo deles. Todos os animais lhes obedeceram, embora entre os animais existisse uma certa "antipatia natural", na medida em que aqueles que agora são carnívoros também o teriam sido antes da queda, de modo que o pecado do homem não afetou suas respectivas naturezas. No entanto, os primeiros pais não precisavam da carne de animais para seu alimento, suas peles para seu vestuário, ou seus corpos para sua condução (eles tinham comida em abundância no paraíso, não precisavam de roupas e tinham corpos fortes o suficiente para seu próprio transporte)[123]. Embora não exercessem esse domínio nem sobre a vida vegetal nem sobre as forças naturais da criação, eles podiam usá-los "sem impedimentos"[124]. Quanto às relações que existiam entre sua própria espécie, teria havido desigualdade, especificamente no que diz respeito a idade, sexo, pais, filhos, virtude, conhecimento, força, beleza e outras coisas assim, já que os primeiros pais (ou pessoas nessa questão) teriam desfrutado do uso pleno e livre de suas faculdades e estariam sujeitos aos princípios da natureza, dando origem a variações em todas as coisas corporais, mas não ao ponto de dar origem a defeitos, como é o caso no estado caído[125]. Finalmente, teria havido uma ordem social e, portanto, uma hierarquia do governo para os governados no estado pré-lapso, um governo que teria dirigido todos para o seu "bem-estar apropriado ou para o bem comum" e teria carecido

---

122. ST. I. 95. 3.
123. ST. I. 96. 1, ad. 2 e ad. 3.
124. ST. I. 96. 2.
125. ST. I. 96. 3.

de todos os defeitos que são comuns a todos os governos desde a queda propriamente[126].

Em relação à sua condição corporal, os primeiros pais eram imortais não devido a algo intrínseco à sua natureza, mas sim pela graça que Deus deu a suas almas, "por meio da qual foi possibilitado conservar o corpo de toda corrupção, enquanto ela mesma permanecesse sujeita a Deus"[127]. Do mesmo modo, embora fossem materiais e, portanto, sujeitos por natureza à recepção tanto das coisas ruins quanto das boas, as ruins não teriam ocorrido aos primeiros pais pela graça de Deus (no caso do imprevisto) e pela sua própria prudência (no caso das coisas que podiam prever e assim evitar), enquanto as boas teriam acontecido na medida em que isso fizesse parte de suas atividades e de seu crescimento natural[128]. Eles teriam obtido comida de acordo com a sua necessidade, algo que, segundo Tomás, não será o caso depois da ressurreição geral dos mortos no final dos tempos, uma indicação de que a bem-aventurança celestial não pode simplesmente ser descrita como um retorno ao estado paradisíaco, mas sim a algo diferente e maior[129]. Quanto à procriação, ela teria ocorrido no estado pré--queda e por meio do coito, que de fato teria sido prazeroso, mas uma experiência de acordo com a virtude que eles teriam possuído, uma virtude que teria impedido a redução dessa experiência à dos animais irracionais e os dissuadido de se demorarem excessiva e imoderadamente no prazer envolvido e de buscarem-na de modo irresponsável. Tomás compara isso à experiência da pessoa moderada que "não tem menos prazer em comer com moderação do

---

126. ST. I. 96. 4.
127. ST. I. 97. 1.
128. ST. I. 97. 2 e ad. 4.
129. ST. I. 97. 3.

que o glutão", mas cuja "concupiscência perdura menos em tais prazeres", de modo que o prazer é experimentado corretamente e em plenitude (e talvez até mais de que o glutão é capaz), mas tudo dentro da regra da virtude e da razão[130]. Sua prole provavelmente teria sido muito parecida com a nossa, sendo masculina ou feminina e exibindo as potências e atividades que esperaríamos[131]. Eles teriam desfrutado da mesma condição que seus pais, recebendo as mesmas graças, linguagem e habilidades de raciocínio mencionadas acima, no devido tempo e de acordo com as exigências de sua natureza[132]. Sua confirmação final na retidão, e a de seus pais, teria sido algo alcançado somente por meio da visão beatífica da essência de Deus, algo que, uma vez concedido, os teria levado a "se apegarem a Ele, que é a essência da bondade, da qual ninguém pode se afastar". Nessa visão, eles "teriam se tornado espirituais em alma e corpo; e (sua) vida animal teria cessado"[133]. Até esse momento, porém, a raça humana teria continuado na condição e maneira descritas acima, permanecendo em um paraíso terrestre, adequado à sua condição, que os conservasse em sua imortalidade e os protegesse de todo o mal, um lugar que eles poderiam adornar com prazer e no qual eles poderiam ser santificados, "tendo alcançado a vida espiritual" e, então, "serem transferidos dali para o céu"[134].

O retrato do estado pré-lapso é marcado por sua normalidade, isto é, por ser reconhecível e não algo que pertence ao domínio do fantástico: o homem busca conhecimento; exerce sua vontade; se envolve nos prazeres da vida; se casa; gera e cria filhos; se envolve

---

130. ST. I. 98. 1-2.
131. ST. I. 99. 1-2.
132. ST. I. 100. 1 e 101. 1-2.
133. ST. I. 100. 2.
134. ST. I. 102. 3 e 1-2.

em atividades sociais; desenvolve formas de governo; assume suas responsabilidades em muitas e diversas áreas; tem um senso estético; e busca conhecer, amar e estar unido a Deus. Que isso seja assim surge da visão de Tomás, que "o que é natural para o homem não foi adquirido nem perdido pelo pecado"[135], mas originalmente pretendido por Deus na criação da pessoa humana. O pecado original[136] é algo, portanto, que não destruiu a natureza do homem. Em vez disso, ele desordenou sua natureza, destruindo a harmonia que era essencial à sua retidão original, isto é, entre alma e corpo, entre a razão e sua vida animal e entre Deus e o homem, sendo esta última relação aquilo de que as duas anteriores dependiam, conforme mencionado acima. Tomás compara isso à situação em que a doença introduz a desordem na natureza do corpo através da destruição do equilíbrio essencial à sua saúde. A doença em si não cria nem destrói a natureza do corpo ou a ordem que o caracteriza. Em vez disso, ela impede o funcionamento apropriado do corpo ao introduzir algo que perturba o próprio equilíbrio dos vários sistemas necessários para seu funcionamento pleno e apropriado[137]. A diferença, porém, é que, ao contrário do corpo, esse equilíbrio, tão essencial para a vida perfeita do homem, não era um aspecto da sua natureza criada, mas foi dado a ele por Deus (pois se esse não fosse o caso, então sua perda com a queda do homem teria significado a destruição da natureza humana). Com a queda, isso se perdeu. Conforme afirma Rudi te Velde:

> *Adão permaneceu um ser humano, mas o que ele tinha perdido era a capacidade, pela graça de Deus, de conservar no exercício real de sua vida a ordem correta entre as diferentes partes da natureza humana. Depois de sua*

---

135. ST. I. 98. 2.
136. Discutido em ST. I-II. 81-83 no tratado sobre o pecado ou vício.
137. ST. I-II. 82. 1.

própria desobediência a Deus, ele sentiu "o impulso da desobediência na carne, como se fosse um castigo". A vida das paixões não era mais a expressão obediente do Eu do homem e de sua liberdade racional; pelo contrário, as paixões pareciam atuar como um outro eu. O mesmo se aplica ao corpo, do qual o homem se tornou consciente, não mais como uma parte harmoniosa do Eu humano, mas como um fardo repugnante que causa problemas e dores e está sujeito à doença e à morte[138].

Esse é um modo adequado de completar o tratado sobre o homem, isto é, culminando na questão 93 na discussão sobre o homem feito à imagem de Deus e, depois, vendo como isso se manifestou em sua vida antes de sua queda, algo que oferece uma afirmação da bondade da própria natureza do homem descrita ao longo do tratado, mas sem perder de vista a desarmonia introduzida pelo pecado em sua natureza e vida. O cenário está montado, portanto, para considerar os meios de retorno, os meios pelos quais essa harmonia pode ser restaurada, tanto pelas atividades nas quais ele é chamado a se envolver como imagem de Deus – isto é, como "um ente inteligente dotado de livre-arbítrio e movimento próprio" – quanto pelo dom de sua redenção realizada por meio da pessoa de Jesus Cristo e de seu ato salvífico. Nisso, o homem é reorientado àquela vida em que poderia encontrar sua perfeição e felicidade, uma reorientação que começa a realizar a cura da desordem e da desarmonia que aflige sua vida desde a queda, para que ele possa começar a viver em direção à mesma coisa pela qual, antes de cair, esperava, isto é, pela graça da união com Deus, sua bem-aventurança[139].

---

138. Velde (2005), p. 158-159. A citação de Tomás é de ST. I. 95. 1 e é uma citação de *De Civitate Dei* xiii.13, de Agostinho.
139. Para um tratamento mais detalhado dessa linha de pensamento, cf. Velde (2005).

Tratado sobre o governo divino (questões 103-119)

Depois de detalhar o *exitus* de todas as coisas de Deus, Tomás completa a *prima pars* considerando o governo de Deus sobre tudo o que Ele criou. Isso não só é um complemento adequado à *prima pars*, detalhando como Deus, à luz de tudo o que Ele é em essência e Trindade, governa toda a criação; mas estabelece também a maneira pela qual, em geral, devemos entender o *reditus* de todas as coisas ao seu Criador, um tema que será abordado de maneira muito definida em relação à pessoa humana na *secunda pars*.

O tratado se divide em duas partes, sendo a primeira uma consideração geral do governo das coisas (questão 103) e a segunda observando os efeitos desse governo (questões 104 a 119). As três primeiras questões desse tratado são centrais na medida em que lidam diretamente com a maneira pela qual a criação que Deus realizou está ordenada, conservada e movida. O restante do tratado oferece detalhes a respeito dos papéis que os anjos, o homem e o aspecto material da criação desempenham no governo da criação, especificamente à luz da causalidade real que cada um deles exerce, não sendo a totalidade da causalidade eficiente reservada apenas a Deus, mas compartilhada, por sua vontade, ao longo de toda a criação. E então, com respeito aos anjos, aprendemos sobre as várias hierarquias ou ordens que existem entre eles, suas relações uns com os outros, suas interações com o universo corpóreo e seu ministério e guarda do homem (questões 106-114). A influência dos corpos é examinada nas questões 115 e 116, enquanto a ação dos seres humanos em geral e sua produção em ato são tratadas nas questões 117 a 119. Dado que essas últimas questões padecem das mesmas características que se observaram no tratado acima sobre a obra dos seis dias da criação e que alguns dos detalhes aqui referidos, especificamente os que dizem respeito aos anjos, são de interesse limitado, vou me concentrar nas três primeiras questões desse tratado e, à luz delas, farei referência geral às questões restantes do tratado[140].

A descrição que Tomás faz do governo não se refere primariamente ao exercício absoluto do poder de Deus, mas antes olha para esse poder, pois ele provê os meios pelos quais os governados podem chegar a seu verdadeiro fim e bem e, assim, a felicidade dos governados pode ser alcançada e desfrutada. Ele vê sinais claros disso em todas as coisas da criação, mais especialmente quando elas buscam manifestar suas naturezas por meio da busca dos bens que lhes são apropriados. O fato de essas naturezas terem sido constituídas de modo a buscar seus respectivos bens, os quais foram depois abundantemente fornecidos e para os quais, na maior parte, elas são levadas prontamente, é para Tomás não apenas um sinal definitivo do governo da criação, mas também algo que manifesta de modo tão claro a bondade de Deus, o governador, um ponto que é especialmente enfatizado, uma vez que o governador providencia e conduz todas as coisas àquele bem em que se encontra a sua perfeição suprema. Assim, a ordem consequente que é exibida nas coisas da criação, sua estabilidade tanto na natureza quanto na operação, e o impulso mesmo das coisas desprovidas de conhecimento para aqueles bens nos quais eles poderiam manifestar plenamente a sua natureza, tudo isso fala da bondade de Deus e de seu governo[141]. Como Ele é o bem perfeito e, portanto, aquele de quem todas as outras coisas derivam sua bondade por participação, toda a criação é, em última instância, se dirige a Ele

---

140. Cf. Gilson (1956: 1994), p. 168-173, para um resumo das distinções entre os anjos, e os apêndices do vol. 15 (1970) da edição de Blackfriars da *Suma Teológica* para alguns dos assuntos tratados nas questões 115 a 119.
141. ST. I. 103. 1, ad. 1 e ad. 2.

como aquele em quem todas as coisas sob seu governo encontram a perfeição de suas naturezas, a unidade de seu ser individual e coletivo e a realização de seu propósito e paz[142].

Nisso, a criatura, assim ordenada pelo bom governo de Deus, torna-se semelhante a Ele, não só em seu ser e natureza, mas também na atividade que pode realizar, causando o bem em outras coisas como o bem foi causado nela por seu Criador. Portanto, assim como Deus efetua a conservação das coisas na sua bondade e as move para que o bem possa ser comunicado aos outros, assim também as coisas da criação constituídas dessa forma atuam como suas respectivas naturezas permitem[143].

Isso dá origem à pergunta no artigo 6: se todas as coisas são, então, governadas por Deus, será que Ele mesmo realiza esse governo imediatamente (sem mediação)? Ou será que outras coisas além de Deus, coisas criadas por Ele e tendo suas próprias naturezas e suas respectivas atividades, têm um papel importante em seu governo do mundo? As objeções argumentam que tanto uma quanto outra hipótese pareceria implicar algum defeito por parte do poder governante de Deus. Pois

> *parece pertencer à deficiência de quem governa governar com intermediário. Por exemplo, o rei terreno, que não podendo fazer tudo, nem estar presente em todos os lugares de seu reino, necessita ter ministros para governar*[144].

Em sua resposta, Tomás afirma que há duas coisas a se considerar em todo governo, ou seja, a sua razão ou plano e a sua

---

142. ST. I. 103. 2 e 3. Não se pode deixar de recordar o versículo bíblico de que toda a criação geme na expectativa de seu Senhor, anseia por sua completude no advento dele.
143. ST. I. 103. 4.
144. ST. I. 103. 6. obj. 3 (GALACHE et al., II, p. 715-716).

execução. A primeira é algo a ser atribuído apenas a Deus, que, em seu governo de toda a criação, é o único ser cujo conhecimento se estende a todos os aspectos da criação, desde os seus princípios mais elevados e mais universais, até aos detalhes mais baixos e mais particulares de cada coisa individual; à luz desse conhecimento, Ele governa bem todas as coisas, isto é, até seu bem e perfeição, e imediatamente. No entanto, na execução desse plano, Deus emprega coisas criadas na realização de seu governo da criação. Pois o bem e a perfeição das coisas governadas é algo alcançado quando se permite que essas coisas se tornem "causas de bondade nos outros", em vez de apenas serem boas em si mesmas. Assim, Tomás afirma que "é assim que Deus governa as coisas, de modo a instituir algumas delas causas de outras no governo. Por exemplo, se um mestre não só faz seus discípulos sábios, mas ainda doutores de outros". Nesse compartilhamento da natureza da bondade de Deus às suas criaturas, de modo que elas possam agir em imitação a Ele desde a manifestação natural de suas naturezas até, e inclusive, as ações racionais de sua inteligência, realizadas livremente, após seu conhecimento das coisas mais elevadas, o bem e a perfeição do universo são demonstrados e alcançados. Todas as coisas, desde os anjos até os princípios físicos mais modestos, mostram a excelência do Criador na medida em que partilham da própria causalidade que está implícita no ser do próprio Deus, isto é, ao realizarem a bondade em suas ações, em conformidade com e a serviço da própria razão da criação. Esse fato específico aponta para o que Gilson descreve como a imensidão da bondade de Deus: Ele, que poderia claramente realizar o governo da criação por seu próprio poder, no entanto, determina que as coisas criadas devem, para seu próprio bem e perfeição, participar do governo real do universo que Ele realizou por meio de seu ato amoroso de criação. O governo da criação de Deus, assim descrito, portanto, manifesta, para Gilson, o modo pelo qual a bondade infinita de Deus é efetivamente comunicada. Nisso, o amor se torna "a fonte insondável de toda a causalidade"[145].

Um ponto semelhante é considerado na questão 104 sobre o primeiro efeito do governo divino, ou seja, a conservação da existência de todas as coisas criadas[146]. O primeiro artigo argumenta que a totalidade da natureza e do ser de uma coisa criada, bem como toda atividade que é posterior a ela, é conservada em sua existência pelo exercício contínuo e intencional do poder divino, em cuja ausência uma coisa simplesmente deixaria de existir. Essa é uma consequência direta da contingência de seu ser, o fato de que cada coisa não é sua própria existência, mas a tem somente na medida em que é participada, isto é, concedida por aquele Ente que é Ente ele mesmo[147]. Então, será que a conservação de todo e qualquer ente é imediatamente realizada pelo próprio Deus? Ou será que as coisas criadas desempenham um papel ativo na conservação de outros entes criados? Esta é o assunto do segundo artigo da questão 104. Tomás responde que, embora Deus seja a causa principal da conservação da existência de cada coisa, tendo estabelecido uma ordem entre as coisas de sua criação, uma ordem que faz algumas coisas dependerem de outras para sua conservação, a coisa criada toma parte importante nesse efeito do governo de

---

145. Gilson (1994 [1956]), p. 183. Deve-se considerar toda a discussão de Gilson sobre a realidade e importância da causalidade secundária nas p. 178-186 para entender o pleno impacto do ensinamento que Tomás apresenta aqui.
146. O segundo efeito é o tipo de mudança que Deus pode realizar entre suas coisas criadas (105), algo que, considerando a parte que todas as coisas criadas têm no governo da criação, se estende aos anjos (106-115), às coisas físicas (115-116) e, finalmente, ao próprio homem (117-119).
147. ST. I. 104. 1 e 3.

Deus, algo próprio a Ele, de acordo com sua natureza, mas compartilhado com outros como consequência de sua bondade instilada em todas as coisas que Ele fez, como foi argumentado anteriormente. Essa conservação da qual a coisa criada participa se manifesta de duas maneiras: primeiro indiretamente, na medida em que se retira ou pelo menos impede a influência de alguma causa que ameace a vida da coisa em questão e, segundo, diretamente, na medida em que se participa das relações causais envolvidas na própria conservação do ser de uma coisa. Assim, embora ninguém, em tal série causal, ocupe a posição primária reservada propriamente a Deus, de acordo com a razão da criação e o governo dela, conforme estabelecido por Deus, as causas secundárias desempenham um papel essencial na manifestação da conservação da criação de Deus, da mesma maneira que elas desempenham em seu governo geral da realidade. Tal ponto é facilmente compreendido no dom dos filhos no matrimônio, ou quando um professor é encarregado da formação das mentes e dos corações dos seus alunos.

O segundo efeito do governo de Deus é a mutação que as criaturas sofrem. Tomás considera na questão 105 a mutação que é realizada sobre as criaturas por Deus, enquanto as questões remanescentes desse tratado detalham as mutações realizadas por uma criatura sobre outra. Essas questões remanescentes existem à luz das considerações anteriores, ou seja, como Deus determinou um papel importante que deve ser desempenhado por todas as coisas na execução de seu governo da criação, um fato que manifesta seu poder e sua bondade e não as deprecia, como alguns pensadores têm argumentado[148]. Na questão anterior sobre a conservação, por Deus, da existência das coisas criadas, seu poder nunca é posto em

---

148. Cf. Gilson (1994 [1956]), p. 183-186, esp. a nota 27 na p. 183, e sua soma desse ponto na p. 184.

dúvida; Deus poderia, se Ele assim o desejasse, suspender sua vontade de qualquer coisa criada, resultando em sua aniquilação – está bem dentro de seu poder[149] –, mas Ele nunca o faz. Pois não apenas todas as coisas criadas têm naturezas que impedem a aniquilação total (seres imateriais não têm nenhuma potência em suas naturezas para a não existência, enquanto os seres materiais permanecem, pelo menos com respeito à conservação de seus elementos materiais, que constituem o sujeito necessário para sua geração e corrupção), mas também a conservação dessas coisas é uma manifestação profunda da graça, do poder e da bondade de Deus. Nisso, encontramos a clara exibição da vontade de Deus e de todas as características que poderíamos atribuir a Ele, conforme detalhado nos tratados sobre Deus e a Trindade. De fato, argumentar ao contrário poderia parecer conservar seu poder, mas na verdade "impediria essa manifestação, uma vez que o poder de Deus se exprime ao máximo na conservação das coisas na existência" (GALACHE et al., II, p. 729)[150]. Tomás afirma, na questão 105, o envolvimento direto de Deus nas mutações realizadas na formação da matéria e no movimento de todos os corpos[151]. Da mesma forma, Deus cria as condições que permitem que a intelecção e a volição surjam e que todos os seus atos ocorram[152]. Essas quatro questões, mais uma vez, levantam o problema da realidade da causalidade secundária, algo que Tomás aborda diretamente no artigo 5.

Ele afirma que, embora Deus opere em todos os aspectos da criação, é impossível e contrário a todas as aparências atribuir toda a causalidade que observamos somente a Ele. Isso não só

---

149. ST. I. 104. 5.
150. ST. I. 104. 4. ad. 1.
151. ST. I. 105. 1-2.
152. ST. I. 105. 3-4.

destruiria a ordem, a realidade e a verdade de causa e efeito entre as coisas criadas, e assim implicaria novamente uma impotência do Criador em estabelecer tal coisa, mas também daria origem à pergunta "com que propósito a aparência de causa e efeito é instilada nas coisas da criação?", uma pergunta que parece não implicar qualquer propósito. Gilson coloca o assunto desta forma:

> *A excelência da obra mostra a glória do operário e quão pobre seria um mundo totalmente desprovido de eficácia! Em primeiro lugar, seria um mundo absurdo. Ao dar o principal, ninguém nega o colateral. Que sentido haveria em criar corpos pesados incapazes de mover para baixo? Se Deus, ao compartilhar o ser às coisas, deu-lhes alguma semelhança com Ele mesmo, Ele também deveria ter dado a elas mais dessa semelhança ao compartilhar-lhes a atividade que emite a partir do ser, atribuindo-lhes ações próprias*[153].

Deve ser o caso, então, que Deus opera em todas as coisas de tal forma que essas mesmas coisas tenham suas atividades próprias e exerçam sua própria causalidade. Em sua explicação sobre isso, Tomás considera as quatro causas à luz dessa questão: material, formal, eficiente e final. A causa material não é considerada um princípio de ação, mas sim o sujeito que recebe essa ação. As outras três são de fato princípios de ação, mas têm uma ordem definida entre elas: o fim (ou causa final) é aquele primeiro princípio que move o agente (ou causa eficiente) para impor a forma sobre a matéria para que a causa final, a razão da atividade do agente em primeiro lugar, possa ser realizada. Agora, Deus age em cada agente de acordo com a finalidade, eficiência e formalidade. A partir do que foi escrito, fica claro que Deus é o fim definitivo de tudo o que

---
153. Gilson (1994 [1956]), p. 181.

a pessoa humana faz, a perfeição suprema à qual todas as coisas aspiram em suas atividades. Assim, Deus é, nesse sentido, a causa de toda atividade, isto é, enquanto seu fim. Em segundo lugar, o fato de um agente agir eficientemente não é algo que ele mesmo cause. Pelo contrário, ele só é capaz de fazê-lo porque foi feito para agir como uma causa eficiente por algum agente que age dessa maneira. Não pode haver uma série infinita de agentes agindo eficientemente, mas, no final, toda agência eficiente é consequência desse primeiro agente eficiente, o próprio Deus, como demonstrou a segunda prova de sua existência. Do mesmo modo, Deus é a causa de toda atividade, ou seja, em virtude da qual todas as coisas podem agir como agentes ou causas eficientes. Por último, a forma de cada coisa, tanto com respeito a seu caráter como a sua própria existência, é uma consequência da atividade criadora de Deus, algo que, como vimos, é continuamente realizado pela vontade de Deus ao longo da eternidade. Uma vez que tudo o que um ente faz depende de sua forma e da beneficência da vontade de Deus em sua conservação, pode-se dizer, então, que Deus é a causa de toda sua atividade, ou seja, como a fonte e a resistência de tudo o que ele é e faz[154]. Pode-se ver, então, que embora a obra de Deus realize a obra do homem, e que o homem realize essa mesma obra ao mesmo tempo, não é na mesma relação que elas ocorrem, um fato que permite a Tomás evitar uma contradição. Como afirma Gilson,

> *Quando Deus compartilha existência às coisas, Ele confere a elas, ao mesmo tempo, sua forma, seu movimento e sua eficácia. No entanto, é a elas que essa eficácia pertence desde o momento em que a recebem. Por isso, são elas que realizam suas operações. O ente mais inferior age e produz seu efeito, ainda que o faça em virtude de todas as causas superiores à ação a que está sujeito e*

---

154. ST. I. 105. 5.

cuja eficácia lhe é transmitida por graus. No topo da série está Deus, a causa total e imediata de todos os efeitos produzidos e de toda a atividade aí liberada. Ao pé vem o corpo natural, causa imediata da própria ação que desempenha, mesmo que só a desempenhe em virtude da eficácia que Deus lhe conferiu[155].

Conclusão da *prima pars*

Embora esteja claro que Deus governa sua criação e que seu amor estabelece a realidade da causalidade secundária, ainda é indeterminado como o homem, que é feito à imagem de Deus, pode realizar praticamente o dinamismo implícito nessa imagem ao desejar a união com seu Criador e, assim, trabalhar para sua perfeição e felicidade. Ser racional pode ser descrito como uma bênção e uma maldição. É uma bênção na medida em que o homem, por sua razão, está liberto da pura determinação de sua condição corpórea, está liberto do controle absoluto que seus aspectos animais e vegetativos manifestam em seres irracionais. Como racional, ele sabe não só onde está indo, mas também por quê. Ele não está restrito a conhecer as coisas individuais e materiais de sua experiência, nem ao julgamento do bem por sua própria visão de mundo, mas possui a capacidade de conhecer as essências e propósitos de todas as coisas e de contemplar sua bondade intrínseca. Sua nobreza é clara, sobretudo à luz de sua posição de *imago Dei*, capaz das processões do verbo e do amor, uma coisa única entre os seres materiais na criação. No entanto, a maldição, por assim dizer, da situação do homem é que sua liberdade carrega consigo a necessidade e a responsabilidade de descobrir o que e por que ele é, de modo que, à luz desse conhecimento, ele pode orientar-se

---

155. Gilson (1994 [1956]), p. 182-183.

mais eficientemente para aquilo em que se encontram seu bem e sua perfeição. O animal não racional não tem tal preocupação, pois não tem outra escolha senão agir de acordo com sua espécie, determinado em seus julgamentos, sentimentos e comportamentos, formando um vínculo íntimo com seu mundo, sendo encontrado bastante à vontade dentro dele. O homem, por outro lado, por sua própria natureza, não é feito para este mundo do mesmo modo que o animal irracional. Ele é um *viator*, um viajante, cuja morada consiste em Deus e na Jerusalém celestial. Mas isso só é genericamente indicado em sua natureza: ele é livre, mas não sabe exatamente para quê, seu entendimento de Deus e seu desejo por felicidade são ambos indeterminados e requerem esclarecimentos para serem alcançados.

A *prima pars* é admirável pelo menos pelo fato de que ela detalha esse conhecimento de Deus, essa sabedoria pela qual o homem tem sede, um conhecimento pelo qual ele está em necessidade, pelo qual toda a sua tradição intelectual se esforça, mas que não pode ser adequadamente articulada devido a todos os obstáculos que foram listados na primeira questão da *Summa*. Há, claro, muito mais a dizer sobre os assuntos tratados pela *prima pars*, particularmente em relação à atividade transitiva de Deus no estabelecimento da sua criação, algo que ocupará as artes e as ciências enquanto elas existirem. Mas, como afirma Tomás no início do *Tratado sobre o homem*, apenas aquilo que é necessário para a tarefa da teologia é discutido e particularmente só aqueles assuntos que contribuem para o propósito da *prima pars*, ou seja, falar sobre Deus em si mesmo e como Alfa e o Ômega, o início de todas as coisas e seu último fim. No entanto, o propósito da *prima pars*, em sua realização, estabelece a necessidade de atender a essa criatura, a pessoa humana, que, feita à imagem de Deus, requer atenção e orientação específicas para que possa realizar seu retorno ao Criador como seu último fim. Assim, como argumenta Velde, o foco da *prima pars* está agora ajustado, por assim dizer, sobre um aspecto da criação e do governo de Deus, isto é, a própria pessoa humana, especificamente sobre a obra que ele realiza como imagem de Deus e, portanto, como "liberdade criada", algo que requer um enfoque mais refinado sobre o que isso implica por parte tanto do homem quanto de Deus, um enfoque que vai além da perspectiva da *prima pars*, isto é, de Deus, da criação e de seu governo providencial dela, e agora pousa sobre o homem, essa "criatura especial, cuja liberdade requer uma nova e diferente forma de orientação divina que não pode ser tematizada a partir da perspectiva da criação"[156]. É com isso que a *secunda pars* está diretamente relacionada e para a qual nós agora nos voltamos.

Secunda pars

A *secunda pars* examina a atividade que a pessoa humana pode desempenhar em seu retorno a Deus e, assim, constitui o que muitos, incluindo Tomás, descreveram como a parte moral da *Suma*[157]. É dividida em duas partes, a *prima secundae* e a *secunda secundae*. A primeira trata dos princípios gerais de moralidade, aqueles que governam ou pelo menos impactam de modo importante a atividade humana, enquanto a segunda oferece um exame detalhado das virtudes, tanto teológicas como morais, que ajudam a alcançar a retificação da atividade humana e o fim do próprio homem. Procedemos, então, como fizemos antes, dividindo nossas considerações de acordo com os tratados que compõem cada seção da *secunda pars*.

---

156. Velde (2006), p. 17.
157. Cf., p. ex., Pinckaers (1995 [1993]), p. 222.

Prima secundae

Dado o caráter racional e volitivo da atividade moral do homem, Tomás divide as suas considerações entre as que consideram o fim pelo qual o homem se esforça e as que consideram os meios pelos quais esse fim poderia ser alcançado. O fim é tratado no início dessa parte da *Suma* em seu *Tratado sobre a felicidade* (questões 1-5), uma breve mas poderosa articulação do que é central para todo o ensinamento de Tomás sobre a moralidade humana, ou seja, que não está estabelecido sobre obrigação, lei, direitos, consciência ou liberdade de vontade, mas sim sobre aquilo em que consiste a felicidade do homem[158].

O meio pelo qual a sua felicidade é alcançada é abordado, primeiro, examinando a natureza do ato humano e, depois, os princípios que o regem. A natureza é abordada considerando o que lhe é próprio (o *Tratado sobre os atos humanos*: questões 6-21) e, depois, o que tem em comum com os animais *irracionais* (o *Tratado sobre as paixões*: 22-48). Os princípios se dividem entre os que são intrínsecos à pessoa humana e os que são extrínsecos. Os intrínsecos são cobertos por três tratados, o primeiro *sobre o hábito* (49-54), o segundo *sobre a virtude* (55-70) e o terceiro *sobre os vícios e pecados* (71-89). Os extrínsecos são apresentados em dois tratados, um *sobre a Lei* (90-108) e outro *sobre a graça* (109-114). Com esses assuntos resolvidos, Tomás passará então à *secunda secundae*, na qual tratará extensivamente das virtudes teologais e morais, que juntas apresentarão uma imagem viva das particularidades que caracterizam uma vida cristã virtuosa e graciosa neste mundo, orientada ao próximo e aguardando-o.

---

158. Considerar Pinckaers (1995 [1993]), cap. 14 para essas diferenças e sua história.

Tratado sobre a felicidade (questões 1-5)

Tomás começa esse tratado com a afirmação de que a pessoa humana se esforça livre e inteligentemente pelos bens que são próprios de sua natureza. A questão sempre foi, porém, se há entre todos os bens aos quais o homem aspira, um que está acima de todo o resto, um que ordena corretamente toda a sua atividade e constitui o fim, o bem e o propósito de sua vida humana. Como Aristóteles antes dele, Tomás argumenta que há um fim último para o homem, pelo qual ele faz tudo o que faz; que esse fim é algo que está escrito, por assim dizer, em sua própria natureza; que tudo o que ele procura é por causa desse fim e desse bem, sob essas designações; e que cabe a ele, sendo racional e volitivo, descobrir aquilo em que residem seu fim último e bem perfeito[159]. O problema, então, consiste em fazer essa determinação; todas as pessoas desejam naturalmente ser felizes, mas discordam sobre aquilo em que consiste isso. A questão 2 ensaia as respostas tradicionais que foram apresentadas na tentativa do homem de resolver esse problema. Os bens de riqueza, honra, fama e poder (às vezes denominados bens de fortuna ou bens exteriores) são desconsiderados como candidatos ao fim último e ao bem perfeito da pessoa humana por muitas razões, inclusive porque todos eles são procurados principalmente por causa de algo mais, como meios para um outro fim, algo que não pode ser o caso para o fim último do ser humano, pois esse é procurado apenas para si mesmo e não por causa de algo mais. Quanto aos bens corporais de beleza, saúde, força e prazer, também estes não podem ser o bem perfeito e o fim último do homem, dada a sua natureza transitória, e o fato de que, embora constituam vários bens da vida humana, o propósito do homem não é algo que possa ser satisfeito meramente na conservação e

---
159. O leitor deve recordar aqui a questão 93 da *prima pars*.

na promoção do seu ser corporal. Pelo contrário, a atenção deve ser dirigida à totalidade de sua pessoa, a seu propósito, destino e felicidade e não primariamente ao bem parcial de sua condição corporal. Novamente, os prazeres que o homem experimenta não podem ser seu fim último e seu bem perfeito na medida em que são fugazes, e são comumente procurados em relação à natureza animal do homem; ambos aspectos não fazem justiça à natureza do bem perfeito do homem. No entanto, o prazer não é algo estranho à vida feliz, mas intrínseco a ela, especificamente porque atende a todas as atividades que foram completamente e bem feitas pelo homem. A ênfase, portanto, deve recair sobre o tipo de atividade praticada, em vez dos prazeres que lhe estão associados, do desafio de encontrar essa atividade e, consequentemente, esse prazer, o que é mais adequado para a natureza, o propósito e a felicidade do ser homem. Finalmente, o fim último e o bem perfeito do homem não consistem nos bens que são próprios à alma em si. Assim, a felicidade do homem não se encontra na sua existência como um determinado tipo de ser, nem em qualquer das virtudes que ele poderia adquirir no aperfeiçoamento de sua humanidade. Tudo isso, mesmo as virtudes, são em prol de algo mais elevado, um ponto que se torna ainda mais evidente à luz da discussão anterior, no *Tratado sobre o homem*, de que a imagem de Deus se manifesta no homem na medida em que ele ativa essa imagem em sua atividade racional e volitiva, mais perfeitamente quando ele se esforça dinamicamente para imitar a vida e as atividades da fonte de seu próprio ser (à luz da qual a *tertia pars* e sua consideração sobre o modelo dos modelos, Jesus Cristo, tornam-se centrais para a bem-aventurança do homem). Em suma, nenhum bem criado pode constituir a felicidade do homem, pois nenhuma delas é a própria bondade e, portanto, não tem a capacidade de aperfeiçoar sua natureza e acalmar seu apetite. Somente o que é bondade em si mesmo pode realizar essa paz e isso se encontra somente em Deus, o fim último, o bem perfeito e a felicidade do homem.

Surge então a pergunta: se Deus é o próprio objeto que constitui a felicidade do homem, como pode Deus, como infinito e incriado, ser subjetivamente possuído e desfrutado pelo homem, que é finito e criado? A questão 3 aborda esse problema. Tomás afirma que a aquisição do fim último e da felicidade do homem é realizada por meio de uma atividade específica de sua natureza. De todas essas atividades, só uma intelectiva é capaz de fazê-lo. Pois, à luz do *Tratado sobre a essência divina*, Deus não é algo que possa ser alcançado sensível ou fisiologicamente, eliminando assim as atividades vegetativas e sensitivas do homem. No entanto, o fato de que a atividade intelectiva do homem adquire seu material das potências sensitivas exige, da parte de Tomás, uma explicação cuidadosa sobre como essa condição natural do conhecer intelectivo do homem pode resultar em sua aquisição do próprio Deus. Uma melhor parte de como isso ocorre já foi explicada na questão 12 da *prima pars*, onde Tomás detalha como é que Deus está no conhecimento do homem, particularmente tendo em vista o estado beatífico. Nas questões restantes desse tratado, Tomás oferece mais detalhes e completa o que restou indeterminado na questão 12.

A partir das várias discussões sobre o conhecimento do homem ao longo da *prima pars*, deveria ficar claro que há mais na atividade intelectiva do homem do que apenas suas próprias operações de entendimento, julgamento e raciocínio. O *Tratado sobre o homem* estabelece que, como uma alma racional, a totalidade da atividade do homem é permeada, em formas e graus variáveis, por sua racionalidade. Dado que o fim último do homem é uma pessoa e que essa pessoa é adquirida subjetivamente à luz da atividade que é definitiva do homem, pode-se descrever essa aquisição intelectual como de algum modo semelhante à situação humana, na qual nós mais apreciamos outra pessoa, nos unimos a ela, nos alegramos com ela e a adquirimos em tudo o que ela é. Isso apenas quando trazemos a essa relação o mais elevado e o melhor que temos, tais como eles foram retificados tão plenamente quanto podem ser, à luz de tudo o que é verdadeiro, bom e belo. Naturalmente, essa analogia falha à luz de seu componente sensual. No entanto, serve para dar alguma indicação do aspecto pessoal dessa aquisição de Deus, e modera o que alguns consideram equivocadamente como um relato excessivamente racionalista do encontro do homem com Deus.

Tomás afirma que a aquisição intelectual do homem e o seu gozo de Deus requer, primeiro, que ele saiba que alcançou Deus e, segundo, que ele experimente o deleite ou fruição que esse conhecimento traz. A ordem aqui é como vimos no *Tratado sobre o homem*, ou seja, que a vontade se deleita em algo apenas na medida em que se entende que ele foi alcançado. Nós também vimos na *prima pars* que é a vontade que inicialmente direciona o homem para aquilo em que sua felicidade reside, mas só de uma maneira indeterminada. Esse fato serve para impelir o homem a determinar seu entendimento da natureza dessa bondade, à qual está orientado naturalmente para que possa agir de modo a alcançá-la, pela soma total das ações de sua vida[160]. Ao fazer isso, o homem pode alcançar nesta vida o que Tomás chama de felicidade imperfeita, algo que aguarda sua perfeita realização na vida seguinte, quando a presença de Deus para ele será certamente conhecida, com o resultado de que os anseios da vontade serão completamente satisfeitos quando o homem for tranquilizado por Ele, a bondade

---

160. Vê-se, aqui, a importância e a necessidade do material considerado na totalidade da *prima pars*.

pela qual ele foi feito. A natureza dessa atividade intelectiva requerida para sua felicidade é especulativa, isto é, buscada apenas por si mesma e não como algo que ele usará ou aplicará, uma vez adquirido, como se a sua união com Deus fosse por causa de uma finalidade ulterior. Em sua atividade especulativa, ele simplesmente desfruta, contempla, reverencia e se maravilha com o próprio Deus. Novamente, um modo mais apropriado e belo pelo qual alguém se dirige, respeita e ama outra pessoa. Esse conhecimento de Deus pode ser antecipado, ainda que imperfeitamente, quando nos envolvemos na atividade especulativa da filosofia e na sabedoria à qual ela aspira no estudo da metafísica. No entanto, uma vez que esse conhecimento é alcançado apenas por alguns (como foi explicado na primeira questão da *prima pars*), mas requerido por todos para sua felicidade, é conveniente que Deus o tenha disponibilizado a todos por meio de sua revelação e seus dons da graça. De fato, toda disciplina humana e, portanto, toda potência humana, tanto intelectiva como moral, fica aquém de conhecer o Criador e de facilitar o tipo de relação e de atividade que é necessário para sua aquisição. É somente por meio desses dons concedidos por Deus ao homem, dons que funcionam em conjunto com tudo o que ele pode realizar em seu retorno a Deus, tanto na mente como na vontade, na medida em que Ele próprio é Verdade e Bondade, que o homem pode alcançar seu fim último e bem perfeito e descansar e desfrutar aquilo para o qual foi originalmente criado.

A bem-aventurança deve resultar no deleite do homem, isto é, no prazer que lhe é próprio como imagem de Deus, contemplando a própria fonte do ser, da verdade e da bondade. Não seria estranho que essa experiência não fosse, de fato, muito deleitosa, que a felicidade do homem não fosse prazerosa, especialmente enquanto seu desejo tivesse encontrado sua consumação e repouso últimos no próprio bem para o qual foi feito? Esse deleite, como explicado anteriormente, segue-se apenas à contemplação desse bem mais elevado. No entanto, esse conhecimento não pode ser completo ou abrangente. Pois Deus, sendo infinito, não pode ser plenamente compreendido por um intelecto finito. Assim, o conhecimento ou a compreensão do indivíduo será imperfeito. No entanto, Tomás afirma que o conhecimento que o homem atingir nesse momento será suficiente para sua felicidade, algo que não é assim tão difícil de entender, uma vez que a grande maioria do conhecimento humano na vida presente é incompleta, ainda que satisfatória para as tarefas variadas a que ele se propõe e para os desejos que ele tem. A fim de receber esse conhecimento de Deus, é adequado que a razão e a vontade do homem sejam ambas retificadas antes e depois de sua obtenção; antes, na medida em que o indivíduo ordena sua vida, seu conhecimento, suas ações e seus amores de modo que eles possam ser totalmente dirigidos para esse bem mais elevado que é Ele mesmo, aguardando seu advento; e depois, na medida em que a paz de sua vontade no bem alcançado é necessariamente ordenada para aquele no qual ele encontrou seu descanso, uma condição do repouso em si. Retificar antes certamente não faz com que Deus se conceda ao homem em bem-aventurança. Em vez disso, pode-se considerar essa retificação como semelhante à preparação da casa para um convidado, algo que flui do amor e da honra que o proprietário tem para seu convidado aguardado. Até mesmo o corpo do homem é necessário para sua felicidade, algo que é bastante claro nesta vida, uma vez que o corpo é tão necessário para as atividades da razão humana. A respeito de sua felicidade perfeita, porém, seu corpo não é estritamente necessário, pois, depois de sua morte, ele estará perfeitamente presente a Deus nesse estado desencarnado e terá alcançado sua visão dele. No entanto, Tomás argumenta que, à luz do bem da natureza do homem, que falta no estado desencarnado, o homem só desfrutará de Deus, do modo que Deus já pretendia que fosse, isto é, na plenitude de sua pessoa no Último Dia, quando ele estiver reunido com seu corpo na ressurreição geral dos mortos. Naquele tempo, na perfeição de seu ser, que inclui a retificação e transformação de sua condição corporal, ele contemplará a face de Deus com seus próprios olhos, como Jó profetizou em 19,25-27.

Os bens de que o homem desfruta agora, em sua felicidade imperfeita, não serão necessários para a visão beatífica. E, embora o mesmo possa ser dito da sociedade dos amigos (sendo a amizade que se terá com Deus suficiente para a felicidade perfeita), Tomás considera que os amigos podem conduzir ao bem-estar da felicidade perfeita do indivíduo, ao menos pelo fato de que todos "se veem uns aos outros e se regozijam em Deus na sua comunhão". Na visão beatífica, uma pessoa pode de fato ser mais feliz do que outra na medida em que se dispôs mais perfeitamente em mente, vontade, emoção e corpo para receber o dom de Deus de si mesmo, aguardando, por assim dizer, essa graça na própria vida presente. Mas quanto ao objeto em si, ninguém alcança Deus mais do que outro. Todos recebem o mesmo dom no final de seus trabalhos, mas alguns apreciam e desfrutam a recompensa mais do que outros. Essa é uma felicidade que não se costuma alcançar nesta vida, mas que é reservada para a próxima. No entanto, ela poderia ser dada como o Doador assim desejar, como no caso de arrebatamento, como foi observado anteriormente na *Suma Teológica* (I. 12). Ao contrário de sua felicidade imperfeita, a felicidade perfeita do homem nunca pode ser perdida, uma vez que sua vontade naquele momento será inteiramente em repouso e sua pessoa será libertada de tudo o que poderia prejudicá-la. Isso significa que o desejo de se afastar do bem, de virar as costas, por assim dizer, à visão beatífica para procurar outros bens, não será mais possível. Temos aqui, mais uma vez, a visão de que a vontade não é indiferentemente dirigida por seu possuidor ou absolutamente determinada por ele, mas é o que ela é e atua livremente apenas na medida em que é determinada para e definida pelo próprio bem. A liberdade do homem só é desfrutada na medida em que é dirigida a e satisfeita por aquilo que é perfeitamente bom, algo que não é encontrado por ele em sua existência terrena, deixando-o assim livre para determinar-se a si mesmo em relação aos bens que lhe são colocados diante dele. Uma vez que a vontade está na posse de seu bem perfeito, ela alcança sua realização como potência e desiste de seus anseios ao entrar na plenitude do que está na presença do bem para o qual foi feita. Isso é algo que só o próprio Deus pode conceder ao homem, um dom puro que ninguém causa por aquela atividade que é natural a ele. No entanto, Deus exige da pessoa humana que ela aja de tal modo que se prepare para o dom dele mesmo, que Ele concede gratuitamente. Isso é o que todos desejam, mas têm tanta dificuldade não só para alcançar, mas também para conceituar, algo que requer tudo o que foi coberto pela *prima pars* para que, à luz dela, se possa ser instigado a buscar os meios pelos quais esse fim possa ser alcançado por meio da disposição amorosa da pessoa por meio da própria agência e pela ajuda que se recebe dos outros em amizade e caridade e especialmente de Deus por meio de seus dons, especialmente da lei e da graça, ambos culminando, na *tertia pars*, no ato salvífico realizado por intermédio de seu Filho.

Tratado sobre os atos humanos (questões 6-21)

Uma vez que a felicidade do homem tem uma referência essencial para a atividade que ele desempenha, a qual define sua natureza e da qual ele é mestre, é mais adequado que ele entenda a própria natureza dessa atividade para que ele possa lutar mais eficientemente por sua bem-aventurança. Ao fazer isso, ele se encontrará pronto e disposto a receber o dom do próprio Deus e evitará cuidadosamente as atividades que impedem que isso aconteça. Como dito anteriormente, Tomás tem um duplo interesse na *secunda pars*: defender e detalhar a posição de que a atividade humana é realizada em prol de um fim último e de um bem perfeito, no qual se encontra a felicidade do ser humano, e, em segundo lugar, tratar cuidadosamente dos meios pelos quais o homem pode alcançar esse fim. Isso inclui o que ele mesmo realiza e qualquer ajuda que ele receba de fora, ou seja, as forças externas de origem natural e sobrenatural, que auxiliam e, no último caso, aperfeiçoam o que ele tenta realizar por meio de sua própria atividade, mas é incapaz de fazer por conta própria. O primeiro interesse é todo importante e foi considerado no *Tratado sobre a felicidade*. O segundo interesse é o que agora ocupa sua atenção aqui e no restante da *Suma*.

O *Tratado sobre os atos humanos* é dedicado a uma articulação do que está envolvido na atividade voluntária do homem, com ênfase na vontade, aquela potência que, embora descrita no *Tratado sobre o homem*, recebe seu tratamento completo e apropriado aqui. Há quatro interesses nesse tratado: determinar a natureza do voluntário (questão 6), as circunstâncias em que o voluntário se realiza (questão 7), a estrutura do ato voluntário (questões 8 a 17) e, finalmente, como o bem e o mal se aplicam a essa atividade (questões 18 a 21).

A natureza do ato voluntário do homem (questão 6)

A atividade humana voluntária surge de uma capacidade intrínseca da parte de uma pessoa de dirigir suas atividades em prol de um fim que lhe é conhecido como um fim. Como dito anteriormente, o voluntário não é definido como a mera capacidade da vontade em escolher um caminho ou outro. Tampouco é o voluntário algo isolado na vontade, à parte das outras potências da pessoa humana ou de qualquer uma das forças externas que suportam a realização de sua atividade[161]. Vemos, ao contrário, que a vontade está determinada a buscar o bem, a buscar aquilo em que consiste o fim e a felicidade do homem e que é auxiliada nessa busca por todas as potências intrínsecas e extrínsecas pertinentes à obtenção de sua bem-aventurança; tudo isso contribui essencialmente para, e certamente nada disso destrói, a natureza voluntária da atividade humana. Os problemas comuns apresentados pelos apetites naturais e animais à realização da atividade voluntária não afetam essencialmente sua natureza; ela continua a ser o que é, um princípio do autodirecionamento do homem para um fim, que lhe é conhecido como um fim que, então, dá origem a seu entendimento das coisas que estão relacionadas com esse fim, como o meio pelo qual ele pode ser alcançado. Até mesmo a intervenção direta de Deus na vida do homem respeita a natureza voluntária dessa atividade (um ponto que será defendido amplamente nos tratados sobre a lei e a graça). No entanto, a natureza voluntária de sua atividade pode, de fato, ser afetada e até mesmo tornada involuntária, mas isso apenas em alguns casos. Violência ou compulsão exercida sobre alguém proveniente de uma fonte externa pode, de fato, frustrar os comandos emitidos da vontade do indivíduo. Mas essa frustração estende-se apenas até à sua realização externa; a vontade em si permanece intocada, permanecendo sob o controle de si próprio e não dos outros. Assim, embora alguém possa ficar frustrado em seus esforços ao fugir e ser conti-

---

[161]. Cf. Pinckaers (2005), p. 364ss. para uma descrição sucinta da noção de liberdade de Ockham, algo que descreve bem a abordagem moderna sobre esse tema.

do vigorosamente pelas autoridades, nenhuma violência cometida por elas pode, no entanto, frustrar diretamente a vontade de fugir. Quanto às ações feitas por meio do medo e do desejo, elas podem parecer, à primeira vista, causas de involuntariedade. Tomás, no entanto, não pensa assim. No primeiro caso, ele afirma que, embora as ações feitas por medo sejam involuntárias, já que são repugnantes à própria vontade e certamente não seriam realizadas se a situação fosse diferente, o fato de elas serem desejadas, para que um mal maior possa ser evitado, torna-as voluntárias. Assim, o lançamento da carga de um navio ao mar durante uma tempestade violenta é realizado voluntariamente para evitar a perda do navio e das vidas de sua tripulação, uma ação que de outra forma não seria tomada, mas é de fato decidida e realizada livremente. No caso da compulsão e da violência, porém, a vontade não faz nada disso, mas continua no seu desejo de fazer tudo o que é impedida de fazer. As ações impulsionadas pelo desejo sensitivo, porém, são claramente voluntárias na medida em que o desejo atrai a vontade para o bem que tem em vista, tornando esse bem particular conveniente à inclinação da vontade e, se empreendido, afastando totalmente a repugnância que caracteriza as ações executadas por temor. Ascender ao lançamento de uma carga de um navio ao mar no meio de uma tempestade é bem diferente de tomar outra bebida quando se está farto. Uma ação torna-se involuntária somente pela ignorância que precede uma ação repugnante à vontade e que não poderia ter sido razoavelmente prevista e erradicada[162].

---

162. Em ST. I-II. 6. 7, Tomás considera o caso em que a forte emoção leva à loucura e, portanto, à incapacidade de usar a razão no momento, ou, em casos extremos, de destruir inteiramente a razão. Embora tais emoções possam destruir a natureza voluntária de um ato, elas o fazem tornando-o não voluntário em vez de involuntário, na medida em que um dos fatores do voluntário foi destruído, isto é, a razão em si, algo que altera a própria essência da natureza da atividade em questão, reduzindo-a à do animal irracional.

Circunstâncias que envolvem a atividade voluntária do homem (questão 7)

As circunstâncias que acompanham a atividade voluntária são de interesse para qualquer moralista, mas particularmente para o teólogo, por duas razões: primeiro, porque elas contribuem diretamente para a avaliação da bondade ou maldade de um ato, bem como para sua culpabilidade, e segundo, porque elas constituem o campo, por assim dizer, em que os atos do homem são realizados. Sete circunstâncias são enunciadas no artigo 3, sendo as mais importantes o "porquê" e o "quê" (i. é, o motivo do agente e a descrição essencial da sua atividade) e estando todas as outras circunstâncias subordinadas a essas duas de formas variadas.

A estrutura do ato voluntário (questões 8-17)

Sua análise do ato voluntário e de sua estrutura divide-se em duas partes. A primeira considera os atos que surgem dentro do agente e nele encontram sua completude (suas atividades intransitivas: questões 8 a 16), enquanto a segunda considera aqueles que resultam nas ações práticas que o agente deve tomar para que ele possa realizar a intenção e o objetivo do ato voluntário (suas atividades transitivas: questão 17). A respeito da primeira parte, Tomás começa por considerar os atos que se referem diretamente o fim (questões 8 a 12) e depois os que se referem aos meios para esse fim (questões 13 a 16).

Em relação ao fim, há três atividades intransitivas que pertencem especificamente à vontade: a volição, a fruição e a intenção. A *volição* (assunto das questões 8 a 10) é a primeira e mais básica orientação da vontade para o bem. Como discutido anteriormente, essa orientação não é algo que se escolha, mas constitui a inclinação natural do querer a seu próprio objeto, a seu fim último, aquele à luz do qual ela deseja tudo o que deseja. A razão desempenha um papel vital aqui na medida em que apresenta tudo o que sabe ao querer sob essa mesma descrição da bondade de uma coisa. Pois o querer não é movido nem pelo ser nem pela verdade de uma coisa, os quais constituem, ambos, os objetos próprios da razão, aqueles para os quais ela é naturalmente inclinada em sua natureza. É apenas à luz da bondade da coisa, algo que a razão revela por meio de suas investigações, que a vontade tem algo a considerar, o qual, se a vontade assim o desejar, pode resultar num ato de volição, ou desejo, como às vezes é chamado. Na raiz, então, de cada ato volitivo, há um entendimento intelectual de algo que pode ocasionar a volição da vontade (pois o que é conhecido revelou-se bom e foi assim apresentado à vontade) e ao qual a vontade inicialmente adere livremente por meio desse ato de volição. E assim, se a razão discerne a bondade da riqueza, isso pode ocasionar o simples desejo, da parte da vontade, por esse bem, mas sem nada mais implícito do que a inclinação decidida da vontade para esse bem.

A volição da vontade é algo que pode ser influenciado pelas outras potências da alma, ainda que a vontade exerça domínio sobre todas elas, como descrito no *Tratado sobre o homem*. Isso ocorre, porém, apenas quando essas outras potências operam dentro dos parâmetros expostos acima, especificamente influenciando a maneira pela qual a razão discerne a bondade daquilo que ela sabe, operando sobre as potências cognitivas sensitivas e apetitivas do homem e até mesmo sobre sua condição corpórea, pois eles podem influenciar as operações da razão de maneiras variadas. O movimento da vontade, no entanto, permanece seu próprio, não importando a influência que lhe seja exercida. De fato, Deus pode afetar diretamente a volição do homem, mas somente na medida em que Ele é o Criador da vontade e é a bondade perfeita na qual a vontade encontra seu último repouso e sua completude, aquilo que ela quer por necessidade e para o qual é dirigida em tudo o que faz. É por isso que o agente exerce livremente sua vontade na medida em que não encontra nada no mundo que seja perfeitamente bom, mas bom apenas até certo ponto, especificamente, na medida em que participa da fonte de toda a bondade. Assim, o homem necessariamente deseja seu bem perfeito e sua felicidade, fazendo tudo o que ele faz sob essa descrição. Mas, dado o papel da razão na volição e os outros fatores que podem influenciar a razão em suas operações, o homem não só pode ser confundido em relação àquilo em que se encontra seu verdadeiro bem e fim, mas tem também a capacidade de frustrar sua procura por seu verdadeiro bem e fim, ao ativamente não procurar por ele de modo algum, tamanha é a extensão de sua liberdade. Deus pode exercer sua influência sobre a vontade do homem, mas sempre de tal maneira que ele respeite sua liberdade, permitindo que o homem seja o que ele é, ou seja, feito à sua imagem, que inclui ser o princípio de suas próprias ações, um fato que, juntamente com a história da salvação, dá origem às investigações da *secunda pars*, mas especialmente da *tertia pars*[163].

A questão 11 constitui o outro fim, por assim dizer, do ato voluntário, ou seja, a atividade pela qual o fim, que primeiro ativou a vontade em sua volição própria, foi agora finalmente atingido, completando efetivamente o ato voluntário. Nessa realização, a vontade experimenta o fruto do seu trabalho. Ela se regozija com aquilo por que se esforçou e experimenta uma *fruição* ou deleite próprio, ao descansar no objeto alcançado. Isso requer uma ativi-

---
163. ST. I-II. 8-10.

dade cognitiva e uma atividade apetitiva por parte do agente, aquela porque ele entende que aquilo que ele desejava e para o qual trabalhava foi alcançado, esta porque a vontade repousa nisso, um repouso que é caracterizado não só pela cessação de seu movimento, mas também por seu deleite ou fruição ativa naquilo que alcançou. Se, contudo, o fim e o bem alcançados não são o fim último e o bem perfeito do homem, então o repouso e a fruição da vontade são apenas temporários (basta refletir sobre a natureza fugaz da fruição que se deriva dos bens variados deste mundo para entender o ponto de vista de Tomás). A verdadeira fruição da vontade, aquela pela qual seu movimento é completamente reprimido e sua atividade é totalmente realizada, é encontrada apenas em Deus, como Tomás descreveu anteriormente no *Tratado sobre a felicidade*.

A questão 12 trata da última ação da vontade em relação ao fim, ou seja, a de *intenção*. Até este ponto, Tomás considerou os movimentos iniciais e terminais da vontade, da volição e da fruição, respectivamente. Claramente, a atividade da vontade deve ser mais bem especificada para resultar em escolha. Essa especificação ocorre, em primeiro lugar, na intenção da vontade, seguindo-se o que a razão lhe apresentou como bom e pelo qual a vontade simplesmente deseja. Uma coisa é falar da vontade tendo um desejo pela bondade do que foi apresentado pela razão, mas outra é aderir de forma mais definitiva a esse bem como algo que pretende. Assim, reconhecemos muitas coisas como boas e pelas quais experimentamos um desejo ou volição geral, mas não avançamos em nossos atos para possuí-las. Por exemplo, pode-se considerar uma educação como boa, mas não algo que se busque ativamente. O que falta é a intenção da vontade de buscar aquilo que foi reconhecido como bom, um enfoque, por assim dizer, da vontade, uma determinação dela, uma resolução de proceder de modo mais concreto do que foi experimentado na volição inicial pelo bem em questão. Para que isso ocorra, deve haver uma importante contribuição feita pela razão, ou seja, que ela julgue se o fim e o bem assim desejados podem, de fato, ser alcançados. Sem esse julgamento, não se pode passar à fase seguinte, na qual se determinam os meios pelos quais esse fim pode ser alcançado. Assim, pode-se considerar uma educação como um grande bem e altamente desejável. Mas, devido à sua situação social ou econômica, ela pode ser julgada como algo que está fora do seu alcance e, consequentemente, não é considerada seriamente além do desejo que se tem para esse bem[164].

A intenção do fim constitui a altura das atividades que dizem respeito ao fim em si. As questões 13 a 16 abordam os meios pelos quais a intenção pode ser alcançada. A questão 13 trata da *eleição*, ou *escolha*, e da atividade mais próxima da razão que é necessária para tal, isto é, uma decisão prática tomada pela razão a respeito de qual, dos muitos e desejáveis meios para alcançar o fim e o bem em intenção, é o melhor. A questão 14 considera a atividade de *deliberação*, ou *conselho*, por meio da qual esses muitos e variados meios são coletados, enquanto a questão 15 considera o *consentimento* da vontade para essa coleção como caminhos adequados que ele pode seguir. Para ilustrar essa estrutura, considere a situação em que alguém possa entender que a saúde está boa, algo pelo qual se deseja prontamente. Após uma análise mais aprofundada, ele considera que está bem dentro do âmbito das possibilidades. Com intenção desse fim, ele se aconselha sobre os muitos e va-

---

[164]. Tomás considera o julgamento da razão em ST. I-II. 13. 5, onde ele distingue as atividades da vontade a respeito dos meios e fins. Assim, a intenção considera o fim como possível, a eleição, por outro lado, considerará se os meios são possíveis. No entanto, deve-se considerar também ST. I-II. 12. 4.

riados meios pelos quais a saúde pode ser realizada. O resultado é um número razoavelmente bom de opções a partir das quais se pode escolher, às quais se dá o consentimento. No entanto, se o fim deve ser realizado, é preciso determinar qual das opções melhor o alcançará. Uma vez feito esse julgamento prático, é preciso aderir pessoalmente a essa decisão por meio da eleição, algo que então prepara o cenário para a execução daqueles atos pelos quais o fim e o bem da saúde podem realmente ser alcançados[165].

A *eleição* é claramente algo que demonstra uma complexa mistura de razão e vontade, algo que vai muito além da mera influência de uma sobre a outra. No entanto, o ato de eleição é mais propriamente associado à vontade na medida em que "a eleição é feita num certo movimento da alma em direção ao bem escolhido"[166], algo que não segue necessariamente, do julgamento da razão, que esse meio particular signifique a melhor maneira de realizar o fim e o bem em intenção. Vale a pena repetir que a eleição não considera o fim em si, mas os meios pelos quais o fim e o bem pretendidos podem ser alcançados. A eleição, portanto, é entendida íntima e essencialmente em relação às atividades práticas que devem ser desempenhadas por uma pessoa para que o fim e o bem pretendidos sejam realizados. Considera apenas os meios que são possíveis. Pois uma pessoa não pretende, recebe conselho, toma decisões e faz escolhas a respeito daqueles assuntos que estão além de sua realização prática e, assim, não conduzem aos fins e bens pelos quais ela deseja e pretende. Mas para aquelas coisas que estão dentro do alcance prático de cada um, escolhe-se livremente e não por necessidade. Só o bem perfeito do homem, sua felicidade,

---
165. A intenção aqui é demonstrar a estrutura do ato voluntário e não argumentar que esse processo é estritamente seguido de forma cronológica.
166. ST. I-II. 13. 1.

determina sua vontade necessariamente, mas não em relação aos meios, mas apenas em sua primeira e básica orientação para o fim em si, algo que ele não escolhe, conforme se afirmou anteriormente.

Uma vez que a eleição lida com os meios pelos quais se alcança o fim e o bem desejados, o *conselho* se torna necessário na medida em que uma grande incerteza costuma acompanhar ao se voltar às coisas e pessoas do cotidiano às quais dizem respeito as ações no progresso em direção ao fim e ao bem desejados. A dificuldade sempre residiu na determinação do que deve ser feito aqui e agora para realizar o fim pretendido da melhor e mais moral maneira. Não é de admirar, portanto, que haja uma virtude, a da prudência, associada íntima e importantemente ao conselho e aos outros aspectos da determinação da melhor e mais moral maneira pela qual as ações no presente podem acelerar a obtenção de um fim pretendido.

O *consentimento*, como mencionado antes, segue o conselho como movimento da vontade em direção aos muitos e variados meios que o conselho gera. No consentimento, a vontade atrai esses meios para si como tantas maneiras particulares pelas quais alguém pode ser acelerado ao longo do caminho para a decisão e a eleição que se deve finalmente fazer para realizar o fim e o bem. A eleição, então, é o enfoque final da vontade sobre uma das muitas opções geradas pelo conselho da razão e às quais a vontade consentiu previamente[167].

Após determinar, por meio da eleição, um modo específico de alcançar o fim que se pretende, restam as ações práticas que devem ser assumidas para emitir as atividades imanentes, descritas anteriormente, na fruição referida na questão 11. Embora esse seja o foco da questão 17, Tomás o antecipa com um exame dos meios

---

167. Cf. esp. ST. I-II. 15. 3. ad. 3.

que estão dentro do controle da vontade, pois ela aplica tudo o que precedeu às ações práticas necessárias para a obtenção do fim. Posto isso, Tomás pode então terminar seu exame da estrutura da atividade voluntária, considerando o comando atual exercido pela vontade e pela razão na busca do fim e do bem do agente.

Uma vez que os bens particulares de cada poder do agente voluntário estão incluídos no bem da vontade, diz-se que a vontade *usa* essas potências em suas atividades práticas para realizar o que foi eleito. Esse *uso* implica a cooperação da razão na medida em que orienta a vontade em seu uso das potências para que possa aplicar uma coisa à outra no âmbito particular e contingente, em prol da realização do fim eleito. Assim, o uso segue-se após a escolha. Há, no entanto, um sentido em que o uso precede a escolha: onde a vontade impele a razão a procurar por tudo o que lhe é exigido na realização do ato voluntário. Assim, mesmo o *comando* que é exercido pela razão com respeito a e em consequência da escolha que foi feita pressupõe esse sentido de uso onde a vontade impele a razão à sua atividade de comandar o que resultou do ato de eleição. Mas da perspectiva da execução das atividades particulares necessárias para a realização do fim pretendido, o uso segue o comando da razão, assim como o uso de uma vara para se defender de um ataque obedece ao comando dado pela razão. Nessa perspectiva, então, temos a eleição da vontade, seguida pelo comando da razão e o uso, pela vontade, das potências necessárias para o cumprimento do comando da razão, como manifestado praticamente nas variadas atividades transitivas desempenhadas, de modo que o fim e o bem pretendidos possam realmente ser alcançados e, assim, desfrutados[168]. Voltando ao exemplo da saúde,

---

168. Cf. esp. ST. I-II. 17. 3. ad. 1 para a série de atos imanentes e transitivos envolvidos na execução.

se a decisão e a escolha feita em prol da saúde envolvesse andar de bicicleta 10 milhas por dia, então seria necessário realizar as ações específicas para que isso realmente acontecesse, de comandar que isso seja feito, de realmente, em ato, pôr em vigor as muitas e variadas potências por meio das quais isso poderia ser conseguido e, então, retornando à questão 11, o reconhecimento, em algum momento no futuro, de que a saúde foi alcançada e o deleite ou fruição que decorre dessa consciência[169].

Como a bondade e a maldade são consideradas na atividade voluntária do homem (questões 18-21)

A última questão abordada nesse tratado é a bondade e a malícia, ou maldade, dos atos voluntários. Ele divide suas considerações em duas áreas: primeiro, como um ato humano pode ser bom ou mau e, segundo, o que resulta do ato humano assim descrito (questão 21). A primeira área se divide em três partes: a bondade e o mal dos atos humanos considerados geralmente (questão 18) e, depois, isso em relação à atividade imanente e transitiva do homem (questões 19 e 20, respectivamente).

O primeiro artigo da questão 18 recorda as discussões na *prima pars* a respeito da natureza do bem, onde se considerava "bem" aquilo que conduz à plenitude da natureza de um ente e "mal", aquilo que de alguma forma priva a coisa dessa plenitude. Assim, para a pessoa humana, a visão é considerada boa na medida em

---

[169]. O leitor pode querer consultar um quadro tradicional da estrutura do ato humano perfeito propiciado por Thomas Gilby O.P. no vol. 17 (1970) da tradução de Blackfriars da *Suma* (apêndice 1, p. 211). O leitor deve atentar às suas *caveats* (advertências) sobre esse esquema na p. 212, particularmente que eles não seguem necessariamente a descrição organizada que é oferecida aqui, mas que é muito mais complexo em sua realização. Note-se também seu exemplo de todas as 12 etapas aplicadas a um ato voluntário na p. 214. Cf. tb. Gilson (1994 [1956]), p. 252-256.

que conduz a uma certa plenitude ou perfeição de sua natureza, a uma realização do que é potencial para sua humanidade, enquanto a cegueira é considerada má porque denota uma privação de seu ser, uma falta de uma certa perfeição da qual, por natureza, ela deveria desfrutar. Esses termos são aplicados do mesmo modo à atividade humana. Assim, uma ação é considerada boa porque conduz a uma certa plenitude ou perfeição da natureza da pessoa e má porque a priva disso. Em seguida, ele especifica essa descrição genérica nos artigos que seguem. Em primeiro lugar, a apreciação da bondade de um ato requer que se preste atenção ao objeto de que se trata. Esse objeto determina o tipo de ato que se realiza, isto é, sua espécie, e a bondade do ato é determinada em relação ao seu objeto na medida em que esse objeto seja adequado, ou a maldade, se for inadequado. Tomás oferece o exemplo de fazer "uso do que é seu próprio" e de tomar "o que pertence ao outro". Em ambos os casos, a atividade, de uma perspectiva material, é a mesma: fazer uso de algo. Diferem, no entanto, nos objetos que lhes dizem respeito, ou seja, o que é próprio de cada um e o que é de outrem. Eles determinam a forma que a atividade assume, suas respectivas descrições e a consequente avaliação moral à qual cada um está sujeito, e é análoga à forma como a alma determina o tipo de ser vivo que é realizado nessa manifestação material ou corporal específica. Nela, o material no homem e na besta são semelhantes; a diferença está localizada na forma, o princípio ordenador ou determinante, a alma, como descrito na *prima pars*. Em segundo lugar, a avaliação da bondade de um ato deve considerar as circunstâncias em que ele ocorre. Embora as circunstâncias não sejam aspectos formais e, portanto, determinantes de um ato (como o objeto fazia), elas contribuem enormemente para sua plenitude (ou falta dela), novamente, assim como os variados acidentes ligados à alma de um ser vivo. Assim como a forma, o tamanho, a disposição física, o peso e outras coisas semelhantes têm uma grande influência sobre a plenitude de um ser vivo, assim também os "quem", "o quê", "onde", "por quê", "com que meios", "como" e "quando" têm uma grande importância sobre a atividade humana e sua avaliação moral. Finalmente, um ato deriva sua bondade de seu fim, aquele para o qual o ato está orientado para que se alcance a plenitude que falta ao agente. Assim, um ato de caridade realizado por amor ao próximo e ao próprio Deus é bom, ao passo que o mesmo ato feito para o avanço da própria glória não é. Para que um ato seja mau, deve faltar apenas um desses fatores. Mas para um ato ser julgado como bom, deve ter todos eles.

A natureza desses fatores, juntamente com a discussão sobre a estrutura do ato voluntário, indica claramente que a razão é central para sua determinação e realização. De fato, a vontade impele a razão a fazer as coisas que deve fazer para que o fim ao qual a vontade aderiu em intenção possa ser realizado por meio dos atos externos que o agente desempenha. Mas a razão fornece em cada etapa as operações cognitivas requeridas pela vontade para que ela possa se engajar em suas atividades em relação ao fim, começando com a apresentação do que a razão sabe sob a descrição do bem, até a avaliação de sua possibilidade, o discernimento dos muitos e variados meios para alcançá-lo, o julgamento de qual desses o consegue da melhor maneira, o comando para realizar o que praticamente foi feito e, por fim, no reconhecimento de que ele foi alcançado. A vontade pode ser determinada à bondade e ao bem perfeito por sua natureza, mas é a razão que guia a vontade na especificação de e orientação para aquilo em que consiste seu bem último. A consequência disso é que é essencial para a atividade humana voluntária que ela esteja de acordo com a razão. A razão é aquilo que determina o que é adequado (ou não) para a pessoa humana, que determina os meios pelos quais isso é conquistado (ou evitado) e que guia a pessoa humana em sua realização prática (ou em evitá-lo). O seu alcance é universal, estendendo-se não só à totalidade da própria pessoa, mas também ao contexto mais amplo em que essa atividade é desempenhada e, mais ainda, no contexto daqueles bens e fins que são os mais elevados para o homem, a família, a sociedade e a própria realidade, todos os quais são dirigidos, em última instância, por aquele bem e fim que é primeiro e último. Para que se realize uma atividade moralmente boa, então, é claro que não apenas a razão deve ser aquela que determina esses assuntos, mas que suas determinações devem ser retificadas pelo que é verdadeiro e em conformidade com o que é realmente bom; isso constitui o que apresenta à vontade em prol das atividades imanentes e transitivas, discutidas nas questões anteriores desse tratado.

A bondade (ou maldade) das atividades imanentes da vontade é determinada em relação a seu fim. É preciso ter cuidado, no entanto, em fazer uma distinção entre o fim para o qual a vontade é determinada naturalmente, ou seja, o bem em si, à luz do qual ele procura o que procura, e como isso é realizado em sua intenção. Se é verdade que a vontade procura todas as coisas que correspondem à descrição do bem que lhe é apresentado pela razão, ela pode, no entanto, ser considerada má na medida em que o bem que pretende não é verdadeiramente bom, mas só aparentemente. Esse bem aparente "que tem de fato alguma medida de bem", sem o qual não seria de modo algum buscado pela vontade, não é "de um bem que é simplesmente adequado para ser desejado"[170]. Isso quer dizer que ele não está de acordo com a razão em si. Assim, as atividades que fluem da vontade, embora sempre orientadas e pretendendo o bem em si, nem sempre são adequadas à natureza

---

170. ST. I-II. 19. 1. ad. 1.

e ao fim do homem e, portanto, são consideradas más. Desde que o bem apresentado à vontade pela razão esteja de acordo com a razão, como discutido no parágrafo anterior, então a atividade que emana da vontade "entra na ordem moral e causa bondade moral no ato da vontade"[171]. A lei eterna determina que a razão aja desse modo em relação à vontade. A razão, portanto, é designada, por assim dizer, para determinar o que é verdadeiramente bom e digno de ser apresentado à vontade por sua intenção. Isso não arbitrariamente, mas de acordo com seu discernimento se é adequado ou não para o agente, particularmente a respeito de seu fim último. Para isso a razão é auxiliada por meio de um apelo às forças externas pertinentes à sua atividade voluntária, especificamente as da lei e da graça, que serão examinadas no fim da *prima secundae*. A vontade, então, deriva sua bondade do fim que pretende, seguindo os bens que lhe são apresentados pela razão, algo determinado pela lei eterna que assim ordenou a razão para agir como o faz. Nisso, o agente tem a oportunidade de conformar sua razão às mais elevadas verdades que pode alcançar, o que então contribui para a vontade, permitindo-lhe pretender o bem mais elevado disponível a ela e ser apresentada com aquilo que alcançará o fim para o qual está naturalmente orientada. Em suma, o verdadeiro e melhor bem para o homem encontra-se em assumir a mente e a vontade de Deus em tudo o que ele pensa e quer, colocando-o na situação em que o seu fazer e o seu produzir possam ser os melhores, pois derivam da razão e da vontade assim aperfeiçoadas[172].

Quanto às atividades transitivas do homem, pode-se falar de bem e mal, seja por parte do ato em si e das circunstâncias que

---

[171]. ST. I-II. 19. 1. ad. 3. 130
[172]. O leitor deve considerar os artigos 5 e 6 dessa questão, que tratam de assuntos relacionados com a consciência e sua força vinculativa, algo que demonstra o quanto é importante para a vontade estar de acordo com as determinações da razão.

o rodeiam, seja na relação do ato com o fim. Assim, dar dinheiro aos pobres para seu sustento e bem-estar é bom, mas torna-se mau se for feito para a própria glória e reputação de quem doa. Nesse último exemplo, o mal que está na vontade passa para o ato externo em si, como o ato transitivo manifesta a intenção da vontade para esse bem menos que adequado. No primeiro exemplo, por outro lado, sua bondade deriva da ordem estabelecida pela razão, tanto no que se refere à determinação do ato a se realizar como às circunstâncias que devem ser observadas para manter a natureza adequada do ato a se realizar. São essas determinações que a vontade consente e observa, na sua escolha e na execução das ações externas, buscando o fim pretendido, desejando que a bondade das atividades intransitivas que o agente empreendeu até então possam ser incorporadas e conservadas nas atividades transitivas às quais as atividades intransitivas deram origem. Mais uma vez, para que um ato externo seja bom, todos esses fatores devem ser satisfeitos: o fim deve ser bom, bem como a natureza do ato e suas circunstâncias. Se houver um defeito em qualquer um deles, isso torna o ato mau.

Tomás completa o seu exame do ato humano voluntário olhando para as consequências que decorrem de sua bondade ou maldade. Em resumo, a retidão de um ato ou sua natureza pecaminosa deriva da bondade, quando de acordo com a ordem da razão e com a lei eterna, como descrito anteriormente, e da maldade, quando se afasta delas. Como esses atos conduzem ou não ao bem do homem, eles merecem louvor ou culpa, respectivamente, na medida em que o ato justo ou pecaminoso pode ser imputado ao agente na medida em que ele agiu voluntariamente. Quanto à recompensa que deve ser atribuída a quem comete tais atos voluntariamente, essa é uma questão de justiça que discerne, na situação, o que é de responsabilidade da pessoa que assim agiu, à luz da natureza e extensão do benefício ou dano causado a outro[173].

Esse exame da estrutura da atividade voluntária humana detalha não apenas a natureza da liberdade do homem, mas também seu aperfeiçoamento no dinamismo implícito em realizar a imagem à qual a pessoa humana foi feita. Os princípios aqui desenvolvidos serão vitais para o tema dos tratados seguintes da *secunda pars*, e fornecem uma noção ampla e muito útil sobre a ordem ou estrutura da atividade voluntária, uma estrutura que não deve ser entendida como algo realizado cronologicamente, conforme observado anteriormente[174], mas sim como a interação cognitiva e apetitiva necessária em todo e qualquer ato voluntário propriamente humano, uma interação que, se não for compreendida, pode dar origem a defeitos muito específicos na vida moral, algo que é amplamente demonstrado nas descrições dos vícios que prejudicam a vida moral, oferecidas na *secunda secundae*.

Tratado sobre as paixões (questões 22-48)

Após considerar as atividades próprias da natureza humana, Tomás retoma agora aquelas que são importantes para a realização da felicidade do homem, mas que são compartilhadas com os animais *irracionais*, ou seja, as paixões. Deve-se notar desde o princípio que a palavra "paixão" é uma transliteração do latim *passio* e não pretende denotar com precisão o fenômeno com o qual Tomás se interessa aqui, não havendo palavra em nossa língua suficiente para a tarefa. No mínimo, é um erro considerar

---
173. Há muitas análises excelentes sobre os princípios da moralidade aplicados à natureza do ato humano. Para isso e um tratamento mais completo de suas doutrinas e assuntos, o leitor pode começar com os apêndices do vol. 18 (1966) da tradução da *Suma* de Blackfriars.
174. Cf. tb. o comentário de Pinckaers (1995 [1993], p. 224) sobre isso.

que esse tratado cuida apenas do que é comumente representado pela palavra "paixão". Embora isso esteja incluído no tratamento de Tomás, seu entendimento de *passio* é muito mais vasto nesse escopo. O que mais se aproxima, talvez, é referir-se às paixões como emoções, especialmente à luz da discussão das 11 paixões que ocupam a maior parte desse tratado, paixões que entendemos comumente como emoções. No entanto, há uma grande variação e mesmo muita confusão nas mentes de muitas pessoas a respeito da natureza de uma emoção, o que faz com que alguns tradutores desse tratado hesitem em usá-la, com a preocupação de que elas possam importar ou pelo menos sugerir significados modernos que não são pretendidos por Tomás em seu tratamento. Por falta, então, de uma palavra adequada, usemos o termo "paixão" para denotar o fenômeno em questão e, seguindo o tratado de Tomás, deixemos que ela seja definida pelo seu uso.

O tratado divide-se em duas partes. A primeira considera as paixões de um modo geral, preocupando-se com a sua definição (questão 22), as diferenças que existem entre elas (questão 23), como a classificação entre bom e mau pode ser atribuída a elas (questão 24), e como elas são relacionadas entre si na experiência humana (questão 25). A segunda parte é bastante extraordinária na medida em que Tomás trata detalhadamente as particularidades de cada uma das 11 paixões, assim definidas na primeira parte, algo que é bastante único na literatura teológica da época. Com isso, não só chegamos a um entendimento bem articulado das paixões centrais à vida moral, mas também começamos a ver os meios pelos quais essas paixões podem ser aproveitadas para que, juntamente com a atividade volitiva que é propriamente do homem, possam ser mais efetivamente orientadas para o fim último e o bem perfeito do homem e se esforcem para alcançá-lo.

Como observado na *prima pars*, as paixões pertencem ao apetite sensitivo do homem, aquele apetite que é específico e enraizado em sua animalidade, aquilo que ele tem em comum com os animais irracionais. Ao contrário do apetite intelectual do homem, o apetite sensitivo, essencialmente associado à sua condição animal e corpórea, não surge sem uma mudança em seu estado corporal. Isso e as relações causais envolvidas em uma paixão são centrais para sua definição. Por um lado, o corpo pode causar o movimento do apetite sensitivo do homem, como nas situações em que se encontra naturalmente disposto à ira, temor, desejo e afins. Embora isso seja importante para a determinação de Tomás sobre a natureza da paixão, não constitui sua preocupação primária. Pelo contrário, o fenômeno que ele tem em vista é aquele que surge por causa de uma avaliação feita por aquele que possui um apetite sensitivo em relação ao bem ou ao mal de alguma coisa concreta particular diante de si, especificamente se é adequado ou não para ele, considerado pessoalmente, e não universalmente, como age o apetite racional. Essa avaliação é algo que é realizado pela potência cognitiva sensível de estimativa no animal e de cogitação no humano (a mudança na terminologia reflete a influência da razão sobre a potência em si, algo a que voltaremos em breve). Isso dá origem à mudança dentro do corpo, uma mudança que faz parte da descrição da paixão em si, sem a qual não se teria o fenômeno em questão. Assim, o temor é algo que surge na medida em que se discerne que há algum mal que se aproxima e que não se pode evitar prontamente ou com facilidade. Essa paixão se manifesta na alteração que essa avaliação tem sobre a condição corporal, uma mudança com a qual estamos familiarizados. A causalidade, portanto, desse fenômeno não é do corpo em relação à alma, mas sim da alma em relação ao corpo, em que a reação corporal constitui o elemento material da paixão e a avaliação feita é seu elemento formal, os quais, juntos, fazem daquilo que Tomás chama de paixão uma realidade. O que resulta disso é que a paixão não é algo particular da pessoa humana, nem é algo que define sua humanidade. Tampouco é algo que esteja implícito na situação do homem como tendo sido feito à imagem de Deus. É algo que atende à sua condição corpórea e animal nesta Terra. E, ainda que uma experiência análoga das paixões seja feita no nível do apetite racional do homem, o interesse central de Tomás aqui é a experiência que o homem compartilha com os animais, como descrevê-la e, mais importante ainda, que ela seja trazida especificamente de acordo com as virtudes de temperança e fortaleza.

Assim como nos foi dada uma descrição pormenorizada da estrutura do ato voluntário no tratado anterior, também neste nos é oferecido um exame da estrutura do apetite sensitivo. Tomás começa, na questão 23, com a distinção do apetite sensitivo em seus aspectos concupiscíveis e irascíveis, e depois oferece detalhes sobre suas inter-relações na questão 25. O concupiscível é o mais básico dos dois, no que se refere ao bem e ao mal em particular, de modo simples e pessoal, quando se é atraído em direção ao que for avaliado como bom ou adequado ao indivíduo ou repelido ao que for mau ou inadequado. Em relação ao adequado, temos os três momentos de concupiscência, isto é, de amor, desejo e prazer, sendo o amor a primeira ligação da pessoa àquilo que ela acha apropriado, adequado ou bom para ela; o desejo, a saída do apetite para o que é amado mas não possuído; e a alegria, o repouso ou o satisfação do apetite pelo bem quando finalmente possuído. Em relação ao mal, temos os momentos contrários de ódio, aversão e tristeza. O ódio surge apenas na medida em que se ama alguma coisa, porque é essa paixão que se experimenta diante daquilo que se opõe ao amor do indivíduo. A aversão é aquele movimento apetitivo natural contrário a essa coisa odiada, enquanto a tristeza é a satisfação do apetite nessa coisa odiada, se por acaso ela vier parar na vida do indivíduo. Por exemplo, pode-se ter um amor pessoal pelo campo em sua condição primitiva, natural e verdejante. Isso dá origem ao desejo de andar, talvez, entre seus prados, vales e montanhas, algo que culmina em prazer quando se faz essas coisas em ato. O ódio surge em relação àquelas coisas que são contrárias ao amor, ao desejo e ao prazer. E, assim, uma pessoa pode odiar, por exemplo, a expansão urbana que leva à invasão e possível destruição desses lugares naturais. Ela evita isso na procura por prados mais verdes. Mas caso ela não se possa evitar esse desenvolvimento e se encontre desprovida da terra que amou, desejou e desfrutou em tempos passados, então a tristeza recai sobre ela. Isso descreve os momentos, por assim dizer, do aspecto concupiscível do apetite sensitivo do homem, de seu comportamento básico com as coisas, pessoas e situações deste mundo de um modo pessoal, animal e individualista, considerando o que é bom e adequado em relação à sua própria visão de mundo, e não como elas são em si mesmas.

O aspecto irascível, por outro lado, considera um objeto mais complexo. Ele também leva em conta tanto o adequado como o inadequado nas coisas. No entanto, ele os considera na medida em que apresentam alguma dificuldade em alcançá-los ou evitá-los e não simplesmente, como o aspecto concupiscível faz. Claramente, as paixões irascíveis são necessárias para a vida do homem no mundo, pois a maioria de seus bens e males não são simplesmente adquiridos ou evitados. Tomás fala, assim, das paixões irascíveis como vindo em auxílio da concupiscência do homem, ajudando-o a superar as dificuldades que frustram sua concupiscência. As paixões irascíveis são distinguidas de acordo com o aspecto do objeto complexo que elas consideram primariamente. Diante de um bem que seja árduo, pode-se levar em conta mais a bondade em si do que sua arduidade e, assim, ser atraído para ele na paixão da esperança. Por outro lado, quando se leva em conta mais a arduidade do que o bem, a paixão do desespero o repele disso. A respeito do mal árduo, se considerarmos principalmente seu aspecto maligno, experimentamos a paixão do temor. Ao se considerar, porém, a arduidade envolvida e avaliar que se pode vencê-la, então volta-se para esse mal na paixão da ousadia, para que se possa escapar desse mal, enfrentando-o na batalha e destruindo-o. Por último, há a paixão da ira, o que se pode considerar como a última posição na defesa passional contra um mal que aflige a pessoa, que veio parar em sua vida e em relação ao qual se deve, então, fazer uma escolha: sucumbir a ele e, assim, experimentar a tristeza que isso poderia causar ou atacá-lo na paixão da ira, de modo a eliminar esse mal de sua vida e evitar a tristeza que ele traz. Então, como as paixões do apetite irascível são um auxílio para a concupiscência, pode-se dizer que elas surgem e se resolvem, em última instância, dentro das paixões do aspecto concupiscível. Em outras palavras, cada apetite sensitivo está enraizado no amor e resolve-se, em última instância, na alegria ou na tristeza, com todas as outras paixões descritas acima desempenhando seus papéis subordinados, como é descrito mais detalhadamente tanto na questão 25 quanto na segunda parte desse tratado, em que Tomás oferece detalhes explícitos acerca de cada uma dessas paixões. Completando o exemplo acima apresentado, diante da dificuldade em satisfazer o desejo de desfrutar de uma paisagem rural intocada, considera-se o bem ou a dificuldade que isso representa. Em relação ao bem, experimenta-se a esperança que permite buscar as maneiras pelas quais isso pode ser realizado. Uma pessoa poderia se envolver com o governo cívico e procurar promulgar leis de modo a proteger esses lugares. Ou, então, ela poderia se engajar em todas as dificuldades envolvidas na mudança para uma área mais isolada. Seja lá o que aconteça, a esperança é a mesma, ou seja, o ímpeto de correr atrás do bem amado e desejado, ainda que difícil de alcançar. Se, porém, após a devida consideração, ela descobre que simplesmente não tem os meios para superar as dificuldades envolvidas, o desespero se instala, um desespero que ainda considera boa a coisa amada e desejada, mas agora fora do seu alcance aparente. A respeito do mal difícil que tal situação pode apresentar, ela pode focar nos males que ameaçam o campo e experimentar um temor por seu futuro. No entanto, o foco nas dificuldades faz com que ela enfrente essas perspectivas temerosas, talvez entrando em batalha contra os empreendedores, lutando contra a câmara municipal ou tomando outras ações de natureza ousada. Finalmente, há uma ira que pode ser experimentada diante de uma derrota nas mãos da câmara ou dos empreendedores, uma derrota que ela recusa a aceitar, mas decide lutar ainda mais obstinadamente. Pode-se ver como essas alternativas podem se resolver a qualquer momento em alegria ou tristeza ou podem interagir umas com as outras, dependendo de como a situação muda, tornando assim difícil ser preciso quanto à excitação, continuação e término, algo que também aflige o relato oferecido por Tomás a respeito das 12 etapas do ato voluntário. Essa dificuldade não deve desanimar, pois os relatos aqui apresentados não são estritamente sequenciais, mas sim explicativos da complexidade dos muitos e inter-relacionados momentos de apetite, sensitivos e intelectuais, preparando para o material que virá sobre a moderação e a perfeição por meio da virtude.

 A questão 24 trata da moralidade das paixões, de como se poderia qualificá-las como boas ou más. Na medida em que as paixões surgem dos julgamentos naturais que são feitos pelas potências estimativas e cogitativas do aspecto sensitivo, elas não são nem boas nem más em si mesmas, mas movimentos do aspecto sensitivo do ser humano à parte da ordem de razão necessária para tornar algo avaliável como bom ou mau, conforme discutido no tratado anterior. Só quando as paixões em si estão sob a regra e a ordem da razão é que se pode atribuir-lhes as descrições do bem e do mal. Dessa forma, então, as paixões terão uma participação na atividade voluntária do homem na medida em que podem ser controladas numa certa relação, ou pelo menos verificadas, pela vontade (na capacidade de seu uso, conforme descrito no tratado anterior), e influenciadas pela razão, já que ela pode influenciar tanto as atividades da vontade em relação às paixões quanto suas próprias atividades em relação ao poder cogitativo, uma influência que permite a Tomás referir-se à cogitação como razão particular. A razão modera as paixões de modo que sejam voltadas para os fins e bens conforme ela ordena, de modo habitual por meio da virtude. É por meio da ação da razão sobre as paixões que estas se tornam não só boas, mas efetivamente moderadas em relação à clara influência que elas podem ter sobre a razão e a vontade em suas respectivas atividades conjuntas.

As questões 26 a 48 constituem a segunda parte desse tratado. Ela oferece exposições detalhadas de cada uma das 11 paixões, centradas na natureza da paixão em questão, suas causas e efeitos (e, em alguns casos, os remédios para ela, bem como a bondade e maldade que lhe estão vinculadas). Em geral, essas descrições são notáveis, ao menos pelo fato de que se adquire um melhor senso de como se qualifica aquilo que é compartilhado com os animais, na medida em que se manifesta dentro da racionalidade que define a pessoa humana. Assim, embora compartilhemos todos os

11 momentos apetitivos com os animais irracionais, a experiência deles é ampliada e aprofundada à luz da racionalidade do homem, permanecendo, o tempo todo, algo enraizado na animalidade do homem. Pode-se ver isso também em relação às potências cognitivas sensitivas do homem. Embora elas sejam genericamente as mesmas que as possuídas ao menos pelos animais superiores, elas se tornam ampliadas por sua presença à razão. A potência memorativa é um exemplo que, para o homem, merece ser chamada de "reminiscência" na medida em que é receptiva a técnicas silogísticas pelas quais o homem pode procurar por "uma lembrança do passado pela aplicação de intenções individuais"[175]. A natureza da potência não muda; é ainda um "depósito" das coisas encontradas no passado ou derivadas da própria estimativa. No entanto, ela pode agora ser desenvolvida e manifestada de uma forma qualitativamente melhor, já que participa do que é mais elevado no homem, a sua racionalidade. O resultado, então, para a vida sensitiva do ser humano, tanto em sua cognição como em seu apetite, é uma elevação, por assim dizer, do que é animal para o racional. Nesse contexto, permanecendo aquilo que são e dirigidas para o que são naturalmente definidas, elas agora manifestam uma atividade que pode participar da vida racional e obedecê-la a tal ponto, que agora se tornam sujeitas à determinação que as próprias virtudes podem realizar. Já que está muito além dos propósitos deste livro examinar cada uma das paixões em detalhe, vamos nos restringir a uma delas: a paixão do temor (questões 41 a 44).

Conforme vimos acima, o temor é aquela paixão irascível que constitui o afastamento de um mal que é imanente e que não pode ser resistido ou evitado. Em sua forma básica, geralmente diz respeito

---

[175]. ST. I. 78. 4. Cf. Yates (1992 [1966]) e Carruthers (1990) para saber até que ponto isso pode ser realizado e como serve de base para as técnicas mnemônicas.

aos objetos que ameaçam ou põem em perigo a própria pessoa, contrariando assim o bem básico de sua vida e o desejo de conservá-la e promovê-la. Tanto o homem como o bicho experimentam isto. No entanto, por causa da razão do homem, ele é capaz de experimentar uma ampliação do temor para além das preocupações que compartilha com o animal *irracional*. Ele tem a capacidade de considerar uma gama muito maior de coisas como sendo males inevitáveis e iminentes na medida em que esses males se estendem a mais preocupações do que apenas a do bem-estar físico imediato ou da vida individual e que podem ser intensificados (ou apaziguados) pelas contribuições adicionais que a razão pode trazer (direta e indiretamente, isto é, em suas próprias considerações e na forma como ela pode influenciar as outras potências sensitivas em suas contribuições para a paixão do temor). Assim, enquanto o homem e o bicho temem ambos o urso que lhes ataca, apenas o homem pode ter temor da falência, de funcionários uniformizados, de falar perante um grupo de colegas, de certas ideias ou partidos políticos e toda uma gama de coisas, pois ele pode discernir um mal neles que de alguma forma o ameaça e não pode ser evitado. O homem pode intensificar qualquer um dos seus temores a ponto de ficar paralisado, tornando-se incapaz de considerar o que fazer e até mesmo, em alguns casos, incapaz de se mover. Por outro lado, ele também pode apaziguar seus temores, aprendendo a lidar com eles para que seja capaz de funcionar efetivamente diante dessas situações e, até mesmo, em alguns casos, eliminar efetivamente seu temor. A ideia aqui é que, ao contrário do animal, o homem tem uma contribuição definitiva a dar, antes e depois da excitação de seu temor. Antes, na medida em que pode influenciar de muitas maneiras o modo pelo qual ele avalia naturalmente o mal das coisas, das pessoas e das situações de seu cotidiano; depois, na medida em que não é impulsionado automaticamente por seu temor à ação que ele exige, mas conserva, em vez disso, sua liberdade de considerar e escolher o que fazer em razão, novamente, de suas faculdades intelectuais. Ser racional liberta o indivíduo, portanto, não apenas da pura determinação da matéria, mas também do controle total que as paixões exercem sobre o animal irracional. A ideia aqui, então, é moldar a vida apetitiva de tal modo que se tema correta e virtuosamente e não estar sujeito aos impulsos que surgem da limitada consideração que o apetite sensitivo tem, algo que não é dirigido ao bem do homem, mas apenas ao bem do próprio indivíduo.

Tomás discute seis tipos de temor a que a pessoa humana está sujeita. Esses seis dividem-se em dois grupos. O primeiro diz respeito aos males nas ações dos homens. Entre eles, primeiro, está a *preguiça*, que Tomás define como o temor de muita labuta. Aqui se julga esse labor como um fardo excessivo para a natureza do indivíduo e é, portanto, algo a partir do qual se esquiva. Em segundo lugar, temos a *vergonha*, o temor de se prejudicar a própria reputação por meio de ações vergonhosas que se está prestes a realizar, enquanto o terceiro, o *pudor*, receia a mesma coisa, mas agora em relação às ações já realizadas. O segundo grupo diz respeito aos males que são encontrados em relação a coisas externas que excedem a capacidade de oposição de um indivíduo. Uma coisa pode exceder, desse modo, por sua magnitude, quando se é incapaz de aferir corretamente. Esse temor é chamado de *admiração*. Uma coisa pode dominar, em segundo lugar, por ser incomum, algo a que não estamos acostumados. Esse temor se chama *estupor*. Finalmente, uma coisa pode subjugar por ser imprevista ou inesperada. Tal temor chama-se *angústia*.

Dois pontos em relação a essa lista. Primeiro, enquanto a angústia é entendida comumente como um tipo de temor, os outros cinco muitas vezes aparecem como uma surpresa para muitos, especialmente a admiração, aquele fenômeno que Aristóteles e os teólogos escolásticos consideraram central para a filosofia e para a vida intelectual em geral[176]. Na admiração, o indivíduo é atingido por algum objeto de cognição que sobrecarregou a sensibilidade e a capacidade de entendê-lo e explicá-lo. A admiração é um tipo de temor na medida em que uma pessoa, diante do admirável, se esquiva de formar imediatamente um julgamento sobre ela, pelo fato de não querer desonrar a coisa admirável, oferecendo um relato que muito provavelmente cairia longe da verdade. Em vez disso, reserva-se o direito de julgar até que se tenha investigado a matéria com o cuidado necessário, respeitando o objeto em si, os pronunciamentos feitos sobre ele e a integridade da verdade em si. O estupor, por outro lado, centra-se não sobre o objeto admirável, mas sobre o próprio sujeito, quando, por causa da natureza incomum ou desconhecida da coisa admirável, ele não apenas não oferece qualquer julgamento a seu respeito, como sequer entra em uma investigação para que a verdade possa ser conhecida sobre ela. O estupor, então, é um impedimento decisivo para qualquer empenho intelectual, enquanto a admiração é o começo de toda sabedoria[177]. A segunda coisa a ser dita aqui é que essas espécies de temor não são necessariamente de todo evitáveis. Embora o estupor e a preguiça não tenham valor redentor, o mesmo não se pode dizer dos outros quatro temores cujos benefícios intelectuais e morais são claros. Mesmo a angústia, quando moderada apropriadamente, tem o efeito de preparar o indivíduo em mente, vontade e corpo para esperar, considerar, encontrar e, assim se espera, repelir o mal que ameaça. Muitos experimentaram o efeito centralizador e esclarecedor que um grau moderado de temor tem

---

176. Para Aristóteles, cf. *Metafísica* I. 2. 982b11-29.
177. Cf. ST. I-II. 41. 4. ad. 5.

sobre a pessoa, algo que, no entanto, é anulado quando o temor se torna muito intenso e sobrecarrega. O controle disso se encontra na vida virtuosa pela qual se pode experimentar as paixões, neste caso, o temor, da melhor maneira possível, isto é, como elas podem ser aplicadas sobre as ações que desempenhamos em prol de nosso fim e de nosso bem[178].

Finalmente, como dito anteriormente, deve-se incluir o aspecto físico da paixão em consideração, pois ele constitui uma parte essencial de sua descrição. Primeiro, é interessante notar que Tomás considera a mudança corporal e a paixão a ela associada como mutuamente complementares, na medida em que aquela se assemelha e assume as características definidoras desta, na medida em que isso é possível dentro do contexto do corpóreo. Em outras palavras, a retirada do apetite sensitivo, esse movimento definitivo do temor, é espelhado por uma contração geral ou encolhimento no corpo, em que o comportamento que se leva ao perigo imanente volta-se para dentro e é expresso nas reações corporais que são definidoras do temor. Tomás oferece uma lista dessas reações: o calor do corpo se retira das extremidades, resultando em mãos e pés frios e tremores; a perda da facilidade com que se realiza suas atividades regulares, tais como a habilidade de falar, a coordenação geral e a regularidade das funções naturais do corpo, particularmente a do coração, intestinos e bexiga; o impedimento da razão e da vontade de realizar suas atividades próprias, particularmente aquelas detalhadas no tratado anterior sobre o ato voluntário. Tais coisas não devem ser uma surpresa quando se compreende que essas manifestações corporais são a condição material da realização do elemento formal da paixão em si, as quais, quando tomadas em conjunto, denotam a paixão real em si como descrita. Essa é uma

---

178. ST. I-II. 44. 2 e 4.

consequência direta de uma teoria hilomórfica da natureza humana, como foi descrito anteriormente no *Tratado sobre o homem*, quando se discutiu a relação entre o corpo e a alma. Muito mais poderia ser dito sobre o temor e as paixões. No entanto, o que foi apresentado dá uma boa noção da importância desse tratado, como um exame da natureza das paixões em si e do papel que elas desempenham nas ações que aspiram ao fim e ao bem do homem. Pois elas, juntamente com as potências da razão e da vontade, definem significativamente a extensão da atividade humana importante para a realização da felicidade humana[179]. O que resta a ser examinado são os princípios que podem ser aplicados a essa atividade para que o homem possa agir mais eficientemente em sua busca por seu fim último e seu bem perfeito. É a esses assuntos que nos voltamos agora e que ocuparão a atenção de Tomás para o restante da *prima secundae*.

Tratado sobre os hábitos (questões 49-54)

Tomás trata primeiro dos princípios que são intrínsecos à pessoa humana (questões 49 a 89), e depois dos que são extrínsecos (questões 90 a 114). Os princípios intrínsecos da atividade humana são as potências de sua alma e os hábitos que podem ser aplicados a elas. Após ter tratado das potências no *Tratado sobre o homem*, ele começa com os modos pelos quais elas podem ser submetidas à habituação e, consequentemente, determinadas a um modo particular de agir. Ele trata primeiro dos hábitos em geral e depois considera sua perfeição nas virtudes (questões 55 a 70) e nos vícios (questões 71 a 89).

---
179. No mínimo, deve-se considerar o ensaio "Reappropriating Aquinas's Account of the Passions" [Reapropriando a descrição das paixões do Aquinate] em Pinckaers (2005), p. 273-287, para um tratamento mais extensivo de alguns desses pontos.

A tradução de *habitus* por "hábito" é outra transliteração comumente utilizada pelos tradutores diante da falta de uma palavra em nossa língua que signifique apropriadamente o fenômeno sobre o qual Tomás escreve. No mínimo, não se deve equacionar o entendimento comum da palavra "hábito" com o que Tomás descreve aqui nesse tratado, especialmente porque esse uso comum limita sua aplicação a uma determinação estática e mecanicista dos apetites sensitivos de uma pessoa ou a algumas atividades básicas repetidas nas quais a razão e a vontade não são mais importantes e operativas. Em vez disso, "hábito" denota algo muito diferente. É, nas palavras de Torrell,

> *a capacidade de adaptação e extensão ao sempre novo, que aperfeiçoa a faculdade em que ela surge e lhe dá uma liberdade perfeita, uma fonte de verdadeiro deleite na ação.* Habitus *é, portanto, o sinal e a expressão da floração plena da natureza em uma certa direção*[180].

O que isso implica deve ser explicado cuidadosamente

Tomás define hábito como algo que qualifica as variadas potências e atividades do homem, dispondo-as de tal forma que elas (e o homem) sejam bem (ou mal) dirigidos em relação a sua natureza e a seu fim. Se o homem for bem dirigido em relação a eles, o hábito é considerado bom e, se for maldirigido, então é mau[181]. À luz dessa descrição, o hábito cobre um campo muito vasto, estendendo-se por toda a atividade do homem, particularmente no que diz respeito às atividades que lhe são próprias, ou pelo menos, sujeitas ao comando e orientação da razão. Assim, se o homem tem a capacidade, por exemplo, de aprender teologia, de ser temperado

---

180. Torrell (2003 [1996]), p. 264.
181. ST. I-II. 49. 1.

ou de se engajar na carpintaria, então fazer isso bem exige que ele adquira os hábitos que estão dispostos a cada um e não apenas em seu próprio benefício, mas também em prol dos fins e bens particulares de sua natureza, o que contribui, significantemente e em última instância, para sua felicidade. O aperfeiçoamento, então, da natureza do homem e das atividades que dele fluem em sua busca por seu fim, é efetuado de modo importante por meio dos muitos e variados hábitos intelectuais, morais e produtivos disponíveis a ele, por meio daquelas áreas de sua cultura em que tais hábitos são desenvolvidos, conservados e ensinados. Pode-se entender, então, porque é que Torrell considera os hábitos como sinais e expressões da floração plena da natureza do homem, realizada apenas na medida em que se esforça por seu fim e seu bem, dentro das culturas de que ele é membro.

A necessidade de habituação da natureza, das potências e das atividades do homem surgem de algo que foi discutido anteriormente no *Tratado sobre o homem*, isto é, que, embora as potências do homem sejam estabelecidas em sua existência e natureza pela alma, no entanto, como potências, elas são ordenadas a perfeições que a alma em si não fornece. A existência do homem como uma certa espécie de ser, consequentemente, não é suficiente para a perfeição e a felicidade que lhe são possíveis. O homem só é completo e feliz na medida em que se esforça, por meio de suas atividades, em realizar tudo o que está implícito em sua natureza e, em última instância, em prol de adquirir aquilo para que foi feito, sua felicidade, um ponto amplamente demonstrado no *Tratado sobre a felicidade*. É a natureza do homem e de suas potências, portanto, ser orientado e receptivo ao que Tomás chama de seus objetos próprios, as coisas em prol das quais foram feitos, nas quais encontram sua "segunda atualidade" além da primeira atualidade que recebem, conforme especificado pela alma. Nisso se encontra a primeira condição para a necessidade de um hábito[182], isto é, que haja uma distinção de potência e ato entre o que é disposto e para que é disposto. Por exemplo, o apetite sensitivo existe e tem a natureza que tem em razão da alma humana. No entanto, sua ativação, por assim dizer, se encontra nas coisas sensíveis deste mundo na medida em que foram avaliadas como boas ou más para quem as sente. Novamente, a razão existe e tem a sua natureza a partir da própria alma. No entanto, é somente na experiência das coisas em si, especificamente no que diz respeito ao seu ser e aos seus princípios formais, que a razão ativa e começa a realizar aquilo para o qual foi estabelecida pela alma em primeiro lugar. A segunda condição para a necessidade do hábito define que aquilo que pode ser disposto por um hábito é capaz disso de várias maneiras e para várias coisas. Consequentemente, algo que é disposto de uma só maneira não é propriamente considerado como o sujeito de um hábito, mas simplesmente determinado pela natureza ou forma específica a ele, sendo desnecessária a noção de um hábito para além dessa determinação. A vida de uma pessoa, por exemplo, é algo implícito em sua natureza e não é algo ao qual ela está habituada, em consequência de sua realização inicial como ser vivo. No entanto, seu intelecto pode ser disposto de diversas maneiras e a várias coisas, dando origem, assim, à necessidade de se habituar corretamente para alcançar a plenitude que lhe pertence (e ao homem) potencialmente falando. A terceira condição da necessidade do hábito é encontrada após ter-se estabelecido sobre uma das maneiras pelas quais a coisa em questão pode ser determinada, isto é, que é preciso haver uma coordenação de muitas e variadas coisas para a realização da potência ou do ato em questão, uma

---

182. Encontrado em ST. I-II. 49. 4.

coordenação que determina se a coisa assim disposta está disposta para o melhor ou para o pior. Por exemplo, há muitas e variadas maneiras pelas quais o hábito da biologia pode ser realizado. Mas, na determinação de uma dessas maneiras, deve haver também uma determinação ou coordenação das muitas e variadas facetas que entram na realização desse hábito sem o qual essa disposição não seria realizada.

A necessidade e a natureza dinâmica do hábito são claras, assim como sua distinção do nosso uso comum e entendimento desse termo. Ele não só dispõe e, assim, determina a potência e a atividade em questão, como ainda o faz em nome da atividade que o próprio ser humano deve engajar, em prol de sua felicidade. De fato, aqui está o pleno florescimento da natureza humana sob o fenômeno do hábito, uma adaptação e extensão de sua natureza ao sempre novo, que é, em si, deleitoso, o meio pelo qual sua liberdade enquanto ser racional é tanto revelada quanto apropriada (e no qual reside um dos grandes propósitos de uma educação verdadeiramente liberal). À luz das condições que necessitam habituação, é claro que o corpo em si não é propriamente o sujeito de um hábito assim entendido, especificamente porque os processos do corpo são de natureza autônoma e, portanto, determinados a somente um único modo de atividade e não a muitos. Assim, não se falaria em aplicar um hábito à digestão, algo que se torna bem claro quando se considera os meios pelos quais um hábito se desenvolve (não se torna melhor na digestão comendo). Em vez disso, fala-se de hábito principalmente da alma, tanto a respeito das atividades que caracterizam a natureza do homem (ou seja, suas atividades racionais e volitivas) quanto das que ele tem em comum com os animais irracionais (especificamente as atividades cognitivas e apetitivas de seu aspecto sensitivo). Essas potências requerem habituação para que suas atividades realizem o que é potencial para elas e para a natureza daquele que as possui, hábitos que estejam na alma ao disporem as potências e atividades do homem que se enquadram nas três necessidades descritas acima.

As potências sensitivas do homem são habituadas apenas na medida em que são suscetíveis ao comando de suas potências racionais. Assim, embora o apetite sensitivo do ser humano seja dirigido, por sua alma, a procurar naturalmente as coisas particulares que lhe são adequadas e evitar as que não são, ainda assim, já que ele pode aparecer por influência da razão, ele pode participar na vida da razão e, assim, ser ordenado pela razão para muitas e diversas coisas além daquelas de que a potência em si é capaz, para o bem ou para o mal, como discutido anteriormente no *Tratado sobre o homem*[183] e no *Tratado sobre as paixões*. Sua visão, por outro lado, não pode ser habituada dessa maneira, pois é determinada plenamente para sua operação pela alma, sendo inteiramente passiva à formação que recebe da alma em seu estabelecimento como potência e em sua plena ativação por seu objeto próprio; efetivamente não tem nada de próprio que permita o desenvolvimento complementar de seu ato e, portanto, nenhuma disposição para melhor ou pior que possa ser aplicada a ela pela razão e pela vontade. Entretanto, as potências intelectivas e volitivas do homem apresentam-se claramente, pela sua própria natureza, necessitando de habituação.

As questões 51 a 53 tratam da geração, aumento, diminuição e destruição dos hábitos. Concentrando-se nos hábitos que dispõem as potências da alma e suas atividades, Tomás afirma, primeiro, que essas potências admitem uma certa formação natural, isto é, que elas são incoativas para o indivíduo na medida em que sur-

---

183. Cf. ST. I-II. 51. 3.

gem de sua natureza e são impactadas pela constituição corpórea que um indivíduo venha a possuir. No entanto, sua geração não é inteiramente o resultado da ação da alma no estabelecimento da natureza humana e das potências que lhe pertencem. Há uma importante contribuição de forças externas ao agente, que diferem conforme tenhamos em vista as potências cognitivas ou apetitivas e, também, se temos em vista a natureza que dá origem a elas ou ao indivíduo possuído dessa natureza. Em relação às potências, o intelecto é disposto naturalmente a seus princípios fundacionais, à medida que encontra as formas inteligíveis das coisas geradas pelo intelecto agente, que age sobre o que foi recebido pela cognição dos sentidos, como discutido na *prima pars*. Assim, o hábito da razão de entender os primeiros princípios, por exemplo, é algo que surge tanto por causa da ação da alma no estabelecimento da natureza e da operação da razão quanto das formas inteligíveis que ela abstrai das coisas sensíveis da experiência de um homem. Os hábitos naturais do intelecto, no entanto, também são engendrados pela constituição física do indivíduo em questão. Alguns, por exemplo, têm um aparelho cognitivo sensitivo melhor do que outros, permitindo assim uma melhor compreensão dos primeiros princípios do entendimento humano e sua consequente aplicação. Com relação às potências apetitivas, a vontade não possui um hábito natural do mesmo modo que o intelecto. Em vez de possuir hábitos morais naturais, ela possui naturalmente os princípios que regem a manifestação da atividade humana e levam ao desenvolvimento desses hábitos. Assim, a vontade, em sua própria natureza, é inclinada para o bem em si, mas não é determinada habitualmente para nenhuma coisa, tanto em sua natureza quanto possuída por um indivíduo; que o bem deve ser buscado e o mal evitado são princípios dos quais surgem as virtudes morais na medida em que o homem determina o que é de fato bom e mal e se habitua conformemente a eles. No entanto, por parte do apetite sensitivo, pode muito bem haver hábitos naturais na medida em que a constituição corporal inclina a pessoa, por exemplo, à castidade, à mansidão, à ira, à intemperança e afins.

Na maior parte das vezes, porém, a geração dos hábitos é atribuível às atividades que são desempenhadas repetidamente ao longo do tempo por potências cujas constituições são tanto ativas quanto passivas, isto é, de natureza e atualidade definidas, que os abrem a outras realizações, como descrito acima nas questões 49 e 50. Na repetição envolvida nessas atividades, a potência em questão é conformada ao objeto com o qual ela lida e que deixa sua marca, por assim dizer, sobre ela. Em apenas alguns casos, essa habituação é realizada por um único ato[184]. É muito mais comum que a estabilidade e a determinação, que são essenciais ao hábito, estejam impressas em uma potência parcialmente passiva, na medida em que as atividades nas quais o indivíduo se envolve, eventualmente, superam, por assim dizer, a potencialidade da potência e o formam para sua atualidade. Assim, na vida intelectual, embora o intelecto seja inicialmente formado ou tornado atual pela alma e habituado naturalmente a seus primeiros princípios em seus encontros com o mundo sensível, ele é ativado e habituado primariamente de acordo com as atividades que ele mesmo empreende, repetidamente e por um longo período de tempo. Por exemplo, considere a capacidade de falar outra língua. Essa habituação é algo para o qual o intelecto é potencial, mas ela não é simplesmente causada pelo desejo ou por boas intenções do agente, ou sequer por um esforço, ou uma parca coleção de esforços para se envolver nesse empreendimento. É algo a que se chega, uma estabilidade ou permanência que se adquire, somente pela prática e pela repetição por um longo

---
184. Cf. ibid.

período de tempo, fatores esses que diferem para cada pessoa de acordo com a adequação de sua disposição natural em corpo, intelecto e vontade para esse tipo de atividade, além de outros fatores internos e externos[185].

Quanto à diminuição e destruição dos hábitos, estes são realizados pela aquisição daquilo que é contrário a eles. Por exemplo, a habituação à biologia poderia ser corrompida por meio de proposições divertidas, que por natureza são contrárias aos princípios fundamentais da disciplina em si e, portanto, destrutivas a eles, ou por meio do envolvimento em uma aplicação defeituosa do método científico, por meio do qual ele envolve o intelecto com os objetos específicos dessa disciplina. Novamente, a temperança poderia ser corrompida ao se considerar julgamentos que são contrários à natureza dessa virtude, julgamentos a que se chegou por meio de ignorância, paixão ou pelas escolhas deliberadas que se fez. A diminuição dos hábitos (questão 53) ocorre na medida em que se retoma esses meios contrários a seu crescimento, isto é, quando se deixa, no mínimo, de aplicar às coisas que levam as potências em questão de seu potencial para um estado em ato. As potências são, então, abandonadas, de modo que decaiam, por assim dizer, de sua condição anterior, ou são formadas por quaisquer fatores externos que se imprimam ativa e repetidamente sobre o indivíduo. Isso pode incluir as visões morais de uma cultura, por exemplo, que são impressas em uma pessoa, caso em que o intelecto da pessoa é formado por julgamentos feitos por outros na falta de fazê-lo por si mesmo.

Deve ficar claro a partir desse tratado que os hábitos abordam e dispõem toda a atividade humana, propriamente considerada, que envolve razão e vontade, desde as operações teóricas e práticas

---

185. Considerar ST. I-II. 52 para maiores detalhes sobre o desenvolvimento dos hábitos.

do intelecto e da volição do homem, até a regra "política" que a razão e a vontade exercem sobre os aspectos concupiscíveis e irascíveis de seu apetite sensitivo[186]. e tudo isso para melhor ou pior, algo avaliado conforme seja adequada à natureza e/ou ao fim do agente a disposição que se estabelece em tais atividades. Assim, na medida em que os hábitos são princípios vitais para o bom funcionamento das potências envolvidas diretamente na atividade voluntária do homem na busca de seu fim e seu bem, os hábitos tornam-se sujeitos à avaliação moral e são meios indispensáveis pelos quais o homem pode alcançar sua felicidade[187]. O que resta são os detalhes pelos quais os hábitos agem dessa maneira. Esse é o assunto dos próximos dois tratados sobre as virtudes e os vícios, respectivamente.

Tratado sobre as virtudes (questões 55-70)

De modo simplificado, a virtude é um bom hábito, que aperfeiçoa uma potência da alma em sua atividade, que contribui diretamente para a atividade voluntária na qual o homem se envolve em prol de seu fim e seu bem[188]. Especificamente, a virtude aborda e aperfeiçoa propriamente as potências intelectivas, volitivas, concupiscíveis e irascíveis do homem em suas atividades. Ela qualifica as potências do intelecto para que estejam propensas a operarem bem, ao passo que as outras potências recebem essa aptidão e o uso correto da virtude em si, a qual não se encontra nas virtudes intelectuais. Por exemplo, embora se possa possuir a virtude da gramática, isso por si só não faz com que se fale ou se escreva corretamente. No entanto, a virtude da justiça não só torna uma pessoa apta a fazer apenas ações, mas também faz com que ela

---

186. Para este último, cf. ST. I. 81. 3. ad. 2 e ST I-II. 56. 4. ad. 3.
187. Cf. ST. I-II. 54. 3.
188. ST. I-II. 55. 4. Cf. os outros artigos da questão 55, bem como 56. 1.

aja com justiça. Essa diferença básica explica por que o hábito e a virtude estão mais comumente associados à atividade moral do homem do que à sua atividade intelectual na medida em que nosso entendimento geral da virtude está mais dirigido para a perfeição da atividade desempenhada e do agente que a desempenha do que para a predisposição para tal. É preciso também considerar que a aptidão das potências intelectuais para desempenhar o bem, por si só, não faz com que a pessoa seja boa, algo, novamente, contrário ao nosso entendimento comum da virtude, o que torna bom não apenas o ato, mas também o agente que o desempenha. No entanto, dado que as potências intelectivas admitem a qualificação aperfeiçoadora que é a virtude, particularmente porque essas potências contribuem direta e essencialmente para a realização do ato voluntário, essas disposições intelectuais são chamadas de virtudes. Limitando-nos, em primeiro lugar, às virtudes que o homem pode adquirir por sua própria agência, há três que aperfeiçoam a atividade especulativa do intelecto, isto é, a do *intelecto* (ou *entendimento*), da *ciência* e da *sabedoria*, e duas que aperfeiçoam sua atividade prática, isto é, a da *prudência* e da *arte*[189]. A respeito da vontade, há *justiça*[190], enquanto as potências irascíveis e concupiscíveis são apontadas pela *temperança* e pela *fortaleza*, respectivamente[191].

Como dito anteriormente, é da natureza das virtudes intelectuais tornar uma pessoa propensa ao bom trabalho da consideração do próprio objeto da razão, ou seja, a verdade em si, seja ela em si mesma ou em relação a outra. A verdade em si mesma é aperfeiçoada por meio da virtude de entender o bom hábito que torna a pessoa humana propensa a compreender os princípios bá-

---

189. ST. I-II. 56. 3.
190. ST. I-II. 56. 6.
191. ST. I-II. 56. 4.

sicos que residem na base de todo o raciocínio humano, tanto especulativo como prático, enquanto a verdade em relação à outra é aperfeiçoada por meio das virtudes da ciência e da sabedoria. A virtude da ciência aperfeiçoa o raciocínio do homem ao considerar uma área particular da realidade para a qual a mente do homem está voltada e investigada por meio de um método que lhe é apropriado. Por exemplo, pode-se adquirir a virtude da física quando se adquire um profundo conhecimento das causas e princípios que residem no coração da natureza das coisas materiais e do universo em si. A virtude da sabedoria, porém, aperfeiçoa o raciocínio do homem, não com respeito a um aspecto particular da realidade, mas sim com a realidade tomada como um todo, na qual seus princípios mais elevados de governo e determinação são descobertos e entendidos até o ponto em que o homem é capaz de contemplar tais coisas. A disciplina filosófica da metafísica tem tradicionalmente investigado as causas e princípios, primeiros e últimos, da realidade, mas é também algo que é considerado pela teologia, ainda que de um modo diferente, como discutido na primeira questão da *prima pars*[192]. Por meio dessas virtudes, a razão do homem torna-se capaz de apropriar-se da verdade de todas as coisas[193].

O intelecto prático é uma questão um pouco diferente, pois suas considerações são orientadas ao conhecer não por si próprio, como foi o caso do intelecto especulativo, mas em benefício da aplicação. Há duas formas que essa aplicação pode assumir, seja no fazer ou no agir do homem. A virtude da arte aperfeiçoa o raciocínio do homem, pois ele o leva a fazer certas coisas. Assim, diz-se que o

---

192. ST. I-II. 57. 1-2. 151
193. Para entender as implicações dessa afirmação, pode-se querer considerar o ensaio The Truth of All Things [A verdade de todas as coisas], de Josef Pieper (1989 [1966]), p. 11-105.

mestre carpinteiro possui a arte da carpintaria; o virtuoso, a arte da *performance* musical; o chefe, a arte da culinária, e assim por diante. Em cada caso, o raciocínio do homem foi tão aperfeiçoado pela virtude em questão que ela assumiu a própria arte envolvida, tornando-o pronto para executar bem tudo o que é exigido por sua atividade, para que um produto possa ser bem-feito: a bela cadeira, a apresentação perfeita e o prato requintado, respectivamente. No final, a qualidade do produto em relação aos critérios específicos da arte em questão determina se a virtude existe ou não na pessoa e quem, por consequência, merece ser chamado de mestre carpinteiro, de virtuoso ou de chefe de cozinha[194]. A prudência, por outro lado, aperfeiçoa o raciocínio do homem, pois ele a aplica quando em suas ações, algo que difere de fazer na medida em que o fazer encontra sua completude no produto que é feito. Por outro lado, o agir do homem termina na ação em si, algo que denota consideravelmente sua atividade imanente, a qual, por sua vez, tem uma influência direta e necessária sobre como ele manifesta a prudência em suas ações no mundo, algo que foi discutido detalhadamente no *Tratado sobre os atos humanos*. Entre as virtudes intelectuais, a prudência é a única que confere tanto a aptidão para fazer um bom trabalho como também o uso correto dessa disposição. Nisso, a prudência considera tanto a atividade intelectual quanto a atividade apetitiva da pessoa humana, que ela está bem disposta ao fim e aos meios práticos pelos quais ele pode ser eleito e alcançado e, de fato, realizar atividade em ato para que as deliberações da razão sobre tais assuntos possam não permanecer no domínio especulativo, mas serem realizadas na prática. Nisso, a prudência

---

[194]. ST. I-II. 57. 3. Muitas outras questões são essenciais para essa virtude, que não podem ser suficientemente sugeridas aqui. Pode-se querer considerar Gilson (1957) e (1965). Pieper (1990 [1988]) também é recomendado.

tem a natureza de virtude intelectual e moral na medida em que retifica as considerações da razão e da vontade, levando em conta a verdade do assunto em questão e o bem a que é dirigido, aplicando o que é verdadeiro na busca do que é bom, retificando a totalidade da atividade voluntária do homem em relação à realização de seu fim e de seu bem. À luz disso, a necessidade de prudência é clara, já que é por essa virtude que se aborda tudo o que um homem deve fazer para ser bem inclinado e escolher bem, em relação aos meios pelos quais seu fim será alcançado; uma virtude que realiza uma unidade, por assim dizer, do apetitivo e do intelectivo, de modo que tudo o que está à disposição do indivíduo pode ser mais eficientemente aplicado para a realização de sua felicidade[195].

As virtudes morais abordam o aspecto apetitivo do homem em suas manifestações tanto intelectuais quanto sensíveis. A natureza do apetite do homem o inclina ao que é bom, ou seja, ao que o aperfeiçoa ou o completa no que diz respeito, no mínimo, a suas potências e, no máximo, à sua própria pessoa. As virtudes morais são tais que não só o dispõem prontamente a fazê-lo bem, mas também dão o uso correto da disposição que realizam. Assim, por exemplo, a virtude da fortaleza não só tornará o homem propenso a executar atos corajosos, como também o fará agir corajosamente[196]. Que tal ato moralmente bom (ou qualquer ato moral, aliás) seja realizado em primeiro lugar, requer a presença das virtudes intelectuais e morais, algo que é explicado à luz do que foi dito a respeito da prudência e a natureza do ato voluntário, em que tanto os aspectos cognitivos quanto os apetitivos do homem devem agir em conjunto, de maneira retificada, para que um ato moralmente retificado possa ocorrer. Pois a bondade e, portanto, a retificação

---

195. ST. I-II. 57. 4-5. Cf. tb. ST. II-II. 47.
196. ST. I-II. 56. 3.

do aspecto apetitivo do homem consiste em sua conformidade à razão. Nisso podem surgir, então, as virtudes morais, quer porque estejam diretamente envolvidas no ato voluntário (no caso da vontade), quer porque participem em sua vida por meio da obediência e da conformidade a ela (no caso dos aspectos irascíveis e concupiscíveis de seu apetite sensitivo)[197]. Essa conformidade é realizada, no mínimo, pelas virtudes do entendimento e da prudência, sem as quais não haveria virtude moral. Pois é por meio do entendimento que se adquire os princípios fundamentais e essenciais a todo raciocínio e toda ação humana, algo que, então, permite a possibilidade do discernimento, por meio de deliberação e julgamento apropriados, dos meios pelos quais o fim pretendido possa ser realizado nas atividades práticas comandadas que se seguem à eleição. A prudência, portanto, inclina bem para um fim que é verdadeiramente bom e ordena, além disso, tudo o que é necessário por parte dos meios pelos quais esse fim pode ser alcançado, algo que dá origem a todas as outras atividades práticas e às virtudes que as aperfeiçoam. Uma consequência disso é que se poderia ser moralmente virtuoso sem ter adquirido as virtudes intelectuais da ciência, da arte e da sabedoria. Do mesmo modo, pode-se também possuir as virtudes da ciência, da arte e mesmo da sabedoria, mas não possuir virtudes morais, experiências que são suficientemente comuns, mas que são, no entanto, notáveis, dadas as claras vantagens que as virtudes intelectuais proporcionam ao indivíduo em sua busca pela retidão moral e, igualmente, as vantagens concedidas a quem é moralmente virtuoso para se engajar na aquisição das virtudes intelectuais. Seja como for, para ser considerado prudente é necessário que se tenha não só a virtude do entendimento, aquela pela qual se adquire um entendimento dos princípios morais

---

[197]. ST. I-II. 58. 1-2.

universais que governam a atividade do indivíduo, mas também as outras virtudes morais, para que essa virtude intelectual não seja superada pelas próprias paixões, especificamente pelo desejo de bens sensuais e pelo temor das dificuldades que acompanham os muitos bens desta vida[198]. Por isso mesmo, é claro que as virtudes morais não podem ser identificadas com as paixões, mas são antes o meio pelo qual as paixões são postas em conformidade com a vida de razão. Nessa conformidade, a virtude moral não destrói a vida passional do homem. Pelo contrário, ela direciona esse aspecto de seu apetite para o bem que foi identificado por sua razão, no mínimo, moderando seu impacto sobre o ato voluntário (quando impele alguém para o contrário do que deveria escolher) ou, no máximo, conformando-o à vida de razão para que se possa experimentar as paixões em plena consonância com o que a razão e a vontade comandam. Desse modo, a vida passional do homem é aperfeiçoada pelas virtudes morais, permitindo não só a sua plena experiência, mas ainda também da maneira certa, no momento certo, no ponto certo, com as pessoas certas e assim por diante. Pois, como afirma Tomás, "não cabe [...] à virtude fazer com que as coisas sujeitas à razão se privem de seus atos próprios e sim que elas cumpram as ordens da razão, praticando seus próprios atos"[199]. Dessa forma, a virtude direciona a vida passional à sua expressão propriamente plena e regulada, algo que foi desfrutado naturalmente pelo homem no estado pré-lapso e pelo qual, em sua condição caída, se esforça na medida do possível.

Nem toda virtude moral se preocupa com as paixões. Há muitas que qualificam e aperfeiçoam aquelas atividades sobre as quais

---

[198]. ST. I-II. 58. 4-5.
[199]. ST. I-II. 59. 5 (GALACHE et al., IV, p. 147). Cf. tb. os outros artigos desta questão para as relações entre as virtudes morais e a paixão.

a pessoa humana tem um controle direto, virtudes que são distintas daquelas que dizem respeito às atividades do apetite sensitivo do homem, sobre as quais a razão e a vontade exercem apenas uma influência e um comando indiretos. Aquelas são recolhidas sob a virtude da justiça, aquela virtude pela qual o apetite intelectivo, a vontade, é retificado em suas relações com outras pessoas, individual ou coletivamente consideradas, pois dá a cada um o que lhe é devido. Estas, porém, não se direcionam primariamente desse modo, mas consideram, em vez disso, o próprio indivíduo, pois ele mesmo necessita de uma ordenação de sua vida passional para que ele possa agir eficientemente, não só em relação a outras injustiças, mas especialmente em todas as atividades, tanto morais como intelectuais, que lhe são exigidas para alcançar sua felicidade. As paixões do apetite sensitivo não se reúnem sob uma virtude, pelo menos pelo fato de que a própria vida passional se divide em seus momentos concupiscíveis e irascíveis. A virtude da temperança, de fato, reúne em si todas aquelas virtudes que aperfeiçoam a concupiscência do homem. No entanto, dado o complexo objeto de sua irascibilidade (i. é, o bem ou o mal árduo e a consideração de um ou outro na abordagem ou na retirada, como foi descrito no *Tratado sobre as paixões*), as virtudes que o aperfeiçoam são diversas, especificamente a fortaleza (em relação ao temor e à audácia), a magnanimidade (sobre a esperança e o desespero) e a mansidão (sobre a ira)[200]. No entanto, Tomás trata a fortaleza como muitos outros o faziam antes dele, lidando com o aspecto irascível como tal e em cujo âmbito os outros tipos poderiam ser reunidos e considerados[201]. Como consequência, existem quatro virtudes morais sob as quais todas as outras virtudes morais podem ser reunidas

---

200. ST. I-II. 60. 1-4.
201. ST. I-II. 61. 2. e ad. 3.

como diferentes espécies dessas quatro[202]. Sendo assim, essas quatro virtudes (prudência, justiça, fortaleza e temperança) são designadas como *principais* ou *cardeais*, aquelas virtudes consideram o bem que precisa ser incutido, principalmente no raciocínio prático do homem, as operações de sua vontade, e as paixões de seus apetites irascíveis e concupiscíveis, respectivamente, especialmente porque os concupiscíveis militam contra aquilo que a razão e a vontade comandam ou porque a sua concupiscência o incita a algo contrário ao comando da razão ou porque a sua irascibilidade o convida a fugir dos ditames da razão. Assim, o homem deve ter os meios para conter sua concupiscência (temperança) ou para se fortalecer contra as dificuldades que o enfrentam (fortaleza), a fim de buscar e alcançar o bem que é determinado pela razão[203].

Essas virtudes cardeais, as "dobradiças", por assim dizer, das quais pende toda a vida moral do homem, não são próprias de Tomás, mas fazem parte das tradições teológicas e filosóficas que ele herdou, virtudes de que falam os santos, os teólogos e os filósofos. No entanto, como já vimos muitas vezes, esses meios pelos quais a atividade humana é corretamente ordenada, meios que estão justamente sob o controle do agente, são suficientes apenas para a realização da felicidade imperfeita do homem. Ainda que essas quatro virtudes sejam aplicadas sobre toda a sua vida, até mesmo sobre as coisas divinas, elas não são de uma natureza proporcionada ao fim pelo qual o homem se esforça. É necessário, portanto, procurar maneiras pelas quais o homem e essas virtudes adquiridas naturalmente possam ser auxiliadas, a fim de aspirar à

---

202. Cf. ST. I-II. 60. 5 para uma lista de 11 destes. Cf. tb. ST. I-II. 61. 3. Tomás detalha minuciosamente a respeito das muitas e diversas virtudes subordinadas a estas quatro no *secunda secundae*.
203. ST. I-II. 61. 1-3.

sua perfeita felicidade. Isso só pode ser feito com a ajuda de Deus, uma ajuda que se manifesta na aquisição e na perfeição sobrenaturais não só das virtudes cardeais, mas sobretudo no dom, para o homem, daquilo a que se chama as *virtudes teologais*, das quais há três: a *fé*, a *esperança* e a *caridade*. Essas virtudes sobrenaturais são as formas pelas quais o homem pode participar da divindade, manifestar mais clara e perfeitamente a imagem de Deus à qual foi criada e ser suprido com o que a natureza carece em seu desejo de alcançar sua felicidade perfeita, por meio de quaisquer ações que ele possa realizar aqui e agora ao antecipar o dom de sua glória futura[204].

Essas virtudes são chamadas teológicas por três razões: primeiro, na medida em que têm Deus como seu objeto e, portanto, são os meios pelos quais o homem está de maneira direta e correta em suas atividades em direção a Ele; segundo, porque elas são infusas no homem por Deus apenas; e terceiro, porque o conhecimento do homem sobre essas virtudes é obtido somente na medida em que foram reveladas a eles pelas Sagradas Escrituras[205]. Elas são distintas, portanto, das virtudes intelectuais e morais na medida em que seu objeto está totalmente fora do alcance da razão e da vontade humanas, agindo de acordo com seus princípios naturais. E, no entanto, como virtudes, dirigem-se às faculdades da pessoa humana, especificamente àquelas que distinguem o homem dos animais irracionais e nas quais se encontra a imagem de Deus à qual o homem é feito e o direcionam para sua perfeita felicidade, da mesma maneira que as inclinações naturais de sua razão e sua vontade o direcionam para seu fim e seu bem. Assim como o raciocínio especulativo e prático do ser humano é possibilitado por esses princípios fundamentais de todo o raciocínio humano, for-

---
204. ST. I-II. 62. 1.
205. Ibid.

necidos pelo hábito do entendimento (e depois aperfeiçoados pela virtude de mesmo nome), assim também em assuntos relacionados a seu fim e sua felicidade sobrenaturais, a virtude da fé supre o intelecto do homem com os princípios que o direcionam para esse fim, princípios que se tornam a base para os artigos de *fé*. Assim como sua vontade pretende algo que lhe foi apresentado pela razão sob o aspecto do bem e como algo que pode ser alcançado, assim também a virtude da *esperança* considera alcançável o bem que foi concedido ao homem pela fé. Por fim, assim como a vontade repousa somente quando o fim desejado é alcançado, assim também a virtude da caridade realiza a felicidade e a paz perfeitas do homem, na qual sua vontade repousa no fim conhecido por meio da fé e pretendida pela esperança, tendo sido unida e transformada naquele mesmo fim e bem para o qual o homem foi feito por essas virtudes, mas especialmente na experiência da caridade, um amor e deleite que começa agora nesta vida e chega à sua perfeição na próxima[206]. Finalmente, assim como houve uma ordem de geração e perfeição notada em relação às paixões, também a encontramos entre as virtudes teologais. Então, o conhecimento do adequado deu origem à ligação do apetite a esse bem adequado no amor, uma paixão que impulsionou o homem em seu desejo de alcançá-lo, de superar na esperança quaisquer dificuldades que sua aquisição pudesse apresentar e, finalmente, à resolução de seu desejo e de sua esperança no deleite resultante de sua realização, em ato, desse bem. Da mesma forma, também o homem, pela fé, chega à posse inicial de seu fim e bem mais perfeitos, que dão origem à sua experiência inicial de caridade, conforme ele entende que o objeto de sua caridade, o próprio Deus, pode realmente ser alcançado. Isso alimenta sua esperança e, juntamente com as doutrinas

---

206. ST. I-II. 62. 3.

da fé, estabelece e aprofunda sua caridade ao longo do tempo, algo que depois contribui para sua fé e esperança, aprofundando-as na mesma espécie. Assim, na medida em que a caridade "estimula" as sementes da fé e da esperança, ela se torna "mãe e raiz" dessas e de todas as outras virtudes[207].

Como chegamos a adquirir as virtudes depende se estamos considerando as virtudes intelectuais/morais ou as teológicas. Aquelas, sendo hábitos, desenvolvem-se de modo muito semelhante ao do *Tratado sobre os hábitos*: elas têm sua "semente" ou "germe" natural, por assim dizer, no homem, em razão de sua alma, que estabelece em cada pessoa "certos princípios naturalmente conhecidos, tanto na ordem do saber quanto na ordem da ação, princípios que são sementes das virtudes intelectuais e das virtudes morais; e enquanto está presente na vontade um apetite natural do bem conforme à razão"[208]. Tomás também menciona, como antes, que as virtudes podem estar presentes naturalmente, pois um indivíduo tem uma aptidão natural para uma ou outra das virtudes intelectuais e morais, em razão da feliz disposição das potências sensitivas ou da condição corporal que assistem às potências do homem em suas atividades próprias. No entanto, a perfeição dessas virtudes não está naturalmente presente no homem, mas só é adquirida por meio de suas atividades, que são dirigidas a seu bem, conforme determinado pela ordem e regra de sua razão, como discutido previamente no *Tratado sobre os hábitos*. As virtudes teologais, por outro lado, sendo puro dom de Deus ao homem, não estão naturalmente presentes no homem (como estavam as outras virtudes em suas formas incoativas e dispositivas) nem adquiridas por ele por meio de sua atividade. Pois essas virtudes não são estabeleci-

---

207. ST. I-II. 62. 4 e ad. 3.
208. ST. I-II. 63. 1 (GALACHE et al. I-II, p. 181).

das segundo a ordem e a regra da razão do homem, mas sim pela ação de Deus sobre o próprio homem[209]. Após fazer essa distinção, porém, Tomás prossegue argumentando que até mesmo as virtudes morais devem ser infusas no homem por Deus. Pois "devem os efeitos ser proporcionais às suas causas e princípios"[210]. Ao receber as virtudes teologais, a pessoa é dirigida "suficientemente ao fim sobrenatural, incoativamente e de maneira imediata, no que ser refere a Deus mesmo. É necessário, contudo, que a alma, por meio de outras virtudes infusas, se aperfeiçoe no tocante a outras coisas, mas ordenando-se para Deus". Ora, as virtudes intelectuais e morais que se pode possuir não são de si mesmas proporcionais ao trabalho feito necessário após o recebimento das virtudes teologais. Pois as virtudes intelectuais e morais são proporcionais à vida do homem neste mundo e não à sua vida no mundo seguinte. Assim, exige-se que o homem não só receba nesta vida as virtudes teologais da fé, da esperança e da caridade, mas também as virtudes morais infusas, para que sua vida cotidiana possa ela mesma ser transformada pela e fortalecida na fé, esperança e amor de Deus, algo que ele próprio não pôde realizar com suas próprias atividades. Tomás ilustra isso por meio do exemplo do consumo de alimentos. Pela virtude da temperança, a regra ou ordem estabelecida pela razão do homem considera a saúde do corpo, regulando a qualidade e a quantidade necessárias para isso, de modo que ele possa ser livre para se dedicar plena e apropriadamente às atividades que são definitivamente humanas. Assim, enquanto ele pretende sua saúde, sua saúde é pretendida como um meio para o fim maior dessa felicidade imperfeita que está a seu alcance natural. Essas são as alturas a que essa virtude pode aspirar, como é bem

---

209. ST. I-II. 63. 1-2.
210. ST. I-II. 63. 3 (GALACHE et al., IV, p. 185-186).

demonstrado pela discussão de Aristóteles a esse respeito em sua *Ética a Nicômaco*[211]. No entanto, na fé, na esperança e na caridade, há agora uma transformação da vida do indivíduo à luz do que foi revelado, aceito e amado, algo que impacta o próprio cotidiano, mas que não pode ser tratado adequadamente pelas virtudes causadas pelas próprias atividades. Deve haver agora uma temperança infusa que permita ao homem agir de modo proporcionado ao fim que agora foi revelado e ao qual ele aderiu por meio das virtudes teologais, ou seja, que ele ordene o consumo de seu alimento à luz não apenas de assuntos relacionados à sua saúde, mas também, e principalmente, adotar as práticas ascéticas exigidas do cristão, conforme reveladas na Sagrada Escritura, algo que só pode ser feito por meio do auxílio que Deus dá. O que parece, então, ser uma exibição heroica ou tola de temperança para aqueles fora da fé, é de fato, de acordo com Tomás, uma verdadeira e autêntica demonstração de virtude, isto é, uma regulação e aperfeiçoamento da atividade empreendida à luz e em prol do mais perfeito dos bens, algo que define o próprio caráter da virtude em si, pois eles constituem a perfeita qualificação das potências da pessoa pela qual sua atividade pode ser corretamente ordenada para a realização desse bem perfeito e fim último[212].

O próprio coração de um ato de virtude consiste no grau em que se conforma com a ordem ou regra estabelecida pela razão, especificamente que ela tenha disposto a atividade da pessoa a tal ponto que ela pode fazer de modo consistente o que é absolutamente necessário e correto em qualquer situação. Em termos mais tradicionais, a virtude permite determinar e agir de acordo com o meio que existe entre os dois extremos, de excesso e deficiência, ou

---

211. NE. III. 10-12.
212. Cf. ST. I-II. 63. 3-4, esp. as respostas às objeções do artigo 3.

seja, que a atividade da pessoa incorpora perfeitamente o bem que foi determinado pela razão, sem exceder essa medida nem ficar aquém dela. Por exemplo, aquele que possui a virtude da temperança pode, em qualquer situação, entender o que seria uma quantidade apropriada de alimento para consumir, não só sendo facilmente inclinado para a quantidade virtuosa, mas também se tornado capaz de agir dessa forma. O meio é algo difícil de discernir, exigindo uma atenção às muitas e diversas questões discutidas no *Tratado sobre os atos humanos*, especificamente os variados fins envolvidos, sua ordem até ao fim último, e as circunstâncias que as rodeiam. No entanto, existe uma maneira correta de agir em cada situação, algo que a virtude permite descobrir e navegar bem. O significado nas virtudes morais que dizem respeito ao apetite sensível do homem é muitas vezes algo que a razão determina em vista da condição da pessoa e, especificamente, da forma como cada um se situa em relação a suas paixões. Assim, um consumo moderado de álcool para um pode ser excessivo para outro que sofre do vício da embriaguez e, portanto, cuja temperança exige abstenção. O uso temperado de alimentos por uma pessoa pode ser deficiente para outra, quer porque esta última, por razões de saúde, requer mais alimentos do que os suficientes para a primeira, quer porque a saúde da primeira requer muito menos alimentos do que é normal para uma pessoa comum. A virtude moral da justiça, por outro lado, diz respeito às atividades que acontecem entre pessoas na medida em que elas procuram restituir umas às outras o que lhes é devido. A determinação do meio-termo aqui é, portanto, um verdadeiro meio-termo, mais do que o anterior, que foi determinado em relação à condição da pessoa humana envolvida[213]. Quanto às virtudes intelectuais especulativas, o meio se encontra na con-

---

213. ST. I-II. 64. 1-2.

formidade da mente com as coisas que ela sabe, representando-as pelo que são, nem mais nem menos. O excesso é encontrado "na afirmação falsa que diz ser o que não é", enquanto a deficiência surge "negação falsa, que diz não ser o que é"[214]. Quanto à virtude da prudência, uma vez que deve estar em conformidade com as coisas que ela conhece e deve determinar e ordenar o que deve ser feito à luz dessa conformidade, seu meio-termo está na retificação da razão conforme essa potência determina o significado no âmbito moral. Finalmente, o meio-termo nas virtudes teologais não é algo que se possa realizar essencialmente. Pois nunca se pode amar a Deus "tanto quanto deve Ele ser amado, nem pode nele crer e nele esperar tanto quanto deve", excluindo, assim, a possibilidade de excesso da própria parte. Em vez disso, o meio-termo é realizado acidentalmente, ou seja, em relação ao próprio homem e não a Deus, "pois, embora não possamos aproximar-nos de Deus tanto quanto devemos, devemos, contudo, aproximar-nos dele crendo, esperando e amando-o na medida de nossas possibilidades"[215]. Para ilustrar o que ele quer dizer aqui, Tomás oferece o exemplo de esperança onde o meio-termo em relação ao homem existe entre "a presunção e o desespero, [...] quando se atribui presunção a alguém por esperar de Deus um bem acima de sua condição; ou quando não espera o que, por sua condição, poderia esperar"[216].

Da mesma forma como havia conexões íntimas entre as paixões do apetite sensitivo do homem, assim também elas existem entre as virtudes. Do que foi dito a respeito da prudência, não é de estranhar que as virtudes morais estejam todas intimamente ligadas, quer se considerem suas propriedades gerais, quer os assuntos que lhes di-

---

214. ST. I-II. 64. 3 (GALACHE, I-II, p. 194).
215. ST. I-II. 64. 4 (GALACHE et al., IV, p. 195-196).
216. Ibid., ad. 3 (GALACHE et al., I-II, p. 196).

zem respeito. Em relação às propriedades gerais, na medida em que "a discrição pertence à prudência; a retidão, à justiça; a moderação, à temperança; a firmeza de ânimo, à fortaleza", é difícil imaginar como se poderia recomendar a firmeza de ânimo em um ato virtuoso sem ser também moderada, reta ou feita com discrição. Em relação aos assuntos específicos, vimos que as virtudes morais não podem existir sem prudência. Mas também é verdade que a prudência não pode existir sem as outras virtudes morais. A prudência retifica o raciocínio do homem a respeito das coisas a serem feitas para alcançar o seu fim, algo que envolve a retificação de sua capacidade de deliberar, de julgar o que isso produz e de ordenar o que deve ser feito, tudo o que só é possível na medida em que ele age com justiça, coragem e temperamento, virtudes que o dispõem corretamente até o seu fim e seu bem, disposições que constituem o começo das considerações nas quais a prudência entra na realização das suas próprias atividades. E, portanto, "assim como não pode haver ciência especulativa sem o entendimento dos princípios, também não pode haver prudência sem as virtudes morais"[217].

É evidente que as virtudes morais podem existir sem caridade "enquanto obram um bem em ordem a um fim que não excede a capacidade natural humana" (GALACHE et al., IV, p. 201). No entanto, se considerarmos as virtudes morais que são infusas e, portanto, proporcionadas ao fim sobrenatural do homem, trata-se de uma história diferente. Essas virtudes não podem existir sem caridade. Assim como as virtudes morais naturais não podem existir sem prudência, assim também é verdade que as virtudes morais infusas não podem existir sem prudência infusa e que a própria prudência infusa não pode existir se não houver a disposição reta

---

217. ST. I-II. 65. 1 (GALACHE et al., IV, p. 199).

do agente até seu fim último, algo que é realizado pela própria caridade. Portanto, a caridade é a raiz a partir da qual todas as virtudes infusas crescem e são infusas juntamente com elas no homem. Pois é da natureza da caridade não só direcionar o homem a seu fim último, mas também ser "o princípio de todas as boas obras que se podem ser ordenadas para seu fim último"[218]. Há três consequências para isso. Primeiro, que tanto a caridade como a prudência infusa guiem as virtudes morais infusas, com a caridade desempenhando a função no domínio sobrenatural que a prudência natural exerce no natural. Segundo, se alguém perdesse a virtude infusa da caridade ao cometer um pecado mortal, isso resultaria na perda de todas as outras virtudes morais infusas. E terceiro, que

> *só as virtudes infusas são perfeitas, e de modo absoluto devem ser chamadas virtudes, porque ordenam bem o homem ao fim absolutamente último. As outras virtudes, ou seja, as adquiridas, são virtudes em sentido relativo e não absolutamente, porque ordenam bem o homem a um fim último, não em sentido absoluto, mas só em determinado gênero*[219].

Quanto às relações que existem entre fé, esperança e caridade, Tomás recorda-nos que chamamos atividade virtuosa apenas na medida em que é boa e bem-feita. Assim, pode-se realizar um ato justo, mas se o ato não for feito com prudência e tudo o que essa virtude implica, então o ato não será perfeitamente bom e o hábito do qual surgiu não terá o caráter perfeito de virtude. Da mesma forma, portanto, a fé e a esperança podem existir sem caridade, mas apenas num estado incipiente e não como virtudes completas e perfeitas. Porque é só na caridade que a fé e a esperança aspiram ao bem em

---
218. ST. I-II. 65. 3 (GALACHE et al., IV, p. 204).
219. ST. I-II. 65. 2 (GALACHE et al., IV, p. 202).

todas as suas obras e isso na medida em que, por meio da caridade, tanto a fé como a esperança estão corretamente ordenadas, uma ordem que não poderia ser alcançada de outra forma[220]. De igual modo, a caridade não pode existir sem fé e esperança. Pois é a natureza da caridade que inclui no amor de Deus uma "certa amizade com Ele. Essa amizade acrescenta ao amor a reciprocidade no amor, uma comunicação mútua". Essa comunhão que o homem desfruta com Deus, que consiste num certo diálogo com Ele,

> *começa aqui na vida presente pela graça, e essas duas realidades nós as obtemos pela fé e pela esperança. Portanto, assim como não se pode ter amizade com alguém se se descrê ou se desespera de poder manter alguma comunidade de vida ou familiaridade com ele, assim também não se pode ter amizade com Deus, que é o amor, se não se tem a fé que faz crer nessa comunhão e trato familiar com Ele e se não se espera pertencer a essa sociedade*[221].

À luz do trecho precedente, pode-se ver que a prudência está em primeiro lugar entre as virtudes cardeais, pois dirige-se diretamente à razão e a retifica em sua prática de deliberação, julgamento e ordem do que deve ser feito. As outras três virtudes cardeais são classificadas à medida que se aproximam da razão, mais ou menos dependendo da natureza de sua participação na vida racional. A justiça está em primeiro lugar entre elas, pois é o apetite da razão, e a fortaleza é maior do que a temperança, pois seu objeto é mais complexo, exigindo maior envolvimento da razão em suas atividades[222]. Entre as virtudes intelectuais, a sabedoria é a maior, pois seu objeto (a causa perfeita de todas, o próprio Deus) ultrapassa os objetos com os quais as outras virtudes intelectuais

---

220. ST. I-II. 65. 4.
221. ST. I-II. 65. 5 (GALACHE et al., IV, p. 208).
222. ST. I-II. 66. 1 e 4.

estão relacionadas (as causas secundárias que seguem a primeira causa). A prudência, já que a sabedoria prática se enquadra como sabedoria especulativa, pois a prudência direciona o homem a empreender todas as coisas que são necessárias para a contemplação da sabedoria em si[223]. Finalmente, em relação às virtudes teologais, uma vez que todas elas têm Deus por seu objeto, cujo maior julgamento é baseado em qual delas se aproxima mais de Deus do que as outras. Entre essas três, portanto, a caridade é a primeira na medida em que tanto a fé como a esperança implicam uma certa distância em seu significado, "porque a fé é do que não se vê e a esperança é do que não se possui. Mas o amor de caridade é do que já está possuído: porque o amado está, de certo modo, no amante e, novamente, o amante é atraído pelo desejo de união com o amado"[224]. Quanto a se as virtudes perduram na vida seguinte, Tomás afirma que as virtudes morais continuarão nos bem-aventurados, mas de um modo aperfeiçoado, na medida em que sua razão não estará mais sujeita ao erro e sua natureza apetitiva estará em perfeita sintonia com a razão e não mais sujeita à rebelião da natureza caída do homem ou perturbada pelos males que o afligiram nesta vida[225]. As virtudes intelectuais também permanecem de modo aperfeiçoado[226]. No entanto, com respeito às virtudes teologais, não permanecem fé nem esperança. Pois, nesse momento, seu objeto terá sido alcançado[227]. Somente a caridade permanece como posse de Deus que isso implica e que o que começa nesta vida é então perfeitamente alcançado e cumprido na vida seguinte[228].

---

223. ST. I-II. 66. 5. *corpus*, ad. 1 e 2.
224. ST. I-II. 66. 6.
225. ST. I-II. 67. 1.
226. ST. I-II. 67. 2.
227. ST. I-II. 67. 3-5.
228. ST. I-II. 67. 6.

Os dons, as bem-aventuranças e os frutos do Espírito Santo (questões 68-70)

Embora essas três questões façam parte do *Tratado sobre as virtudes*, elas merecem uma atenção especial, dada a sua importância para toda a vida moral do cristão e para a própria ordem da teologia moral de Tomás, tal como apresentada na *Suma*[229]. O fato de estarem no final desse tratado, de conterem apenas 16 artigos e de as perguntas sobre as bem-aventuranças e os dons terem sido "lidas muito pouco"[230] por teólogos e estudiosos não deve fazer com sejam ignoradas, particularmente à luz das longas considerações já despendidas sobre as virtudes, os hábitos e as paixões. Pois é nesses poucos artigos que encontramos não só o que é característico e essencial à ética cristã, mas também a própria perfeição dos princípios internos necessários ao ato voluntário e um esclarecimento prático, por assim dizer, do que tem sido decididamente geral em escopo, até este ponto.

Em relação aos dons do Espírito Santo, Tomás primeiro os distingue das virtudes, à luz do modo pelo qual as Sagradas Escrituras se expressam (em Is 11,2-3), uma decisão importante, dadas as diversas abordagens que os teólogos precedentes tomaram em relação a essa questão[231]. Ele observa que a palavra "dom" não é usada em Is 11, mas sim "espírito". Com isso, dá origem a seu julgamento de que os sete dons estão no homem por meio da "inspiração divina", inspiração essa que denota um "movimento vindo de fora" da pessoa humana, um movimento que não deve ser reduzido ao nível material, mas que indica algo que Deus realiza no

---

229. Cf. Pinckaers (1995 [1993]), p. 134-167.
230. Torrell (2003 [1996]), p. 216.
231. Como revisto na primeira parte de sua resposta em 68. 1.

homem e que não pode ser atribuído à agência do homem[232]. Esse princípio externo distingue-se do princípio do movimento interno do homem, ou seja, sua razão. Ora, acabamos de ver nesse tratado sobre a virtude que, enquanto considerarmos os movimentos realizados pela razão, em relação tanto a si mesma quanto às potências apetitivas que ela domina, as virtudes morais e intelectuais são suficientes à sua perfeição e à do próprio homem, "como existiram em muitos pagãos"[233]. No entanto, à luz do fim sobrenatural do ser humano e de sua incapacidade de ser orientado a ele e de se esforçar por ele por meio de sua própria agência, um outro princípio de movimento, aquele externo ao homem, ou seja, o do próprio Deus, teve de entrar em ação para que o homem pudesse alcançar a perfeição de seu fim último e verdadeiro. O homem é realizado ou movido dessa maneira apenas na medida em que é feito de alguma forma "proporcionada" a seu movedor, isto é, ao próprio Deus, até o ponto em que ele está tão disposto a Deus que se torna bem ou facilmente movido por Ele, prontamente respondendo a suas induções. Assim, um estudante de medicina só pode responder prontamente à aprendizagem oferecida por um médico mestre na medida em que tenha adquirido uma disposição adequada a essa aprendizagem, que presumivelmente incluiria uma certa maturidade da sua pessoa e o desenvolvimento de suas virtudes intelectuais e morais. O homem, então, precisa das perfeições que são mais elevadas do que as virtudes morais e intelectuais, perfeições essas que irão dispô-lo a ser movido por Deus. E são essas perfeições que são chamadas de dons do Espírito Santo, essas infusões que o dispõem a "tornar-se receptivo à inspiração divina [...] às induções de Deus" e, assim, movido por um princípio que é supe-

---

[232]. Cf. nota 21 na p. 208 de Torrell (2003 [1996]).
[233]. ST I-II. 65. 2.

rior à sua própria razão. Assim, um certo "instinto" se estabelece no homem, pelo qual ele é colocado "numa posição de perfeita docilidade em relação à ação do Espírito Santo"[234], algo que dá ao homem a oportunidade de se envolver em atos que são mais elevados do que os atos de virtude. Pode-se perguntar por que esses dons são necessários, considerando a perfeição que é dada ao homem na forma das virtudes teologais. Tomás afirma que essas perfeições, ao contrário da perfeição natural, que é razão assegurada em seu estabelecimento como uma potência e suas operações, não são perfeitamente possuídas e manejadas pelo homem na medida em que seu objeto, o próprio Deus, é conhecido e amado, porém imperfeitamente. Portanto, tal qual o estudante de medicina mencionado anteriormente, tendo sido admitido na aula do médico mestre e se tornado seu aprendiz, não pode conduzir sua disciplina sozinho, mas apenas na medida em que seu mestre o instrui e o move à ação, assim também acontece com o homem, pois ele foi imperfeitamente formado pelas virtudes teologais. Embora sua razão tenha sido aperfeiçoada por elas, assim como a mente do estudante de medicina foi aperfeiçoada pelo seu extenso treinamento prévio, como condição de seu aprendizado com o médico mestre, a razão do homem por si só não pode mover ou induzir tais aperfeiçoamentos, do mesmo modo que o conhecimento adquirido pelo estudante de medicina é insuficiente para sua correta aplicação prática. Deve, pois, existir a indução do Espírito Santo para que o homem se envolva em atos que sejam mais elevados do que os atos das virtudes naturais. Esse ponto é aguçado pelo fato de que uma mente, mesmo aperfeiçoada pelas virtudes naturais e sobrenaturais, ainda é propensa ao erro, pois não conhece todas as coisas. Ela também está sujeita a toda a influência da condição

---

234. Torrell (2003 [1996]), p. 208.

passional e corpórea do homem, pois estas impactam diretamente o funcionamento da razão, como descrito no *Tratado sobre os atos humanos*, para não mencionar tudo o que o homem herda de sua condição caída[235]. Os dons, então, são dados ao homem para que ele possa ser guardado e mantido a salvo dessas coisas, tendo-se tornado receptivo às induções do Espírito Santo[236]. Torrell explica isso bem, quando ele enfatiza que os dons não levam além das virtudes teologais. Em vez disso,

> *os dons são concedidos "para ajudar as virtudes [...]" a atingir seu objetivo final, apesar de nossa timidez, tibieza e mesquinhez. Certamente nada vai além da fé ou da caridade, mas nossa razão, que hesita e calcula, nem sempre lhes permite um caminho livre. Deus, então, intervém e nos toma pela mão, por assim dizer, para nos fazer avançar mais seguramente em seus caminhos*[237].

Os dons, portanto, dirigem-se à situação humana e permitem ao homem superar suas imperfeições "que são tantos limites e grilhões para a liberdade gloriosa dos filhos de Deus"[238].

Essa liberdade está muito presente na mente de Tomás no terceiro artigo, no qual ele discute se esses dons são hábitos. Pois parece que, ao ser movido dessa forma pelo Espírito Santo, o homem poderia perder sua posição de agente volitivo e tornar-se mais como um instrumento ou uma ferramenta nas mãos do Espírito, tornando assim inadequada a noção de hábito, do modo como se descrevem os dons[239]. Tomás responde que esse seria o caso se o homem não fosse

---

235. Especificamente, cf. a lista de Gregório em ST. I-II. 68. 2. obj. 3.
236. Ibid., ad. 3.
237. Torrell (2003 [1996]), p. 214.
238. Ibid., p. 215.
239. ST. I-II. 68. 3. obj. 2.

capaz de sua própria atividade volitiva, mas somente passivo às ações que vêm de fora dele. No entanto, como visto anteriormente, há forças internas e externas em ação na atividade do homem, especificamente a da razão e a do próprio Deus, respectivamente. Consequentemente, os dons recebidos pelo homem devem ser descritos como hábitos à luz do livre-arbítrio do homem, que constituem aquela disposição "pela qual o homem é aperfeiçoado para obedecer prontamente ao Espírito Santo". Tomás faz uma comparação com a situação em que as virtudes morais aperfeiçoam o apetite sensitivo do homem na medida em que ele participa da vida da razão por meio delas, tornando o apetite apto a obedecer prontamente aos comandos da razão. O mesmo se diz, então, a respeito dos dons do Espírito Santo: assim como as virtudes morais, enquanto bons hábitos, dispõem o apetite sensitivo do homem para obedecer à sua razão, também os dons, enquanto hábitos, dispõem o homem para obedecer prontamente ao chamado do Espírito[240].

Há sete dons que deixam a pessoa humana pronta para o chamado do Espírito Santo, dons que dispõem suas potências racionais e apetitivas, aquelas que são diretamente necessárias a seu ato volitivo e que foram aperfeiçoadas pelas virtudes teologais da fé, da esperança e da caridade, para se envolverem prontamente em seus respectivos atos para o fim sobrenatural do homem: lembre-se, as perfeições das virtudes teologais estabelecem a união da mente do homem com seu objeto sobrenatural, porém imperfeitamente, exigindo, portanto, os próprios dons para que o homem possa fazer uso das virtudes teologais, pois ele é incapaz de fazê-lo na medida em que sua razão e vontade são proporcionais apenas às virtudes naturais, como descrito anteriormente. Sua razão é abordada em

---
240. Para uma elaboração melhor e mais ampla da liberdade do homem em relação aos dons do Espírito Santo, considerar o cap. IX de Torrell (2003 [1996]).

seus aspectos especulativos e práticos na medida em que ambos apreendem ou descobrem a verdade e que fazem julgamentos a seu respeito. Para apreender a verdade, o intelecto especulativo é aperfeiçoado pelo dom do *entendimento*, e o intelecto prático, pelo *conselho*. Para julgá-la corretamente, o intelecto especulativo é aperfeiçoado pela *sabedoria* e o prático, pelo *conhecimento*. Já as potências apetitivas dizem respeito às relações do homem com os outros e em relação a si mesmo. Na relação com os outros, a potência apetitiva pertence à vontade, que é aperfeiçoada pelo dom da *piedade*. Na relação consigo mesmo, ela pertence ao apetite sensitivo do homem, em seus aspectos irascível e concupiscível. O irascível é aperfeiçoado pela *fortaleza*, em relação a seu temor do perigo, enquanto o concupiscível é aperfeiçoado pelo *temor* em relação a seus desejos desordenados de prazer[241].

Na questão 69, Tomás passa dos dons para as bem-aventuranças, como se encontra no Evangelho de Mateus. Essa passagem não é original para Tomás, mas percorre o caminho aberto pelos primeiros Padres da Igreja, especialmente por Santo Agostinho, que entendeu como era importante o Sermão da Montanha, pois proporcionava um modelo perfeito de vida cristã neste mundo, orientado para a vida no mundo seguinte. De acordo com Pinckaers, o *Comentário sobre o Sermão da Montanha*, de Agostinho, é de importância central, pois é o trabalho ao qual quase todos na Idade Média recorrem em seus comentários sobre esse Sermão[242]. Para nossos propósitos, a contribuição mais original de Agostinho ao comentar o Sermão foi ligar as bem-aventuranças aos dons do Espírito Santo. Segundo ele, as etapas que o cristão percorreu nesta vida, conforme manifesta-

---

241. ST. I-II. 68. 4. O leitor deverá considerar os assuntos tratados nos artigos 5 a 8 da questão 68.
242. Pinckaers (1995 [1993]), p. 140.

das nas bem-aventuranças, só foram possíveis na medida em que o Espírito Santo induziu e auxiliou o homem, suscitando assim a importância dos dons a esse respeito[243]. Isso é algo que muitos teólogos medievais seguiram em seus comentários, mas especialmente Tomás, para quem se tornou um componente integral de toda a estrutura moral da *Suma*[244].

Ele começa no artigo 1 com a distinção entre as virtudes e os dons, por um lado, e as bem-aventuranças, por outro. Ele situa a sua resposta no contexto da felicidade perfeita do ser humano, algo que o ser humano espera. Por isso, considera-se que ele já a possui, ainda que imperfeitamente, e que é movido para lá, de modo a aproximar-se dela e finalmente possuí-la perfeitamente (como visto, em menor grau, no *Tratado sobre as paixões*, no qual um amor, nascido de um conhecimento de algo como bom, unia imperfeitamente o amante ao amado, tornando o amado, pelo menos intencionalmente, presente ao amante, o que alimentou tanto seu desejo quanto sua esperança de obter aquilo que ele ama em prol de seu prazer e permanecer no amado atualmente alcançado). A ação que isso implica é a obra da virtude "e sobretudo pelas obras dos dons, se falamos de felicidade eterna, para a qual não basta nossa razão, uma vez que precisamos ser movidos pelo Espírito Santo e aperfeiçoados com seus dons, que precisamos obedecer e segui-lo. Consequentemente, as bem-aventuranças diferem das virtudes e dos dons, não como hábito do hábito, mas como ato do hábito". Repetindo, as bem-aventuranças se identificam com as atividades que se manifestam seguindo os hábitos das virtudes teologais e os dons do Espírito Santo, pois estes são infundidos no homem, como descrito previamente, para que ele possa praticar

---

243. Ibid., p. 151-152.
244. Ibid., p. 154-155.

atos, essas bem-aventuranças, que são superiores aos que derivam das virtudes naturais morais e intelectuais.

Tomás enfatiza isso nos artigos 3 e 4, nos quais ele discute se as bem-aventuranças foram adequadamente numeradas, bem como seus prêmios. Apelando mais uma vez para a felicidade do homem, ele lembra ao leitor as posições básicas (discutidas no *Tratado sobre a felicidade*) que as pessoas tomaram em relação àquilo em que tipicamente colocam sua esperança de felicidade, isto é, nas vidas sensual, ativa e contemplativa. É claro que a vida sensual é um obstáculo para a felicidade futura do homem, enquanto a vida ativa contribui para a disposição necessária de alguém para alcançá-la e desfrutá-la. A vida contemplativa pertence à própria essência da felicidade do homem, algo que é imperfeitamente realizado no aqui e agora, uma antecipação ou início do que será aperfeiçoado na próxima vida. É conveniente, portanto, que os cristãos sejam instruídos pelo Senhor Jesus, em seu Sermão da Montanha, sobre os modos como devem agir nesta vida, antecipando sua felicidade na próxima, à luz dessas três abordagens comuns à felicidade. Em outras palavras, as bem-aventuranças constituem os atos perfeitos pelos quais o cristão navega por este mundo, seus bens e seus males, da maneira mais verdadeiramente virtuosa que lhe estiver aberta. Isso se manifesta na busca voluntária e livre do bem pelo qual ele não pode aspirar por si mesmo, ao qual é impulsionado pelo Espírito Santo, uma indução possível por meio dos dons que recebeu dele e, tudo isso, após a união com Deus, realizada neles por meio das disposições específicas das virtudes teologais. Consequentemente, três das bem-aventuranças abordam e removem os obstáculos apresentados pela vida sensual, especificamente em relação aos bens externos (de honra e riqueza – "Bem-aventurados os pobres de espírito") e aos prazeres associados às paixões irascíveis e concupiscíveis ("Bem-aventurados os mansos" e "Bem-aventurados os que choram"); duas aperfeiçoam suas relações com o próximo (aqueles aos quais se está vinculado por dever e aqueles em que se manifesta uma doação espontânea – "Bem-aventurados os que têm fome e sede de justiça" e "Bem-aventurados os misericordiosos"); e duas dirigem-se à vida contemplativa ("Bem-aventurados os limpos de coração" e "Bem-aventurados os pacificadores"). De acordo com o que foi dito acima a respeito da natureza da atividade que cada bem-aventurança representa, Tomás lembra ao leitor que haverá virtudes e dons associados a cada bem-aventurança que inclina o homem aos atos que eles representam[245]. Assim, o cristão não irá apenas moderar seu desejo e uso de riquezas e de honra, ele pode até chegar ao ponto em que as despreza, na medida em que perdem sua atração, até o ponto em que ele se torna cada vez mais desejoso do próprio Deus[246]; ele não só consegue moderar seus apetites, como também pode até ser tranquilo em relação ao irascível e totalmente imperturbável pelo concupiscível; não só dá a seu próximo o que lhe é devido, como também pode fazê-lo com grande desejo; não só é liberal com sua riqueza em relação a sua família e amigos, como também pode chegar a tal ponto que considere apenas a necessidade daqueles a quem dá, dando a todos independentemente de laços de sangue e afeto; e sua vida ativa é tal que os méritos de sua virtude e os dons recaem sobre si, na medida em que seu coração é purificado de toda paixão desordenada, e sobre suas relações com os outros, na medida em que ele e os demais desfrutam da paz que vem com justiça. Quanto à oitava bem-aventurança, Tomás afirma que é

---

245. Sobre esse ponto, sigo a interpretação de O'Connor como indicado no vol. 24 (1973) da tradução para o inglês, feita por ele, da *Suma Teológica* de Blackfriars (nota "h" na p. 52).

246. Cf. ibid., nota "i", p. 52-53.

"uma confirmação e manifestação de todas as que a precedem". Pois, pelo próprio fato de que se o indivíduo for confirmado nos atos representados pelas bem-aventuranças, "nenhuma perseguição pode levá-lo a renunciar a tais bens". Portanto, "a oitava bem-aventurança pertence, de certa forma, às outras sete"[247].

Ao cristão que procura incorporar em sua vida essas ações e, por consequência, que reza por suas virtudes e dons associados, são prometidos prêmios, que são apresentados, no artigo 4, de modo a se falar e se superar as razões centrais pelas quais as pessoas geralmente buscam a vida sensual, ativa e contemplativa para sua felicidade. A excelência e abundância de riquezas e honras empalidecem em comparação com as que são obtidas no céu pelos pobres de espírito, a quem é prometido o Reino dos Céus; a segurança que é buscada cruel e lamentavelmente pelos homens, por meio da destruição de outros por meio de agressão e de guerra empalidece em comparação com a "posse segura e pacífica da terra dos vivos, pela qual a sólida realidade de bens eternos" é prometida aos mansos; e àqueles que choram os fardos deste mundo, do qual as pessoas buscam alívio nos prazeres sensuais, é prometido um consolo que é totalmente satisfatório e não se desvanecerá como os experimentados na animalidade do homem; àqueles que têm fome de justiça, algo do qual muitos se esquivam para conservar o próprio bem ou para obter os bens de outros, é prometida a satisfação completa; àqueles que são misericordiosos, algo do qual muitos se esquivam para não se envolverem na miséria dos outros, é prometida a misericórdia de Deus e, assim, "serem libertos de toda miséria"; àqueles cujo coração foi purificado é prometida a clareza da visão do próprio Deus; e aqueles que fazem a paz dentro de si mesmos ou

---

247. ST. I-II. 69. 3. ad. 5 (usando a tradução de O'Connor's pela edição de Blackfriars).

com os outros imitam "o Deus da união e da paz. Por isso é que, como prêmio, lhe é dada a glória da filiação divina, que consiste na união perfeita com Deus, consumada pela sabedoria"[248]. Por último, em relação à oitava bem-aventurança, assim como é "a confirmação de todas as demais, assim também lhe são devidos os prêmios de todas. Eis por que se volta ao princípio para se entender que todos os prêmios se lhe atribuem consequentemente"[249].

Os frutos do Espírito Santo (encontrados em Gl 5,22-23) são entendidos, em primeiro lugar, em relação ao nosso entendimento imediato e geral do "fruto" em si, isto é, a produção de uma planta ou árvore que chegou à sua maturidade, um produto que é doce ao paladar. Refere-se tanto à árvore que o produz quanto à pessoa que o colhe. Aplicando ao domínio espiritual, o fruto do homem pode ser entendido de qualquer maneira, isto é, como aquilo que ele produz ou aquilo que colhe. Essa colheita se aplica apenas ao fruto do seu fim último, o que se busca apenas para si mesmo e por nenhuma outra razão e aquilo em que se encontra sua verdadeira felicidade e fruição, de que se desfruta. "Pois o homem também possui a terra e a árvore e não diz que são seus frutos, reservando esse termo só ao que entende receber deles, como resultado". Quanto aos frutos que o homem produz, eles são entendidos em relação a suas atividades, tanto os que procedem de sua razão (sua atividade moral e intelectual, aperfeiçoada pelas virtudes que ele adquiriu por si mesmo), como os que procedem do Espírito Santo (aquela atividade decorrente das infusões que ele recebeu nas formas das virtudes morais, intelectuais e teológicas infusas e dos dons que as tornam possíveis). Consequentemente, as bem-aventuranças e os frutos do Espírito Santo referem-se ambos

---

248. ST. I-II. 69. 4.
249. Ibid., ad. 2 (GALACHE et al., IV, p. 273-274).

às atividades do homem que brotaram da semente divina nele implantada[250]. E como esses frutos estão ordenados ao fruto último, à vida e à felicidade eternas pelas quais ele se esforça como cristão, esses frutos são melhor entendidos como "flores"[251]. A questão, porém, surge: qual é a diferença, então, entre as bem-aventuranças e os frutos do Espírito Santo, já que ambos se referem à atividade do homem? Tomás afirma que o fruto é o mais genérico dos dois, denotando algo que é último e deleitoso, enquanto a "bem-aventurança" denota isso, porém mais especificamente de acordo com a perfeição e a excelência. Assim, cada bem-aventurança é um fruto, mas somente alguns frutos são bem-aventuranças. Pois "são frutos todas as obras virtuosas com que nos deleitamos, mas são bem-aventuranças apenas as obras perfeitas que, em razão mesma da sua perfeição, são atribuídas mais aos dons do que às virtudes"[252].

Os frutos listados em Gálatas são distintos uns dos outros devido às diferentes maneiras pelas quais o Espírito Santo "produz 'brotos'"[253] no homem. Isso ocorre de três maneiras: conforme sua mente está ordenada em relação a si mesma, às coisas que estão perto dela e às coisas que estão inferiores dela. Em relação à primeira, a mente está bem disposta quando se comporta bem tanto em relação às coisas boas como às más. A disposição salutar da mente para o bem é encontrada no amor que constitui o vínculo inicial do amante com o amado, do qual surgem todas as outras emoções. De modo mais elevado, temos o Espírito Santo dado ao homem quando este se manifesta na *caridade*, o primeiro dos frutos. Dessa união do homem com o Espírito Santo nasce, em segun-

---

250. ST. I-II. 70. 1 (GALACHE et al., IV, p. 276).
251. Ibid., ad. 1.
252. ST. I-II. 70. 2 (GALACHE et al. IV, p. 278).
253. Utilizando a tradução de Torrell (2003 [1996]), p. 218.

do lugar, a *alegria*, da qual resulta, em terceiro lugar, uma *paz* em dois aspectos: a primeira, quando a presença do Espírito liberta de todas as perturbações do exterior, e a segunda, quando a presença do Espírito acalma os desejos inquietos do homem que agora encontrou sua própria realização. Por outro lado, a boa disposição da mente em relação ao mal é encontrada em duas coisas: quando ela não é perturbada quando o mal ameaça e quando as coisas boas são adiadas. À primeira pertence a *paciência* e à segunda, a longanimidade, o *longo sofrimento*. Com respeito às coisas que estão perto do homem, ele está bem disposto, primeiro, a seu próximo em sua vontade de lhe fazer o bem. Isso pertence ao fruto da *bondade*. Isso se manifesta, em segundo lugar, na *benignidade*, na qual ele realiza o bem que deseja ao próximo com um amor que o torna fervoroso a esse respeito. No caso em que o seu próximo lhe inflige o mal, o dom da *mansidão* reduz sua ira, permitindo-lhe sofrer esse mal com equanimidade. O dom da *fé*, "que toma a forma de fidelidade em relação aos homens e de rebaixamento de si na submissão à mente a Deus"[254], fortalece-o em não prejudicar o próximo, nem por ira, nem por fraude ou enganação. Por último, no que diz respeito às coisas que são inferiores a ele, a mente do homem é bem-intencionada em suas ações externas e desejos internos, por meio do fruto da *modéstia*, tanto na palavra como na ação, e da *continência* e da *castidade* em relação à sua concupiscência[255].

Conclusão do tratado sobre as virtudes

Está claro que Tomás alcançou um ponto alto neste tratado em seus ensinamentos sobre o retorno do homem a Deus. A partir de sua consideração e sua determinação iniciais da verdadeira feli-

---

254. Torrell (2003 [1996]), p. 219.
255. ST. I-II. 70. 3.

cidade do homem, no início da *prima secundae*, ele coloca os olhos do cristão nesse mesmo fim, para que o homem mobilize todos os meios à sua disposição. Ele examina a arquitetura do apetite tal como se manifesta tanto no ato voluntário como nas paixões, de modo que, juntamente com o exame das potências conduzido no *Tratado sobre o homem*, o cristão possa estar plenamente ciente não só da necessidade de habituar bem as potências cognitivas e apetitivas por meio das virtudes, para que a sua própria atividade possa aspirar mais eficientemente a seu verdadeiro fim, mas também da medida em que a graça de Deus deve ser operativa na sua vida, a fim de que tenha alguma chance de adquirir aquilo para que foi ele feito. O que resulta não é uma abordagem sincrética de diversos materiais filosóficos e teológicos, mas antes uma manifestação inteligente e articulada da beleza e da profundidade do entendimento cristão da realidade, da resposta que se espera dele e da ajuda que ele recebe, tudo o que continuará a manifestar-se à medida que Tomás retoma os princípios externos que regem a atividade voluntária humana, os detalhes sobre as virtudes teologais e cardeais no que resta da *secunda pars* e, por fim e especialmente, a vida, a morte e a ressurreição de Jesus e os sacramentos que ele estabeleceu.

Já vimos como as virtudes são importantes. Elas aperfeiçoam as potências do homem e as atividades que delas derivam. Permitem que se diga que o homem age bem e, por extensão, que as potências que dão origem a essa excelência na atividade são boas. Assim, um homem pensa bem tendo uma boa mente, age bem sendo de boa vontade e assim por diante. Mais importante, porém, é o "bem" dito do próprio homem, termo que é atribuído não só devido ao autodomínio que se alcança por meio das virtudes, ou da unidade e da perfeição que elas realizam na própria pessoa, mas devido ao fim para o qual todas as atividades da pessoa são dirigidas pelas virtudes e o qual ela busca de modo determinado, constante e perfeito por meio delas. Sempre que se fala de bem é em relação ao fim e o fim do homem não consiste nos bens externos, nem nos bens de seu corpo, nem nos de sua alma, conforme o *Tratado sobre a felicidade* mostrou. O verdadeiro bem do homem reside em seu fim último e, por extensão, sua verdadeira virtude reside propriamente e apenas nas virtudes que têm por seu objeto esse fim último de modo definitivo e que constituem, assim, os meios necessários para alcançá-lo. A primazia das virtudes teologais, portanto, manifesta-se no pensamento de Tomás, bem como nos dons do Espírito Santo que impelem o homem a realizar os atos que eles e as virtudes teologais tornam possíveis, isto é, as bem-aventuranças e os frutos do Espírito Santo. As virtudes morais e teológicas do domínio natural conservam ainda sua natureza, permitindo ao homem trazer uma certa perfeição e direção ao seu agir, uma certa realização de sua humanidade e felicidade. Mas na medida em que o homem entende que seu bem e seu fim não consistem em coisa alguma criada, mas sim no próprio Incriado, e, além disso, que tanto na mente quanto no ato ele é incapaz de abranger o Incriado, estar unido a Ele e possuí-lo (algo que foi amplamente demonstrado tanto na *prima pars* quanto na *prima secundae*), as virtudes naturais, que costumavam ser as melhores às quais o homem podia aspirar, agora são vistas como falhas enquanto meios para seu fim, conforme eram antes consideradas. Elas ainda funcionam de acordo com o que são, ou seja, os meios pelos quais o homem pode realizar sua vida neste mundo de acordo com sua própria perspectiva, ou seja, conforme suas potências racionais foram ordenados por qualquer verdade à qual ele aspirou e à luz da qual ele pode realizar a ordem dentro de sua pessoa e com seu próximo, seu amigo, sua família e sua cultura. Mas, para o cristão, não é necessário que haja apenas virtudes e dons apropriados para esse fim e que o bem resida para além de suas capacidades, mas também uma reorientação para o mundo em si, um modo pelo qual ele possa responder a tudo o que Deus é (como discutido na *prima pars*) e realizou no mundo presente, na medida em que este é agora orientado para o próximo. Sokolowski faz uma boa colocação quando diz que as virtudes teologais são

> *as disposições para "agir" no cenário revelado pela fé cristã; elas são a fonte da "reação" que devemos ter a Deus, que cria sem nenhuma necessidade de criação e que nos envolve em sua própria vida por meio de seu Filho. E, estritamente falando, simplesmente não podemos agir sozinhos nesse novo contexto. Nosso lugar natural para agir, a cena que nós mesmos podemos administrar, até certo ponto, por meio da virtude, da lei e da razão, é o mundo dos assuntos humanos, limitado pelas necessidades impenetráveis do cosmos. Ali estamos sozinhos. Mas o início, a continuação e o sucesso de nossa vida em responder a Deus são todos um dom da graça*[256].

Nessa resposta, o cristão ainda vive sua vida neste mundo, mas agora de modo qualitativamente diferente, como mostrado claramente pelas bem-aventuranças e pelos frutos do Espírito Santo. O que é natural pode agora, pela graça que Deus dá por meio de seu Espírito Santo, ser infundido no cristão por sua caridade, para que tudo o que o homem pensa, faz e age possa ser dirigido a seu verdadeiro fim último. Mas o que é natural ainda permanece enquanto o homem encontra a si mesmo no mundo, agindo dentro deste mundo conforme dirigido ao próximo mundo. Ele deve ainda agir com prudência, justiça, coragem e temperamento; deve ainda agir a partir da liberdade que é sua; entender e guiar as pai-

---

256. Sokolowski (1995), p. 72-73. Recomendo ler, pelo menos, os capítulos 5 e 6 (sobre a "virtude natural" e a "virtude teologal") dessa obra.

xões que são suas; e assumir a responsabilidade que acompanha tudo isso, mas mais especialmente conforme ele é feito à imagem de Deus. O natural, portanto, é agora compenetrado pelo sobrenatural, na medida em que o cristão responde neste mundo àquilo que se abriu a ele na fé, na esperança e no amor, isto é, um mundo que é agora visto

> *como existindo por meio da generosidade e Deus é apreciado como aquele que poderia ser tudo o que existe, sem diminuição da bondade ou da grandeza. São as virtudes teologais que nos permitem "agir" nesse contexto cristão, à luz de uma generosidade que não tem medida nas virtudes e excelências do comportamento natural*[257].

Isso é bem e praticamente evidenciado por seu tratamento das bem-aventuranças e dos frutos, no qual é apresentada a singularidade da vida cristã, algo que é aplicável às vidas de todos os cristãos, oferecendo um "retrato do homem espiritual"[258] e não algo que se restringe a uns poucos escolhidos[259].

Tratado sobre os vícios e os pecados (questões 71-89)

Após considerar as virtudes e as perfeições que elas realizam na atividade voluntária do homem em direção a seu fim último, Tomás considera agora os meios pelos quais o crescimento do ho-

---

257. Ibid., p. 77.
258. Torrell (2003 [1996]), p. 216, nota 48, citando uma obra de R. Bernard. Cf. todo o comentário de Torrell sobre essa seção, bem como o contexto mais amplo dentro do qual ele a desenvolve (p. 200-224). Pode-se também considerar a introdução e os apêndices de Edward O'Connor à sua tradução das questões 68 a 70 (Blackfriars, vol. 24). Finalmente, pode-se também considerar Pinckaers (1995 [1993]), p. 134-167, por seus julgamentos sobre como esse material, obtido no comentário de Agostinho sobre o Sermão da Montanha, poderia ser aplicado proveitosamente a uma renovação da ética cristã (cf. esp. p. 160-163).
259. Para esse ponto, cf. o que Pinckaers (1995 [1993]), p. 136-137, considera como a interpretação "católica" do "Sermão da Montanha".

mem na virtude e sua felicidade podem ser frustrados, por meio do vício e do pecado. Esse tratado tem seis considerações. A primeira (questão 71) aborda tanto o vício como o pecado em si mesmos, seguida das distinções que podem ser feitas entre eles (72), as comparações que podem ser feitas entre eles (73) e onde, na pessoa, eles residem principalmente (74). As questões 75 a 84 consideram as causas do pecado: as internas (76-78), as externas (79-83, sendo 81 a 83 dedicadas ao pecado original) e as do pecado em si, na medida em que um pecado é a causa do outro (84). Finalmente, são examinados os efeitos do pecado (85-89). Limitarei esta exposição aos pontos mais salientes desse tratado, deixando os leitores livres para explorar os detalhes por conta própria, algo que deveria ser possível, dada a nossa concentração sobre a natureza geral do ensinamento moral de Tomás, à luz da qual as privações que prejudicam a leitura serão mais facilmente compreendidas.

Embora o tema desse tratado seja importante, ele não ocupa as energias de Tomás da mesma forma ou na mesma medida que tem ocupado os moralistas e teólogos desde sua época. A teologia moral de Tomás, como afirmado anteriormente, está centrada na felicidade do homem e nos meios pelos quais ela poderia ser alcançada. Consequentemente, assuntos como dever, obrigação, liberdade, consciência, lei, vício e pecado têm seu lugar dentro de seu pensamento; no entanto, não chegam ao ponto de determinar o contexto dentro do qual se articula seu fim último e se investigam os princípios internos e externos de sua realização. Isso é especialmente verdade em relação ao tratado sobre o vício e o pecado. A realidade privativa que ela descreve só existe na medida em que a atividade humana, em suas manifestações próprias e comuns, dirigidas à realização do fim do homem, é deformada, desordenada ou contrária à razão, à natureza e ao fim do homem. Portanto, deve-se considerar esse tratado como os princípios subjacentes a uma teratologia, por assim dizer, das atividades voluntárias do homem (cujas anormalidades serão oferecidas detalhadamente na *secunda secundae*) quando ele busca algo menor que seu fim perfeito e bom, ou quando ele busca seu fim perfeito de modos desordenados e inapropriados, uma discussão que é importante, mas que acontece e faz sentido apenas à luz da manifestação do pleno ser da atividade moral do homem. Em suma, a preocupação na ética de Tomás é que o bem do homem seja possuído, na medida mais completa de sua capacidade. Isso ocorre melhor quando suas atividades são baseadas no amor que o une mais perfeitamente a seu fim, tanto agora quanto no futuro, à luz do qual todos os outros assuntos ocupam seu lugar e são manifestados e experimentados apropriadamente. Uma visão moral centrada em seus defeitos ou falhas e o temor que naturalmente a acompanha não servem como princípio ordenador mais eficaz pelo qual a atividade de um homem pode ser retificada[260].

Da mesma forma que a virtude foi ampliada e aprofundada dentro do entendimento cristão da realidade, assim também foi com o vício[261]. Ao contrário dos pensadores pré-cristãos que consideravam a malícia do homem como parte de seu estado natural e, portanto, algo que necessitava de cultura, aprendizado, virtude e lei, o cristão entendeu que a malevolência do homem não era natural a ele, já que ele tinha sido criado por um Ser que é infini-

---

260. Para um tratamento detalhado desse e de muitos outros pontos associados, considerar a segunda parte, *A Brief History of Moral Theology* [Uma breve história da teologia moral], em Pinckaers (1993), p. 191-326. Deve-se também considerar o diagnóstico de Sokolowski (1995), p. 62-67, sobre a abordagem moderna da moralidade e das graves falhas de que ela é herdeira.
261. No que se segue neste parágrafo, me inspiro, em grande medida, em Sokolowski (1995), p. 70-72.

tamente bom e incapaz de realizar tal mal em sua criação, conforme discutido anteriormente na *prima pars*. A malícia do homem, então, não entra no mundo pela atividade criadora de Deus, mas pelas ações realizadas pelo próprio homem. À luz, pois, de uma doutrina da criação e da bondade do próprio Deus, "as pessoas más não agem meramente contra o que são, contra a sua natureza humana, [...] agem contra seu criador: elas não agem meramente mal e ilegalmente; elas também pecam"[262]. O pecado, portanto, é algo específico do entendimento cristão da realidade, que denota "uma palavra, ação ou desejo que é contrário à lei eterna", ou seja, um ato que é voluntário em natureza e assim desordenado, que é desproporcionado à razão de Deus e, assim, constitui uma violação da sua lei eterna[263]. O vício também indica um abandono da ordem e uma violação da razão, mas que se centra nessa ordem estabelecida pelo homem (uma ordem que dá origem às virtudes naturais) e se refere principalmente aos hábitos ou disposições que são discordantes de sua natureza e sua razão. O pecado, por outro lado, se refere primariamente aos atos desordenados que violam a lei eterna de Deus e a ordem estabelecida por ela[264]. O cristão atende a ambas as ordens, buscando as virtudes naturais como uma forma eficaz de lutar contra a condição caída na qual ele se encontra neste mundo, mas sempre à luz de sua passagem para o próximo, o que requer as virtudes infusas e os dons do Espírito Santo. Em sua esperança, ele é sustentado não só pela graça que recebe de Deus, mas também pela real possibilidade de ser libertado dessa condição e ter vitória sobre ela, uma esperança à qual a pessoa pré-cristã não poderia aspirar, especialmente porque essa

---

262. Sokolowski (1995), p. 71.
263. ST. I-II. 71. 6.
264. ST. I-II. 71. 1-5.

vitória sobre o pecado e a morte é realizada por meio do ato redentor de Jesus Cristo, como será discutido na *tertia pars*.

Os pecados podem se distinguir de várias maneiras. "Todo pecado", afirma Tomás, "consiste no apetite de um bem perecível que se deseja de uma maneira desordenada, e em cuja posse alguém se deleita, consequentemente, de maneira desordenada". Tomás divide os pecados entre espirituais e carnais: aqueles, quando o prazer "se consuma na só apreensão" da coisa desejada, tal como buscar o louvor dos outros, e estes, quando o prazer "se consuma no tato corporal", tal como buscar os bens da mesa, da garrafa e da cama[265]. Ao se concentrar, porém, na descrição do pecado como um ato desordenado, pode-se dividir os pecados de acordo com a ordem violada pelo pecado, entre as três que governam o homem, estabelecidas pelas regras, primeiro, de sua própria razão sobre suas próprias ações e paixões, segundo, de Deus sobre o homem por meio de sua lei divina e, por último, da comunidade sobre o homem que, em sua natureza, requer a sociedade de outros[266]. Os pecados também podem se distinguir de acordo com a medida em que violam essas três ordens. Um pecado é chamado *mortal* se destruir o próprio princípio ou os próprios princípios sobre os quais essas ordens são estabelecidas, especificamente quando alguém se afasta do seu verdadeiro fim. No entanto, se as ações não destroem os princípios sobre os quais uma ordem é estabelecida, mas introduzem uma desordem nas coisas que seguem esses princípios, o indivíduo não desvia de seu verdadeiro fim, mas introduz algo inconveniente para a ordem a esse fim. Tais pecados são chamados *veniais*[267]. Quanto às comparações que podem ser feitas entre os

---

265. ST. I-II. 72. 2 (GALACHE et al. IV, p. 305).
266. Assim, temos pecados contra a própria pessoa, contra Deus e contra o próximo. Cf. ST. I-II. 72. 4.
267. ST. I-II. 72. 5. Cf. tb. ST. I-II. 88-89. É perigoso oferecer exemplos sem uma análise completa dos outros fatores que entram na avaliação de danos irreparáveis ou reparáveis, algo tratado pelos demais artigos da questão 72.

pecados, isso pode ser sugerido, geralmente, quanto à intenção que o agente tem em pecar, em oposição à intenção de quando ele está engajado em atos virtuosos. Nessa situação, há grande harmonia em tudo o que se faz, quando se segue a regra da razão nas três ordens que governam o agente em sua busca dos bens que essas ordens prometem. Naquela, porém, há caos naquilo que ele faz, na medida em que a dimensão da razão e os bens a que essa dimensão aspira são perturbados e substituídos pela regra subjetiva do apetite individual, sendo o bem e a regra determinados por qualquer coisa que se considere desejável. "Com efeito, cometer o pecado não consiste em passar da multidão para a unidade, como é o caso das virtudes que são conexas, mas antes em se afastar da unidade para a multidão"[268]. A unidade da vida virtuosa consiste em direcionar tudo o que se pensa, se fala e se faz até o fim último e o bem perfeito; à luz dela se age bem em relação aos fins menores e aos bens que são ordenados para esse fim último e esse bem perfeito. Assim, toda essa unidade é jogada fora até o ponto de se direcionar a vida de acordo com os próprios desejos para os variados bens mutáveis e, portanto, menores da experiência[269].

As questões 75 a 84 consideram os fatores causais diretamente relevantes para o pecado. De modo geral, a situação é clara: "é a vontade que, não sendo mais dirigida pela regra da razão nem pela lei divina, e procurando um bem perecível, causa o ato do pecado por si. Mas, ela causa a desordem do ato acidentalmente,

---

268. ST. I-II. 73. 1 (GALACHE et al., IV, p. 323).
269. Esse caos é detalhado explicitamente nos artigos restantes da questão 73. A questão 74 fala do assento do pecado, por assim dizer, dentro do homem, que está, primariamente, dentro da vontade, pois o ato pecaminoso é uma violação voluntária intencional das ordens mencionadas acima, e, secundariamente, nos apetites sensitivos, na medida em que eles são naturalmente inclinados a serem movidos pela vontade. A razão está também sujeita ao pecado, na medida em que são culpáveis seus erros de pensamento e sua falta de retidão no comando das potências sobre as quais tem responsabilidade.

e fora de toda intenção, dado que a falta de ordem no ato provém da falta de direção na vontade"[270]. Embora a vontade cause pecado por falhar em aplicar a regra da razão ou a lei divina às suas atividades, há outros fatores que contribuem para a atividade voluntária do homem, especificamente o papel que a razão desempenha, e de modo menos próximo, as contribuições e influências que podem ser exercidas tanto sobre a razão como sobre a vontade das potências cognitivas sensitivas e apetitivas, especificamente, as potências imaginativas, concupiscíveis e irascíveis, conforme detalhado no *Tratado sobre os atos humanos*. Todas essas coisas contribuem para a gênese do pecado do homem, uma vez que elas desempenham seus papéis respectivos na busca do homem pelos bens perecíveis ou transitórios de modo desordenado, isto é, contrário à regra da razão ou à lei divina. Para ser mais preciso, a busca por esses bens perecíveis ou transitórios pertence às potências sensitivas do homem, mas especialmente a seu apetite sensitivo, enquanto a falta de uma regra apropriada "pertence à razão, à qual cabe naturalmente a consideração da regra" e, finalmente, "o acabamento do ato voluntário do pecado pertence à vontade. Eles constituem aquilo que Tomás chama de causas interiores do pecado"[271]. Já as causas exteriores do pecado são consideradas como tais somente na medida em que levam as causas interiores ao pecado. No entanto, uma vez que a vontade, a razão e os apetites de si mesmos não podem ser movidos direta e necessariamente por nenhuma força externa (salvo Deus, que não pode ser uma causa de pecado, como discutido anteriormente), todas as influências externas movam ao pecado somente na medida em que a vontade

---

270. ST. I-II. 75. 1 (GALACHE et al., IV, p. 364-365).
271. ST. I-II. 75. 2 (GALACHE et al., IV, p. 366).

consente com essas influências e incitações que elas oferecem[272]. Por último, um pecado pode ser a causa de outro indiretamente, quando remove um impedimento para um pecado maior e muitas vezes mais grave; diretamente, quando dispõe o indivíduo ao agir pecaminoso, tornando-o mais inclinado a agir de tais maneiras; materialmente, ao se preparar a situação causada por um pecado para ser oportuna para o outro; e finalmente quando um pecado é cometido por causa de outro, bem como aquele em que consiste o fim do pecador[273].

Tomás toma cada um desses fatores e determina suas operações em detalhe. As causas intrínsecas são cobertas pelas questões 76 a 78, de modo que cada questão especifica um fator particular essencial para o fracasso da razão, do apetite sensível e da vontade de agir, de modo retificado. O fracasso da razão em um ato pecaminoso consiste em uma ignorância que poderia ter sido eliminada, mas não foi[274]. O fracasso do apetite sensível consiste na influência indireta que ele pode exercer sobre a vontade por meio das paixões, de duas maneiras. Primeiro, na medida em que as paixões atuam como uma espécie de distração por causa de sua força, centrando a atenção do indivíduo nas coisas que lhe dizem respeito, ou nas ações que elas encorajam, para o determinante da atividade própria da vontade (e da razão); segundo, na medida em que a vontade (e a razão) são indevidamente influenciadas em suas determinações e julgamentos pela força das próprias paixões, pois estas foram afetadas por aquilo que lhes dá origem, isto é, por meio da "apreensão forte e desordenada da imaginação e [d]

---

272. ST. I-II. 75. 3.
273. ST. I-II. 75. 4.
274. ST. I-II. 76. Pode-se também considerar a discussão sobre isso encontrada no *Tratado sobre os atos humanos*.

o julgamento da potência estimativa"[275]. Por fim, o fracasso da vontade em um ato pecaminoso se encontra no que Tomás chama de sua malícia. A desordem de que sofre a vontade em qualquer ato pecaminoso é que, ao amar o bem menos perecível a que se voltou excessivamente, deixando de lado a ordem da razão ou a lei divina, ela está disposta a sofrer a perda de um bem espiritual para obter o bem temporário que tanto deseja. Essa postura de negar um bem espiritual em benefício de um bem temporal, de escolher propositadamente a privação ou o mal relativo em sua bondade limitada em detrimento da plenitude apropriada, que um bem participado tem tanto em si mesmo quanto guiando à bondade absoluta, é chamada de malícia[276]. Os fracassos por parte da razão e do apetite sensitivo, embora conduzindo ao pecado, não constituem malícia conforme descrita. Pois, na malícia, "a vontade se move por si mesma para o mal"[277]. Isso ocorre ou porque o agente tem uma disposição corrupta que o inclina para o mal e, portanto, para essa escolha decidida, ou porque a vontade foi liberada de tudo o que a havia impedido de escolher dessa maneira. Tomás menciona a perda da esperança de uma vida eterna por meio do desespero ou a perda do temor do inferno por meio da presunção como exemplos deste último caso. No entanto, a malícia é ocasionada, é certamente uma causa mais grave de pecado do que a malícia que se atribui aos pecados cometidos pela paixão, na medida em que o movimento da vontade para o bem menor é inteiramente seu, que esse movimento não é transitivo, mas sim um movimento que

---

[275]. ST. I-II. 77. 1 (GALACHE et al. 381). Para mais detalhes sobre a forma como a razão é especificamente influenciada pelas paixões, cf. artigo 2. As questões de culpabilidade são abordadas nos artigos 3, 6 e 7, enquanto o artigo 4 trata da raiz do pecado no amor-próprio desordenado, e o artigo 5 considera os três tipos de pecado que surgem do fracasso da potência apetitiva sensitiva.
[276]. ST. I-II. 78. 1.
[277]. ST. I-II. 78. 3 (GALACHE et al., IV, p. 402).

permanece na vontade tendo uma certa qualidade permanente a seu respeito, pois o amor de uma tal pessoa foi centrado no menor com toda a força e a capacidade que estão disponíveis para essa potência maior e mais autopossuída dentre as potências apetitivas.

As causas externas do pecado são tratadas nas questões 79 a 83, começando com Deus (79), seguindo com o diabo (80) e terminando com o homem, particularmente os primeiros pais, o que ocasiona um exame do pecado original conforme transmitido à totalidade da espécie humana (81-83). Deus não pode ser a causa do pecado, na medida em que o pecado denota um afastamento da ordem que Deus estabelece em seu ato criador, uma ordem que dirige todas as coisas a Ele, de modo que encontram seu fim último e seu bem perfeito. É impossível que Deus queira que algo se afaste dessa ordem, na medida em que isso o envolveria na vontade de algo que Ele criou para buscar seu fim e seu bem em algo que não fosse Ele próprio, uma contradição direta com os ensinamentos do *Tratado sobre a felicidade* e da própria *Suma*[278]. Pelo contrário, a causa da queda do homem de sua ordem criada está em seu livre-arbítrio[279], à luz da qual as passagens bíblicas sobre a cegueira espiritual e a dureza de coração que vêm sobre o homem, a partir de Deus, devem ser interpretadas conforme retirou-se do homem a graça de Deus, na medida em que ele colocou diante de Deus um obstáculo à concessão de seus dons[280]. É assim que os dons do Espírito Santo e as virtudes infusas são perdidos. A influência do diabo é limitada pelo fato de que a vontade do homem está dentro do controle direto do homem e de nenhum outro. Consequentemente, a influência do diabo se restringe ao efeito que ele pode ter sobre

---

278. ST. I-II. 79. 1.
279. ST. I-II. 79. 2.
280. ST. I-II. 79. 3.

as outras potências do homem que podem influenciar sua vontade, isto é, seu apetite sensitivo e sua razão. Assim, o diabo pode incitar o homem ao pecado, apresentando algo desejável a seus sentidos e, assim, provocar suas paixões, ou por meio da persuasão que ele pode realizar sobre a razão do homem, especificamente por meio de sua imaginação. A decisão de pecar, entretanto, é inteiramente do próprio homem[281]. Quanto ao pecado original dos primeiros pais do homem, este é transmitido a seus descendentes pela natureza comum que todos recebem dos primeiros pais, uma natureza que está desordenada na medida em que a justiça original, que caracterizou a condição do homem, foi perdida em decorrência desse primeiro pecado, uma graça que foi então negada a todas as gerações seguintes, colocando-as na necessidade da redenção que Cristo realizou[282]. Essa desordem se manifesta não só na falta de submissão da vontade do homem a Deus, mas também no efeito que isso tem no controle da vontade sobre as outras potências da alma do homem e de seu corpo e sobre a duração da vida que foi sua sob a justiça original, como discutido previamente no *Tratado sobre o homem*[283].

A última causa de pecado que é considerada antes de seus efeitos (nas questões 85 a 89) é a de um pecado em relação a outro pecado (questão 84). Seguindo a corrupção da natureza humana na perda da justiça original, Tomás, guiado pelas Escrituras, identifica a avareza, ou cobiça, como a raiz de todos os pecados e a soberba, ou orgulho, como o seu início. A avareza se refere à "inclinação da natureza corrompida para os bens corruptíveis" (GALACHE

---

[281]. ST. I-II. 80. 1-4.
[282]. ST. I-II. 81. 1-3.
[283]. Para um tratamento mais completo destas questões, considerar Velde (2005), p. 143-166.

et al., IV, p. 449) desordenadamente, algo que o homem satisfaz mais eficientemente por meio do poder e da oportunidade que o dinheiro lhe proporciona na prática de todo e qualquer tipo de pecado, constituindo, assim, a raiz da qual todo pecado deriva[284]. A soberba denota uma inclinação de uma natureza corrompida a desprezar o próprio Deus, para não estar sujeito à sua ordem e ao seu comando. Nesse desvio de Deus encontra-se o início de toda a espécie de mal, particularmente porque este se manifesta no desvio para bens que são corruptíveis, de modo que, em sua aquisição, o homem possa satisfazer o desejo de superar todos os outros e alcançar a perfeição e a excelência que vêm com tais riquezas e o poder e a posição que elas proporcionam[285]. Diz-se que a soberba é a "rainha" de todos os pecados[286], um vício universal que está à frente do que Tomás, seguindo São Gregório Magno, chama os sete pecados capitais ou mortais, aqueles pecados que são mais perigosos para a vida do cristão, na medida em que são os princípios e os direcionadores de todos os outros pecados, pois esses sete são a causa final da soberba, aquela por causa da qual todo tipo de pecado é cometido. Quatro deles dizem respeito aos bens da alma, do corpo e dos bens externos à pessoa humana, enquanto os outros três se referem a evitar o bem por causa de algum mal que os detém. A *vanglória* considera os bens da alma na medida em que é o pecado pelo qual o homem deseja desmedidamente a honra e o louvor dos outros, um bem que é desfrutado apenas por meio de tais coisas sendo apreendidas. A *gula* e a *luxúria* descrevem os desejos desordenados pelos bens do corpo, os que dizem respeito à conservação do indivíduo e da espécie, respectivamente. Por fim,

---

[284]. ST. I-II. 84. 1.
[285]. ST. I-II. 84. 2.
[286]. ST. I-II. 84. 4. ad. 4.

como dito anteriormente, a *avareza* diz respeito ao desejo desordenado de riquezas. Quanto aos outros três, a *acídia*, ou *preguiça*, evita os bens espirituais que são próprios de cada um, mas que requerem um esforço da sua parte que é considerado excessivo. A *inveja* e a *ira* consideram o bem de outra pessoa, a primeira como uma tristeza que se experimenta na boa sorte do outro, especificamente porque "impede a própria excelência", e a segunda como se acrescenta à inveja o desejo de vingança[287].

A última questão que Tomás considera nesse tratado é o efeito do pecado. Ele começa na questão 85 com o grau em que o bem da natureza humana foi corrompido pelo pecado. Esse bem é triplo: os princípios que constituem a natureza humana e as potências que dela derivam, as inclinações naturais para a virtude que foram examinadas no *Tratado sobre a virtude* e, por fim, o dom da justiça original. Essa última foi totalmente destruída, como já observamos. O primeiro deles permanece intacto, como vimos no *Tratado sobre o homem*. A inclinação natural para a virtude, no entanto, embora não seja destruída pelo pecado, é diminuída por ela, na medida em que o homem, por meio de seu engajamento em atividades desordenadas, efetivamente enfraquece essas inclinações naturais para a virtude, fortalecendo os hábitos e vícios que lhe são contrários[288]. Esses vícios não destroem as inclinações naturais (já que estão enraizadas na própria natureza do homem, algo que não é destruído ou diminuído pelo pecado), mas sim servem para colocar obstáculos à sua plena e adequada realização[289]. O resultado disso, como vimos anteriormente em relação ao pecado original, foi a interrupção de tudo o que foi feito por

---

287. ST. I-II. 84. 3-4.
288. ST. I-II. 85. 1.
289. ST. I-II. 85. 2.

meio da justiça original, ou seja, que o homem perdeu a ordem própria a ele e de que desfrutava antes da queda, tanto dentro de sua própria pessoa (da razão perfeitamente acima de tudo o que estava abaixo dela) quanto para o próprio Deus (da razão aperfeiçoada em sua sujeição a Ele). Diminuído na sua inclinação natural para a virtude, o homem sofre aquilo a que Tomás chama a "ferida da sua natureza", que se manifesta de quatro maneiras: a ferida da *ignorância*, quando a mente do homem já não está totalmente ordenada para a verdade; a ferida da *malícia*, quando a vontade do homem já não está ordenada para o bem; a ferida da *fraqueza*, quando seu aspecto irascível já não está ordenado para o árduo; e, finalmente, a ferida da *concupiscência*, quando seu aspecto concupiscível já não está ordenado para seu próprio objeto pela razão. Tais feridas acompanham o pecado original dos primeiros pais do homem e são ainda mais fortalecidas em seu domínio sobre cada pessoa, individualmente, quando ela se envolve em atividades pecaminosas[290]. A morte e outros defeitos corporais são indiretamente causados pelo primeiro pecado, na medida em que a retirada da justiça original efetivamente perturbou a sujeição do corpo à alma e sua harmonia com ela, algo que se esperaria, dado o tipo de perturbação que ocorreu no nível psíquico e dado que a natureza material do homem no estado original, como agora, está sujeita aos princípios da geração e da corrupção, algo que no estado pré-lapso foi verificado, por assim dizer, pelo dom de Deus da justiça original[291].

---

[290]. ST. I-II. 85. 3.
[291]. ST. I-II. 85. 5-6. Cf. tb. a discussão no *Tratado sobre o homem*. As questões restantes deste tratado (86-89) lidam com a marca ou "mancha" (ou "mácula") que o pecado deixa na alma e da dívida que o pecado gera (com uma discussão sobre a distinção que deve ser feita entre os pecados venial e mortal, sem perder de vista a dívida específica que esses incorrem). Deixo isso para o leitor considerar por conta própria.

Tratado sobre a Lei (questões 90-108)

Após completar sua investigação sobre os princípios intrínsecos de atividade voluntária de homem, Tomás agora se volta, nos dois últimos tratados da *prima secundae*, para os princípios que são extrínsecos. Vimos que, embora a felicidade do homem consista em sua união com Deus, seus esforços para consegui-lo são insuficientes: como já foi dito, sua atividade não é proporcionada ao fim para o qual foi criado. Ele deve ser erguido, por assim dizer, em seus desejos e atividades, para que possa alcançar e unir-se ao seu bem e ao seu fim último. Quando se discutiram os meios intrínsecos pelos quais o homem aspira à sua felicidade, foi necessário, à luz desse princípio, incluir os dons do Espírito Santo e as virtudes infusas como meios pelos quais essa insuficiência, por parte do homem, poderia ser abordada. No entanto, essa não é a dimensão completa da ajuda que o homem recebe de Deus. Em seu movimento até seu fim último e sua felicidade perfeita, as forças externas dão uma contribuição direta, na medida em que o homem não é um animal solitário e, assim, não é suficiente por si mesmo em todas as suas necessidades, mas requer a sociedade com outros. Tudo isso permite que ele floresça em sua humanidade. A esse respeito, Deus auxilia o homem de duas maneiras: por meio da orientação que Ele pode realizar pela sua Lei, e da ajuda que Ele pode oferecer por meio da sua graça. A consideração sobre a lei se divide em duas partes: a primeira trata da lei em termos gerais (90-92) e a segunda examina as suas várias partes ou tipos (93-108)[292]. Torrell, por outro lado, divide esse tratado em três partes. A primeira, que se estende entre as questões 90 a 97, reconcilia a liberdade do homem com a lei que permeia toda a criação, com a

---

292. ST. I-II. 90. Prólogo.

qual o homem participa na formação das suas próprias leis, dando assim sua contribuição particular para o bem comum e para o bem da criação. "Mas Deus reservou-se o direito de intervir na história da salvação. Assim, ele promulgou dois tipos de lei: a *Lei Antiga*, que Tomás examina em detalhe minucioso (98-105), e a *Lei Nova*, que Tomás identifica com a graça do Espírito Santo (106-108)"[293].

No primeiro encontro com um tratado sobre a lei, seria de se esperar que fosse de natureza inteiramente proscritiva. No entanto, não é esse o caso. Em vez disso, esse tratado reflete o teor de tudo o que precedeu, na medida em que procura desenvolver os meios, agora externos, pelos quais o homem pode aspirar não apenas à maturação de sua natureza, mas também ao início de uma recuperação de sua postura original diante de Deus e de sua felicidade. A questão 90 concentra-se na apresentação e na defesa da definição de lei, isto é, como "uma ordenação da razão para o bem comum, feita por aquele que cuida da comunidade e promulgada". Desde o início, deve-se notar com Torrell[294] que essa definição de lei não está centrada primariamente na obrigação, mas sim no "bem comum" como aquele para o qual existe uma lei. O entendimento punitivo que muitos consideram essencial à lei não é mencionado nesse contexto, tampouco a definição de Tomás utiliza a noção de limitação da liberdade de alguém, que muitas vezes marca a abordagem de muitas pessoas à lei. Pelo contrário, a lei é apresentada nesse tratado como tendo um "valor educativo", especificamente ao estabelecer uma orientação sólida e os meios práticos para a aquisição e prática das virtudes, com a esperança de desenvolver não só um caráter virtuoso nas pessoas sujeitas à lei, mas também

---

293. Torrell (2005), p. 34. A tradução de Blackfriars da *Suma* segue essa divisão (vols. 28-30: 1966; 1969; 1971).
294. Torrell (2003 [1996]), p. 282-283, n. 26.

de que elas possam aspirar ao ponto de a lei se interiorizar a ponto de se tornar uma segunda natureza para elas, e, consequentemente, algo que é, por assim dizer, transcendido, tendo sido cumprida a tarefa da lei[295]. Pode-se ver, então, que se a lei deve funcionar dessa maneira, ela precisa ser formulada e realizada não apenas pela razão em si, mas também por uma razão que não pretende primariamente o bem de um indivíduo, mas sim o bem da sociedade da qual o indivíduo é membro. Isso é mais eficientemente realizado por um, por poucos ou por muitos dentro dessa cultura, que foram encarregados especificamente da responsabilidade de formar as leis que irão governá-la. Eles as declaram abertamente e as publicam, enquanto cada membro da sociedade adere voluntariamente, vendo a lei como aquela que irá medir ou governar sua atividade, a fim de tirar vantagem da ajuda que ela pode dar na realização não apenas do bem da cultura, mas também, em última instância, na realização do fim último e do bem perfeito de cada indivíduo. Voltando a uma imagem que Tomás usou anteriormente no *Tratado sobre o homem*, o apetite sensível é governado pela razão por meio de uma regra política e é aperfeiçoado em suas atividades por meio de sua participação na vida da razão, que se manifesta perfeitamente na aquisição das virtudes da temperança e da fortaleza. Assim são também as pessoas de uma sociedade governada pela lei, aperfeiçoadas em suas respectivas atividades por meio de sua participação naquilo para o qual a lei está estabelecida. Ou seja, essas pessoas, em sua natureza de animais racionais que requerem a comunidade de outros para a realização do que é potencial para sua humanidade, podem juntas trabalhar mais efetivamente

---

295. Torrell (2005), p. 34. Cf. esp. cap. 4: "Natural Virtue" [Virtude natural] em Sokolowski (1995) para saber como a pessoa virtuosa e "divina" transcende a lei na medida em que seu propósito educativo foi cumprido.

para adquirir sua felicidade ou, pelo menos, para realizar as condições a partir das quais se poderia buscá-la efetivamente[296].

A natureza geral dessa explicação suscita imediatamente duas questões. Primeiro, uma vez que existem muitos tipos diferentes de comunidades às quais o homem pertence, há correspondentemente diferentes tipos de leis que as governam? Segundo, a retificação da razão em seu governo das potências e das atividades do indivíduo é realizada por meio de sua conformação à maior das verdades e de seu apetite unido ao mais elevado dos bens e com a intenção de fazê-lo. À luz da analogia do parágrafo anterior, o que serve para retificar a razão ou as razões da autoridade de uma sociedade para que as leis por elas promulgadas mantenham de fato sua natureza como leis e não decaiam a formas de violência, já que Tomás se refere a leis que perderam esse caráter?[297] A questão 91 trata do primeiro problema e no decurso da sua exposição sugere uma resposta ao segundo, o que antecipa seu desenvolvimento mais completo no decorrer do exame mais detalhado dos tipos específicos de leis que se seguem (nas questões 93 a 108).

Tomás distingue quatro tipos gerais de lei: a eterna, natural, humana e a lei divina revelada. Esta última compreende a Lei Antiga e a Lei Nova da Sagrada Escritura. A lei eterna se refere ao governo que a razão de Deus exerce sobre a "comunidade" do universo em si. Isso foi mencionado anteriormente na *prima pars*, na discussão a respeito da providência de Deus sobre toda a criação, na qual todas as coisas têm o seu ser, sua natureza e seus fins, e por causa da qual toda a realidade está bem ordenada, tanto em relação a si mesma quanto àquilo de que deriva e em que encontra a sua realização.

---

296. ST. I-II. 90. Cf. tb. a questão 92, na qual Tomás discute os efeitos da lei.
297. ST. I-II. 93. 3. ad. 2.

A lei eterna, portanto, é a primeira de todas as leis e a base para todo o resto[298]. A lei natural constitui o modo particular e especial pelo qual a criatura racional participa da lei eterna. Essa participação é marcada pelo fato de que a criatura racional "está sujeita à providência divina de um modo mais excelente, enquanto a mesma se torna participante da providência, provendo a si mesma e aos outros"[299]. Por meio da sua natureza intelectual, o homem tem uma propensão natural para o seu fim e pode realizar a sua própria atividade na busca desse fim, tanto individualmente como nas comunidades a que pertence. Assim, ele pode participar, de formas e graus variados, do governo que Deus exerce sobre a realidade, na qual "a luz da razão natural, pela qual discernimos o que é o bem e o mal, que pertence à lei natural, nada mais seja do que a impressão da luz divina em nós"[300]. É nessa participação da lei eterna que a criatura racional, nas palavras de Torrell, "é chamada a assumir livremente a inclinação para o seu fim, tornando-se assim uma espécie de providência própria, para si mesma e para os outros"[301]. Essa providência se manifesta no terceiro tipo de lei, a humana, de modo que o homem estabelece leis que constituem especificações adicionais das inclinações mais básicas impressas no homem devido à sua participação na lei eterna, ou seja, fazer o bem e evitar o mal, para que ele possa ordenar bem e corretamente suas atividades voluntárias neste mundo, de acordo com o que é bom e verdadeiro em prol de seu fim e sua felicidade[302]. Por fim, Tomás argumenta que uma quarta lei, a divina, é necessária para dirigir as atividades voluntárias do homem, por quatro razões. Pri-

---

298. ST. I-II. 91. 1.
299. ST. I-II. 91. 2 (GALACHE et al., IV, p. 531).
300. Ibid.
301. Torrell (2003 [1996]), p. 283.
302. ST. I-II. 91. 3.

meiro, para que o homem possa ser efetivamente guiado em sua atividade em direção ao seu fim e seu bem verdadeiros, algo que as leis natural e humana não podem realizar, uma vez que não são proporcionais ao fim revelado do homem, como discutido anteriormente. Segundo, para que o ser humano possa ser libertado da incerteza e do erro, que muitas vezes se seguem à dificuldade de fazer seus próprios julgamentos práticos a respeito de como ele deve agir neste mundo com vista ao próximo mundo, algo, novamente, que as leis naturais e humanas não podem realizar. Terceiro, para que o homem possa ser bem dirigido, mesmo nas leis que ele estabelece a fim de governar as atividades interiores de si mesmo e dos outros, algo que, por sua própria natureza, escapa ao alcance da lei humana, sendo competente para guiar apenas as atividades transitivas do homem. Por fim, para que esse homem possa ser instruído a respeito dos atos bons e maus, aos quais o alcance da lei humana não se estende, também por sua própria natureza, atos esses que são exigidos do homem à luz de seu fim último e seu bem perfeito[303]. Essa lei divina, conforme declarado acima, distingue-se entre a Antiga e a Nova, assim como o imperfeito se distingue do perfeito, respectivamente. A Lei Antiga orienta o homem bem com respeito aos bens sensíveis e terrenos, enquanto a Nova orienta o homem bem com respeito aos bens inteligíveis e celestiais. Novamente, a primeira trata dos atos transitivos do homem, enquanto a segunda trata também de seus atos intransitivos. Finalmente, a primeira governa por meio do temor de punição, enquanto a última governa pelo amor.

No que se segue, Tomás considera com maiores detalhes essas quatro leis, a eterna na questão 93, a natural na 94, a humana

---

303. ST. I-II. 91. 4.

nas questões 95 a 97, e a divina nas questões 98 a 108. A Lei Antiga recebe bastante atenção (98-105, cobrindo a Lei Antiga em geral e, em particular, seus preceitos morais, cerimoniais e judiciais) e as três últimas questões são dedicadas à Nova Lei, a Lei do Evangelho.

À luz da natureza fundacional e suprema da lei eterna descrita acima, pode-se perguntar até que ponto essa lei é conhecida pelo homem. Uma vez que essa lei manifesta a própria sabedoria de Deus tal como mede e dirige todas as coisas, essa lei, em si mesma, é algo conhecido apenas por Deus e pelos abençoados que estão unidos a Ele e contemplam sua essência. O conhecimento da lei eterna, então, é entendido em seus efeitos e na semelhança com a causa que nela é identificada, um princípio que encontramos antes, na *prima pars*, ao discutir a existência de Deus, o que poderíamos saber de sua essência e como poderíamos nomear isso apropriadamente. Assim, para as criaturas racionais, a lei eterna é conhecida pelo menos em sua compreensão das verdades elementares ou dos princípios comuns da lei natural, a manifestação da lei eterna após a participação do ser racional dentro da própria lei eterna[304]. A lei natural, então, torna-se uma questão de importância quando o homem discerne o seu lugar na providência divina, particularmente quando ele desenvolve sua própria lei e, assim, se torna uma espécie de providência para si mesmo e para os outros, como dito anteriormente.

Seu preceito fundamental, de que *o bem deve ser buscado e o mal evitado*, é conhecido de modo habitual e autoevidente pela razão prática, da mesma forma que os princípios fundamentais do pensamento são conhecidos pela razão especulativa. E, assim como toda disciplina intelectual depende essencialmente dos princípios

---

304. ST. I-II. 93. 2.

fundamentais do pensamento especulativo, também cada preceito da lei natural depende desse primeiro preceito fundamental. Como já vimos muitas vezes, a pessoa humana tem uma inclinação natural para o que é perfectivo e completivo de si, isto é, para o que é apreendido por ela como bom. Tomás toma a ordem da inclinação natural do homem para o bem de modo a oferecer orientação com respeito à ordem dos preceitos da lei natural que derivam de seu preceito primeiro e fundamental. Pois a dificuldade em formular os preceitos da lei natural não consiste tanto em identificar o que para muitos é incontestável, isto é, procurar o bem e evitar o mal, mas antes identificar o que constitui verdadeiros bens e males. Tomás apela, primeiro, àquela inclinação natural que cada coisa tem para a conservação de seu próprio ser. Assim, no que diz respeito ao homem, pertence à lei natural tudo o que conduz a conservar sua vida e a desviar das coisas que a colocam em perigo. Ele apela, então, àquelas inclinações naturais de que o homem desfruta em decorrência de sua natureza animal, especificamente, à geração e criação de descendentes. Finalmente, ele apela às inclinações naturais específicas da natureza racional do homem: conhecer a verdade em todas as suas manifestações, procurar o bem que está de acordo com sua razão retificada, viver em comunidade com outros em favor de sua felicidade, além de outros assuntos próprios e básicos à sua humanidade, e evitar tudo o que prejudique sua integridade e seu crescimento. Todas essas considerações pertencem à lei natural e constituem a especificação mais básica de seu primeiro e fundamental princípio[305].

Além disso, todos os atos de virtude pertencem à lei natural, na medida em que os seres humanos têm uma inclinação natural para

---
[305]. ST. I-II. 94. 1-2.

agir de acordo com a razão, isto é, para agir virtuosamente. Certos atos específicos de virtude, no entanto, não pertencem à lei natural, pois algumas atividades virtuosas não derivam diretamente da inclinação natural da natureza do homem, mas são empreendidas apenas à luz das determinações da razão em si[306]. Pode-se imaginar até que ponto os preceitos da lei natural estão presentes em cada pessoa e que, caso apareçam variações, se isso enfraquece a posição de Tomás a respeito da natureza natural e aparentemente autoevidente desses preceitos e, portanto, de seu caráter aderente. Tomás afirma que, ao contrário das coisas necessárias com que a razão especulativa se preocupa em suas operações, a razão prática lida com o contingente e o singular, pois é essa potência que delibera especificamente sobre o que fazer e o que não fazer, como vimos no *Tratado sobre os atos humanos*. Assim, embora todos conheçam e ajam de acordo com os princípios fundamentais da razão prática, os problemas surgem quando se começa a aplicar esses princípios às particularidades às quais a atividade voluntária se refere. Inevitavelmente, dados os detalhes envolvidos, as dificuldades apresentadas pelo raciocínio prático e a condição do próprio agente (talvez ele seja deficiente naquelas potências por meio das quais pode raciocinar praticamente; ou tenha sido criado de modo maligno e, assim, aceita como certo o que é contra a lei natural; ou esteja confuso pelo jogo de suas paixões, o que irá afetar negativamente o funcionamento de seu raciocínio prático), haverá diferenças entre as pessoas a respeito do entendimento dos preceitos da lei natural e da aplicação deles às suas atividades[307]. No entanto, Tomás afirma que isso não afeta a compreensão natural dos preceitos fundamentais da lei natural, aqueles que nunca podem ser

---

306. ST. I-II. 94. 3.
307. ST. I-II. 94. 4.

"apagados do coração dos homens"[308], embora o indivíduo possa ser obstruído na aplicação desses preceitos, em circunstâncias particulares, pelas dificuldades acima mencionadas. Com respeito aos preceitos da lei natural, que estão mais afastados desses preceitos fundamentais, sendo secundários a eles, Tomás afirma que eles podem de fato serem apagados do coração de uma pessoa por meio de persuasões malignas e quaisquer costumes perversos, hábitos corrompidos e coisas similares que a afligem, pervertendo o entendimento e a busca do bem da mesma maneira que aquele que caiu em erro quanto ao raciocínio das próprias conclusões está, em certo sentido, removido das proposições necessárias que formam a base do pensamento individual[309].

Dado que o homem lê, por assim dizer, a lei eterna conforme ela se manifesta nas inclinações naturais a que a lei natural se refere (algo que resulta na natureza geral dessa lei, bem como nas dificuldades que acompanham sua tradução nas particularidades da atividade voluntária diária), é prudente que o homem forme suas próprias leis para que ele possa guiar a si mesmo e aos outros em seu desejo pelo pleno florescimento humano e, em última instância, para sua felicidade. O desejo do homem, de praticar a atividade virtuosa e de buscar todos os outros bens a que está inclinado por sua natureza, não pode ser realizado por uma pessoa agindo sozinha, mas requer antes uma comunidade agindo em prol de seu bem comum, por meio da qual os indivíduos que são seus membros terão a maior oportunidade de alcançar seu fim e seu bem. Esse treinamento em virtude é realizado por meio da correção paterna para os bem inclinados. Mas, para aqueles que não o são, o temor e a força devem ser aplicados sobre eles. Isso

---

308. ST. I-II. 94. 6.
309. Ibid.

é realizado por meio das leis que uma comunidade decreta, leis que não apenas promovem um treinamento em virtude aos menos dispostos a ela, mas que também trazem paz para aqueles que o são e que desejam avançar sem os obstáculos apresentados por aqueles que fariam o mal[310]. A integridade, então, da lei humana depende diretamente do grau em que ela segue e incorpora a própria lei natural. Como foi dito anteriormente, as leis humanas que se desviam dessa retidão não são leis, mas simplesmente formas de violência[311].

A maioria das pessoas para as quais a lei humana é formada são aquelas que são imperfeitas em sua virtude e, portanto, requerem a orientação e a força que a lei pode fornecer. Tomás, então, argumenta que, uma vez que a lei é formulada com esse tipo de pessoa em mente (procurando levá-la ao ponto em que ela possa se engajar mais plenamente na vida da virtude), seria prudente que os fardos carregados e desfrutados por aqueles mais perfeitos em virtude não fossem impostos àqueles que aspiram a esse tipo de virtude. Para esse fim, portanto, devem ser decretadas leis que proíbam

> *tão-só os [vícios] mais graves, dos quais é possível à maior parte dos homens se abster; e principalmente aqueles que são em prejuízo dos outros, sem cuja proibição a sociedade humana não pode conservar-se; assim, são proibidos pela lei humana os homicídios, os furtos, e coisas semelhantes*[312].

Nessa abordagem, a maioria é levada à virtude

> *não de súbito, mas gradualmente. E assim não impõe imediatamente à multidão dos imperfeitos aquelas coi-*

---

310. ST. I-II. 95. 1. Cf. tb. ST. I-II. 96. 1.
311. ST. I-II. 95. 2. Deve-se considerar também os artigos 3 e 4, que consideram as qualidades que a lei humana deve possuir e as várias divisões que podem ser feitas dentro dela.
312. ST. I-II. 96. 2 (GALACHE et al., IV, 586).

> *sas que são já dos virtuosos, como, por exemplo, que se abstenham de todos os males. De outro modo, os imperfeitos, não podendo suportar tais preceitos, se lançariam a males piores [...]*[313].

O mesmo princípio se aplica à prescrição de atos virtuosos por meio da lei; apenas aqueles que

> *são ordenáveis ao bem comum, ou imediatamente, como quando algumas coisas se fazem diretamente em razão do bem comum; ou imediatamente, como quando são ordenadas pelo legislador algumas coisas pertencentes à boa disciplina, por meio da qual os cidadãos são formados para que conservem o bem comum da justiça e da paz*[314]

são assim prescritos.

As leis humanas que são justas, isto é, que derivam, de algum modo, das leis naturais e eternas, constrangem as consciências daqueles a quem essas leis são dirigidas. No entanto, a autoridade que forma e promulga essas leis deve tomar cuidado para que elas não sejam opressivas ou onerosas para os imperfeitos em virtude, como acabamos de descrever. As leis formuladas pelo homem devem procurar o bem comum, mas não na medida em que ignoram a condição daqueles a quem são impostas, ou que não se dirigem a todos na comunidade de maneira igual ou equitativa, ou que não são realisticamente proporcionais às capacidades do povo em seu crescimento nas virtudes. Nos casos em que as leis feitas pelo homem não levam em conta essas condições, elas não constrangem a consciência, "a não ser talvez para evitar o escândalo ou a perturbação, em razão do que o homem deve ceder de seu direito". No

---

313. ST. I-II. 96. 2. ad. 2 (GALACHE et al., IV, 586).
314. ST. I-II. 96. 3.

entanto, se for decretada uma lei contrária à lei divina, então tal lei não deve ser observada em nenhuma circunstância[315]. Assim, ainda que o indivíduo se encontre sujeito à autoridade que cuida do bem comum de uma comunidade da qual é membro, todavia, dadas as condições sob as quais a lei da autoridade é sobretudo uma lei, esse indivíduo se encontra sujeito a essa lei superior e, sendo as coisas iguais, ele está sujeito a essa lei superior por meio da lei humana menor, que deve ser modelada à luz daquela[316]. A lei imperfeita, portanto, não deve ser desprezada em favor da perfeita, mas reconhecida pelo bem que ela é e pelo papel que desempenha, não só em relação ao bem comum da sociedade em si, mas também em relação ao bem comum, por assim dizer, das próprias leis eternas e divinas. Assim, mesmo a autoridade que enquadra as leis de uma comunidade está sob a força diretiva da lei humana, sob aquelas leis que eles mesmos modelaram, cumprindo-as por seu livre-arbítrio e não pelo constrangimento que é imposto à maioria dos imperfeitos em virtude. Assim, a autoridade prefere agir dessa maneira, como um exemplo para seu povo, e evitar a reprovação do Senhor em Mt 23,3-4[317]. Por último, o direito humano deve permitir a dispensa nas circunstâncias em que a adesão a uma determinada lei seria, de fato, contrária à sua intenção, que é em nome do bem comum. Isso é realizado na medida em que a autoridade faz leis que se aplicam à maior parte, permitindo decisões prudenciais por parte dos cidadãos sobre sua aplicabilidade, quando confrontados com esse tipo de circunstâncias[318]. A autoridade também deve ter em vista se uma lei precisa ser mudada. Isso deve ser feito com

---

315. ST. I-II. 96. 4.
316. ST. I-II. 96. 5.
317. ST. I-II. 96. 5. ad. 3.
318. ST. I-II. 96. 6. Cf. o corpo do artigo para as condições que permitem a dispensa de uma lei humana justa.

uma boa razão. Pois qualquer mudança na lei humana "tem em si mesma certo prejuízo da salvação comum", na medida em que enfraquece a força vinculativa da lei por meio da alteração que afeta os costumes a que um povo é adaptado de acordo com a lei. Os costumes desempenham um papel importante na observância da lei pelas pessoas e cada mudança nos costumes irá enfraquecer ou mesmo minar o grau em que as pessoas irão observar a lei. É preciso julgar cuidadosamente, então, se o bem obtido por meio de uma mudança na lei irá compensar o dano que é feito a esse respeito[319].

Isso leva Tomás à consideração da lei divina. Ele se volta, primeiro, para a Lei Antiga, aquela lei dada ao povo judeu, conforme relatada no Antigo Testamento das Sagradas Escrituras. As questões sobre a Lei Antiga, que provavelmente surgiriam entre as pessoas a quem os dominicanos serviam em seus ministérios pastorais, seriam a natureza da Lei Antiga, a relação com a Lei Nova de Cristo, e o valor à luz do Evangelho, já que este havia cumprido a Lei Antiga e, assim, parecia torná-la de pouco ou nenhum valor para o cristão[320]. Tomás começa com a afirmação sobre a bondade da Lei Antiga, primeiro, na medida em que esta tem, no mínimo, o caráter de lei, tal como descrito anteriormente, ou seja, segue e está de acordo com a razão justa e proíbe a pessoa humana de exercer atividades que sejam contrárias à ordem da razão. Nisso, a Lei Antiga compartilha muito com a bondade encontrada na lei

---

319. ST. I-II. 97. 1-2 (GALACHE et al., IV, p. 598). Para as condições em que isso pode ser feito, cf. artigo 2.

320. Pode-se até mesmo considerar a antiga heresia de Marcion que pode ter permanecido nas mentes das pessoas. Essa heresia considerava a Lei Antiga como sendo totalmente oposta à Nova, pensava que o Deus da Antiga fosse a antítese da Nova e argumentava que Ele era "o instigador da própria paixão e morte de Cristo" (David Bourke, vol. 29 da tradução de Blackfriars, 1969, p. xiv). Bourke vê na exposição inicial de Tomás sobre a natureza da Lei Antiga uma refutação implícita dessa heresia "mais diretamente hostil à Lei Antiga como tal".

humana. No entanto, elas diferem em suas respectivas bondades, pois a lei humana se refere ao bem comum, enquanto a Lei Antiga se refere ao fim último para o qual a pessoa humana é chamada e aos meios pelos quais ela pode estar apta a participar dela. No entanto, a Lei Antiga é imperfeita, pois não podia conferir esse fim último ao homem, algo que estava reservado apenas a Cristo e à Lei Nova mesma. A Lei Antiga, então, foi estabelecida por Deus como propedêutica à Nova, especificamente porque testemunhava à pessoa de Cristo e porque preparava as pessoas para seu advento, retirando-as do seu modo desordenado de viver em decorrência de seus próprios pecados e dos pecados da própria espécie e dispondo-as para os meios perfeitos de sua salvação[321].

Tendo o caráter de lei, a Lei Antiga se dirigia a uma comunidade específica, isto é, ao povo judeu, os escolhidos por Deus para receber essa bênção e dos quais surgiriam os meios de sua salvação, isto é, o próprio Cristo[322]. Essa Lei foi promulgada por meio dos ministros de Deus, os anjos, por cujo ministério o povo escolhido por Deus foi preparado para a Lei Nova, uma lei a ser promulgada não por qualquer anjo, mas por Deus encarnado[323]. A Lei Antiga era bem adequada para o povo escolhido por Deus, agindo perfeitamente dessa forma introdutória, pois combinava tanto o que lhes era familiar, isto é, aqueles preceitos que podiam ser identificados por meio da razão, conforme descrito anteriormente na lei natural, quanto o que não era familiar, isto é, aqueles preceitos que conduziam especificamente ao que era exigido de-

---

321. ST. I-II. 98. 2. Cf. tb. o artigo 4 onde Tomás descreve o efeito que a Lei Antiga teve sobre o orgulho do homem com respeito ao seu conhecimento e poder, esvaziando ambos para que ele pudesse entender mais facilmente e aceitar a salvação de que ele tanto necessitava.
322. ST. I-II. 98. 4.
323. ST. I-II. 98. 3.

les para que eles pudessem alcançar seu fim sobrenatural. Tomás, seguindo a tradição patrística e de comentários subsequentes[324], dividiu os preceitos da Lei Antiga em três categorias, que abordavam, respectivamente, as práticas morais, as cerimoniais e as jurídicas que regem o povo judeu. Os preceitos morais formam uma parte importante da Lei Antiga, na medida em que por meio deles é realizada a intenção principal da Lei divina, isto é, que o homem se torne apto para a amizade com Deus, algo que só pode ocorrer quando o homem é tornado bom por meio de atos de virtude pretendidos pelos preceitos morais da Lei Antiga[325]. Além da retificação do caráter do homem por meio das virtudes, também é necessário que haja uma ordenação das muitas e variadas atividades pelas quais ele "faz profissão de sua sujeição a Deus", algo que é realizado pela adoração divina e é matéria sujeita aos preceitos cerimoniais da Lei Antiga[326]. Por fim, os preceitos jurídicos da Lei Antiga estabeleciam os modos específicos pelos quais a justiça deveria ser feita entre os membros dessa comunidade especial, mas agora à luz do fim último e do bem perfeito para o qual a Lei Antiga os orientava[327].

A fim de que os preceitos morais da Lei Antiga pudessem tornar o homem apto para a amizade com Deus e prepará-lo para os dons a serem concedidos na Lei Nova, está incorporado dentro da Lei Antiga tudo que é específico da lei natural, ou seja, os preceitos que são facilmente derivados do princípio fundamental do raciocínio prático e os que seguem as deliberações dos sábios, aqueles de quem o povo da Lei Antiga é encorajado a aprender aqueles pre-

---

324. Cf. vol. 29 (1969) da tradução de Blackfriars, p. xix.
325. ST. I-II. 99. 2.
326. ST. I-II. 99. 3.
327. ST. I-II. 99. 4.

ceitos da lei natural que são menos que óbvios. Estes, juntamente com as matérias que requerem instrução divina[328], constituem uma lei que atinge uma perfeição superior àquela que a lei humana, permanecendo fiel ao que está implícito na lei natural, é capaz de alcançar. Pois a comunidade à qual se dirige a lei humana exige que seus preceitos morais governem atos de justiça apenas, detalhando os deveres que o homem tem dentro da comunidade cívica e regulando as atividades entre eles, para que possam viver em paz. A comunidade governada pela Lei divina, porém, "é a dos homens em relação a Deus, seja nesta vida ou na futura. E, portanto, a Lei divina propõe preceitos sobre todos os assuntos pelos quais os homens estão bem ordenados em suas relações com Deus", o que inclui não apenas atos de justiça, mas também de todas as outras virtudes pelas quais o homem realiza, na medida do possível, a ordem correta de tudo o que pensa, diz, sente e faz, conforme discutido ao longo da *prima secundae* e, especialmente, no tratado sobre os hábitos e virtudes[329]. Os mais importantes entre esses preceitos morais são aqueles contidos no Decálogo, ou Dez Mandamentos. Eles compreendem os preceitos que são facilmente dedutíveis dos princípios fundamentais do raciocínio prático ou os que "imediatamente, por fé divinamente infusa, são conhecidos"[330]. Eles se relacionam com tudo o que se encontra dentro dos preceitos morais da Lei Antiga, estabelecendo as relações primárias que devem existir nessa comunidade entre o homem e Deus e do homem com seu próximo, sob Deus. Os três primeiros mandamentos consideram a relação do homem com Deus, a quem ele deve três coisas: fidelidade, reverência e serviço, cada um dos quais assegurado pela obser-

---

328. ST. I-II. 100. 1.
329. ST. I-II. 100. 2.
330. ST. I-II. 100. 3 (GALACHE et al., IV, p. 643).

vância das proibições específicas desses três mandamentos e que "juntos simbolizam a reta ação do homem a Deus"[331]. Os outros sete mandamentos asseguram que o homem entende e age sobre as dívidas que tem com seus pais, honrando-as, e com todos na sua comunidade, não os prejudicando por meio de palavras, pensamentos ou ações[332]. A ordem dos Dez Mandamentos é importante, pois o homem se encontra em justa relação com o próximo somente na medida em que suas relações com Deus são retificadas e a justiça entre o povo dessa comunidade especial será alcançada de modo adequado e pleno somente em sua fidelidade, reverência e serviço a Deus. Pois é somente na ordem reta até o fim último que a ordem das partes para o todo, a própria estrutura da comunidade em busca do seu bem e seu fim, pode ser adequadamente entendida e posta em prática, ordem essa que é realizada e culmina na caridade[333]. Consequentemente, considerando a importância do Decálogo, tanto para o homem como para a comunidade para a qual é promulgado, e o fato de esses preceitos serem dados pelo próprio Deus e expressarem a sua intenção para o seu povo, nada do Decálogo é dispensável[334].

Assim como a lei natural teve que ser especificada pela lei humana, também os preceitos morais da Lei Antiga devem ser mais especificados por meio dos preceitos cerimoniais (questões 101-103) e jurídicos (questões 104-105). Tomás completa sua análise da Lei Antiga com um tratamento prolongado desses dois preceitos, cujos detalhes não podem ser adequadamente acomodados pelo presente trabalho. Em síntese, basta dizer que os preceitos ce-

---

331. Cf. vol. 29 (1969) da tradução de Blackfriars, p. xxiv.
332. ST. I-II. 100. 4-5.
333. ST. I-II. 100. 6. Cf. tb. ST. I-II. 99. 1. ad. 2. e ST. I-II. 100. 10.
334. ST. I-II. 100. 8.

rimoniais são promulgados para que os membros dessa comunidade possam entender de que forma Deus é corretamente adorado, o que

> *consiste essencialmente na adoração apenas dele, uma adoração baseada na fé e no amor (os primeiros princípios), sendo os seus constituintes básicos a fidelidade, a reverência e o serviço (os três primeiros preceitos do Decálogo), e que é articulada e expressa sob a forma de sacrifícios, coisas sagradas, sacramentos e observância dos preceitos cerimoniais*[335].

Os preceitos jurídicos detalham a maneira pela qual o Decálogo pode ser realizado praticamente dentro dessa comunidade sob Deus, especificamente como determinam as relações que existem entre o governante e seus súditos, entre todos os súditos dessa comunidade, entre a comunidade e o estrangeiro e, finalmente, entre pai e filho, marido e mulher e mestre e servo[336].

Após lidar com a Lei Antiga, Tomás agora considera sua conclusão na Lei Nova ou Lei do Evangelho, o Novo Testamento. Como a perfeição da Lei divina, é de se esperar que ela tenha não apenas seu próprio caráter particular, mas também relações essenciais com todas as outras formas de lei que precederam, algo que explica adequadamente seu lugar na conclusão do *Tratado sobre a Lei*. Vimos que a lei eterna constitui o próprio tecido da realidade, realizando a existência, a essência, a ordem e o parentesco de todas as coisas e que a lei natural é a participação única do ente racional na lei eterna, a partir da qual a pessoa humana em particular desenvolve a lei positiva ou humana para que possa

---

[335]. Cf. vol. 29 (1969) da tradução de Blackfriars, p. xxv. Cf. tb. a descrição geral desse conjunto bem detalhado de perguntas na p. xxiv, bem como alguns comentários que são feitos a respeito desse detalhe nas p. xxvi-xxvii.
[336]. Cf. vol. 29 (1969) da tradução de Blackfriars, p. xxv. Seria bem aconselhável ler a excelente introdução de Bourke a essa seção da *Suma*.

governar a si mesmo retamente em sua natureza social e em seu desejo, não só para o bem comum de sua comunidade, mas também para sua própria felicidade. No entanto, vimos antes muitas vezes que os próprios esforços do homem (e agora incluímos também os esforços comunitários do homem) são insuficientes para alcançar seu verdadeiro fim e seu bem. Assim, a lei divina, entre outras coisas, torna-se uma necessidade como a que é dada ao homem e é assim proporcionado ao fim para o qual ele foi feito, que o ser humano tem agora a esperança de alcançar sua felicidade. A Lei Antiga é propedêutica à Nova, e, como vimos, inclui não só uma referência à lei natural em seus preceitos morais (e, por extensão, à lei humana retamente baseada no natural), mas também antecipa, prenuncia, anuncia, prepara, figura e promete tudo o que está por vir na Lei Nova. A primeira diferença observada entre a Lei Antiga e a Lei Nova, bem como a primeira declaração da perfeição desta última, encontra-se na resposta à pergunta que inicia o tratado de Tomás sobre a Lei Nova, ou seja, se essa lei é uma lei escrita. Ele chama imediatamente a atenção para as alturas e a nobreza dessa lei, isto é, que essa Lei Nova "é a própria graça do Espírito Santo, que é dada aos fiéis em Cristo. [...] a lei da fé foi escrita nos corações dos fiéis"[337] e não, como diz Agostinho, "em tábuas de pedra", como foram os Dez Mandamentos da Lei Antiga. O significado aqui é claro: embora existam "os documentos da fé e os preceitos que ordenam o afeto humano e os atos humanos"[338], que constituem seu aspecto escrito, eles são secundários em relação ao que é a essência da Lei Nova: nela está "presente, interiormente, a graça da fé que cura"[339], que nada mais é do que aquela única

---

337. ST. I-II. 106. 1.
338. ST. I-II. 106. 2 (GALACHE et al., IV, p. 798).
339. ST. I-II. 106. 3 (GALACHE et al., IV, p. 800).

"presença do Espírito Santo de Deus" decorrente do ato salvífico de Jesus Cristo. É para essa presença e cura interior que o aspecto escrito da Lei Nova dispõe e, quando recebido, guia o indivíduo a respeito do uso dessa graça[340]. É essa graça do Espírito Santo, concedida interiormente, que constitui a essência da Lei Nova e salva e justifica o homem de uma maneira que a Lei Antiga prometeu mas não pôde ela mesma realizar[341]. Isso poderia levantar a questão de por que a Lei Nova não foi dada imediatamente após a queda do homem. Tomás oferece três razões para isso. Primeiro, como com qualquer graça infusa, o pecado age como um obstáculo à recepção e à presença interior do Espírito Santo, que a Lei Nova constitui. Somente o ato redentor de Cristo poderia eliminar essa barreira ao derramamento do Espírito Santo e isso era algo, em segundo lugar, que não poderia ser realizado de imediato, mas que necessitava "uma certa ordem temporal de sucessão", na qual o perfeito é precedido pelo imperfeito e o que é imperfeito prepara o indivíduo para o advento e a plena realização das promessas perfeitas. Parte dessa preparação, em terceiro lugar, exigia que o homem reconhecesse sua condição, sua fraqueza, sua incapacidade de se levantar desse estado e, portanto, sua necessidade pela graça de Deus, algo que foi realizado quando ele foi "deixado a si, no estado da Lei Antiga"[342]. O derramamento dessa graça não só constitui a perfeição da Lei divina dada ao homem, o cumprimen-

---

[340]. ST. I-II. 106. 1, ad. 1 e ad. 2.
[341]. Cf. tb. ST. I-II. 100. 12, onde a justificação denota apropriadamente a causa da justiça e inapropriadamente um sinal de justiça ou uma disposição para ela. A Lei Antiga não justificava no sentido próprio (só a Lei Nova o podia fazer), mas podia justificar impropriamente na medida em que "dispunha os homens à graça justificadora de Cristo" e como o significava na medida em que "a vida daquele povo predizia e anunciava Cristo".
[342]. ST. I-II. 106. 3 (GALACHE et al., IV, p. 803). Cf. tb. ST. I-II. 98. 6 para uma explicação em relação ao momento da entrega da Lei Antiga, que reflete muito do que se diz aqui.

to do que foi prometido sob a Lei Antiga, mas também estabelece o presente estado do mundo como aquele que pode chegar mais perto do fim último do homem, na medida em que a graça do Espírito Santo, que a Lei Nova derrama, é agora mais perfeitamente realizada, algo para o qual a pessoa humana está apta de várias maneiras, de acordo com sua disposição para o Espírito Santo. Assim, embora muitos poderiam desejar ser conformados mais estreitamente às graças do Espírito Santo, conferidas pela Lei Nova,

> *não se deve esperar, porém, que haja um estado futuro no qual a graça do Espírito Santo é tida mais perfeitamente do que até agora o foi, maximamente pelos Apóstolos, que receberam "as primícias do Espírito", isto é, "com antecedência quanto aos tempos e mais abundantemente do que aos outros", como diz a Glosa sobre a Carta aos Romanos [8,23]*[343].

Quanto à comparação da Lei Nova com a Antiga, Tomás afirma que há de fato uma diferença entre as duas. A diferença, porém, não é de categoria, como se as duas fossem distintas uma da outra tal qual uma espécie é distinta da outra, o que não é o caso, pois ambas as leis têm em vista o mesmo fim e sujeitam o homem ao único Deus tanto do Antigo quanto do Novo Testamento. Em vez disso, a Lei Antiga é comparada à Nova como o imperfeito é ao perfeito, de modo que "a Lei Antiga é como um pedagogo de crianças", enquanto "a lei nova é a lei da perfeição, porque é a lei

---

[343]. ST. I-II. 106. 4 (GALACHE et al., IV, p. 805). Presumivelmente, isso também falaria do estado de um santo no tempo presente. Cf. tb. ad. 1 desse artigo, no qual Tomás fala mais sobre o estado do homem sob a Lei Nova enquanto aguarda chegar seu estado bem-aventurado na próxima vida. Tudo isso parece implicar que a plenitude do Espírito Santo foi entregue, mas que o obstáculo que permanece é da parte do homem, em sua conformação a essa graça interior, nas condições que lhe restam, tendo sido salvo e justificado.

da caridade"[344]. Mais especificamente, a Lei Antiga dirige-se àqueles que não agem por hábitos virtuosos, mas que exigem a disciplina e a coerção da lei (e, portanto, o temor da punição e o desejo de recompensas) para agir virtuosamente. Essa "lei do temor" é substituída pela "lei do amor", na medida em que as graças interiores que constituem a Lei Nova tornam os homens possuidores de hábitos virtuosos, de modo que eles "inclinam-se para realizar as obras da virtude em razão do amor da virtude, não em razão de alguma pena ou remuneração extrínseca"[345]. Já mencionamos que a Lei Nova cumpre a Antiga "enquanto supre o que faltara à Lei Antiga", ou seja, os meios pelos quais o homem poderia ser justificado e tornado virtuoso, algo que foi prenunciado na Lei Antiga, mas só poderia ser realizado na Nova, "pela virtude da paixão de Cristo"[346]. Além disso, Tomás afirma que a Lei Nova está contida na Lei Antiga, como a árvore está contida na semente, ou como o homem está contido no menino, tirando assim o que está implícito na relação do perfeito com o imperfeito[347]. Por fim, a Lei Antiga é mais onerosa do que a Nova apenas em relação às obras externas que ela exigia, que são muito mais numerosas do que as comandadas pela Lei Nova, particularmente em relação aos preceitos ce-

---

344. ST. I-II. 107. 1 (GALACHE et al., IV, p. 805).
345. Ibid., ad. 2. Cf. tb. como Tomás qualifica esse ponto, em relação àqueles sob a Lei Antiga que tinham a caridade e as graças do Espírito Santo e, assim, pertencem à Nova, e àqueles sob a Nova que não atingiram a sua perfeição e devem ser guiados pelo temor do castigo próprio da Lei Antiga. "Embora a Lei Antiga desse preceito de caridade não se dava por ela o Espírito Santo, pelo qual 'difunde-se a caridade nos nossos corações', como diz a Carta aos Romanos [5,5]".
346. ST. I-II. 107. 2. Tomás também afirma que Cristo cumpriu os preceitos da Lei Antiga tanto em suas obras como em suas doutrinas. As obras, ao submetê-las durante seu ministério terreno; as doutrinas, de três maneiras: "exprimindo o verdadeiro sentido da lei", "ordenando como mais seguramente se observaria o que a Lei Antiga estatuíra" e "acrescentando alguns conselhos de perfeição", dos quais sobre o último falaremos mais detalhadamente em breve.
347. ST. I-II. 107. 3.

rimoniais da Antiga. No entanto, com respeito aos atos interiores do homem, a situação se inverte, particularmente porque a Lei Nova exige que se "pratique uma obra de virtude com prontidão e prazer", algo que seria fácil para quem é virtuoso, mas não para quem está sem virtude ou imperfeito nela[348].

Isso leva, então, a uma determinação definitiva do que está contido na própria Lei Nova. Primeiro, com respeito às ações externas, Tomás afirma que é muito adequado que a graça, que é a Lei Nova, se manifeste em certas obras externas, especificamente por meio dos sacramentos instituídos por Cristo como meios pelos quais a graça é conferida. O raciocínio para isso está no fato de que essa graça da Lei Nova foi dada ao homem por Deus encarnado, que, através de sua paixão, morte e ressurreição, santificou e justificou o homem, tornando-o capaz não só de receber o Espírito Santo em sua pessoa, como também de realizar obras de fé que foram inspiradas pelo Espírito. Assim, seria de esperar que os fiéis, tão cheios do Espírito, se engajassem em obras incitados por essa presença, esse amor e tudo o que se segue a eles. Incitados pela graça, esses atos manifestam-se naqueles que são necessários a uma fé inspirada por tal amor, atos que são proscritos pela Lei Nova. Tomás menciona a confissão de fé como um exemplo. Mais interessante, porém, são aqueles atos que não são necessariamente opostos ou em conformidade com essa fé animada pelo amor. Esses são deixados a critério de cada pessoa e não são proscritos ou proibidos pela Lei Nova. Tais assuntos não são estabelecidos em uma lei escrita (como era o caso da Lei Antiga) e, assim, determinados por ela. Esse fato mostra não só que a Lei Nova é realmente a perfeição da Antiga, mas também o grau em que a pessoa,

---

348. ST. I-II. 107. 4.

animada por essa graça, foi curada e justificada pela presença do Espírito dentro dela. A graça a liberta, por assim dizer, das coisas que antes a tornaram moral, isto é, o temor do castigo e o desejo da recompensa, e estabelece nela a postura madura de quem é verdadeiramente virtuoso, agindo a partir de um amor por aquilo que é verdadeiramente bom e temendo apenas que ela não possa manifestar esse amor de maneira adequada à sua fonte e ao fim desejado[349]. A maturidade dessa posição não é totalmente inesperada. Pois vemos aqui o cumprimento da noção de lei, ou seja, essa lei, como meio para a felicidade, é algo que atrai quem é animado por sua perfeição, até ao ponto em que a própria lei é transcendida, por assim dizer, tendo se tornado parte integrante do próprio ente. A lei, para tal, é "deixada para trás", na medida em que a pessoa, agora, aspira mais seguramente ao bem último, em cujo limiar ela está e para o qual toda a lei se orienta. A Lei Nova, portanto, é chamada de "lei da liberdade", que permite ao homem agir livremente, ou seja, agir de acordo consigo mesmo. Isso não significa que ele pode fazer o que bem quiser, mas sim ser liberado de uma noção caída de liberdade (na qual ele está livre *de* tudo o que poderia prendê-lo, permitindo-lhe tornar-se sua própria lei) e chegar à plenitude para a qual foi destinado (na qual agora está livre *para* aquilo que foi criado). Por ter recebido essa graça da Lei Nova, estão infusas no homem as virtudes, discutidas anteriormente, que o inclinam a "agir retamente", a "fazer livremente aquelas coisas que convêm à graça", e evitar o que é contrário a ela[350]. Alguns, entretanto, poderiam dizer que os atos externos determinados pela Lei Nova eram insuficientemente expostos, particularmente à luz

---

349. Assim, até mesmo o temor do indivíduo se torna maduro sob a Lei Nova. Cf. ST. II-II. 19, p. ex.
350. ST. I-II. 108. 1. ad. 2 (GALACHE et al., IV, p. 822).

da medida em que eles eram determinados pela Lei Antiga, fazendo parecer a Lei Nova algo nua em comparação[351]. Em sua resposta, ele reitera a posição que detalhou acima, isto é, que apenas as coisas que estão relacionadas essencialmente com "a recepção ou o uso correto" das graças concedidas pela Nova Lei estão sujeitas a prescrições ou proibições específicas. Para a recepção da graça sob a Lei Nova, temos os sete sacramentos estabelecidos pelo próprio Cristo. Quanto ao uso correto da graça da Lei Nova, ela é realizada por obras animadas pela caridade. "Aquelas coisas que dizem respeito por necessidade à virtude pertencem aos preceitos morais, que também foram transmitidos na Lei Antiga. Portanto, quanto a isso, a Lei Nova não devia acrescentar sobre a Antiga acerca de obras exteriores a realizar". Quanto à determinação dessas obras em relação aos preceitos cerimoniais e judiciais, elas são deixadas à discrição do homem sob a Lei Nova, uma vez que essas duas categorias de preceitos "não são, por elas mesmas, necessariamente conectadas à graça interior, na qual consiste a lei". Elas se tornam responsabilidade daqueles que são encarregados especificamente de seu cuidado, desde as determinações apropriadas ao indivíduo mesmo, até e inclusive aquelas apropriadas aos órgãos de governo temporal e espiritual, ou seja, o Estado e a Igreja. Assim, Tomás leva a sério o pronunciamento de Tg 1,25 de que a Lei Nova é *a Lei da liberdade perfeita*, uma lei que proscreve ou proíbe somente em conexão com assuntos sacramentais e preceitos morais que têm uma conexão necessária com a virtude[352].

As determinações mais específicas do que está contido na Lei Nova se encontram nos dois últimos artigos desta questão. O primeiro deles pergunta se a Lei Nova orienta suficientemente o ho-

---

351. Cf. as objeções à ST. I-II. 108. 2.
352. ST. I-II. 108. 2 (GALACHE et al., IV, p. 824).

mem nas atividades intransitivas que são centrais ao seu caráter, à vida virtuosa e, em geral, à manifestação de como deve ser a sua vida como cristão. A resposta remonta à conclusão do *Tratado sobre a virtude*, ou seja, que a vida interior do cristão é ordenada mais perfeitamente sob a Lei Nova por tudo o que está contido no Sermão da Montanha. Esse Sermão não é apenas "perfeito para todos os preceitos com os quais se forma a vida do cristão", ele também detalha "toda a informação da vida cristã"[353]. O que se segue na resposta de Tomás é um comentário muito breve, porém extremamente rico, sobre a totalidade do Sermão (e não apenas sobre as bem-aventuranças discutidas anteriormente), onde ele explica o modo específico como se ordena a vida interior do cristão, começando pela compreensão de seu fim último, estabelecendo a autoridade pela qual essa doutrina é promulgada e, então, ordenando a sua atividade intransitiva em relação, primeiro, a si mesmo e, depois, no que toca o próximo. Assim, o Sermão diz ao cristão como retificar sua vontade do que deve ser feito e sua intenção do fim: a volição, por meio da prescrição de que o homem deve abster-se de todas as obras más e suas ocasiões, tanto externas como internas, e a intenção, não buscando riquezas terrenas, mas aquelas no céu, em tudo o que ele faz. Quanto ao seu próximo, o Sermão proíbe o julgamento imprudente, injusto e presunçoso dele, bem como que lhe sejam confiadas "coisas sagradas, se são indignos". Por último, ele

> *ensina o modo de cumprir a doutrina evangélica, a saber, implorando o auxílio divino, e empregando o esforço para entrar pela porta estreita da virtude perfeita, e empregando a cautela para não sermos corrompidos pelos sedutores. E que a observância dos mandamentos dele é necessária para a virtude: não basta,*

---

353. ST. I-II. 108. 3. *sed contra e corpus* (GALACHE et al., IV, p. 827).

com efeito, apenas a confissão da fé, ou a prática de milagres, ou só ouvir[354].

No artigo final, Tomás determina o lugar dos chamados conselhos evangélicos de pobreza, de castidade e de obediência na manifestação da vida cristã. Ele faz, primeiro, uma distinção entre um mandamento e um conselho, aquele implicando uma obrigação de cumpri-lo, enquanto este "é posto na opção daquele a quem é dado". Em relação à Lei Nova, os mandamentos são determinados de acordo com o necessário para que se possa alcançar a felicidade, enquanto os conselhos são oferecidos de modo que "melhor e mais expeditamente pode o homem conseguir o fim mencionado" (GALACHE et al., IV, p. 832). Assim, no Sermão da Montanha, o homem é ordenado a buscar sua felicidade não nos bens deste mundo, mas nos bens do próximo mundo, a buscar não as riquezas temporais, mas as espirituais. Tomás, então, ressalta que o homem não está proibido aos bens deste mundo. Pelo contrário, simplesmente é-lhe ordenado que não permita que se tornem os primeiros no seu amor. Ele pode, assim, usar esses bens, desde que não ocupem o primeiro lugar em seus afetos, aquele lugar reservado somente a Deus. No entanto, se o homem quiser aspirar ao seu fim último e ao bem perfeito com tudo o que está à sua disposição, então é aconselhado pela Lei Nova a renunciar inteiramente aos bens deste mundo. Para fazê-lo mais eficientemente, deve atender aos conselhos de pobreza, castidade e obediência, que consideram respectivamente os bens externos de riqueza, os prazeres carnais e as honrarias que ele pode buscar de outros homens. Uma vez que as pessoas nas ordens religiosas procuram dedicar sua vida inteiramente a Cristo e à Lei Nova, esses três conselhos são indispen-

---

354. ST. I-II. 108. 3 (GALACHE et al., IV, p. 828).

sáveis, enquanto para os demais, esses conselhos não se elevam ao nível de votos, mas são aceitos quando e se a situação o permite, portanto, de acordo com o princípio anteriormente mencionado, isto é, não impor fardos excessivos aos que são jovens na fé, mas sempre encorajando-os a crescer na vida de virtude e, eventualmente, a retomar as práticas que são aconselhadas pela Lei Nova.

Esse tratamento excessivamente breve da Lei Nova não deve trazer prejuízos à sua importância. Pois temos aqui não apenas aquilo que cumpre e aperfeiçoa a Lei Antiga, mas também o que Tomás considera ser a definição da pessoa verdadeiramente virtuosa, que age amorosa e livremente a partir dos hábitos que ela mesma pode realizar, mas sobretudo por meio dos dons que o Espírito Santo infundiu nela, que se manifestam tanto nas atividades características da vida cristã, como indicado no Sermão da Montanha e especialmente nas bem-aventuranças, como em seus frutos específicos, como já descrito anteriormente. Em sua perfeição, a lei não é algo exterior à pessoa humana, mas algo tão internalizado, que Tomás, seguindo as Escrituras e os autores patrísticos, descreve como escrita no coração a ação interior do Espírito Santo presente na fé e operando por meio da caridade. Isso, juntamente com toda a lei natural, "inscrita na consciência de cada pessoa e formulada pelo Decálogo no contexto da Antiga Aliança"[355], não só constitui a "base interior" da teologia moral de Tomás, como também prepara o terreno tanto para o *Tratado sobre a graça* quanto para toda a *secunda secundae*, na qual a Lei Nova e a Graça em si são aplicadas sobre as próprias descrições das virtudes, tanto teológicas como morais, oferecendo uma descrição muito detalhada do que é a vida cristã virtuosa e uma orientação muito clara em relação à sua obtenção em prol da felicidade do homem,

---

355. Pinckaers (2005), p. 368.

algo que, no entanto, só pode ser concluído à luz do material com que a *tertia pars* lida[356].

Tratado sobre a graça (questões 109-114)

Tomás divide suas considerações sobre a graça em três partes: a primeira trata de sua necessidade, sua essência e suas divisões em tipos variados (questões 109-111), a segunda, de sua causa (questão 112) e a terceira, de seus efeitos (especificamente a justificação e o mérito, questões 113-114). Uma vez que esse tratado (juntamente com o anterior sobre a lei) considera os princípios externos que têm importante influência na atividade voluntária do homem, a necessidade da graça é a primeira a ser abordada. À luz das potências essenciais para a atividade voluntária do homem, ele pergunta diretamente se o homem poderia conhecer alguma verdade, desejar algum bem, ou realizar qualquer boa ação sem a graça. Com relação à compreensão da verdade pelo homem, Tomás reafirma o que foi desenvolvido na *prima pars*, ou seja, que o raciocínio do homem só é possível na medida em que Deus tenha estabelecido providencialmente essa potência de agir como ele faz, na qual, por sua própria "luz intelectual", ele pode saber tudo o que está dentro de seu alcance na experiência do homem sobre o mundo material, sem novas intervenções da parte de Deus[357]. Qualquer

---

356. Considerar a descrição de Pinckaers sobre a explicação de Agostinho sobre o processo da vida cristã à luz das bem-aventuranças, dos dons e dos frutos em Pinckaers (1995 [1993]), p. 152-155, e Pinckaers (2005), ensaios 7, 10, 18, 19 e 20. Cf. tb. Torrell (2003 [1996]), que fala de modo muito belo sobre essa morada do Espírito Santo nas p. 200-224.

357. Esse argumento reconhece que os próprios processos de pensamento em que o homem se envolve são remotamente atribuíveis a Deus, já que o homem é determinado em sua natureza e existência por Deus. Mas reconhece também que parte do governo providencial da criação de Deus permite a realidade da causalidade secundária, que o homem, assim estabelecido, pode agora chegar aqui à verdade por si mesmo, isto é, a respeito daquilo que estiver dentro de seu alcance.

outra coisa que se estenda para além do que está ao alcance das potências naturais do homem (coisas que dizem respeito à fé e à profecia) requer a "luz da graça", por meio da qual o intelecto humano é fortalecido em sua abordagem e compreensão dessas coisas mais elevadas. Algo semelhante é dito a respeito do desejo do bem pelo homem e da realização do bem em suas atividades, algo que já foi detalhado nas discussões sobre as virtudes infusas, os dons do Espírito Santo e as bem-aventuranças. Por meio da providência de Deus, o homem está estabelecido em sua natureza de modo a desejar e buscar o que é bom. No estado pré-lapso, estava bem dentro da capacidade natural do homem desejar e realizar o bem que era proporcionado à sua natureza, satisfazendo tudo o que era necessário para isso, falhando apenas em relação aos bens que ultrapassavam o alcance de sua natureza, como as virtudes infusas. O homem pós-lapso, porém, não pode prover-se de todos aqueles bens que são proporcionados à sua natureza, embora possa, por si só, realizar boas obras de natureza singular, tais como a construção, a agricultura e outras coisas semelhantes. Consequentemente, ele necessita da graça para realizar obras de virtude sobrenatural ou infusa, bem como para curar sua natureza que foi desordenada pelo pecado dos primeiros pais. A necessidade da graça, então, é clara a respeito das operações envolvidas na atividade voluntária do homem, na medida em que ele é ordenado a um fim que excede a capacidade de suas potências, necessitando, portanto, de assistência com relação ao conhecimento e ao desejo, que são integrantes de sua atividade ordenada para a obtenção de sua bem-aventurança perfeita, mas que excedem as proporções de suas respectivas forças[358].

---

358. ST. I-II. 107. 1 e 2.

A implicação aqui para o homem no estado pré-lapso é que ele foi naturalmente capaz de direcionar a Deus todos os seus amores e desejos apropriadamente, em relação ao fim último e ao bem perfeito destes (e dele). Assim, ele não exigiu de Deus nenhuma graça para além daquela que o levou a esse amor retamente ordenado em primeiro lugar, ao contrário do homem caído, que necessita da cura do desejo desordenado de sua vontade por outros bens além de Deus, mesmo antes que ele possa ser movido por Deus a amá-lo acima de todas as outras coisas. O que se afirma aqui é o que já vimos muitas vezes antes: que desde a criação do homem, ele foi feito para Deus, encontrando sua felicidade perfeita somente em união com Ele[359]. Isso é natural para ele, ainda que esteja fora do alcance ou das proporções das suas potências, mesmo no estado pré-lapso. Segundo Pinckaers, isso testemunha "uma harmonia básica entre a natureza humana, que está na fonte de nossas liberdade e personalidade humanas – de onde procede nossa ação – e o dom gratuito da vida sobrenatural", um fato que indica que Tomás não sofria da divisão entre o natural e o sobrenatural, nem entre a natureza e a graça, divisão essa que perturbou a tantos desde ele[360]. De novo, em seu estado pré-caído, o homem podia cumprir todos os mandamentos da lei por meio de sua própria potência, necessitando apenas do dom da caridade, pelo qual é movido por Deus a agir dessa maneira. O mesmo não ocorre para o homem caído, que necessita não só desse dom de caridade, mas também da cura de sua natureza, conforme indicado anteriormente[361]. Nisso, e nos três artigos anteriores, vemos que a pessoa humana em seu estado caído necessita de uma graça dupla:

---

359. ST. I-II. 109. 3.
360. Para começar a ter uma noção das controvérsias que essa discussão ocasionou, considerar Kerr (2002), p. 134-148, e Pinckaers (2005), p. 359-368.
361. ST. I-II. 109. 4.

uma que cure a sua natureza e a eleve ao estado sobrenatural de que tinha desfrutado antes da queda, e outra que o ajude a atualizar esse estado restaurado em suas atividades transitivas e intransitivas, uma atualização que ele próprio não pode realizar (pois fazê-lo seria, para ele, agir além da natureza das suas capacidades, como já vimos a respeito das virtudes infusas e das graças que as acompanham). Essa cura e elevação, portanto, só são realizadas na atividade voluntária do homem, tanto em seus modos naturais como sobrenaturais, por meio da ajuda contínua que o homem recebe de Deus na forma dessa graça[362].

Pelo que foi dito, é claro que a pessoa humana não pode merecer a vida eterna naturalmente, com os seus próprios esforços; seu mérito se estende apenas àquilo que está dentro de seu próprio poder[363]. Mesmo a preparação envolvida para que possa receber pela primeira vez a graça habitual na conversão é algo que é realizado pelo próprio Deus, movendo "a alma interiormente" ou inspirando o "bom desejo" do homem, por meio do dom gratuito da graça antes que ele se volte a Deus. Vimos na *prima pars* que Deus não só estabelece toda a criação, mas também a move para buscá-lo como seu bem e sua completude. Vimos também que o homem quer tudo o que quer sob o aspecto da bondade, o que constitui a determinação inicial de sua vontade ao seu próprio objeto, algo experimentado pelo homem, porém, como uma determinação à bondade em geral; todos desejam ser felizes, mas não estão seguros sobre aquilo em que consiste sua felicidade, como vimos no *Tratado sobre a felicidade*. Em seu desejo, pois, de procurar aquilo que o aperfeiçoa, a pessoa humana assume a busca da sabedoria

---

362. Cf. Joseph Wawrykow (2005a), p. 194-195, para uma excelente descrição dessas duas graças.
363. ST. I-II. 109. 5.

e da virtude, como relatado especialmente na *Ética a Nicômaco*, de Aristóteles. No entanto, como vimos nos dois primeiros artigos desta questão e, mais especificamente, na primeira questão da *prima pars*, o alcance do homem excede largamente sua compreensão; como afirma Aristóteles no livro X da *Ética a Nicômaco*, o homem sabe que ele é como os deuses e pode imitar a atividade deles, mas não é, contudo, definido totalmente como um deles, mas sim deve manifestar sua felicidade no aqui e agora de acordo com o que ele é. À luz disso, ele manifesta o melhor da vida intelectual e moral no contexto da cultura ou cidade em que ele vive. Essa é a extensão de sua compreensão natural, a altura a que a felicidade natural do homem pode estender-se. Vimos, porém, que à luz da revelação de Deus, entendida aqui como uma graça que ilumina, eleva, cura e reforça o intelecto e a vontade do homem, o homem é dotado gratuitamente, para além da determinação inicial de sua vontade, com a graça pela qual ele é ajudado em seu desejo de ser feliz, de uma forma mais específica e determinada, isto é, ao procurar a união com Deus, algo que agora, à luz dessa graça auxiliar, se torna uma possibilidade distinta que ele aceita e busca de boa vontade. Isso lavra o terreno, por assim dizer, do seu ser, dispondo-o adequadamente para a recepção da graça habitual, pela qual ele se converte ou se volta para Deus, especificando, assim, a generalidade do desejo natural de sua vontade por bondade, elevando-o para que ele possa atravessar, por assim dizer, a lacuna que existe entre o criado e o Criador e curando-o para que ele possa ser liberado dos efeitos do pecado, tanto os seus próprios quanto os herdados dos primeiros pais da espécie humana. Nesse estado, ele se encontra agradando a Deus, está novamente ordenado tanto nas potências de sua pessoa como em sua relação com Deus e, à luz do que vimos antes, pronta e voluntariamente inclinado a realizar atos de virtude sobrenatural, mas ainda precisando dessa graça auxiliar para atualizar essa prontidão e vontade de fazer o bem[364]. A graça, portanto, no estabelecimento e na ordem da criação, abunda, primeiro, na lei eterna, mas de um modo especial no homem que participa, como racional e volitivo – já que feito à imagem de Deus – na lei eterna por meio da própria lei natural. O homem está, assim, estabelecido em sua natureza em direção à sua perfeição e se esforça com tudo o que está à sua disposição nesse sentido, tanto em sua busca intelectual como em seus esforços morais, particularmente no que diz respeito aos estados ou cidades que ele forma e às leis humanas que estabelece para governá-los e, assim se espera, levá-los a seu fim. Mas ele está frustrado em suas tentativas, como relatado no início da *Suma*[365]. Deus, então, intervém no tempo e dá ao seu povo a Lei Antiga, preparando-o para receber a Lei Nova, aquela graça que efetivamente satisfará o desejo por bondade, que foi escrito no próprio tecido da pessoa humana em sua criação. Tudo isso, em cada passo do caminho, respeitando e trabalhando com a natureza da pessoa humana, especificamente à luz de sua liberdade, conforme reforçado muitas vezes ao longo deste trabalho.

A pessoa humana tem necessidade de tudo isso, não só porque não pode compreender sozinha a sua felicidade perfeita, mas também porque não pode sequer se levantar do pecado no qual ela se encontra pessoalmente comprometida e herdada da sua espécie. Apenas Deus pode restaurar o brilho da natureza original do homem manchado pelo pecado, atraí-lo de volta à ordem que ele ou-

---

364. ST. I-II. 109. 6, ad. 1 e ad. 2. Cf. tb. Wawrykow (2005a), p. 195-197.
365. ST. I. 1. 1. Cf. esse tema exibido de modo muito belo nos primeiros oito capítulos do livro 1 da *Suma contra os gentios*.

trora desfrutou e perdoar a dívida que ele contraiu[366]. Mas mesmo essa restauração não é efetuada perfeitamente até que o homem chegue ao fim de sua jornada na próxima vida, especialmente com a ressurreição geral dos mortos no fim dos tempos. A graça que Deus concede nesta vida cura a natureza do homem a ponto de que, embora sua mente esteja bem feita, seu aspecto corpóreo e as potências relacionadas a ela, particularmente seus apetites carnais, não são totalmente restaurados à obediência que eles demonstraram a respeito da razão no estado pré-lapso, conforme discutido no *Tratado sobre o homem*. Assim, enquanto for possível ao homem abster-se do pecado mortal, ele ainda experimenta aqueles pecados veniais que encontram sua gênese na desordem que ainda reina dentro de sua natureza sensível e vegetativa. Realisticamente, contudo, o pecado mortal ainda será abundante, dado que a razão humana não está perfeitamente sujeita a Deus nesta vida, para não mencionar a miríade de outras forças externas em ação na vida do homem, na medida em que elas influenciam seu desenvolvimento intelectual, moral e social[367]. De modo especial, o homem necessita de uma graça que o ajude continuamente, não só a ativar o potencial de atos sobrenaturais que vêm com o dom da graça habitual, mas também a fazê-lo durante toda a sua vida, particularmente diante do que permanece irreparável em sua natureza e no mal que vem em seu caminho, a partir daqueles que não são redimidos. Essa é a graça da perseverança no bem até o fim, um aspecto importante das virtudes da esperança e da fortaleza[368].

A partir disso, a essência da graça é claramente algo que é concedido gratuitamente ao homem por meio do amor de Deus. Espe-

---

366. ST. I-II. 109. 7.
367. ST. I-II. 109. 8.
368. ST. I-II. 109. 9-10.

cificamente, é por meio disso que Deus "atrai a criatura racional, acima de sua condição natural, à participação do bem divino"[369]. Essa participação afeta tudo o que foi discutido acima, qualificando a alma do homem de tal modo que ele se sente movido "suave e prontamente para a conquista do bem eterno", uma descrição que destaca a natureza voluntária da participação do homem na bondade divina que a graça constitui[370]. É importante notar que a graça não é idêntica à virtude. As virtudes todas têm um efeito dispositivo sobre as variadas potências do indivíduo para agir bem, tanto em si mesmas quanto em relação, especialmente, à natureza em que elas se encontram e ao fim que essa natureza busca. As virtudes adquiridas dispõem bem o homem em relação a essa natureza e, de maneira limitada, a seu fim (como acabamos de ver, isto é, as contribuições que elas dariam para a realização da felicidade imperfeita do homem), enquanto as virtudes infusas dispõem o homem para uma natureza mais elevada, isto é, em relação a "uma participação da natureza divina" que, ao ser recebida, faz os homens nascerem "de novo como filhos de Deus".

As virtudes, então, tanto adquiridas como infusas, são derivadas de e ordenadas a essas respectivas naturezas: as virtudes adquiridas da luz da razão e para seu fim natural e as virtudes infusas da luz da graça e para seu fim sobrenatural. Por essas virtudes, a pessoa humana é capaz de agir bem, particularmente porque as virtudes infusas "aperfeiçoam o homem para que ande segundo a luz da graça"[371]. Consequentemente, a graça, sendo anterior à virtude, tem seu próprio assento, por assim dizer, naquilo que é anterior e dá origem às potências da pessoa, aquelas potências que são

---

369. ST. I-II. 110. 1 (GALACHE et al., IV, p. 867).
370. ST. I-II. 110. 2 e ad. 2 (GALACHE et al., IV, p. 869).
371. ST. I-II. 110. 3 (GALACHE et al., IV, p. 872).

propriamente abordadas e aperfeiçoadas pelas próprias virtudes. Esse assento é a própria essência da alma em si que, assim agraciada, "participa, com uma certa semelhança, da natureza divina por uma espécie de geração ou de criação novas"[372].

Antes de examinar as causas e os efeitos da graça, Tomás considera suas várias divisões, na medida em que ele se baseia em grande medida nas fontes patrísticas. Primeiro, existe a graça santificante, "que une o homem a Deus", e a gratuita, que "faz com que alguém ajude o outro a chegar a Deus"[373]. A segunda divisão distingue a graça operante da cooperante, uma divisão que se aplica de modo importante tanto à graça habitual como à graça auxiliar, que foram discutidas acima. A graça operante é aquela que é efetuada somente por Deus, aquela graça em que Ele é o único movedor, por assim dizer, do homem que é passivo em relação a ela. A graça cooperante, por outro lado, é aquela que é realizada por Deus, mas na qual o homem pode cooperar, na qual o homem é movido e movedor e não totalmente passivo em relação a essa graça. Assim, podemos distinguir as graças auxiliares e habituais operantes e cooperantes. Remetendo à discussão anterior da questão 109, artigo 6, na qual foi descrita a conversão de um estado não agraciado para um estado de graça, podemos discernir o trabalho de uma graça operante que prepara a alma do homem para sua conversão realizada pela graça habitual. Em sua forma operante, a graça habitual realiza a elevação e a cura da alma do homem, qualificando-a para que o homem, por meio dessa forma cooperante da graça habitual, se torne agora capaz de realizar atos sobrenaturais de virtude. O fato de ele agir de acordo com seu novo estado de filho de Deus, participante da natureza divina, é

---

372. ST. I-II. 110. 4 (GALACHE et al., IV, p. 874).
373. ST. I-II. 112. 1 (GALACHE et al., IV, p. 876).

uma consequência de outras graças auxiliares com ambas as denominações. Em sua manifestação operativa, essas graças auxiliares

> *mantêm a pessoa no caminho para Deus e tornam possível a perseverança na graça; fazem-no vencendo a tentação e provendo a intenção correta à pessoa na vontade do fim de todos os atos que a pessoa continuará a fazer quando em estado de graça*[374].

Em sua manifestação cooperante, essas graças auxiliares "contribuem para o mérito da pessoa, permitindo que ela contribua de modo significativo para a conquista da vida eterna"[375].

Na questão 112, Tomás traz maior precisão ao que ele sugeriu até agora a respeito da causa da graça. Uma vez que a graça é "uma participação na natureza divina", algo que a pessoa humana é incapaz de realizar, é necessário que: "Somente Deus pode deificar, comunicando um consórcio com a natureza divina, por uma participação de semelhança. Do mesmo modo, somente o fogo e nenhuma outra coisa pode queimar"[376]. A noção de deificação empregada aqui sinaliza a influência patrística sobre o pensamento de Tomás, já que ambos têm 2Pd 1,4 em mente[377]. Ela reflete o que está envolvido na elevação da natureza humana pela graça, ou seja, que o homem progrediu, por assim dizer, daquilo que ele se viu sendo naturalmente, para a realização daquilo para o qual foi inicialmente feito, pelo dom da graça de Deus, isto é, a realização

---

374. Wawrykow (2005a), p. 198.
375. Ibid., p. 198-199. Cf. toda a discussão de Wawrykow sobre essas distinções, p. 197-199. O leitor também deve considerar as outras distinções que Tomás oferece a respeito da graça nos artigos 5 e 4 desta questão, isto é, entre a graça preveniente e subsequente, bem como as graças gratuitas oferecidas por São Paulo em 1Cor 12,8-9.10.
376. ST. I-II. 112. 1 (GALACHE et al., IV, p. 888). A tradução foi obtida de Kerr (2002), p. 149.
377. Torrell (2003 [1996]), p. 126-127. Cf. tb. Kerr (2002), p. 145-147 e p. 149-161.

do que deve ser feito à imagem de Deus e de tudo o que se torna possível para ele na graça que ele tem e que continua a receber. Isso se torna possível pela Encarnação e pelo ato salvífico de Cristo, abrindo o caminho para uma vida que agrada a Deus e para a sua completude em seu dom de bem-aventurança na próxima vida. Essa graça não é algo para o qual se possa preparar; a recepção da graça habitual operante, pela qual o homem é curado e elevado, pressupõe o dom da graça auxiliar operante, ambas realizadas somente por Deus. Mesmo em relação ao desejo da vontade por aquilo em que seu bem perfeito é encontrado e pelos atos livremente escolhidos, nos quais o homem se envolve para alcançá-lo, ambos são causados por Deus, conforme detalhado na discussão acima sobre o artigo 2 da questão 111. Assim, o homem se prepara para a graça, mas apenas na medida em que foi preparado por Deus e guiado nos seus passos por Deus em direção a isso[378]. Essa preparação da parte do homem não necessita que a graça habitual seja dada; esse dom é puramente gratuito da parte de Deus. No entanto, se Deus dispensou a graça auxiliar na preparação para o dom da graça habitual, então esta seguramente seguirá, na medida em que isso é "ordenado por Deus", cuja "intenção não pode falhar"[379]. Isso, portanto, explica o fato de que a graça habitual é maior em uns do que em outros, pois Deus assim preparou e dotou as pessoas livremente segundo a sua sabedoria. Tomás lembra um ponto que foi desenvolvido anteriormente na *prima pars* na explicação dessas diferenças, isto é, que "a Igreja encontre beleza e perfeição, como ele estabeleceu os diversos graus das coisas para a perfeição do universo" (GALACHE et al. IV, p. 893)[380]. Quanto

---

378. ST. I-II. 112. 2.
379. ST. I-II. 112. 3.
380. ST. I-II. 112. 4. Cf. Wawrykow (2005a), p. 206-209, para uma comparação do tratamento da graça por Tomás na ST com o de um trabalho muito anterior, seu *Comentá-*

ao conhecimento do homem de que ele desfruta da graça de Deus, isso pode ser realizado por meio de uma comunicação direta ao homem por Deus, algo experimentado por uns poucos, ou indiretamente, conforme o homem deduz imperfeitamente esse dom pelos efeitos que ele experimenta, especificamente "enquanto constata que encontra sua felicidade em Deus e despreza os prazeres do mundo; e também que tem consciência de não ter nenhum pecado mortal", bem como pela doçura experimentada por aqueles que desfrutam da graça e não por aqueles que não a têm. Esse conhecimento, no entanto, é, na melhor das hipóteses, conjectural, uma vez que a certeza sobre tais assuntos é reservada ao conhecimento desfrutado apenas por Deus[381].

Por último, Tomás considera os efeitos da graça. Vários deles podem ser identificados no material precedente (especificamente, conforme mencionado no artigo 3 da questão 111, a cura da alma, o desejo pelo bem, a realização do bem proposto, a perseverança no bem e a obtenção da glória), os quais ele discute sob os títulos de justificação (113) e mérito (114). A justificação se refere àqueles que eram anteriormente descrentes, os ímpios. Ela denota o movimento de sua alma do estado pecaminoso para o de justiça, especificamente um movimento que retifica a ordem de sua disposição interna em relação ao próprio Deus e a de suas potências inferiores em relação à sua razão[382]. Essa remissão de pecados, que é a justificação, é realizada apenas por uma infusão da graça de Deus, algo que ocorre em conjunção com sua livre busca e aceitação dessa graça, ambas são movimentos realizados pela graça de Deus, con-

---

rio sobre as Sentenças de Pedro Lombardo, que ajuda a entender mais profundamente as questões discutidas aqui.
381. ST. I-II. 112. 5.
382. ST. I-II. 113. 1 e 6.

forme discutido acima[383]. Esse movimento de sua mente por Deus, no qual eles se convertem, é algo realizado por meio da fé, algo que implica, entre outras coisas, um desvio de sua vida anterior e um desprezo por seus pecados[384]. A obra da criação de Deus, o ato de fazer todas as coisas do nada, é sua maior obra em relação à modalidade da atividade da qual Ele é capaz. No entanto, em relação ao que é realizado por sua atividade, essa justificação, em que os assim agraciados são curados e elevados e que "termina no bem eterno da participação divina", é maior "do que a criação do céu e da terra, que termina no bem da natureza mutável"[385], uma coisa incrível quando se leva em conta que Tomás não considera essa justificação como milagrosa, na medida em que a alma, "por isso mesmo que é feita à imagem de Deus, a graça a torna capaz de ver a Deus"[386]. Assim, a justificação do homem não é algo trabalhado nele contrariamente à sua natureza, mas sim em consonância com ela, restaurando-a parcialmente à perfeição de que ela já desfrutava antes da queda e antecipando sua plena restauração na vida e na ressurreição vindouras.

Quanto à questão do mérito, Tomás afirma que, embora, simplificando, o homem não mereça recompensa de Deus pelas obras que faz (dada a falta de igualdade existente entre o criado e o Criador), contudo, como Deus ordenou que os bons atos realizados por aqueles em graça merecem a recompensa da vida eterna, Ele assim torna possível que os esforços do homem tenham algum valor para a sua salvação[387]. Aqueles, pois, que foram curados, ele-

---

383. ST. I-II. 113. 2 e 3.
384. ST. I-II. 113. 4 e 5.
385. ST. I-II. 113. 9.
386. ST. I-II. 113. 10.
387. ST. I-II. 114. 1.

vados e ajudados pela graça de Deus desfrutam de uma certa condição de que não desfrutavam anteriormente, na qual, animados e impulsionados pela graça do Espírito Santo, se tornam capazes de realizar efetivamente atos de tal natureza que merecem a vida eterna. Nessa situação, "o preço dessa obra deve ser estimado segundo a dignidade da graça que torna o homem participante da natureza divina e o faz adotar como filho de Deus. A herança lhe é devida em razão desse direito de adoção"[388]. É, pois, a partir dessa deificação que a pessoa humana, tendo sido reconciliada com Deus por meio do perdão de seus pecados e impulsionada pelos dons do Espírito Santo, pode participar de atividades dignas dessa nova condição, atividades que de sua própria natureza merecem a vida eterna. No entanto, não se pode merecer essa primeira graça pela qual ele é justificado, curado e elevado. Isso é puramente um dom de Deus[389]. O mesmo pode ser dito da restauração da graça, uma vez tendo-a perdido por alguma transgressão (a misericórdia de Deus é totalmente operante nessa situação)[390], e da perseverança na graça enquanto "viajante" sobre esta terra[391].

Conclusão da *prima secundae*

Deveria ser evidente para quem leu até ao fim da *prima secundae* que a teologia moral de Tomás se baseia, em grande medida, nos assuntos tratados pela *prima pars*. Repetidamente, ao longo da *prima secundae*, foram feitos apelos à providência e ao governo da criação de Deus, aos princípios psicológicos que governam a natureza e as operações da alma humana, à maneira e à natureza

---

388. ST. I-II. 114. 3 (GALACHE et al., IV, p. 925).
389. ST. I-II. 114. 5. No entanto, se Deus assim o quiser, o indivíduo pode merecer essa graça por outra. Cf. artigo 6.
390. ST. I-II. 114. 7.
391. ST. I-II. 114. 9.

do acesso do homem à natureza de Deus e de seu conhecimento sobre ela, à própria ordem da criação e ao lugar e papel do homem dentro dela, à descrição do estado pré-caído do homem, à história e ao resultado de sua queda, à vida trinitária em si e à sua presença em toda a criação, e muitas outras coisas. Compor um prefácio à teologia moral de Tomás por assuntos próprios da teologia fundamental e da metafísica, da epistemologia e da psicologia, sobre os quais essa área da teologia se baseia, não serve apenas para contextualizar a disciplina de Teologia Moral dentro do campo mais amplo da teologia como um todo, estabelecendo as bases para sua conclusão na teologia cristológica, sacramental e escatológica, com a qual a *tertia pars* trata, mas demonstra também a riqueza e a catolicidade da vida moral, especificamente que ela não deve ser distinguida de maneira dura e rápida das outras áreas da teologia, muito menos das artes e ciências naturais, e especialmente da própria filosofia. As contribuições feitas pelas disciplinas especulativas para a correta ordenação e, assim, para a retificação da atividade prática que decorre de tudo o que é exigido da atividade voluntária do homem são essenciais até mesmo para a mais superficial das leituras da doutrina moral de Tomás. Em outras palavras, embora o agente primário na *secunda pars* seja o homem em si, não se pode descrever suficientemente o fim do homem e os meios que ele emprega na conquista desse fim sem um apelo importante, primeiro, às disciplinas especulativas e práticas que apoiam diretamente a realização de sua atividade voluntária e, depois, ao trabalho de Deus, como está agora, nesse contexto, focado nas limitações naturais da atividade voluntária do homem e como estas podem ser superadas no desejo do homem por seu verdadeiro fim e bem, algo que só será completo à luz da *tertia pars*. Toda a teologia moral de Tomás, então, é dominada pela questão da felicidade do homem. Toda a *secunda pars* trata dela, determinando o que ela é (no *Tratado sobre a felicidade*, que encabeça essa parte da *Suma* e da doutrina moral de Tomás) ou os meios pelos quais ela pode ser alcançada (ambos geralmente considerados – todos os tratados restantes da *prima secundae* que tratam dos princípios da atividade voluntária humana, tanto internos como externos ao homem – e especificamente o exame atento das virtudes teologais e cardeais na *secunda secundae*). O material da *secunda pars* é focado nas condições do *reditus* do homem a Deus, à luz e em dependência de tudo o que deve ser conhecido a respeito do *exitus* para que seu retorno ao primeiro princípio, do qual todo ente, toda inteligibilidade e toda bondade surgiram, possa ser bem sucedido. Isso só pode ser realizado pelo próprio agente de Cristo na *tertia pars*. Antes das considerações sobre Cristo, porém, Tomás detalha os meios específicos pelos quais os princípios gerais da moralidade podem ser levados em conta na totalidade da atividade voluntária do homem para seu fim, seu bem e sua felicidade. É com esse tema que Tomás se ocupa na *secunda secundae* e em seu tratado sobre as virtudes teologais e cardeais.

Secunda secundae

Essa parte da *Suma* é a maior, estendendo-se por 189 questões. Seu prólogo (o mais longo de todos os prólogos encontrados nessa obra) é instrutivo não só para as divisões do material que a *secunda secundae* tratará, mas também para a lógica que Tomás fornece a respeito de sua estrutura. Como foi feito anteriormente no primeiro capítulo deste livro, o prólogo será citado na íntegra com algum comentário[392]:

> *Depois do tratado geral das virtudes e dos vícios e de outros dados referentes à moral, é necessário considerar*

---

[392]. A tradução desse prólogo é retirada do vol. 31 (1974) da tradução da *Suma* de Blackfriars (GALACHE et al., V, p. 45).

> *cada ponto em particular. Porque, na moral, as generalidades são pouco úteis, já que as ações se realizam em situações particulares. Na moral, pode estudar-se algo em especial de duas maneiras: a primeira, a partir da própria matéria moral, quando, por exemplo, se estuda tal virtude ou tal vício; de outro modo, quanto aos estados especiais dos homens; assim, quando se estudam os súditos e os superiores; os de vida ativa ou contemplativa e todas as outras categorias. Portanto, em primeiro lugar, abordaremos o que convém a todas as categorias de homens; em segundo lugar, especialmente o que diz respeito a determinados estados.*

Dois breves comentários. Em primeiro lugar, Tomás divide suas considerações na *secunda secundae* em dois tipos, especificando os detalhes particulares da teoria moral geral desenvolvida na *prima secundae* conforme são aplicáveis: primeiro, a todas as pessoas, independentemente de suas posições na sociedade humana, e, segundo, àquelas que têm vocações particulares importantes para a comunidade, particularmente para a da Igreja. O tratamento da primeira ocupa a maior parte da *secunda secundae*, estendendo-se das questões 1 a 170, enquanto a segunda se estende das questões 171 a 189. Em segundo lugar, Tomás compreende que, embora o discurso moral exija uma cuidadosa atenção a seus princípios gerais (como foi o caso na *prima secundae*), não pode, contudo, permanecer nesse nível, se quiser ser valorizado por aqueles que buscam seu fim, seu bem e sua felicidade. Pois isso é alcançado por meio de suas atividades práticas, aquelas que lidam diretamente com particularidades e não com generalidades. Em suma, a teologia moral e as doutrinas por ela desenvolvidas estão orientadas, em última instância, para o bem que pode ser manifestado na vida, por meio da atividade prática e voluntária. Assim, embora seja importante conhecer a natureza da paixão, da virtude, do vício, da lei e da graça, ou seja, conhecer os princípios internos e externos que governam a atividade voluntária do homem, a meta da teologia moral é que alguém se torne bom, virtuoso e sem vícios, que tenha uma ordem própria e um controle sobre suas paixões, que esteja sujeito à lei e desejoso de graça, enfim, que aja bem em relação ao seu fim último e que busque por ele.

A respeito da distinção do material nessas duas seções, ele continua:

> *É preciso ter presente que se nós quisermos analisar separadamente as virtudes, os dons, os vícios e preceitos, seremos obrigados a muitas repetições. Com efeito, quem quiser tratar plenamente desse preceito: Não cometerás adultério, é obrigado a estudar o adultério que é um tipo de pecado, cujo conhecimento depende do conhecimento da virtude oposta. Será, pois, um método mais rápido e mais cômodo se, no mesmo tratado, passarmos da virtude ao dom correspondente, aos vícios opostos, aos preceitos afirmativos e negativos. Esse modo de considerar será aplicado aos próprios, segundo sua espécie própria. Como foi mostrado anteriormente, os vícios e os pecados se diversificam segundo sua matéria ou objeto, não segundo outras diferenças de pecados, como os de sentimento, de palavra e de obra; ou os pela fragilidade, a ignorância ou a malícia e outras diferenças desse tipo. É sobre a mesma matéria que a virtude age retamente, enquanto os vícios opostos agem sem retidão* (GALACHE et al., V, p. 45-46).

Tomás repete a consideração que ele havia declarado no prólogo da própria *Suma*, mas agora a respeito da questão em pauta. Ele afirma que aqueles que trataram das virtudes anteriormente não tinham ordenado seu material apropriadamente, tendo por consequência que suas exposições eram desnecessariamente repetitivas, impedindo o progresso do neófito em seu conhecimento dos assuntos morais e sua aplicação às particularidades de sua vida. Para evitar isso, ele enquadra o material, com o qual a *secunda secundae* lida, à luz das virtudes em si, de modo que cada tratado considere (i) uma virtude particular, (ii) um dom do Espírito Santo que corresponde diretamente a essa virtude, (iii) os vícios que são opostos a essa virtude, e (iv) os preceitos que estão diretamente relacionados com essa virtude. O leitor reconhecerá essa ordem como aquela que guiou Tomás na *prima secundae*, na qual ele tratou das virtudes, seguidas dos dons, do vício e do pecado e, finalmente, da lei em si. Tomás conclui, então, com as distinções específicas que determinarão os tratados da *secunda secundae* e a ordem de tratamento:

> *Sintetizando, portanto, toda a matéria moral no estudo das virtudes, podemos reduzir todas as virtudes a sete: três teologais, que abordaremos em primeiro lugar, e quatro cardeais, que trataremos em seguida. Entre as virtudes intelectuais, uma delas é a prudência, que se arrola e enumera entre as virtudes cardeais. A arte, contudo, não pertence à ciência moral, que trata do "agir", enquanto a arte é o modo certo do "fazer", como acima foi dito. As outras três virtudes intelectuais, isto é, sabedoria, inteligência e ciência, têm os mesmos nomes de alguns dons do Espírito Santo. Assim também as estudaremos ao considerarmos os dons que a elas correspondem. Quanto às outras virtudes morais, todas se reduzem, de algum modo, às virtudes cardeais como está claro pelo que foi acima dito. Portanto, na consideração de cada virtude cardeal, também serão estudadas todas as virtudes que a ela se relacionam sob qualquer título, assim como os vícios opostos. Dessa maneira, não deixaremos de considerar nada significativo para a moral* (GALACHE et al., V, p. 46).

A ordem de tratamento, portanto, é a seguinte: as virtudes teologais da fé, da esperança e da caridade são consideradas primeiramente (questões 1 a 46: fé, nas questões 1 a 16; esperança, nas 17 a 22; e caridade, nas 23 a 46), em seguida, as virtudes cardeais de prudência, justiça, fortaleza e temperança (questões 47 a 170: prudência, nas questões 47 a 56; justiça, nas questões 57 a 122); fortaleza, nas 123 a 140; e temperança, nas 141 a 170). Essa ordem é determinada pelo que é necessário para a felicidade do homem. Uma vez que isso consiste na união do homem com Deus, os meios pelos quais a atividade do homem está mais perfeitamente ordenada para a realização dessa união são primários. Assim, embora as virtudes cardeais sejam importantes para a atividade voluntária do homem, elas não conduzem à realização de seu verdadeiro fim da mesma forma ou tão diretamente quanto as virtudes teologais. As virtudes teologais têm como objeto primário o próprio Deus, enquanto as virtudes cardeais são dirigidas à vida do homem neste mundo e à retificação de sua atividade em relação ao mundo, como objeto delas[393].

Não deveria ser uma surpresa que Tomás reúna todas as virtudes morais dentro das quatro virtudes cardeais, dado que ele argumentou a favor disso anteriormente, na *prima secundae*[394]. Da

---

[393]. Refletindo sobre a decisão de Tomás de Aquino de organizar todas as questões morais tratadas na *secunda secundae* no escopo da virtude, Torrell afirma: "Se o fato de colocar a felicidade no início já marca toda a reflexão moral com um foco para o Bem em si mesmo, é claro que uma exposição de tudo o que favorece a busca desse Bem será a primeira. Os obstáculos concretos que podem ser encontrados nessa busca [...] nunca serão o foco principal do discurso de Tomás. A moralidade das virtudes de Tomás de Aquino, governada pela bem-aventurança, dá origem a uma vida cristã decididamente orientada para o positivo" (TORRELL, 2005, p. 39-40). Esse ponto destaca, mais uma vez, o caráter da doutrina moral de Tomás como distinto de uma moralidade centrada em consciência, dever, lei etc., conforme discutido anteriormente na *prima secundae*.
[394]. ST. I-II. 61. 3.

mesma forma, não deveria ser nenhuma surpresa que Tomás atribua um lugar central aos dons do Espírito Santo em suas descrições dessas sete virtudes[395]. Pois, como vimos na *prima secundae*, embora o ser humano deseje naturalmente aquilo em que consiste sua felicidade, a obtenção de tal coisa é algo a que suas potências e atividades naturais não são proporcionadas. A pessoa humana necessita, portanto, de ajuda sobrenatural para atingir seu verdadeiro fim. A vida cristã de atividade é definida essencialmente pelo bem e pelo fim perfeitos para os quais ela está orientada e pelos tipos de atividades que são exigidas do homem para que ele possa aspirar a esse fim e se encontrar pronto para o dom do próprio Deus. Pode-se, portanto, apreciar a decisão de ordenar as particularidades da teologia moral dentro das virtudes e dos meios sobrenaturais, pelos quais a pessoa humana é fortalecida, para ela que possa agir para além daquilo que é proporcionado à sua natureza. Pode-se, também, entender a posição subordinada do vício, do pecado e dos vários preceitos à posição das virtudes e dos dons. Pois essas questões não constituem a essência da teologia moral de Tomás, mas servem a papéis secundários, já que o vício e o pecado detalham os erros comuns que as pessoas cometem no cumprimento da sua atividade voluntária, e que os preceitos, tanto positivos quanto negativos, advertem contra eles, para que o homem possa progredir mais seguramente na vida virtuosa e alcançar a sua felicidade. Além disso, é preciso ter cuidado na aplicação mais ampla da ordem de exposição à ordem de sua realização na própria atividade moral. Anteriormente, vimos uma ordem definida na apresentação das variadas "etapas" do ato voluntário, e também na excitação,

---

395. À fé correspondem os dons da inteligência e do conhecimento; à esperança, o dom do temor; à caridade, a sabedoria; à prudência, o conselho; à justiça, o dom da piedade e a virtude da religião; à fortaleza, o dom da coragem; à temperança, a castidade e o dom do temor. Cf. Pinckaers (2003 [1991]), p. 28-29.

continuidade e terminação das variadas paixões que compõem o apetite sensitivo. No entanto, advertiu-se para que não se identificasse a ordem necessária para uma exposição adequada com a ordem necessária para sua realização na vida, como se cada ato voluntário demandasse uma estrita adesão à cronologia dos 12 passos descritos, ou como se cada paixão particular experimentada na vida começasse, de modo imediato e próximo, com o amor no concupiscível, se manifestasse no irascível, e resultasse em alegria ou tristeza. O mesmo deve ser observado, aqui, na ordem que Tomás emprega em sua exposição das particularidades envolvidas na vida virtuosa. Conforme Pinckaers afirma,

> *as virtudes formam um organismo vivo e estruturado [...] [elas] sempre trabalham juntas em ações concretas, cada uma contribuindo com sua parte, assim como os membros de nossos corpos interagem à medida que nos movimentamos. Quando agimos com justiça, por exemplo, no contexto de nosso trabalho profissional, o juízo prudencial desempenha um papel diretivo; precisamos de coragem para tomar determinadas decisões e implementá-las, e de uma certa moderação para temperar nossos desejos. A caridade, também, intervém, de acordo com o nosso compromisso com valores superiores. Nesse contexto, seria ridículo tentar adquirir uma virtude após a outra, seguindo a lista da* secunda secundae. *As virtudes são partes de um todo; estão inter-relacionadas e progridem como um todo harmonioso*[396].

O escopo e o detalhamento da *secunda secundae* são claramente vastos. Ela inclui um tratamento de 53 virtudes dentro da discussão das três virtudes teologais e das quatro virtudes cardeais. Desenvolve descrições de numerosos vícios que comprometem es-

---

396. Pinckaers (1995 [1993]), p. 227.

sas virtudes de várias maneiras. Detalha os muitos preceitos promulgados para auxiliar o homem na aquisição dessas virtudes e para evitar seus vícios opostos, bem como a ordem que deve ser estabelecida entre todas as virtudes na atividade voluntária do homem ao buscar sua felicidade. Isso requer que os dons do Espírito Santo estabeleçam a ordem da qual o próprio homem é incapaz, devido à sua condição caída. A natureza deste livro não permite uma cobertura detalhada do material contido na *secunda secundae*. Uma pena, dado que uma das razões pelas quais a *Suma* foi composta era o esclarecimento de assuntos morais que ela poderia oferecer aos seus leitores, ou seja, jovens dominicanos comuns em busca de orientação para o bom cumprimento de seus ofícios pastorais. Para eles, assim como para o leitor moderno, a *secunda secundae* apresenta um retrato detalhado da vida cristã no mundo, uma representação, por assim dizer, da atividade voluntária do homem com os dons do Espírito Santo e das graças que lhe são dadas, especialmente na forma das leis Antiga e Nova, que culminam no Sermão da Montanha e nas próprias bem-aventuranças[397]. No entanto, de acordo com a natureza introdutória deste guia para uma leitura sustentada da *Suma* de Santo Tomás, a atenção tem sido dirigida primariamente para os temas e princípios gerais importantes para essa obra como um todo e, nesse caso particular, do qual depende esse estudo das virtudes, com a esperança de que o leitor seja capaz de empregar essas partes da *Suma* para além do escopo deste livro, de uma forma proveitosa. Após tratar, de modo geral, das sete virtudes na *prima secundae*, gostaria de destacar

---

397. Conforme afirma Pinckaers, "O estudo das virtudes fornecidas na *secunda secundae* foi um dos principais modelos de seu tipo e certamente o mais completo da tradição cristã. Consequentemente, essa análise monumental dominou a teologia cristã. Na Idade Média, era lida e utilizada mais do que qualquer outra parte da *Suma*" (PINCKAERS, 1995 [1993], p. 228).

uma delas, a temperança, para que o leitor possa ter um exemplo para sua própria leitura das outras seis virtudes.

O tratado sobre a temperança (questões 141-170)[398]

A virtude da temperança não é bem compreendida hoje em dia. Muitos consideram-na pouco mais do que a moderação dos prazeres envolvidos na alimentação, na bebida e nas relações sexuais. Alguns consideram essa virtude como sendo semelhante a um medicamento que se toma quando irrompem excessos nessas áreas e, portanto, como sendo um asceticismo temporário para recuperar o controle sobre esses prazeres. Outros consideram que a importância da temperança reside em sua função profilática, como a disciplina por meio da qual se evita que surjam problemas nessas áreas, como o meio pelo qual uma pessoa não se torna escrava desses prazeres, por assim dizer. A temperança, assim chamada, é um pouco mais do que um remédio amargo ou uma austeridade autoimposta, privando algum dos prazeres corporais comuns. É difícil imaginar essa virtude, assim descrita, como sendo qualquer outra coisa além de uma miséria que prometa dias melhores e mais sóbrios no futuro. Na melhor das hipóteses, seria uma frustração que se deve suportar, dadas as demandas da própria vida e as coisas que devem ser realizadas, algo que marca o indivíduo maduro, quando ele atende às tarefas importantes envolvidas na busca de sua felicidade.

A explicação de Tomás sobre a temperança é bem diferente dessa descrição grosseira e bastante reducionista. Ela não trata

---

[398]. Parte do material aqui apresentado apareceu anteriormente em meu artigo "Thomas Aquinas and the Importance of Fasting to the Christian Life" [Tomás de Aquino e a importância do jejum para a vida cristã] (in: *Pro Ecclesia* 17, 2008, p. 343-361). É usado aqui com permissão.

apenas de questões quantitativas, mas é descrita como a virtude cardeal que se aplica a todo o apetite concupiscível do homem, guiando-o à sua própria perfeição e incorporando-o a toda sua vida virtuosa, conforme é dirigido à sua felicidade na união com Deus. Assim, a essência da abordagem de Tomás à temperança não será encontrada em suas práticas restritivas ou repressivas, mas sim na harmonia que pode ser estabelecida na pessoa por meio dessa virtude, na qual o indivíduo organiza tudo o que ele é para que tudo isso possa ser aplicado mais eficientemente às coisas nas quais se encontra a felicidade e a paz verdadeiras.

Tomás ordena seu tratamento segundo o modo descrito no prólogo da *secunda secundae*, isto é, considerando a virtude da temperança e o dom do Espírito Santo a ela associado (questão 141), os vícios contrários à temperança (questão 142), as partes da temperança (em geral, na questão 143, e de modo específico, nas questões 144 a 169, com atenção dedicada também aos vícios particulares contra essas partes) e os preceitos que governam a temperança (questão 170). A quantidade desse material é bem diferente da que constitui o tratamento de Aristóteles sobre a temperança em sua *Ética a Nicômaco*, na qual ela é discutida em três breves capítulos (10-12 do livro III, 1.117b23-1.119b18). Na sua exposição, Aristóteles foca os prazeres específicos do sentido do tato, deixando de lado os outros prazeres que acompanham cada atividade humana, uma vez que não são diretamente relevantes para a virtude que ele tem em vista. Sua atenção se limita ao mais poderoso desses prazeres, os que envolvem o contato sexual e o consumo de alimentos e bebidas, pois estes requerem moderação para que a pessoa possa se engajar nas tarefas específicas de sua humanidade e necessárias para sua felicidade. Tomás, por outro lado, procura ir mais longe. Ele também considera os prazeres animais ou corporais associados ao tato. No entanto, dada a sua articulação sobre o fim para o qual a pessoa humana é orientada em tudo o que faz, há tanto um alargamento da consideração das virtudes que dizem respeito à temperança, como um aprofundamento das descrições das questões comumente associadas à temperança e com as quais Aristóteles lida, particularmente sob o mesmo título.

Tomás começa, na questão 141, com a descrição da temperança como uma virtude, isto é, como aquilo que modera a influência que os prazeres animais, aos quais o homem está naturalmente inclinado, exercem sobre suas atividades voluntárias. A preocupação é que esses prazeres sejam experimentados não apenas de uma forma moral, isto é, de acordo com a razão, mas que eles não interfiram, com todas as exigências da razão e da vontade, em um ato plenamente voluntário. As seduções dos prazeres ligados ao sentido do tato são bem conhecidas, particularmente porque afastam potencialmente a razão das coisas que visam não apenas ao bem maior do homem (algo que o apetite sensitivo, por sua natureza, não pode considerar), mas, sobretudo, ao bem divino para o qual o homem é chamado enquanto busca sua felicidade. Agostinho é citado, ao afirmar também o fato de que a temperança conserva "a integridade e a liberdade, contra a corrupção, em benefício de Deus" e que ela busca essa "tranquilidade de alma", a qual só pode resultar da correta ordenação dos desejos à luz de sua contribuição específica para a realização do verdadeiro fim do homem. Tão grandes são essa integridade, essa liberdade e essa tranquilidade na vida da pessoa temperada, que Tomás descreve essa pessoa como apropriadamente bela, bem como aquele que, em sua temperança, mostra tudo o que é adequado e proporcionado à sua humanidade em pensamento, palavra e ação, e ainda aquele que está totalmente desprovido dos vícios que destroem a harmonia de sua pessoa e desordenam sua afetividade, o que efetivamente perturba toda a sua atividade virtuosa e não apenas aquela ligada à sua temperança[399].

Como observado anteriormente, a temperança aborda adequadamente o aspecto concupiscível do apetite sensível do homem. Nisso, é essa virtude que aperfeiçoa as paixões envolvidas, por um lado, ao buscar bens particulares sensíveis (amor, desejo e alegria) e, por outro, ao evitar seus males contrários (ódio, aversão e tristeza). Seus efeitos moderadores estendem-se especificamente a essas paixões, mas também às outras paixões de sua irascibilidade, que surgem do concupiscível e, por fim, terminam ali[400]. No entanto, como o apetite concupiscível do homem está enraizado em seu amor por aquilo que ele considera ser bom, o que então se manifesta em todas as outras paixões, mas particularmente em seu desejo por aquilo que ele ama e o prazer que ele recebe, diz-se então que a temperança atende especificamente ao desejo do homem por bens sensíveis e ao seu prazer neles, especialmente os bens associados ao sentido do tato, nos quais ele obtém maior deleite e os quais, consequentemente, podem exercer os efeitos mais nocivos sobre sua atividade volitiva. A ideia, então, não é simplesmente exercer controle sobre os prazeres mais poderosos experimentados pelo homem, ou seja, o prazer que ele obtém na comida, na bebida e no sexo. Em vez disso, há uma atenção ao reconhecimento da natureza desses prazeres, pois eles são concomitantes e essenciais às atividades que são dirigidas para a conservação da natureza do indivíduo e da própria espécie, um reconhecimento que, à luz do fim e do bem verdadeiros do homem, pode então permitir a correta integração dessas atividades na vida do homem na medida

---

399. ST. II-II. 141. 1 e 2, esp. as objeções e as respostas de ambos os artigos.
400. ST. II-II. 141. 3. ad. 1.

em que ele busca realizar sua felicidade. Se o homem pode, com sucesso, integrar essas atividades e seus prazeres concomitantes em toda sua vida moral, então ele será ainda mais capaz de atender à moderação que ele precisa trazer aos prazeres menores que acompanham todas as outras atividades nas quais ele se envolve, atividades essas que não se relacionam diretamente à conservação da natureza, mas que, no entanto, podem ser usadas para seu bem e seu fim verdadeiros[401].

Está claro, portanto, que a temperança observa o estabelecimento de uma ordem interna, na qual o homem desejará e desfrutará retamente dos bens materiais particulares desta vida. Ele busca uma tranquilidade ou serenidade de alma, da qual brote esse desejo correto, algo que só se realiza na medida em que ele desvia de uma atenção particular aos bens para os quais sua natureza chama de modo tão poderoso e, em vez disso, os atende sob a perspectiva e a regra do bem mais elevado para o qual é chamado. Esse desvio, como Pieper tão bem descreve, é abnegado, dirige-se ao próprio indivíduo de tal forma que ele realiza a ordem correta e a tranquilidade de uma natureza dirigida ao que é verdadeiramente bom, ao contrário do que é dirigido a seu próprio bem particular e limitado, que denota um egoísmo e não uma abnegação. Conforme ele afirma:

> *A autoconservação genuína é a volta do homem para si mesmo, com a estipulação essencial, porém, de que nesse movimento ele não se torne fixo em si mesmo. [...] A temperança é uma autoconservação abnegada. A intemperança é autodestruição por meio da degradação egoísta das potências que visam a autoconservação*[402].

---

401. ST. II-II. 141. 4. *corpus*, ad. 1 e ad. 3, e artigos 5 e 6.
402. Pieper (1966 [1954]), p. 148.

A disciplina da temperança, portanto, encontra seu poder não na disciplina em si, mas sim no que lhe é dirigido; por maior que seja cada virtude, cada uma encontra sua designação e valor últimos em sua relação com a aquisição do fim e do bem do homem. Em particular, a temperança procura a ordem e a tranquilidade interiores, com as quais o homem possa atender com mais potência e eficiência às ações que envolvem bens que se estendem para além de si mesmo, aquelas que exigem atenção aos bens dos outros, especificamente aquelas envolvidas na fortaleza, na justiça e na prudência, para não falar das virtudes teologais e intelectuais. Como afirma Pieper, a temperança:

> *em seu sentido estrito e último não é "realização" do bem. A disciplina, a moderação, a castidade, não constituem em si mesmas a perfeição do homem. Ao conservar e defender a ordem no próprio homem, a* temperantia *cria o requisito indispensável, tanto para a realização do bem atual quanto para o movimento atual do homem em direção à sua meta. Sem ela, o riacho da vontade-de-ser mais íntima do ser humano transbordaria destrutivamente além de todos os limites, perderia seu sentido e nunca alcançaria o mar da perfeição. No entanto, a* temperantia *não é em si o riacho. Mas é a orla, as margens, de cuja solidez o riacho recebe o dom do curso reto e desimpedido, da força, da descida e da velocidade*[403].

À luz dessa descrição, torna-se uma questão de certa urgência compreender as várias partes da temperança, bem como os vícios que são destrutivos para ela. Como é comum a todas as virtudes, a virtude da temperança constitui um meio-termo entre os dois extremos de excesso e deficiência, dando assim origem aos vícios da *intemperança* e da *insensibilidade*, respectivamente. A insensi-

---

403. Ibid., p. 175.

bilidade raramente é encontrada, dada a natureza e a potência dos prazeres com que a temperança lida, associados à conservação do indivíduo e de sua espécie. Assim, aqueles que agem de tal forma a desenvolverem uma disposição habitual que ponha em perigo um comprometimento correto com a nutrição e a propagação apropriadas da espécie agem contra a natureza e, portanto, agem de forma perversa. Novamente, o ponto de temperança não é destruir os prazeres associados ao tato, mas sim integrá-los apropriadamente na vida da razão, orientada para a obtenção da felicidade. É nesse contexto que uma regulação apropriada desses prazeres pode ser alcançada, e até mesmo, em alguns casos, estritamente limitados, como no jejum, ou mesmo afastados, como na prática da virgindade. Esses casos, porém, não devem ser equiparados à insensibilidade, mas constituem, antes, abstinências que são louváveis apenas na medida em que servem a um fim superior. Uma vez que essas abstinências estão de acordo com a razão reta (e não constituem um mal-estar mais profundo, em que não se encontre nada agradável ou não se prefira uma coisa a outra), elas são consideradas como demonstrações de temperança[404]. O extremo do excesso é muito mais comum e, tradicionalmente, é malvisto, pois, em primeiro lugar, destrói a beleza associada à temperança (portanto, a intemperança é descrita como lamentável); em segundo, destrói seu caráter abnegado (os intemperados ficam presos pela força de suas próprias luxúrias), restringindo tanto seu acesso ao verdadeiro e ao bom, que eles se tornam teimosos e egoístas, vendo apenas o que a força de sua concupiscência lhes permite contemplar); e, em terceiro lugar, requer que a força bruta seja aplicada ao indivíduo, constringindo-o, então, para que ele seja liberto do domínio de sua intemperança. A tradição, assim, consi-

---

404. ST. II-II. 142. 1.

dera a intemperança como um pecado indigno da maturidade de um homem e é mais semelhante à condição de uma criança, que demonstra pouco controle sobre seus desejos, está centrada primariamente em sua própria pessoa e requer disciplina rigorosa, tanto na mente quanto na moral, para seu desenvolvimento[405]. Dessa maneira, a intemperança é julgada como o mais vergonhoso dos pecados, pois envolve o homem desordenadamente com os prazeres que são mais repugnantes à sua excelência, na medida em que turvam a clareza de sua mente ao contemplar o que é real e verdadeiro, corrompem a pureza de sua intenção pelo bem e devastam a beleza que surge na busca de tais coisas[406].

Tomás determina as partes da temperança na questão 143, e desse modo apresenta as demais considerações desse tratado. Ele as divide em três tipos: integrantes, subjetivas e potenciais. As integrantes descrevem as partes da temperança que são "as condições necessárias à existência dela" (GALACHE et al., VII, p. 213) para a realização da virtude em questão[407]. Em comparação com uma casa, as partes integrantes designam coisas como as paredes, o teto e a fundação[408]. Tomás identifica duas partes integrantes da temperança: a *vergonha* (questão 144) e a *honestidade* (questão 145). Em seguida, as partes subjetivas da temperança designam as várias espécies encontradas dentro dela. Essas espécies são quatro, das quais duas dizem respeito aos prazeres do tato envolvidos na alimentação: a virtude da *abstinência*, para a comida (questão 146), sendo o *jejum* o ato específico da regulação do consumo de alimentos e a *gula*, o vício oposto (questões 147 e 148, respecti-

---

405. ST. II-II. 142. 2.
406. ST. II-II. 142. 4.
407. ST. II-II. 143. 1.
408. ST. II-II. 48. 1.

vamente); e a da *sobriedade*, para a bebida (questão 149), com a *embriaguez*, o vício contrário (questão 150). As outras duas dizem respeito aos prazeres associados à procriação: a castidade, em relação ao ato em si (questão 151), sua perfeição na *virgindade* (questão 152) e o vício contrário à *castidade*, a *luxúria* (questões 153 e 154). Por último, as partes potenciais da temperança são aquelas que são secundárias a ela, isto é, que observam o modo que é próprio da temperança (a moderação dos prazeres do tato), mas em outras áreas. Essas partes potenciais consideram assuntos, portanto, que não são tão difíceis de moderar, uma vez que lidam com a restrição do apetite em relação a inclinações diferentes das que envolvem comida, bebida e sexo. Essas virtudes são vinculadas à temperança por meio de uma semelhança com o que é principal na temperança. Elas são dirigidas a "atos ou matérias secundárias, [...] não possuem toda a potência da virtude principal"[409]. Tomás indica um grande número delas, que são divididas em três categorias: as que consideram os movimentos da alma para as coisas que requerem uma moderação particular, as que se aplicam à manifestação decorosa dos movimentos do corpo e, por último, as que pertencem às coisas externas à pessoa. A primeira delas cobre a moderação geral que deve ser exercida sobre a vontade, conforme ela é afetada pelo jogo das paixões: por meio da virtude da *continência* (questão 155), e seu vício contrário, a *incontinência* (discutida na questão 156); e por duas paixões específicas: a ira, quando ela busca vingança, algo moderado por meio das virtudes da *clemência* e da *mansidão* (questão 157), com os vícios da *ira* e da crueldade, que se opõem a duas (questões 158 e 159); e a esperança, quando resulta em audácia, algo moderado pela virtude da *humildade* (questão 161), a virtude que ele considera sob a modés-

---

[409]. ST. II-II. 48. 1 (GALACHE et al. VII, p. 616).

tia, com uma boa dose de atenção dedicada ao vício que lhe é contrário, a *soberba* (questão 162), que depois leva à consideração do pecado do primeiro homem (questão 163), a pena aplicada (questão 164) e suas tentações (questão 165). Os movimentos do corpo são aperfeiçoados em virtude da *modéstia* (questão 160) que se divide em muitas partes, mas que em sua ordem de tratamento se reduzem a quatro: a humildade; a *estudiosidade* (questão 166), com seu vício oposto, a *curiosidade* (questão 167); a *modéstia nos movimentos exteriores do corpo* (questão 168) e a *modéstia na apresentação exterior* (questão 169). Por último, a moderação que se exerce sobre as coisas exteriores à pessoa inclui as virtudes da *humildade*, do *contentamento*, da *moderação* e da *simplicidade*, virtudes que Tomás inclui em seu tratamento da modéstia nas suas quatro formas[410].

O detalhe que Tomás apresenta aqui é extenso e serve para construir uma visão efetiva do que foi deixado necessariamente geral na *prima secundae*, isto é, da pessoa temperada conforme trabalha para seu fim e seu bem verdadeiros, auxiliada pelas virtudes infusas e particularmente pelo dom do Espírito Santo específico à temperança, isto é, o do temor do Senhor, "com o qual se refreiam os prazeres da carne" (GALACHE et al., VII, p. 189)[411]. O alargamento e aprofundamento da descrição da temperança, certamente para além do que é articulado por Aristóteles, é atribuível diretamente à própria natureza do objetivo ao qual o homem está orientado. Pois vimos que o valor da virtude não consiste primariamente em si mesmo, mas sim como parte integrante da realização do fim do homem. À medida que se desenvolve o entendimento do homem sobre seu fim e seu bem, também se desenvolve

---

410. Cf. a explicação dele para isso em ST. II-II. 160. 2.
411. ST. II-II. 141. 1. ad. 3.

o entendimento da natureza da atividade em que deve se engajar para realizar esse fim e até que ponto ela deve ser aperfeiçoada pela virtude. No caso da temperança, portanto, a visão cristã ainda envolve as mesmas coisas com as quais Aristóteles estava preocupado, ou seja, com a moderação dos prazeres do tato em relação à comida, à bebida e ao sexo. Mas agora ela inclui tudo o mais que se refira à moderação da atividade em direção ao objeto de sua felicidade, ou seja, o próprio Deus. Se essa reorientação do foco do cristão for entendida, pode-se então explicar não só pela complexidade da temperança, mas também pelo que muitos consideram ser algumas de suas práticas ascéticas aparentemente extremas e até mesmo "não naturais". Quando abordadas assim, essas práticas não só revelam sua responsabilidade, mas também constituem uma poderosa declaração de ser cristão neste mundo, algo que é esperado de todos os que amam a Deus com a totalidade de sua pessoa. Todos esses pontos são muito bem sugeridos no dom do temor, que ajuda o progresso do homem na virtude da temperança. Vimos que todos os dons do Espírito Santo têm como objeto principal o próprio Deus e que eles constituem o meio sobrenatural pelo qual o homem pode aspirar àqueles atos que excedem a capacidade natural de sua humanidade, mas que ainda são exigidos dele se ele quiser aspirar a seu fim e seu bem verdadeiros. O dom do temor é tal que não representa um temor servil de Deus, mas sim a forma madura do temor, ou seja, uma reverência ou respeito nascido do amor a Deus, que tem diretamente a intenção de que nenhuma ofensa lhe seja oferecida da mesma forma que se temeria ofender um pai muito amado e respeitado. Esse temor, portanto, deve ser distinguido daquele em que se considera mais a punição que pode ser recebida do que a ofensa que pode ser feita. Nessa postura madura, o cristão evita qualquer coisa que possa afastá-lo de Deus, particularmente com respeito aos assuntos acima com os quais a temperança está relacionada, coisas que podem causar uma destruição tão grande em tudo que é essencial para a atividade do homem em relação ao seu Criador. Para expor esses pontos de maneira mais efetiva e oferecer um guia para a leitura das outras partes da temperança, permitam-me examinar duas coisas: primeiro, as partes integrantes da temperança e, depois, uma de suas partes subjetivas, a virtude da abstinência, especificamente em relação à prática do jejum, e o vício contrário a ela, a gula.

Vergonha e honestidade: as partes integrantes da temperança (questões 144 e 145)

A primeira das condições concomitantes necessárias para a perfeita realização da temperança, a *vergonha*[412], denota o temor natural que se tem por tudo o que é torpe e, portanto, vergonhoso. Tal coisa é especialmente pertinente à temperança, pois modera as paixões que, se deixadas à sua sorte, conduziriam a pessoa humana ao tipo mais torpe e vergonhoso de atividades. A temperança, então, como deriva de um amor retamente ordenado, carrega consigo esse temor, saudável e sadio, de tudo o que se opõe à vida temperada. Juntamente com o temor, que constitui o dom do Espírito Santo específico à virtude da temperança, a vergonha denota potencialmente a experiência afetiva que, diante do torpe e do vergonhoso, retrai a pessoa temperada em sua totalidade[413], especificamente porque ela considera a repreensão que lhe seria infligida caso se envolvesse em tais ações e a ignomínia que disso resultaria. Ambas são sentidas mais intensamente pela pessoa diante de seu próprio pecado, pois isso testemunha mais potencialmente os defeitos de seu caráter em seu desejo de honrar a Deus como Ele

---

412. Do inglês *shamefacedness*, por sua vez traduzido do latim *verecundia*.
413. ST. II-II. 144. 1.

merece, na medida em que isso está dentro de sua capacidade[414]. *Honestidade* é uma tradução literal de *honestas*, que pretende significar o decoro, a polidez e a decência que estão associados à pessoa moralmente boa, mas especialmente à pessoa temperada que exibe uma beleza particular à temperança. A associação entre temperança e beleza surge da visão de que para a beleza "concorrem o brilho e a proporção devida" das partes de um todo, às quais se volta a atenção[415]. Assim, em relação ao corpo ou ao rosto de alguém, tal visão consideraria a beleza como previsível na medida em que exibem uma excelente proporção entre as muitas partes de que são compostos e um certo brilho, irradiação, florescimento, esplendor ou frescor, que é exalado pela própria totalidade. A *honestidade* é definida em relação a isso, ou seja, como uma "beleza espiritual [que] consiste em ter o homem comportamento e atividade bem equilibrados pelo esplendor espiritual da razão"[416]. Nada poderia ser mais oposto ao torpe e ao vergonhoso do que aquilo que é honesto, nesse sentido. Por essa razão, então, o honesto é parte integrante da temperança, pois a excelência da natureza do indivíduo é mostrada em todo seu frescor para que todos vejam como isso se revela na atividade aperfeiçoada em direção a seu fim, seu bem e sua felicidade verdadeiros. Tal indivíduo é desejado humanamente, de um modo apropriado e definitivamente, em razão de sua excelência, uma excelência que irradia a perfeição da natureza do indivíduo ao se esforçar por sua felicidade de um modo plenamente retificado, algo que merece não só a honra que muitas vezes é concedida a tal pessoa, mas também o louvor e amor à própria sabedoria[417].

---

414. ST. II-II. 144. 2-4.
415. ST. II-II. 145. 2 (GALACHE et al., VII, p. 228).
416. Ibid.
417. ST. II-II. 145. 2-4, esp. 2. ad. 2 para o último ponto em relação ao elogio da sabedoria.

Abstinência (questão 146)

Passando à primeira das partes subjetivas da temperança, Tomás define a abstinência como aquela virtude que governa a fruição dos prazeres básicos ligados à comida. No entanto, levanta-se a objeção de que muitos considerariam esse governo ou regulação como algo próprio não da vida moral, mas sim das ciências médicas ou da saúde. Está implícito na própria noção de regulação que se procura a quantidade e a qualidade corretas dos alimentos, ou seja, uma dieta saudável, algo mais bem determinado pelas ciências da saúde, uma vez que refletem sobre a condição física e as necessidades do indivíduo em questão. Isso, à primeira vista, parece desqualificar a abstinência como virtude moral[418]. Em resposta a essa objeção comum, Tomás concorda que, de fato, pertence às artes médicas determinar o que constitui uma dieta saudável. É certo que uma simples retirada ou negação de alimentos parece definir a prática do jejum e, portanto, constituir uma prática desmedida aos objetivos próprios das profissões da saúde. Isso, no entanto, não define essencialmente a prática do jejum conforme Tomás a entende. O teólogo não está interessado em algum "micro-gerenciamento", por assim dizer, do que é realmente apropriado às artes médicas. Em vez disso, ele está interessado na componente moral que é essencial à prática do jejum, algo que surge quando é ele empreendido a fim de alcançar um determinado propósito além do que é próprio das ciências médicas, mas que não pode ser tão extremo que não esteja "conforme as exigências das pessoas com quem convive e da própria pessoa e segundo as necessidades da saúde"[419]. O teólogo, então, está considerando os prazeres asso-

---

418. Cf. as objeções iniciais a ST. II-II. 146. 1 e 2 e ST. II-II. 147.
419. ST. II-II. 146. 1. *corpus* e ad. 2. Tomás, aqui, não cita só Agostinho, mas também Pedro, que encoraja todos os cristãos a "unir [...] ao conhecimento a abstinência" (GALACHE et al., VII, p. 233-234) (2Pd 1,5-6).

ciados à mesa, pois eles podem potencialmente afastar a pessoa humana do bem determinado e comandado pela razão, uma dificuldade agravada pelo fato de que esses prazeres se ligam tão intimamente ao desejo mais básico do homem, isto é, conservar sua vida, algo para o qual o alimento é uma necessidade absoluta[420].

Jejum (questão 147)

A seguir, o jejum é designado como a atividade que a virtude da abstinência manifesta ao determinar o meio-termo no consumo de alimentos. Essa atividade tem um propósito triplo. A primeira é que ela atua como um meio poderoso pelo qual os diversos movimentos de concupiscência do homem podem ser regulados, impedindo-o de buscar seus próprios bens particulares à custa dos verdadeiros bens da humanidade do indivíduo. Conforme observado anteriormente, a temperança e, portanto, o jejum, por extensão, referem-se às paixões concupiscíveis do apetite sensitivo do homem, mas especialmente os prazeres associados ao sentido do tato. Nesse contexto, é importante notar que, embora os prazeres da cama e da bebida sejam intensos e exijam a regulação sobretudo da temperança, esses prazeres e as coisas que lhes dizem respeito não dizem respeito à conservação do corpo da mesma forma que o alimento. Nesse sentido, há uma particular urgência com respeito à regulação apropriada do alimento, especificamente porque ela reforça o que Tomás, seguindo São Paulo, considera uma oposição do corpo ao espírito. Como tal, ela impede os esforços do espírito em trazer o corpo e suas paixões sensíveis para a regra da reta razão, o que é muito mais sutil do que os efeitos óbvios da bebida excessiva e da atividade sexual imprópria, mas igualmente prejudicial para a vida moral e espiritual do homem.

---

420. ST. II-II. 146. 2.

Isso ficará muito claro quando examinarmos o vício da gula e, em particular, os vícios que esse vício gera. Tomás enfatiza especialmente que a prática do jejum é empreendida para proteger a castidade de uma pessoa, uma vez que a indulgência excessiva nos prazeres da mesa tem o efeito de tornar a pessoa humana a desejar forte e desordenadamente os outros prazeres da carne. O segundo propósito do jejum encontra-se no efeito de trazer sobriedade à pessoa, tornando-a apta a contemplar melhor as coisas superiores ou celestiais ou, pelo menos, a prosseguir os estudos intelectuais mais livremente. Por fim, o jejum é uma forma eficiente de reparar os pecados do indivíduo. É claro, então, que essa prática não é algo prescrito pelo médico que cuida do corpo. Em vez disso, ela é devidamente prescrita pelos médicos da alma, por assim dizer, por aqueles que são diretamente responsáveis pelo cuidado espiritual e pela perfeição da pessoa. Assim como o médico ou o nutricionista estabelecem um regime rigoroso a ser seguido para que a saúde seja alcançada e conservada, assim também as autoridades eclesiásticas têm a responsabilidade de fazer determinações a respeito do caráter dessa prática, obrigando os cristãos a tomá-la para que a integridade de sua pessoa, sua pureza de visão e o estabelecimento de um comportamento correto com Deus possam ser alcançados e conservados[421].

Há, portanto, por parte do cristão, uma obrigação de jejuar, algo que deve ser exigido dele prudentemente pela autoridade eclesiástica sob a qual ele se colocou. Essa prudência requer não só um olho para as necessidades do corpo, mas também para que a determinação do tempo, do lugar e da maneira do jejum não seja de caráter penal. Dado o grande bem a que essa prática ascética se

---

421. ST. II-II. 147. 1-3.

orienta, ela deve ser apresentada e entendida como algo adequado e cabível. As autoridades eclesiásticas têm, portanto, a responsabilidade de educar seu povo sobre os propósitos e os benefícios do jejum, para que ele seja, assim, encorajado e fortalecido em sua prática. Pois só à luz do espírito e do propósito do jejum é que eles estarão dispostos a renunciar a bens e prazeres de natureza lícita. Além disso, o preceito do jejum deve ser entendido como tendo o caráter de uma obrigação geral para que, dada uma desculpa razoável ou um conjunto de circunstâncias, o cristão possa ser isento de manter o jejum sem incorrer em pecado; novamente, o jejum deve ser comandado em nome do bem-estar e da integridade espiritual do cristão e não primariamente como algo oneroso e punitivo[422]. Portanto, impedimentos comuns ao jejum devem ser identificados e considerados para determinar se uma pessoa em particular deve ou não estar obrigada ao jejum. Isso inclui a idade dos participantes (tanto os mais jovens como os mais velhos estão isentos, aqueles devido às suas necessidades de desenvolvimento, que se estendem até os seus 20 anos, estes para a manutenção de sua saúde em seus anos de crepúsculo[423]); a saúde do indivíduo (os doentes estão isentos, assim como os que estão sob ordem do médico para não jejuar); sua profissão (são isentos os que desempenham trabalho duro, ou um trabalho que deve ser feito durante o período de jejum, mas cujo sucesso seria impedido pelas exigências do jejum); os que se encontram em peregrinação (estão isentos aqueles cuja viagem exige ser feita durante o período de jejum, ou cuja viagem é tão árdua que o jejum pode pôr em perigo seu sucesso[424]). As condições econômicas também isentam do jejum,

---

422. ST. II-II. 147. 3.
423. A única exceção a essa regra é em tempos de grande necessidade ou perigo, quando todos, mesmo os animais, são obrigados a jejuar.
424. Cf. *IV Sent.*, d. 15, q. 3, a. 2 para essas e outras razões.

mas apenas nos casos em que não se sabe onde e quando virá a próxima refeição. Dessa maneira, os mendigos estão isentos, mas não os pobres, isto é, aqueles que têm uma razoável segurança de refeições regulares e um suprimento de alimentos suficiente para conservá-los em sua existência e que podem, assim, beneficiar-se da prática do jejum[425].

Os períodos de jejum são estabelecidos tendo em vista os tempos do ano litúrgico da Igreja, em que os seus membros são chamados a elevar a sua visão às coisas celestiais e a buscar o perdão pelos seus pecados. Assim, antes da celebração das grandes festas litúrgicas, os cristãos são chamados a uma preparação devota que inclui, de modo importante, o jejum; de novo, a mente fica mais bem disposta a considerar essas coisas mais elevadas, o apetite é afastado dos outros bens e colocado sobre o bem mais elevado e o comportamento da pessoa diante de Deus é devidamente dirigido por meio do jejum. Tomás observa que a Quaresma é um período especialmente importante para jejuar. Ele inclui também o jejum nos preparativos que se fazem antes de receber os sacramentos, particularmente o Batismo, a Eucaristia e a Ordenação. Com relação a esta última, tanto o futuro sacerdote como o povo a quem ele servirá são chamados a jejuar a fim de que estejam prontos para receber esse grande dom e dele desfrutar de modo mais pleno e apropriado[426].

Por fim, a severidade do jejum deve equilibrar os bens espirituais e corporais dos indivíduos que o aceitam. As autoridades eclesiais devem, pois, exortar seus fiéis a buscarem controle sobre seus desejos, a voltarem seus olhos a Deus e a buscarem o perdão

---

425. ST. II-II. 147. 4 e respostas.
426. ST. II-II. 147. 5-6.

de seus pecados, mas não à custa de pôr em perigo sua saúde corporal. O princípio, portanto, é dar à natureza o que ela necessita e retirar dela o que é desfrutado além disso, a fim de que os frutos prometidos pela prática do jejum possam ser alcançados. De acordo com Tomás, isso equivale a uma refeição por dia durante um jejum. No entanto, os cristãos não devem abster-se da água durante o jejum, pois ela sustenta a vida e é necessária para a digestão e para refrescar o corpo. Medicamentos e digestivos são permitidos quando receitados por um médico. No entanto, deve-se ter cuidado no consumo que é permitido durante um jejum. Pois a pessoa pode comer a refeição permitida de modo intemperado, ou beber água a ponto de aliviar a fome, ou tomar medicamentos e digestivos de maneira fraudulenta, isto é, como se fossem alimentos. Tais ações não só roubam ao cristão os benefícios do jejum, mas também o levam a pecar de novo, pois essas ações mostram desprezo pelas autoridades eclesiais sob as quais ele se colocou voluntariamente e a quem procura orientação e conforto na vida espiritual[427]. Mesmo a única refeição permitida durante o jejum é colocada fora do horário em que as pessoas normalmente comem a refeição principal do dia. Assim, em vez do meio-dia, Tomás sugere que três da tarde seria um momento apropriado para se comer durante um jejum. Esse atraso ajuda a romper com o costume, a tornar o jejum mais proeminente na rotina diária e a ter em mente as razões do jejum em primeiro lugar, bem como a estar disposto aos frutos que derivam dele. Não se prejudica a própria natureza com esse pequeno atraso e há, também, o benefício de comer no horário em que a Paixão de Cristo terminou, o que também ajuda aquele que jejua a ligar seu próprio sofrimento ao sofrido por Cristo. Novamente, somente aqueles capazes de atra-

---

427. ST. II-II. 147. 6.

sar sua refeição principal são obrigados pelo preceito[428]. Quanto à refeição em si, o foco está nos alimentos que melhor sirvam ao corpo, mas que, ao mesmo tempo, permitam que se beneficie mais completamente do jejum. E assim, os alimentos excessivamente saborosos e luxuosos são desencorajados. O vinho, o peixe e os vegetais são permitidos, mas a carne não. Ovos e queijos, derivados de animais cuja carne não é permitida, são desencorajados, especialmente durante os jejuns mais importantes. O princípio que guia essas escolhas se baseia, em parte, no conhecimento médico da época (certos alimentos encorajam uma predominância de certos humores que inclinam a pessoa humana a ações e pensamentos não conformes com o propósito do jejum) e, presumivelmente, em suas próprias experiências (que certos alimentos requerem mais da energia do corpo para sua assimilação do que outros, que alguns alimentos impedem mais diretamente o sucesso do jejum do que outros, sendo a carne o que mais intensamente afasta suas energias da contemplação e as concentra nos prazeres da carne)[429].

Gula (questão 148)

Se o indivíduo não segue as diretrizes estabelecidas por sua comunidade eclesiástica a respeito do jejum e ainda por cima estabelece práticas contrárias a elas, ele começa a desenvolver o vício da gula. Esse vício não deve ser confundido com qualquer condição fisiológica que conduza a práticas que sejam materialmente semelhantes à gula. Pois Tomás a define como um desejo desordenado que se desenvolve ao se abandonar decididamente o que a razão e as artes médicas determinam como um meio-termo no consumo e ao se permitir que o apetite saia do controle, consumin-

---
428. ST. II-II. 147. 7.
429. ST. II-II. 147. 8.

do alimentos sem cuidar das exigências de sua saúde espiritual e corporal. Nessa particular desordem do amor e consequente desejo, estabelece-se a propensão a repetir esse estado e essa atividade defeituosos em outras áreas, afastando-se efetivamente dos bens mais elevados da humanidade do indivíduo, de sua contemplação, de sua tristeza pelos próprios pecados e do próprio controle que deve ser exercido sobre a totalidade da pessoa, a fim de que ela queira buscar efetivamente sua felicidade. Em suma, na abdicação da regra reta da razão em relação à alimentação, a pessoa vive e escolhe como se sua barriga fosse seu deus. Essa pessoa está pronta para fazer tudo o que for necessário para desfrutar desses prazeres, até mesmo desprezar a Deus e desobedecer a seus mandamentos, especificamente o terceiro, em que a pessoa humana é orientada a repousar no sábado, isto é, repousar em Deus por um tempo, e não nas coisas e prazeres deste mundo[430].

A gula assume muitas formas. Pode ser vista em relação ao *alimento* que se come ou ao *ato de comer* esse alimento. Com relação ao alimento em si, uma pessoa pode manifestar um desejo desordenado por alimentos de três maneiras: procurando alimentos caros ou luxuosos; segundo, que sejam preparados com esforço excessivo; e, finalmente, que consumam alimentos em quantidades excessivas (comendo, assim, de forma *suntuosa*, *fastidiosa* e *apressada*, respectivamente). Quanto ao ato de comer em si, a gula pode se manifestar de duas maneiras: no modo de comer (ao comer rápido demais, nos horários errados, quando não se tem fome, quando se está impaciente para comer enquanto se espera sua preparação – então comendo *vorazmente*) e na maneira de comer (i. é, sem observar a devida propriedade e a devida con-

---

430. ST. II-II. 148. 1-2.

tenção no consumo – então comendo *excessivamente*)[431]. A dissipação que constitui a gula é detalhada no que Tomás chama de "filhas"[432], das quais há cinco. Primeiro, a gula dá origem a uma *falta de sentido em torno das operações da inteligência*. Pois se os aspectos corporais sobre os quais se baseia o pensamento são embotados por tudo o que acompanha o consumo desordenado, a capacidade de pensar ficará radicalmente comprometida (para não mencionar a capacidade de contemplar as coisas mais elevadas, necessárias para sua recuperação e sua felicidade). Em segundo lugar, a gula gera aquilo a que Tomás chama uma *alegria tola*. Na deficiência das faculdades racionais superiores, os apetites sensitivos da pessoa humana, todos eles dirigidos à sua consumação em alegria ou tristeza, são permitidos a ceder a ambas. Ele faz apelo a Aristóteles, que afirma, em sua *Ética a Nicômaco*, que o vinho excessivo tem o efeito de tornar uma pessoa confiante e alegre, sem uma devida causa. Pode-se também recorrer aos últimos livros da *República* de Platão, nos quais vemos o declínio do caráter da pessoa humana no tirano, quando ele joga fora a reta ordem de sua natureza, permitindo que seus apetites exercitem uma regra que a razão deveria exercer. Em todo o caso, o princípio observado anteriormente está aqui em ação, isto é, quando falta a virtude da temperança, a natureza afetiva das pessoas, já não integrada em toda a sua humanidade, começa a manifestar-se de formas deformadas. Terceiro, a gula engendra uma *loquacidade* que é inconveniente à pessoa temperada. Novamente, com a razão prejudicada pela gula, corre-se o risco de perder qualquer controle que se tenha na fala, errando frequentemente para o lado do excesso. Finalmente, há a

---

431. ST. II-II. 148. 4.
432. Traduzido do latim *filiae*, às vezes vertido como "descendência" (do inglês *offspring*).

indecência, a falta da devida medida nas ações. No discurso, essa indecência se torna jocosidade inapropriada. Por parte do corpo, Tomás observa que a gula muitas vezes produz uma *imundície* geral, que se manifesta em secreções corporais desordenadas, uma provável referência à típica falta de preocupação do glutão com sua aparência e sua higiene, ou, mais literalmente, ao fato de que o glutão está mais fisiologicamente disposto ao suor excessivo e a odores corporais desagradáveis por causa de seu peso excessivo e sua saúde precária[433].

Conclusão

A partir dessa consideração da abstinência, do jejum e da gula, pode-se ver a dimensão em que suas descrições são ampliadas e aprofundadas pelo fim a que o cristão está orientado. Sente-se também a necessidade premente da ajuda que se recebe de Deus (nas virtudes infusas e nos dons do Espírito Santo) para se envolver nessas virtudes recém-descritas, uma ajuda que dá ao indivíduo a esperança de que se pode ir além do jejum natural que está dentro de seu poder e aspirar a uma disciplina e uma virtude que estão além. Pois sem esse fim sobrenatural e sem os dons pelos quais ele é alcançado, a abstinência e o jejum não poderiam considerar nada mais do que a saúde do corpo, talvez, para que as atividades mais elevadas potenciais ao homem no mundo pudessem ser empreendidas mais proveitosamente, particularmente seus esforços intelectuais, tanto especulativos quanto práticos. Dentro do contexto estabelecido não só pelo *Tratado sobre a felicidade*, mas também pelos princípios ordenadores no coração da *Suma*, a abstinência, o jejum e a gula (assim como os outros atos que definem a temperança e seus vícios contrários) denotam não apenas o que é apropriado

---

433. ST. II-II. 148. 6.

a suas manifestações naturais, mas também suas manifestações na atividade retificada que caracteriza o cristão, ao realizar sua felicidade neste mundo, aguardando sua conclusão no próximo. Uma indicação disso é encontrada em uma frase marcante empregada por Tomás para descrever o efeito subjetivo do jejum sobre o cristão que o pratica, a saber, que tal pessoa exibe uma *hilaritas mentis*[434], uma alegria interior, tanto do coração como da mente. Ele não se refere àquela leveza de coração que pode advir dos benefícios à saúde que acompanham a prática do jejum. Pelo contrário, ele aponta para o fato de que o jejum, sendo uma das partes subjetivas da temperança, é um meio importante para alcançar e manter a unidade, a integridade e a paz da pessoa inteira, de corpo e alma, algo que concentra, de forma radical e efetiva, a mente e o desejo da pessoa de um modo mais poderoso, permitindo que os outros aspectos da vida cristã sejam buscados com maior vigor.

A unidade, integridade e paz que são intrínsecas à temperança são particularmente importantes à luz da natureza caída do homem e das dificuldades de sua retificação que se seguem à desordem que predomina em sua pessoa. Pode-se entender, então, por que Tomás considera que a prática do jejum seja algo que as autoridades eclesiásticas devam exigir do seu povo, pois é uma maneira poderosa pela qual seus fiéis podem ser encorajados a empreender uma prática tão aparentemente contrária à natureza e ao hábito e, no entanto, tão necessária ao cumprimento de seu desejo pelo seu verdadeiro fim e bem. Pode-se também entender por que Tomás insiste que esse comando tem o caráter de uma obrigação geral e sempre tem em vista a aplicação prudencial, especificamente à luz das necessidades do corpo e dos deveres da vida. Para além

---

434. Cf. ST. II-II. 146. 1 ad. 4 (GALACHE et al., VII, p. 235), observado por Pieper (1966 [1954]), p. 181.

disso, contudo, há o entendimento, por parte de uma comunidade eclesiástica, de que a prática do jejum deve ser comandada porque oferece aos cristãos uma oportunidade única para refletirem sobre coisas que normalmente não levam em conta, isto é, sem o desconforto e o sofrimento que naturalmente acompanham a retirada voluntária dos alimentos. Colocando em outros termos, da mesma forma que uma quantidade apropriada de temor tem um efeito clarificante sobre a mente e a vontade, mas em excesso as torna ineficazes[435]; assim também os sofrimentos e desconfortos experimentados na prática do jejum têm o efeito de dirigir a mente e o coração para aquelas coisas que normalmente não seriam consideradas. A esperança é que, no sofrimento do jejum, o indivíduo encontre a oportunidade de refletir sobre a própria vida e de retificar a própria mente e vontade, para que se comporte melhor diante de Deus e viva a vida cristã mais plenamente. A esse respeito, o jejum, assim empreendido, pode se tornar uma expressão da decisão livre e deliberada de um ser racional de se colocar numa situação em que ele possa considerar e aceitar aquelas coisas que são dolorosas e difíceis, porém vitais para a sua própria saúde como cristão. Esse ponto pode ser mais bem compreendido em comparação com a experiência menor, mas muito comum, das paixões que impulsionam as pessoas a grandes e importantes atividades. Na experiência de grande pressão exercida por outros ou por uma situação particular, muitos acham que respondem bem e, de fato, fazem seu melhor trabalho em tais circunstâncias. As demandas feitas sobre eles, o temor que experimentam, e outras coisas assim, aguçam suas mentes, esclarecem o que precisa ser feito, e ordenam suas ações para que eles possam cumprir o objetivo efetivamente. Tristeza, pesar e vergonha em relação às próprias ações têm um

---

435. Para esse ponto, cf. ST. I-II. 45. 2.

efeito semelhante[436]. Enquanto as coisas estão bem, será que uma pessoa age mais plenamente, a partir de sua humanidade, quando não espera que a vida tenha um impacto sobre ela, de tal modo que ela possa fazer o seu melhor, mas sim que ela, por meio de sua própria deliberação racional e escolha orante, crie essas situações para que ela possa humanamente (ao invés de animalmente e reativamente) contemplar o que é difícil de ver, aceitar o que é difícil de aceitar e agir em conformidade? O jejum, portanto, torna-se uma oportunidade na qual se pode agir na plenitude de sua própria humanidade, levando tudo o que se é, de modo consciente e deliberado, à contemplação e submissão às coisas de Deus.

A prática do jejum, então, empreendida fora desse contexto, aparece como pouco mais do que a imposição voluntária da dor e do sofrimento em prol da saúde, da aparência ou, no máximo, dos estudos. Quando visto, porém, dentro de um contexto cristão, o jejum torna-se um reconhecimento implícito e uma declaração pessoal do indivíduo, para si mesmo e para o mundo, do fato de que ele foi feito à imagem e semelhança de Deus e de que tem a opção de comportar-se para o mundo abaixo ou para o mundo acima, de repousar nos prazeres deste mundo ou naqueles encontrados no próprio Deus. O entendimento cristão da abstinência, do jejum e da gula (e, por extensão, de todas as outras partes que constituem a descrição da temperança e seus vícios opostos) torna-se significativo, portanto, à luz da natureza e do destino da pessoa humana, conforme articulados e entendidos dentro da visão cristã do mundo. O jejum, juntamente com as outras partes subjetivas da temperança, coloca o indivíduo no momento decisivo de sua humanidade e exibe ao mundo a decisão que ele tomou a respeito do

---

436. Cf. ST. I-II. 37. 1 e ST. I-II. 39. 1.

caminho em que ele se situa na determinação do que constitui seus verdadeiros fim, bem e felicidade. Isso se repete de formas e graus variados em cada uma das outras virtudes descritas na *secunda secundae*. No entanto, à luz das virtudes infusas e dos dons do Espírito Santo, que tornam possível essa prática e todas as outras que definem a temperança, a prática cristã da temperança torna-se especialmente testemunha da graça e do amor de Deus agindo na vida do homem, permitindo-lhe comportar-se à fonte de seu ser e de sua completude. Esse comportamento resulta em uma profunda gratidão, apreço e alegria da parte do cristão pelos muitos e grandes dons de Deus, e uma oportunidade para expressar, nas práticas da abstinência e do jejum, a extensão com que ele irá buscar os meios pelos quais poderá ser curado ao realizar sua salvação na sua condição atual, esperando sempre que a alegria e paz venham na condição celestial, que ele aguarda por essas e outras práticas de temperança no aqui e agora. Implícito nessas considerações está o entendimento de Tomás sobre o que constitui a virtude perfeita e porque a virtude separada do contexto cristão pode ser descrita apenas como imperfeita.

Se um cristão não jejua, ele encoraja, por sua negligência, os variados vícios associados à gula a se apossarem de sua pessoa. Sua intemperança embota seu coração e sua mente para a plenitude de sua natureza e seu destino, impedindo o reconhecimento das graças que são oferecidas continuamente a ele. Isso priva-o da leveza de caráter que é sua na fé, na esperança e no amor e inflige adversidades desnecessárias àquele cuja visão está fixa nas realidades mutáveis deste mundo, cegando-o para a nobreza da sua natureza e para as alturas do seu destino. Pelo jejum, o cristão prepara sua mente e seu coração para o que deve ser feito e declara, nessa própria disciplina, uma esperança naquilo que está além dos desejos naturais cotidianos deste mundo. O perigo, claro, é perder de vista os propósitos do jejum e a razoabilidade ligada aos detalhes da sua prática. Além da orientação que o cristão recebe das comunidades médica e eclesial, e das graças concedidas pelo Espírito Santo, Tomás completa seu entendimento do jejum à luz dos ensinamentos e exemplos oferecidos por Cristo durante seu ministério terreno, algo encontrado nos *tertia pars*[437].

Resumidamente, Tomás observa que, ao ensinar as pessoas a orar, Cristo descreve o comportamento que se deve ter para jejuar bem e, assim, evitar sua exibição hipócrita, algo que o esvazia de todo seu valor. Nessa postura, deve-se ter sempre em vista o propósito espiritual do jejum, na ausência do qual a prática seria facilmente presa da "autoadmiração, vaidade, autoimportância, (e) arrogância impaciente"[438]. Tomás observa que o próprio Cristo assumiu a prática do jejum não como se ele o exigisse, mas para fornecer um modelo para todos os cristãos imitarem. O jejum de Cristo, observa ele, não foi abrangente, mas sim algo que ele adotou para mostrar aos cristãos como orar e se engajar retamente na contemplação, para que eles pudessem estar preparados para assumir os importantes deveres de suas vidas. E assim, antes de ensinar, Cristo retira-se para o deserto, onde jejua e ora. Nisso, ele oferece uma maneira pela qual os pregadores e mestres cristãos, por exemplo, podem conformar suas mentes efetivamente às coisas mais elevadas e ordenar suas pessoas para que elas possam servir melhor seu rebanho e seus alunos. De novo, antes de assumir o seu ministério público, Cristo jejua no deserto durante quarenta dias. Essa austeridade, que não vai além do que foi demonstrado por Moisés e Elias, serve para instruir todos aqueles que assumem

---

437. Para esse material relacionado a Cristo e ao jejum, cf. ST. III. 40. 2 e 41. 3.
438. Pieper (1966 [1954]), p. 185.

qualquer tipo de ministério, de que eles precisam engajar-se em grande prece e jejum, como meio para colocar sua casa em ordem e falar, de um modo correto e efetivo, a partir da plenitude da revelação de Deus. Ao trazerem ordem para si e controle sobre sua concupiscência, tais pessoas se tornam fortes para que, quando a tentação surgir, elas estejam preparadas para resistir e até mesmo expulsá-la de suas vidas e das vidas dos outros. Assim, na opinião de Pieper, Cristo chama estes e todos os cristãos a assumir o rigor do jejum, para que por ele possam progredir na aquisição e manutenção da "autoconservação abnegada" que está no coração da temperança. Isso, junto com o avanço nas outras partes subjetivas da temperança, é integrante em tornar-se verdadeiramente belo, onde "o esplendor do verdadeiro e do bom" brilha da pessoa bem-ordenada que ela se torna na temperança[439].

Os pontos levantados aqui a respeito do entendimento de Tomás sobre a temperança, suas partes integrantes da vergonha e da honestidade, a parte subjetiva da abstinência, a prática do jejum e o vício da gula, podem ser aplicados da mesma maneira às partes restantes da temperança. Quando consideradas juntas, elas oferecem um quadro detalhado do entendimento cristão da temperança e de sua manifestação neste mundo, conforme dirigido e aguardado para o mundo seguinte[440]. A leitura aqui oferecida pode também servir como a maneira geral pela qual se pode, então, abordar as outras virtudes cardeais, assim como as virtudes teologais. Naturalmente, uma grande quantidade de material extremamente interessante foi deixada de lado pela natureza deste guia de leitura.

---

439. Ibid., p. 203.
440. Para uma excelente apresentação da vida cristã descrita na totalidade da *secunda secundae*, considerar a coleção de ensaios de Pieper (1997 [1986]) e (1966 [1954]) sobre cada uma das 7 virtudes.

No entanto, uma leitura atenta da *prima secundae*, particularmente dos tratados relativos aos hábitos, às virtudes, às bem-aventuranças, aos dons, aos vícios e à graça, fornecerá os princípios necessários para uma leitura produtiva dos materiais encontrados na *secunda secundae*. Deve-se notar especialmente o tratado sobre as virtudes, as descrições gerais que ali se oferecem de cada virtude, as relações explícitas que Tomás estabelece entre elas, a centralidade das virtudes teologais e, especialmente, da caridade e, por último, a posição da prudência como "rainha" das virtudes cardeais. Entre as muitas coisas marcantes ditas sobre a caridade, deve-se notar ST. II-II. 23. 1, onde Tomás descreve a caridade como a comunhão ou amizade que existe entre Deus e o homem, "uma reciprocidade de amor [...] fundada na autocomunicação de Deus quando, pela graça, faz o homem participante de sua própria felicidade"[441]. Novamente, temos aqui não apenas um testemunho da dimensão em que a teologia de Tomás é inspirada pelo próprio texto da Escritura (nesse caso, Jo 15,15), mas também em que ele usa o entendimento de Aristóteles da amizade (como encontrado nos livros 8 e 9 de sua *Ética a Nicômaco*) em sua exposição dessa excelente virtude, a qual, junto com as outras virtudes teologais, fornece os meios pelos quais se alcança o próprio Deus e se desfruta da comunhão com Ele e o repouso nele como seu fim último e bem perfeito[442]. Nenhuma virtude verdadeira e perfeita é possível sem a caridade, pois é a que mais perfeitamente ordena tudo o que o homem pensa e faz em seus esforços para ser feliz. A caridade, portanto, torna-se a própria forma da virtude em si, pois dirige mais perfeitamente os atos característicos de todas as outras virtudes ao fim último em si, retificando, assim, suas próprias atividades mais perfeitamente

---

441. Torrell (2005), p. 43.
442. Cf. ST. II-II. 23. 6.

à luz do que é mais elevado e melhor[443]. Quanto à prudência, sua importância já foi descrita; é a virtude que permite à pessoa humana agir e viver bem nesta vida, na medida em que isso requer que ela tome conselho, julgue e ordene corretamente em cada ação moral que empreende, algo que constitui a ocupação da prudência, fazendo dela um requisito, portanto, para todas as outras virtudes cardeais, especificamente porque pertence à prudência "decidir de que maneira e por que meios o homem deve obter o meio-termo da razão em seus atos"[444]. No entanto, por mais importante que a prudência seja para as outras virtudes morais, elas todas ainda devem ser informadas pela caridade para serem verdadeiros exemplos de virtude perfeita, isto é, virtudes ordenadas e informadas pelo amor mais perfeito que o homem pode manifestar em sua vida ao agir em prol de sua verdadeira felicidade[445].

Os tratados sobre as graças gratuitas (questões 171-178), sobre a vida ativa e contemplativa (179-182) e sobre os estados de vida (183-189)

Algumas palavras devem ser ditas a respeito da última seção da *secunda secundae* onde Tomás considera uma série de coisas que não pertencem a todos os cristãos, mas apenas a alguns. Elas distinguem-se de três maneiras: primeiro, pelas graças gratuitas que alguns recebem, especificamente sob a forma de profecia (171-174), de arrebatamento (175), do dom de línguas (176), do dom da palavra de sabedoria e de ciência (177) e de milagres (178); segundo, pela condução da vida contemplativa distinta da vida ativa (179-182); e, por último, pelos diversos ofícios e estados de vida

---

443. Cf. ST. II-II. 23. 7 e 8.
444. Cf. ST. II-II. 47. 7.
445. Cf. Torrell (2005), p. 45-46.

(183) e pelo estado de perfeição em geral (184), que dão origem às perfeições do estado episcopal (185) e do religioso (186-189). Os temas dessa seção da *Suma* são decididamente eclesiásticos, com uma ênfase colocada no pensamento maduro de Tomás sobre a natureza das ordens religiosas e, particularmente, sobre a sua própria, algo pelo qual ele lutou mais energicamente durante toda a sua vida. Mais uma vez, vemos nesses tratados a dedicação de Tomás às Escrituras, uma vez que ele se baseia, em grande medida, nas discussões sobre os carismas e os ministérios, encontrados nas cartas de São Paulo aos Coríntios e aos Efésios, respectivamente[446]. Quer falemos desses dons gratuitos, quer dos estados específicos de vida que Tomás considera aqui, todos "foram ordenados para o bem de toda a Igreja, e a sua diversidade deve permanecer a serviço de sua unidade, sob a inspiração da caridade"[447].

Entre as muitas questões que compõem esses tratados, gostaria de me deter brevemente sobre duas que se referem ao estado de perfeição, um estado ao qual todo cristão é chamado e que, ainda, dada a variedade de ofícios da vida e dos dons que cada um recebe, admite progresso e, portanto, graus. Tomás define um "estado", genericamente, como uma posição em que uma pessoa está disposta, de alguma forma, de acordo com a sua natureza e com uma certa permanência. O que ele tem em mente é o que resulta de uma obrigação que o indivíduo assumiu livremente para si mesmo, à luz da qual ele está sujeito à regra do outro, indicando um estado de servidão, ou à sua própria, indicando um estado de liberdade[448]. Ambos os estados podem se manifestar de duas ma-

---

446. Pinckaers (1995 [1993]), p. 229.
447. Ibid.
448. ST. II-II. 183. 1. Esses estados caracterizam tanto a comunidade civil quanto a espiritual. Cf. os artigos 2 e 3 acerca da sua diversificação, especificamente em relação à Igreja.

neiras quando se referem a assuntos espirituais. A servidão pode ser tanto ao pecado como à justiça, enquanto a liberdade denota estar livre dos mesmos. A verdadeira servidão, afirma ele, realiza-se na situação em que se está obrigado a pecar habitualmente e livre de qualquer restrição imposta pela justiça para fazer qualquer ato maligno que se deseje. A verdadeira liberdade, por outro lado, caracteriza aquele que está livre do pecado e está a serviço daquilo que é justo, inclinando-o assim a buscar o bem em tudo o que ele faz[449]. A perfeição é encontrada neste último, especificamente quando se alcança o fim próprio da verdadeira liberdade, isto é, a união com o próprio Deus. Uma vez que é a caridade que une o cristão a Deus, Tomás sustenta que a perfeição da vida cristã "consiste radicalmente na caridade"[450]. Pode-se falar dessa perfeição de três maneiras, duas das quais pertencem ao homem. A primeira é a perfeição que é apropriada a Deus somente, na qual ele ama a si mesmo "tanto quanto é amável". A segunda é aquela de que desfrutam os bem-aventurados no céu, aqueles cuja inteira afetividade é dirigida a Deus tanto quanto possível. A terceira descreve a vida presente, na qual se luta para remover os obstáculos que obstruem o seu movimento em amor a Deus. Para a maioria dos cristãos, isso se manifesta na vida de virtude, conforme descrito na primeira seção do *secunda secundae*, onde cada pessoa, na fé, na esperança e no amor, na prudência, na justiça, na fortaleza e na temperança, remove de seus amores e afetos tudo o que é contrário diretamente à caridade, isto é, a conduzir sua vida de tal modo que se evita todo pecado mortal e venial. No entanto, há alguns poucos seletos dentro da comunidade cristã que não só evitam as coisas e as práticas ilícitas, mas também as de natureza lícita, na

---

449. ST. II-II. 183. 4.
450. ST. II-II. 184. 1.

medida em que podem, de alguma forma, agir como obstáculos em seu desejo de cuidar inteiramente de Deus. É com estas últimas que encontramos a maturidade da perfeição possível ao cristão enquanto vive no mundo, uma perfeição que se manifesta não só em evitar o pecado, mas também na doação total de si mesmo a Deus, ao renunciar também àquelas coisas que são morais e boas mas que podem dificultar seu próprio avanço pessoal em direção a Deus. A perfeição da caridade, ainda que em sua forma inicial e até inclusive com uma certa proficiência nela, pertence àqueles que evitam o pecado mortal e venial e que se dedicam a um uso correto e adequado das coisas deste mundo[451].

A questão, então, se torna: qual é a regra que mais efetivamente dá origem a essa perfeição? Ela consiste na observância dos preceitos ou mandamentos encontrados na Sagrada Escritura ou, antes, nos próprios conselhos evangélicos?[452] A resposta de Tomás tem nuanças. Ele faz referência ao julgamento de Cristo em Mt 22,37-40, ou seja, que toda a lei se encontra no mandamento de amar a Deus de todo coração, alma e mente, e de amar ao próximo como se ama a si mesmo: "desses dois mandamentos dependem toda a Lei e os profetas". Ele afirma, portanto, que a perfeição da vida cristã consiste primária e essencialmente na adesão a esses mandamentos (e, por consequência, a todo o corpo de lei encabeçado por eles), pois eles manifestam mais perfeitamente a natureza da caridade. No entanto, há um sentido secundário e instrumental, no qual os conselhos evangélicos dão origem ao estado de perfeição na vida cristã. Esses conselhos são dirigidos também à caridade, mas diferentemente dos mandamentos, na medida em que

---

451. ST. II-II. 184. 2.
452. O leitor se lembrará da discussão sobre eles na *prima secundae* dentro do *Tratado sobre a Lei* e deverá voltar a essa discussão para completar o que será dito aqui.

estes se referem à remoção das coisas tanto ilícitas e, portanto, contribuidoras para o pecado mortal e venial quanto diretamente contrárias à virtude da caridade, enquanto aqueles se referem às coisas que são lícitas, mas que podem, contudo, obstruir o ato de caridade, sem serem contrárias a ele. Por exemplo, o casamento é um estado que por si só é sagrado e bom. No entanto, ele traz consigo responsabilidades que podem dificultar o crescimento na maturidade da perfeição cristã, razão pela qual, então, alguns membros da comunidade cristã assumem a vida celibatária, liberando-se efetivamente para a oportunidade de se doarem, de modo mais completo, à prática da caridade e aspirarem à maturidade da perfeição disponível a eles nesta vida[453]. Isso quer dizer, então, que o estado de maior perfeição está reservado aos chamados à vida religiosa, àquela vida em que se observam não só os mandamentos, mas também os conselhos evangélicos? Mais uma vez, a resposta de Tomás tem nuanças. Ele afirma que a verdadeira liberdade no reino espiritual se manifesta nas ações que são tanto interiores quanto exteriores, isto é, nas atividades imanentes e nas transitivas. A disposição interior, imanente, é um julgamento que pertence a Deus somente e é algo a que todos os cristãos são chamados, independentemente dos cargos que ocupam na vida, e a que devem atender com todos seus esforços e forças para alcançarem a caridade e a união com Deus. A ação exterior e transitiva, porém, culmina no estado de vida que se assume de modo decidido e livre, especialmente em relação à variedade de estados que caracterizam a Igreja. Falando desses estados, Tomás lembra ao leitor a obrigação que está implícita num estado assim descrito, especificamente que essa obrigação implícita na verdadeira liberdade nos liberta para o serviço e que esse serviço é assumido com "uma certa solenidade", que marca a seriedade e a nobreza do estado em

---

453. ST. II-II. 184. 3.

que se entrou. Consequentemente, em relação a esses estados que caracterizam a vida da Igreja, "diz-se propriamente que alguém se acha no estado de perfeição, não porque exerce um ato de caridade perfeita" (que propriamente pertence à perfeição espiritual imanente), "mas por obrigar-se para sempre e com certa solenidade às coisas que dizem respeito à perfeição" (GALACHE et al., VII, p. 639)[454]. Tomás identifica isso com os ofícios religiosos e episcopais, àqueles estados da Igreja em que os conselhos evangélicos, em particular, se tornam parte essencial de tais estados, na medida em que são inteiramente dedicados à obra de Deus[455]. No entanto, o mero fato de se assumir um desses ofícios, por si só, não torna o indivíduo perfeito na caridade. Muitos são aqueles que, não tendo se obrigado aos ofícios eclesiásticos dentro da Igreja e, portanto, a esses estados de perfeição, todavia atingem a perfeição da caridade madura, que provém do desenvolvimento da observância não só dos mandamentos, mas também dos conselhos, em meio às atividades que se realizam na vida cotidiana. No entanto, não deixa de ser verdade que os ofícios eclesiásticos dentro da Igreja estão, por sua própria natureza, orientados para a prática mais efetiva da caridade e, portanto, oferecem a oportunidade, por parte do homem, de manifestar mais efetivamente a perfeição imanente e madura da caridade na vida cristã[456].

Conclusão da *secunda secundae*

Nos poucos detalhes que foram aqui apresentados a respeito do material encontrado na *secunda secundae*, entende-se facilmen-

---

454. ST. II-II. 184. 4.
455. ST. II-II. 184. 5.
456. ST. II-II. 184. 5-6 e 4. Cf. tb. os comentários esclarecedores de Jordan Aumann em sua tradução dessa parte da *Suma* na edição de Blackfriars, vol. 47 (1973), p. xv-xvii, e seu capítulo sobre a "Christian Perfection" [Perfeição cristã] (p. 121-155) em 1962.

te porque essa seção da *Suma* foi mais popular, sendo separada do todo e copiada muito mais extensivamente do que as outras partes, conforme a quantidade remanescente de cópias leva estudiosos a concluírem (bem como a história do uso da *Suma* após a morte de Tomás)[457]. O leitor encontra os detalhes práticos a respeito da vida virtuosa do homem, na medida em que ele, por sua própria agência em união com a graça de Deus, se esforça em manifestar sua felicidade. Isso constitui uma imagem do caráter específico da verdadeira virtude, da própria vida cristã neste mundo, conforme é orientada, na fé, na esperança e na caridade, à união com Deus no mundo seguinte, antecipando o que puder, na vida presente. Tudo isso de modo bem ordenado e apresentado, juntando a riqueza da tradição patrística com a dos antigos escritores pagãos recém-introduzidos no Ocidente naquele tempo. Embora esses detalhes ofereçam uma visão sólida e os modos práticos pelos quais ela pode se manifestar na vida do cristão, eles encontram sua base, por assim dizer, nas partes que a precederam, especificamente na teoria moral apresentada na *prima secundae*, e na natureza e agência do próprio Deus na *prima pars*. A *tertia pars*, entretanto, também é presumida pela *secunda pars*, na medida em que a agência do homem é considerada insuficiente para a aquisição de seus verdadeiros fim e felicidade e que a cada passo que o homem dá no *reditus* que ele realiza, por sua atividade voluntária, há as graças de Deus auxiliando-o nesse sentido (como detalhado na *prima secundae*), bem como a providência e a governança que Ele exerce sobre todo o universo (como detalhado na *prima pars*). Esse auxílio chega à sua completude e perfeição na pessoa de Cristo, que, como agente primário da *tertia pars*, compensa o que falta ao homem, em seu desejo pela felicidade e sua atividade em direção a ela, realizando

---

457. Cf. Boyle (1982), p. 23ss.

os meios específicos pelos quais o homem pode ser curado de sua condição caída e, assim, ter uma oportunidade real de estar unido a Deus na próxima vida. É a isso que Tomás se volta agora.

Tertia pars

Esta parte da *Suma* deveria conter três seções. Entretanto, apenas a primeira dessas três foi concluída, devido aos eventos de 6 de dezembro de 1273, que levaram Tomás a interromper a composição de sua *Suma*, conforme detalhado no primeiro capítulo deste guia de leitura. As questões 1 a 59 são dedicadas a Jesus Cristo, o Verbo encarnado, cujas vida, morte e ressurreição realizam a salvação do homem e fornecem os meios pelos quais ele pode realmente alcançar a união com Deus e, assim, sua felicidade. As questões 1 a 26 são dedicadas à própria Encarnação, enquanto as de 27 a 59 se referem às particularidades da vida de Cristo, às coisas que Ele fez ou sofreu enquanto unido à natureza do homem, culminando em sua ressurreição e sua ascensão ao céu, tomando seu assento à direita do Pai e seu poder judiciário. A segunda seção está incompleta. Ela teria sido dedicada à consideração dos sacramentos, os mais excelentes meios de graça estabelecidos por Cristo durante seu ministério terreno e que constituem a maneira pela qual as virtudes teologais podem ser aperfeiçoadas no homem e pela qual os dons, bem-aventuranças e frutos solidamente exercem influência sobre a manifestação da própria vida cristã, na qual Cristo vive no homem e o homem, em Cristo. As primeiras questões desse tratado (60-65) consideram assuntos que dizem respeito a todos os sacramentos (natureza, necessidade, graça, caráter, causas e número, respectivamente). O restante desse tratado deveria ter examinado cada sacramento individualmente. Tomás completou três deles: o Batismo (66-71), a Confirmação (72) e a Eucaristia

(73-83), deixando incompleto seu tratado sobre a Penitência na questão 90, após tratar apenas de sua natureza, seus efeitos e sua divisão em partes gerais[458]. Se essa segunda seção tivesse sido completada, teria havido tratados sobre a Extrema-unção (a Unção dos Enfermos), a Ordem e o Matrimônio[459]. A terceira seção teria considerado "o fim da vida imortal a que chegamos pela ressurreição"[460], que teria sido uma maneira adequada de concluir a *Suma* à luz da realização atual do fim último do homem. Mas isso, como tudo o que precedia na *Suma*, teria sido elaborado no ato salvífico de Cristo, que é onde o *reditus* do homem se completa. Embora tenhamos alguma indicação de como Tomás teria discutido essas considerações escatológicas, ou seja, à luz de passagens paralelas em seu *Comentário sobre as Sentenças de Pedro Lombardo* (e nas questões 79 a 97 do livro IV de sua *Suma contra os gentios*), que fornecem material suficiente para seus discípulos abordarem o que ficou inacabado e comporem o que tem sido chamado o suplemento (em 99 questões: 1 a 68 cobrindo os sacramentos restantes e 69 a 99 dedicados às últimas coisas), deve-se ter cautela em seu uso, particularmente porque é material escrito uns 20 anos antes do da *Suma* (e portanto não reflete a maturação do pensamento de Tomás sobre esses assuntos)[461]. No espaço que nos resta neste guia do leitor, vamos olhar brevemente para os tratados dedicados a Jesus Cristo e aos sacramentos, concentrando-nos em seus aspectos mais salientes para que possamos ter uma ideia da direção que Tomás estava tomando na conclusão da *Suma Teológica*.

---

458. Deixando de lado a consideração de suas partes particulares, "os destinatários desse sacramento, o poder dos ministros que pertencem às chaves e a solenização desse sacramento" (como Tomás tinha pretendido, conforme indicado em seu prólogo da penitência em ST. III. 84).
459. Cf. a divisão oferecida por Tomás em ST. III. 66.
460. O prólogo de ST. III.
461. Considerar a avaliação de Torrell (2005), p. 62.

Os tratados sobre a Encarnação (1-26) e sobre as obras e sofrimentos de Jesus Cristo (27-59)

A primeira destas duas partes é dedicada à Encarnação em si. Tomás divide as suas considerações em três partes. A primeira examina a "conveniência" da Encarnação (questão 1); a segunda, o modo de união do Verbo Encarnado (2-15); e por último, as consequências dessa união (16-26).

A questão da posição aparentemente tardia de suas considerações sobre o Verbo Encarnado, sobre aquele que realiza o retorno do homem a Deus, foi abordada várias vezes nesse capítulo e nos anteriores; não há dúvidas sobre a centralidade da Encarnação de Cristo e do ato salvífico no pensamento de Tomás e em sua *Suma*[462]. A cristologia de Tomás, como observa Kerr, não começa como muitos teólogos modernos estão acostumados, isto é, com considerações históricas que envolvem a pessoa e as obras de Cristo[463]. Pelo contrário, ele começa com o mistério da Encarnação em si, algo que marca sua cristologia como enraizada essencialmente na revelação da pessoa de Cristo encontrada nas Sagradas Escrituras, uma decisão que reafirma a centralidade das Sagradas Escrituras no desenvolvimento dos materiais de que trata a *Suma*.

A primeira questão indaga se a Encarnação foi adequada ou conveniente (*conveniens*). É preciso entender o teor dessa questão. Tomás pergunta, à luz do fato da Encarnação, onde o Verbo levou consigo a natureza do homem ao tornar-se Jesus Cristo, até que ponto podemos entender e articular a conveniência da união das duas naturezas na pessoa única de Cristo? A noção de conve-

---

462. O prólogo da *tertia pars* deve afastar qualquer dúvida – ver Torrell (2005), p. 48-50. Pode ser proveitoso também um breve relato desse ponto conforme apresentado por Kerr (2002), p. 162-168.
463. Kerr (2002), p. 168.

niência, então, surge à luz do fato de que essa união, embora seja um mistério e, portanto, uma das muitas coisas que se revelam ao homem extrapolando sua compreensão natural, não é "totalmente incompreensível, ultrajante e inaceitável"[464] para a mente humana. Assim como na exposição de Tomás a respeito da Trindade na *prima pars*, também aqui o teólogo pode, na contemplação orante da Encarnação, juntamente com a razão retamente informada pelas verdades que ela pode conhecer, naturalmente e fortalecida pela graça de Deus, abordar "o amor incompreensível que levou Deus a esse extremo" e tentar compreender tudo o que ele puder sobre esse evento, não importa quão fracas possam ser suas razões[465].

O artigo 1 afirma que a conveniência da Encarnação se encontra na natureza do próprio Deus, que, como bondade absoluta, naturalmente comunica essa mesma bondade, primeiro, no ato da criação, em sua providência e em seu governo do que Ele criou (como relatado na *prima pars*); segundo, nos dons da graça, que Ele concedeu ao homem enquanto este procura realizar tudo o que pode de seu *reditus* a Deus (como detalhado na *secunda pars*); mas, finalmente e da maneira mais elevada que estiver disponível a uma coisa criada, quando "une a si a natureza criada, de modo que resulte uma Pessoa de três princípios – o Verbo, a alma e a carne"[466]. Nisso, o homem não só foi unido a Deus de uma nova maneira, como agora pode contemplar sua bondade, sua sabedoria, sua justiça e seu poder manifestados visivelmente na própria pessoa de Cristo[467]. A questão da conveniência é seguida pela questão

---

464. Ibid., p. 168.
465. Torrell (2005), p. 53. Além disso, ao evitar aqui a linguagem da necessidade, Tomás respeita a liberdade de Deus em agir dessa forma.
466. ST. III. 1. 1, citando Agostinho (GALACHE et al., VIII, p. 59).
467. ST. III. 1. 1. *sed contra*, citando João Damasceno.

do motivo, uma determinação em que Tomás tem muito cuidado ao confiar primária e decisivamente no testemunho bíblico. Ele começa perguntando primeiro se era necessário que o Verbo se encarnasse para que o gênero humano pudesse ser salvo. Jo 3,16 estabelece isso na afirmativa de que "Deus, com efeito, amou tanto o mundo que deu seu Filho unigênito para que todo aquele que nele crê não pereça, mas tenha a vida eterna" (GALACHE et al., VIII, p. 61)[468]. Tomás, então, qualifica o senso de necessidade usado nessa passagem, ou seja, que a Encarnação não era o único meio pelo qual o fim da salvação do homem poderia ser alcançado, mas sim que esse modo particular era um modo melhor, mais adequado ou apropriado para alcançá-lo. Tomás mostra isso recorrendo às muitas coisas que Agostinho tinha a dizer sobre essa questão, todas elas divididas em dois grupos, aqueles que argumentam a conveniência da Encarnação na medida em que ela conduz mais excelentemente tanto ao avanço da pessoa humana no bem quanto à sua retirada do mal. A Encarnação conduz de modo mais belo ao estabelecimento e ao contínuo crescimento na fé, na esperança e na caridade, as virtudes teologais tão essenciais a toda a vida do cristão em Cristo, permitindo-lhe conduzir sua vida bem, à luz do exemplo oferecido por Jesus, que permite à pessoa humana participar plenamente da vida divina, quando a própria humanidade foi assumida e redimida por Jesus, permitindo a plenitude da deificação do homem, da qual fala o *Tratado sobre a graça*, na questão 112[469]. Agostinho afirma isso bem: "Deus se fez homem para que o

---

468. ST. III. 1. 2, sc.
469. Além dessa referência ao *Tratado sobre a graça*, deve-se refletir aqui também sobre o fato de que a Encarnação é também pressuposta pelas questões centrais para a descrição da vida cristã no *Tratado sobre a virtude*, ou seja, as que dizem respeito às bem-aventuranças, aos dons e aos frutos do Espírito Santo.

homem fosse feito Deus"[470]. A Encarnação também conduz, de modo mais belo, à fuga do homem de tudo o que o afastaria de Deus, especificamente por meio do reconhecimento da dignidade da própria natureza do homem quando o Verbo assume a natureza do homem na pessoa de Cristo. Isso conduz o homem a não mais desejar a condição do demônio ou suas incitações; a cuidar para não danificar pelo pecado a própria natureza que o Verbo achou conveniente assumir; a se livrar da presunção de que, por seus próprios esforços, poderia tornar-se justo com Deus; a curar sua soberba por meio da grande humildade demonstrada pelo Verbo; e, por fim, "libertar o homem da servidão" (*servitus*) do pecado, algo que não poderia ter sido realizado por qualquer homem que, por sua condição caída, fosse incapaz de satisfazer pelo dano causado a todo o gênero humano. Somente Deus tornando-se homem poderia realizar tal coisa[471]. Como bem afirma o Papa Leão Magno: "Se não fosse verdadeiro Deus não poderia trazer-nos o remédio; se não fosse verdadeiro homem não nos daria o exemplo"[472]. Isso, portanto, leva Tomás ao cerne do motivo da Encarnação no terceiro artigo, que pergunta se Deus teria se encarnado, se o homem não tivesse pecado. Reconhecendo o debate que essa questão suscita, ele lembra ao leitor que quando se trata de coisas que são livremente realizadas pela vontade de Deus, especialmente aquelas que são totalmente gratuitas e não devidas ao homem, as determinações do indivíduo devem ser guiadas primariamente pelos pronunciamentos feitos pelas Sagradas Escrituras, pois é por meio delas que a vontade de Deus se manifesta ao entendimento do homem. E, assim, ele afirma que:

---

[470]. ST. III. 1. 2 (GALACHE et al., VIII, p. 62).
[471]. ST. III. 1. 2. ad. 2.
[472]. ST. III. 1. 2 (GALACHE et al., VIII, p. 62-63).

Como, porém, na Sagrada Escritura o motivo da Encarnação sempre é posto no pecado do primeiro homem, é mais correto dizer que a obra da Encarnação foi ordenada por Deus para remédio do pecado, de sorte que, não havendo pecado, não haveria Encarnação[473].

E ainda, de acordo com o senso de necessidade desenvolvido nos artigos anteriores dessa questão, Tomás acrescenta que o poder do próprio Deus não é limitado pela situação do pecado do homem, que estava bem dentro de seu poder encarnar-se, independentemente do estado em que o homem tivesse caído, uma posição que aumenta ainda mais tudo o que foi dito sobre a conveniência da Encarnação nos artigos 1 e 2[474].

A segunda seção desse tratado (questões 2 a 15), bastante difícil, considera o modo de união da Encarnação, pois considera a união do Verbo e da natureza humana a partir de suas perspectivas psicológicas e metafísicas. Conforme muitos comentadores notaram, a doutrina de Tomás, aqui e em todo o tratado sobre Jesus Cristo, é influenciada, em grande medida, pela tradição patrística tanto do Oriente como do Ocidente, assim como pelos muitos e variados concílios que lidaram com o Verbo Encarnado antes de sua época, particularmente o de Calcedônia[475]. Tomás considera as muitas explicações oferecidas historicamente para entender a união do Verbo com a natureza humana e conclui que a divindade e a humanidade, as naturezas, respectivamente, do Verbo e do homem, se unem na pessoa única de Cristo, não em uma natureza singular do divino e do humano, nem em alguma mistura dos dois,

---

473. ST. III. 1. 3 (GALACHE et al., VIII, p. 65).
474. Deve-se tomar nota da discussão sobre esse ponto em Kerr (2002), p. 170-172. Considerar também ST. III. 3. 8.
475. Cf., p. ex., Torrell (2005), p. 53; Davies (1992), p. 300ss.

mas como duas naturezas existentes e unidas na pessoa única do próprio Cristo[476]. Assim, há uma pessoa, a de Cristo, que poderíamos considerar com exatidão como sendo um homem e Deus. Assim, Cristo tinha um corpo, podia experimentar dor e algumas das emoções, desfrutava de um conhecimento em consequência de sua experiência na terra, além de outras coisas pertencentes à natureza humana que assumiu, mas de uma maneira que era apropriada à sua pessoa e à sua missão, ou seja, de modo que Ele não estivesse sujeito ao pecado e que provesse um modelo de vida humana perfeita para todos os cristãos[477]. Mas também se pode dizer que Cristo desfrutou do conhecimento que é próprio do próprio Verbo, e de outras coisas semelhantes apropriadas à natureza divina[478]. Pode dizer-se que Cristo é o divino e o humano, portanto, somente porque o Verbo assumiu uma natureza diferente da sua própria, isto é, uma natureza humana, e que o que resultou não foram dois seres, mas simplesmente um, a pessoa de Cristo[479].

Embora Cristo seja plenamente humano e plenamente divino, Tomás afirma que houve muitas coisas que o distinguiram de outros seres humanos, especificamente nas graças que Ele desfrutou (questão 7), o fato de que Ele é cabeça da Igreja (8), a extensão e qualidade de sua ciência (9-12), e as potências e deficiências assumidas e exibidas em sua alma, vontade e corpo (13-15). Em sua divindade, Cristo desfruta de tudo o que é próprio disso. Uma vez que a natureza humana é assumida pelo Verbo, algo que traz consigo o fato de que Cristo desfrutou não apenas de uma mente e

---

476. ST. III. 2. 1-2.
477. Cf. ST. III. 5. 1-2 (corpo), ST. III. 14 e ST. III. 15. 5-6 (dor), ST. III. 15. 6-9 (emoção) e ST. III. 9. 1 e 4. e ST. III. 12 (ciência adquirida).
478. ST. III. 9-10 (ciência).
479. ST. III. 3. Considerar as discussões de Davies (1992), p. 302-305; Nichols (2002), p. 112-114; Wawrykow (2005b), p. 222-251; e Gondreau (2005), p. 252-276.

uma vontade divinas, mas também humanas, assim como de uma alma humana[480], Tomás argumenta que a humanidade de Cristo é algo que, sendo diferente da de sua divindade, requer as graças, as virtudes e os dons do Espírito Santo, dos quais as pessoas necessitam, como descrito na *prima secundae*. Dada a intimidade da união em Cristo entre o humano e o divino, diz-se que a humanidade de Cristo desfruta da plenitude da graça, isto é, da graça possuída total e perfeitamente[481]. E, como Davies e Kerr apontam, essa graça mais perfeita concedida à humanidade de Cristo dispõe sua alma, sua mente, sua vontade e seu corpo humanos para o divino mais perfeitamente, uma disposição que não erradica o que é próprio de sua humanidade, como se fosse apenas o Filho operante na pessoa de Cristo, mas sim que une sua humanidade com sua divindade, em que as ações de Cristo "procedem tanto de uma vontade divina quanto de uma vontade humana, embora totalmente alinhada com a vontade divina e embora assumida por uma pessoa divina"[482]. Vemos aqui, então, o processo, aperfeiçoado neste caso, de elevação do humano pela graça, para que ele possa participar do divino, sem violação da natureza de tudo o que é humano, algo realizado livremente pelo dom de Deus e amorosamente buscado pelo homem e livremente aceito, conforme detalhado no *Tratado sobre a graça*, na *prima secundae*. Portanto, Cristo, após estar assim unido em sua humanidade com o Verbo, recebe não apenas a plenitude da graça habitual, mas todos os dons do Espírito Santo e os dons gratuitos de um modo mais eminente; aqueles porque a humanidade de Cristo é mais apta a responder à inspiração do Espírito Santo e estes na medida em que

---

480. Cf. ST. III. 5. 3-4.
481. Cf. ST. III. 7. 9-12.
482. Davies (1992), p. 309, referindo-se à ST. III. 7. 1. Cf. tb. Kerr (2002), p. 172-174; e Nichols (2002), p. 116-117.

Cristo é o "primeiro e principal professor da fé", algo ao qual os dons gratuitos são ordenados primariamente[483]. Além disso, Cristo possui todas as virtudes perfeitamente, exceto as teologais da fé e da esperança, dado que Ele, desde o primeiro momento de sua Encarnação, tanto contemplou como possuiu plenamente a essência de Deus, tornando redundantes o conhecimento adquirido pela fé e a fruição que a esperança promete[484]. À luz da plenitude da graça que é Cristo, juntamente com o testemunho bíblico e a discussão na primeira questão da *tertia pars* sobre a conveniência da Encarnação, Cristo é Aquele de quem todas as graças derivam, isto é, Ele está em posse não só das graças pessoais mencionadas acima, mas também das "graças capitais", isto é, aquelas que Ele é dotado como cabeça da Igreja, de todos os homens e dos anjos. A partir da plenitude que Ele possui e do fato de que Ele é o mediador entre Deus e o homem, a graça que Ele é e realiza nos mistérios de sua vida, morte e ressurreição, transbordam na redenção da humanidade, na cura e na elevação de sua natureza, no estabelecimento da Igreja e na eficácia de todos os sacramentos, particularmente o da Eucaristia[485].

A alma de Cristo também é impactada na intimidade de sua presença no Verbo e de sua unidade com Ele, tanto em relação ao seu conhecimento como ao seu poder. É claro que Cristo, como divino, teria possuído o conhecimento apropriado ao Verbo. No entanto, dada a natureza e a integridade da humanidade de Cristo, Tomás argumenta que haveria de ser atribuído à sua mente humana um conhecimento que ela própria poderia adquirir naturalmente, isto é, empiricamente por meio de sua própria experiência do

---

483. ST. III. 7. 1 e 5-7.
484. ST. III. 7. 2-4. Cf. Davies (1992), p. 308-312, para maiores detalhes.
485. Cf. ST. III. 8. Cf. tb. Davies (1992), p. 312-314.

mundo[486]. Do contrário, como observa Torrell, "sua humanidade não teria conhecido absolutamente nada e teria sido em vão assumida pelo Verbo"[487]. Além desse conhecimento empírico, a perfeição da humanidade de Cristo requer que atribuamos a ela um conhecimento de tudo o que pode ser raciocinado pela mente humana, um conhecimento que foi infundido nele desde, novamente, o primeiro momento de sua Encarnação[488]. Por fim, Cristo, em sua natureza humana, precisou ter contemplado a visão beatífica para não ter sido menos perfeito do que os humanos que já contemplaram essa visão. No entanto, dada a natureza e a integridade da racionalidade humana, essa compreensão não foi perfeita, mas foi ainda assim suficiente para a fruição que foi desfrutada e que deu origem à ausência da virtude teologal da esperança em sua vida, conforme descrito acima[489].

Quando Tomás se volta para uma consideração do poder da alma de Cristo, ele começa a notar as limitações, fraquezas ou deficiências que eram evidentes na pessoa de Cristo, por causa da distinção de naturezas dentro de sua pessoa, uma distinção que mantinha a integridade de cada natureza e o que era próprio de cada um. Assim, a alma de Cristo não poderia ter sido onipotente; esse fato pertenceu propriamente à natureza divina de Cristo, ao Verbo[490]. Qualquer coisa milagrosa deve ser atribuída, pois, ao Verbo e só poderia ser referida à alma de Cristo conforme fosse usada instrumentalmente pelo Verbo unido a ela na pessoa de Cristo[491]. O mesmo se diz com respeito ao efeito que Cristo po-

---

486. ST. III. 9. 4 e questão 12.
487. Torrell (2005), p. 54, comentando sobre ST. III. 9.
488. ST. III. 9. 3 e questão 11.
489. ST. III. 9. 2 e questão 10.
490. ST. III. 13. 1.
491. ST. III. 13. 2.

deria ter tido sobre seu próprio corpo[492]. Essas limitações são mais pronunciadas quando consideramos o próprio corpo de Cristo. Era adequado, argumenta Tomás, que seu corpo estivesse sujeito às enfermidades e deficiências das quais o corpo humano é herdeiro, primeiro, porque Cristo veio para satisfazer pelo pecado do gênero humano, algo realizado ao assumir as penas do pecado do homem, algo que incluía morte, fome, sede, dor e coisas semelhantes; segundo, porque isso fez com que se acreditasse mais prontamente na Encarnação; e por último, porque isso deu às pessoas um exemplo de como suportar tais coisas com paciência e nobreza em suas próprias vidas[493]. Há, no entanto, um limite para as deficiências corporais que o Verbo assumiu, ou seja, as enfermidades que eram consequência do pecado do homem e que, portanto, "repugnam à perfeição da ciência e da graça", que é a perfeição de Cristo[494]. Consequentemente, Cristo não assumiu a deficiência do pecado em si, particularmente porque isso teria destruído as próprias razões pelas quais Ele assumiu as enfermidades corporais do homem, em primeiro lugar[495]. Embora Cristo não sofresse de ignorância[496], Ele experimentou, sim, as emoções, estando em posse de um apetite sensitivo. No entanto, sua experiência com elas diferia da do homem, especificamente porque suas paixões não estavam centradas em coisas ilícitas, sendo seu apetite sensitivo totalmente retificado e obediente à sua razão (como foi, previamente, para o homem caído) e, assim, não apresentando obstáculos às operações da razão[497]. Sua experiência, então, de tristeza, temor, admiração e

---

492. ST. III. 13. 3.
493. ST. III. 14. 1. Cf. tb. III. 15. 5.
494. ST. III. 14. 4 (GALACHE et al., VIII, p. 258).
495. ST. III. 15. 1.
496. ST. III. 15. 3.
497. ST. III. 15. 4.

ira (artigos 6 a 9) foi de paixões que são perfeitas, ou que ocorrem no apetite sensitivo e não vão além, em seu efeito.

Na seção final dessa primeira parte, Tomás examina as consequências da união do Verbo Encarnado (16-26), das quais só podemos fazer a mais breve menção, algo que não deve prejudicar o leitor quanto à importância desse material. Ele considera as que pertencem, primeiro, ao próprio Cristo (16-19); segundo, a Ele em relação a seu Pai (20-24); e, por último, a Ele em relação ao homem (25-26). Na primeira delas, Tomás é bastante cuidadoso em determinar as afirmações que teólogos podem fazer sobre Cristo, à luz do material que foi desenvolvido nas questões anteriores, para que se possa falar o mais precisamente possível sobre sua pessoa[498]. Finalizam essa parte questões relativas à unidade de Cristo quanto ao existir (17), às relações que existem entre a vontade divina e a humana e como a vontade humana se conforma à vontade divina (18), à maneira como as naturezas que compõem a pessoa de Cristo estão unidas em sua atividade e ao mérito que resulta para a humanidade (19)[499]. A seguir, ele considera as consequências que surgem da relação de Cristo com seu Pai e da relação do Pai com Ele. Na primeira, Tomás explica como Cristo, em sua humanidade, estava submetido a seu Pai, tanto por meio da nomeação divina como por meio de sua própria obediência voluntária (20). Ele examina sua oração ao Pai como algo que se requer não só pelo fato de que sua vontade humana necessita da assistência divina, já que não é capaz de realizar o que quer que seja (algo que não é o caso com sua vontade divina), mas também porque serve

---
498. Para um excelente tratamento da questão 16, considerar o apêndice I na tradução de Colman O'Neill dessa parte da *Suma*, vol. 50 (1965) da edição de Blackfriars, p. 215-220.
499. Novamente, considerar os apêndices 2 a 4 de O'Neill para discussões relativas a esse material.

de exemplo para todos os cristãos que empreendem a vontade do Pai em suas vidas (21). Por fim, ele considera seu sacerdócio pelo qual Cristo se tornou o mediador perfeito entre Deus e o homem, não só ontologicamente, mas também sacrificialmente, concedendo graças divinas por meio de sua pessoa ao seu povo e oferecendo a Deus a mais perfeita satisfação pelos pecados do gênero humano (22)[500]. Com respeito à relação do Pai com Cristo, Tomás discute a adoção do homem por Deus por intermédio de Cristo conforme os homens se tornam membros do corpo de Cristo e, assim, compartilham de sua herança (23)[501], e da predestinação de Cristo pelo Pai (24). Por último, ele examina as coisas que pertencem a Cristo em relação ao homem, especificamente sua adoração (25) e sua mediação entre Deus e o homem, enquanto homem e por meio de seu ato redentor (26).

Entre as muitas coisas que são abordadas nessas 26 questões não se pode deixar de ficar impressionado com o cuidado que Tomás exerce ao conservar a integridade, em termos ontológicos e operacionais, de ambas as naturezas, divina e humana, de Cristo, para que possam ser relacionadas integralmente uma à outra e desempenhar plenamente o ato salvífico de Cristo, alcançando tudo o que é apropriado à Encarnação e pretendido por ela mesma. Ao realizá-lo, Tomás é capaz de descrever bem o amor com que o Verbo agiu ao assumir livre e graciosamente a natureza humana. Isso não só aperfeiçoa a humanidade de Cristo, como também transborda dessa mesma plenitude (além das obras e dos sofrimentos que assumiu após sua Encarnação) na natureza do próprio homem, em sua própria salvação e no estabelecimento de sua

---

500. Cf. apêndice 5 de O'Neill para um tratamento mais completo do sacerdócio de Cristo.
501. Cf. apêndice 6 em O'Neill para um excelente tratamento dessa questão.

Igreja com Ele, tendo Ele como sua cabeça, da qual todas as graças, especialmente nos sacramentos, podem ser recebidas por seus membros. Pode-se dizer, então, que a graça de Deus chega até nós pela "mediação de Cristo e assim carrega a sua marca"[502]. Consequentemente, Cristo não é apenas o modelo de vida cristã perfeita e, portanto, mais digno de imitação. Ele é também, e de modo mais vital, o caminho pelo qual a "deificação" do homem é alcançada, conforme discutido anteriormente no *Tratado sobre a graça* na *prima secundae*. Em suma, por meio de Cristo, o homem recebe não só a graça que cura, mas também a oportunidade dessa graça que o eleva para que possa participar mais plenamente na vida de Cristo. A humanidade de Cristo, portanto, desempenha um papel vital na deificação do homem, especificamente porque sua humanidade, na plenitude de sua natureza, integridade, liberdade e perfeição graciosa, está unida ao Verbo e guiada por Ele, bem como totalmente obediente ao Pai, algo que se manifesta especialmente nas ações que Ele empreendeu enquanto estava na carne, o próprio assunto das questões restantes desse tratado[503].

A segunda parte das considerações de Tomás sobre a pessoa de Cristo, abrangendo as questões 27 a 59, retoma as particularidades da vida de Cristo, as coisas que Ele fez ou sofreu enquanto esteve unido à natureza humana. Tomás examina isso em quatro etapas: primeiro, a vinda de Cristo ao mundo (27-39); segundo, o curso de sua vida enquanto no mundo (40-45); terceiro, sua partida deste mundo (46-52); e, finalmente, sua exaltação depois desta vida (53-59).

A primeira dessas quatro começa com uma consideração sobre Maria, a Mãe de Deus (27-30). Deve-se notar que as quatro

---
502. Nichols (2002), p. 117.
503. Cf. Torrell (2005), p. 56.

questões não constituem uma Mariologia que se mantenha por si própria, nem representam um "tratamento definitivo e exaustivo de Nossa Senhora"[504]. Em vez disso, essas questões são desenvolvidas e entendidas em relação a Cristo, particularmente à luz da arquitetura de toda a obra e especialmente dos propósitos e ensinamentos da *tertia pars*[505]. Seja como for, essas quatro questões traem a beleza com que Tomás pôde escrever quando voltou sua atenção para a "santidade de Maria, sua inocência, seu amor humano por José e sua humildade diante da grande notícia"[506], que por vezes se aproxima da poética[507]. As questões 31 a 34 são dedicadas à concepção de Cristo levando em conta sua matéria, seu princípio ativo, seu modo e sua ordem, respectivamente. Essas questões eram importantes para os teólogos da época de Tomás, mas hoje ocupam poucas pessoas, particularmente à luz do fato de que muito do que se desenvolve aqui está "à mercê da biologia da época (de Tomás) no que diz respeito ao estado e desenvolvimento do feto antes do nascimento"[508]. No entanto, elas afirmam o fato concreto da Encarnação de Cristo dentro do ventre de Maria, onde Ele recebeu sua carne e sua alma humana e, assim, sua linhagem humana e ancestral está assegurada. À luz das bênçãos concedidas a Maria, a mancha do pecado original termina com ela e ela dá à luz àquele que está totalmente livre dessa mancha.

---

504. Cf. Kerr (2002), p. 174, e a Introdução de Thomas Heath à sua tradução destas questões no vol. 51 (1969) da edição de Blackfriars, p. xiii.
505. Kerr (2002, p. 174) observa o fato de que Tomás não sustentava a doutrina da Imaculada Conceição (em ST. I. 11. 27. 2). Pode-se considerar o apêndice 3 na tradução de Heath dessa parte da *Suma* para uma boa discussão desse ponto, assim como o apêndice 1 que oferece um levantamento histórico dos ensinamentos de Tomás sobre a Santa Mãe, particularmente à luz do contexto e dos ensinamentos da época de Tomás.
506. Vol. 51 (1969) da edição de Blackfriars, p. xiii.
507. Cf. esp. os comentários de Heath, vol. 51 (1969) da edição de Blackfriars p. xiv.
508. Roland Potter, tradutor do vol. 52 (1971) da edição de Blackfriars da *Suma*, p. xv.

O princípio ativo da concepção de Cristo é a Santíssima Trindade, mas, seguindo Lc 1,35, Tomás o atribui particularmente ao Espírito Santo[509]. As questões 35 a 37 consideram a natividade de Cristo, como seu nascimento se fez conhecido ao mundo e, por fim, sua circuncisão e outros assuntos religiosos observados com respeito a Cristo quando criança[510]. Tomás completa essa seção sobre a vinda de Jesus ao mundo com uma consideração sobre os batismos de João e de Cristo, nas questões 38 e 39, respectivamente.

A segunda seção trata do curso de sua vida enquanto esteve no mundo (questões 40-45), tratando do modo de sua vida, sua tentação no deserto, a maneira e as questões relacionadas ao seu ensinamento, os milagres que Ele operou, considerados tanto em geral como especificamente, e, por último, sua transfiguração. Kerr nota a natureza elementar dessas descrições, particularmente à luz das "reconstruções histórico-críticas modernas da vida do homem que figura nos Evangelhos", e que essa seção da *Suma* é de interesse muito limitado para os teólogos de hoje[511].

Na terceira seção (questões 46 a 52), Tomás lida com a partida de Cristo deste mundo, em sua paixão, sua morte, seu sepultamento e sua descida aos infernos. Quatro dessas questões dizem respeito à paixão, especificamente, em si mesma (46); aqueles que a causaram (47); seus efeitos ou frutos, especificamente a forma como eles foram provocados (48); e, depois, uma consideração dos próprios efeitos (49); os assuntos restantes recebem uma ques-

---

509. ST. III. 32. 1, seguido nos artigos 2 a 4 por qualificações apropriadas dessa atribuição.
510. Pode-se considerar os apêndices de Potter sobre essas questões no vol. 52 (1971) da tradução de Blackfriars.
511. Kerr (2002), p. 174. Notar também o julgamento da redundância dessas questões com Torrell na p. 175 e nota 9. Considerar também as p. xvii-xviii da tradução de Parsons e Pinheiro dessa parte da Suma no vol. 53 (1971) da edição de Blackfriars.

tão cada um. Quanto à paixão, assim como à Encarnação, diz-se que ela não foi uma necessidade imposta a Deus pela situação do homem, mas sim algo livremente empreendido pelo Verbo[512]. Sua conveniência é algo que as Escrituras, tanto a Antiga como a Nova, testemunham: a paixão mostra a profundidade do amor de Deus a todos os homens, algo que, quando devidamente considerado, evoca o amor deles por Ele em retorno, em que "está a perfeição da salvação humana"; coloca diante de cada pessoa um "exemplo de obediência, de humildade, de constância, de justiça e das demais virtudes que demonstrou na paixão de Cristo, necessárias todas para a salvação humana"; ela satisfaz pelo pecado do gênero humano e provê a graça justificadora para todos e o dom da vida eterna; à luz da imensidão desse ato, coloca uma forte obrigação sobre a pessoa humana de se abster do pecado; finalmente, Ele "trouxe maior dignidade ao homem", ou seja, "como o homem fora vencido e enganado pelo diabo, seria também um homem a vencer o diabo; e como o homem merecera a morte, seria também um homem, ao morrer, que venceria a morte"[513]. Da mesma forma, Tomás defende a conveniência da morte sofrida de Cristo na cruz[514]. Especificamente, Cristo não suportou todo sofrimento possível ao homem. No entanto, Ele o fez, falando de modo geral, pois suportou sofrimento de todos os tipos, em todas as partes do seu corpo e de todas as classes e tipos de homens[515]. A dor que Ele suportou foi horrível e elevou-se ao nível do pior que qualquer homem poderia suportar, por três razões: primeiro, em razão da perfeição da humanidade de Cristo e, portanto, dos elevados refinamento e sensibilidade de sua pessoa a todas as coisas; o fato

---

512. ST. III. 46. 1 e 2.
513. ST. III. 46. 3 (GALACHE et al., VIII, p. 652-653).
514. ST. III. 46. 4.
515. ST. III. 46. 5.

de que Cristo não permitiu nenhuma atenuação de sua dor, mas "permitiu que cada uma de suas potências exercesse a função que lhe era própria" durante sua paixão; e, por último, pelo fato de que Ele aceitou essa dor e sofrimento voluntariamente, para que o homem pudesse ser libertado do pecado. Assim, "Ele assumiu a intensidade da dor proporcionada à grandeza do fruto que dela se seguiria"[516]. Do mesmo modo, as faculdades da alma de Cristo sofreram extrema angústia com a sua paixão[517]. E no entanto, sendo divino, continuou a desfrutar da visão beatífica enquanto Ele sofria na cruz, uma consequência da união hipostática[518].

A questão 47 enfatiza o fato de que, embora outros fossem a causa direta na morte de Cristo, sua morte não teria ocorrido se Ele não tivesse voluntariamente entregue sua vida, por obediência a seu Pai. Essa obediência foi mais apropriada por pelo menos três razões: primeiro, porque "isso era conveniente para a justificação humana, como diz a Carta aos Romanos [5,19]: 'Assim como, pela desobediência de um homem, a multidão se tornou pecadora, assim também, pela obediência de um só, a multidão se tornará justa'"; segundo, porque reconciliou o homem com Deus por ser um sacrifício mais aceitável; e terceiro, porque garantiu a vitória sobre a própria morte[519]. À luz disso, o Pai entregou seu Filho à morte, inspirando-o, com amor, a sofrer em favor do homem, "por não o livrar da paixão, expondo-o a seus perseguidores". Considerando isso, Tomás explica o grito de Cristo na cruz: "Meu Deus, meu

---

516. ST. III. 46. 6 (GALACHE et al., VIII, p. 662).
517. ST. III. 46. 7.
518. ST. III. 46. 8.
519. ST. III. 47. 1-2. Considerar também o que se cumpre com a obediência de Cristo, conforme listado na ad. 1.

Deus, por que me abandonaste?"[520] Os três artigos restantes dessa questão concentram-se em seus perseguidores e suas respectivas culpas no assunto[521].

As duas últimas questões (48 e 49) lidam com os efeitos que a paixão de Cristo teve para a humanidade, ou seja, que por meio de sua paixão Cristo trouxe salvação a todos; que por meio dos méritos de sua paixão essa graça agora se estende a todos os seus membros; que, por meio da redenção que efetua, ela compensa mais do que o suficiente pelos pecados do gênero humano; que por seu sacrifício oferecido ao Pai em favor do homem, de modo voluntário, amoroso e perfeito, o homem é reconciliado com Deus; e que, por sua redenção, o homem é libertado da sua escravidão ao pecado, do poder do diabo e de ter de pagar um preço que ele mesmo nunca poderia pagar. Por tudo isso, o pecado do homem é perdoado, sua pena é redimida, sua reconciliação com Deus é realizada e as portas do céu se lhe abrem novamente, proporcionando, assim, a bem-aventurança, que foi um dos temas principais da própria *Suma*.

As últimas três questões relativas à partida de Cristo deste mundo são dedicadas à sua morte, sepultamento e descida ao inferno (50-52). Quanto à conveniência de sua morte, Tomás acrescenta mais três razões à lista que já havia sido gerada em perguntas anteriores, ou seja, que sua morte mostrou a todos a própria realidade de sua natureza como homem, e que Ele, em sua morte, deu a todos os cristãos não só um exemplo de como morrer para

---

520. ST. III. 47. 3. Cf. tb. ad. 1 e ad. 2. Kerr (2002, p. 176) observa, que esse grito "é o de um homem santo que, em seu sofrimento, permanece certo do amor de seu Pai", algo confirmado à luz do salmo ao qual Cristo se refere em seu grito. Cf. tb. o apêndice 1 da tradução de Richard Murphy dessa parte da *Suma* na edição de Blackfriars, vol. 54 (1965), p. 181-188.

521. Para uma discussão sobre isso, cf. ibid., apêndice 3, p. 194-201.

o pecado, espiritualmente, mas também uma razão para não mais temer a própria morte. Pois em sua ascensão, Ele superou a própria morte e pagou o preço da redenção do homem[522]. De maneira semelhante, o sepultamento de Cristo foi conveniente por três razões: isso seguramente comprovou que Ele estava de fato morto; ao ressuscitar do sepulcro, dá-se a todos a esperança de que o mesmo acontecerá com eles no Último Dia; e no Batismo e na morte contínua para o pecado, o cristão está de certa forma sepultado com Cristo, na medida em que, tendo morrido para os seus próprios pecados, está oculto ou afastado deste mundo caído e preparado ativamente para sua ascensão, por assim dizer, ao próximo mundo. Novamente, uma referência à *secunda pars* e uma concretização definitiva de toda ela, mas isso tornado possível somente por Cristo e na pessoa de Cristo[523]. Finalmente, sua descida ao inferno foi conveniente, mais uma vez, por três razões: para que aqueles que tinham morrido em pecado e descido ao inferno antes do ato salvífico de Cristo pudessem ter as mesmas oportunidades e benefícios de que agora os vivos e todas as gerações vindouras desfrutam, à luz de sua morte, ressurreição e ascensão à glória e dos poderes destas, que continuam nos sacramentos; para que, tendo derrubado o poder do diabo, Cristo viesse libertar aqueles que antes tinham sido mantidos cativos; e para que, tendo manifestado seu poder na terra por meio de sua vida e morte, assim também Ele deveria mostrar isso "nos infernos, ao visitá-los e iluminá-los"[524].

A quarta e última seção detalha a exaltação de Cristo depois desta vida (53-59). Nessas questões, Tomás discute a ressurreição

---

522. ST. III. 50. 1. Os artigos restantes dessa questão tratam do estado do corpo de Cristo após sua morte. Cf. Kerr (2002), p. 177.
523. ST. III. 51. 1. Cf. tb. ibid., apêndice 4, p. 202-207.
524. ST. III. 52. 1 e ad. 2. Cf. a discussão de Kerr sobre isto (2002), p. 177-178, e apêndice 5 de Murphy, p. 208-215 (GALACHE et al., VIII, p. 736).

de Cristo em termos gerais, em relação à condição de seu corpo ressuscitado, a maneira pela qual Ele manifestou sua ressurreição aos outros e como ela é a causa da própria ressurreição e justificação do homem (questões 53 a 56 respectivamente). As últimas três questões tratam de sua ascensão, da tomada de seu assento à direita do Pai e do poder judiciário que lhe é dado pelo Pai sobre os vivos e os mortos. A respeito de sua ressurreição, Tomás afirma que foi necessária por cinco razões: primeiro, para o louvor da justiça divina, que considerou especialmente conveniente ressuscitar Cristo dos mortos, à luz da própria humildade e obediência que Ele demonstrou ao entregar sua vida para a salvação da humanidade; segundo, que cada cristão seja confirmado em sua crença a respeito da divindade de Cristo; terceiro, para afirmar a esperança de cada cristão em sua própria ressurreição na medida em que Cristo, a cabeça deles, de fato ressuscitou; quarto, para ordenar as vidas e as atividades de cada cristão a fim de que eles possam levar "uma vida nova" (GALACHE et al., VIII, p. 753); e, quinto, para completar a obra de salvação[525]. Nisso, a ressurreição de Cristo, dele que é o primogênito dos mortos, torna-se a causa "eficiente e exemplar" da própria ressurreição do homem, por meio da justiça de Deus conforme ela funciona instrumentalmente por meio da ressurreição de Cristo, realizando a nossa própria ressurreição por meio da sua. Ao trabalhar todas essas coisas por meio da humanidade de Cristo, a pessoa humana recebe, então, todas as graças realizadas dessa forma, mais especialmente a da ressurreição. Quanto à sua exemplaridade, Tomás observa que a ressurreição de Cristo não é apenas a primeira a ocorrer, mas é também a mais digna e perfeita, permanecendo, assim, como o exemplar do qual todos os que se conformam ao Filho copiam, por assim dizer, em

---

[525]. ST. III. 53. 1.

sua própria ressurreição. A exemplaridade se aplica apenas ao justo, enquanto a ressurreição se aplica tanto ao bom como ao mau, ou seja, a todos os que estão sujeitos ao julgamento de Cristo no final dos tempos[526].

A ascensão de Cristo ao céu é algo conveniente não só à sua condição de ressuscitado, já que agora é imortal e incorruptível, mas também porque isso aumenta a fé, a esperança e a caridade de todos os cristãos: sua fé em coisas invisíveis (é disso que se trata a fé, que teria sido impedida pela presença corporal de Cristo); sua esperança de se unirem a Cristo (que, em sua humanidade assumida, foi à frente para preparar-lhes um lugar); e sua caridade (na medida em que agora está ocupada e focada nas coisas que levarão ao próprio céu)[527]. Mais pertinente, porém, é o fato de que a própria ascensão de Cristo ao céu é a causa da salvação do homem, pois, em primeiro lugar, ela promove não apenas o crescimento na fé, na esperança e na caridade do homem, mas também sua reverência a Ele, agora que Ele é visto em sua glória como Deus no céu; em segundo lugar, porque, ao ascender assim, Cristo não só preparou o caminho para que todos os cristãos o sigam e derrama dons sobre o seu povo enquanto Ele está sentado à direita de Deus, como ainda, da mesma forma que

> *o pontífice do Antigo Testamento ingressava no santuário para implorar a Deus pelo povo, assim Cristo entrou nos céus "para interceder" por nós segundo a Carta aos Hebreus [7,25]. O próprio fato de Ele se apresentar no céu com a natureza humana já é de algum modo uma intercessão feita em nosso favor, de modo que o ter Deus exaltado a natureza humana em Cristo seja tam-*

---

526. ST. III. 56. 1 e ad. 3. Cf. tb. Davies (1992), p. 340-342.
527. ST. III. 57. 1 e ad. 3.

bém motivo de ter piedade daqueles por quem o Filho de Deus assumiu essa natureza[528].

Assim, a obra de Cristo como mediador entre o homem e Deus não termina com a conclusão do seu ministério terreno, mas continua diante de Deus em seu estado ressuscitado como Cabeça da Igreja e em sua capacidade sacerdotal de interceder por seu povo, de atrair todos ao Pai na conclusão do *reditus*, aquilo com o que a *secunda pars* se ocupa, mas agora aperfeiçoado e concretizado na pessoa do Cristo ressuscitado[529]. Em sua glória, Cristo está sentado à direita de Deus, ou seja, "permanece eternamente incorruptível na bem-aventurança do Pai" e reina com Ele uma vez que recebeu dele o poder judiciário[530]. Esse poder, devidamente atribuído ao Filho, porque Ele é "a *Sabedoria gerada*, a Verdade que procede do Pai e que o representa perfeitamente"[531], estende-se a todas as coisas, especialmente às humanas e angélicas, e será exercido particularmente no Juízo Final ao final dos tempos[532].

A partir desse breve relato dos acontecimentos da vida de Cristo, sua morte, ressurreição e ascensão à glória, pode-se ver que a intenção de Tomás não era compor uma biografia. Em vez disso, ele se debruçou sobre o que ele chama de "mistérios" do Verbo Encarnado, que eram diretamente relevantes para os propósitos de sua cristologia aqui na *tertia pars*, isto é, detalhar as ações e sofrimentos que Cristo assumiu em prol de realizar tudo o que tinha de ser realizado para que o homem pudesse efetivamente fazer o seu retorno a Deus. A própria estrutura da *Suma* leva ao

---

528. ST. III. 57. 6 (GALACHE et al., VIII, p. 807).
529. Cf. Davies (1992), p. 342-344.
530. ST. III. 58. 1 (GALACHE et al., VIII, p. 809).
531. ST. III. 59. 1 (GALACHE et al., VIII, p. 818).
532. ST. III. 59. 4. e 6. Seu tratamento do Juízo Final foi reservado para uma seção posterior da *tertia pars* e ficou inacabado quando da sua morte.

ponto onde a incapacidade do homem de realizar seu retorno a Deus se manifesta na conveniência da assunção da natureza do homem pelo próprio Verbo, que, enquanto Encarnado, completa em sua pessoa, com suas obras e sofrimentos, o que falta ao homem, mostrando-lhe o caminho que deve seguir, a verdade que deve conhecer e a vida que deve viver, para realizar seu desejo de ser feliz. Nessa perspectiva, Torrell tem toda a razão ao notar que as quatro seções em que os mistérios da vida de Cristo estão divididos espelham o próprio esquema

> *da* Suma *como um todo. [...] O caminho seguido por Jesus é de fato o de toda a criação e é, portanto, o caminho que devemos tomar para estar com Ele no paraíso. Assim, Tomás estabelece o valor exemplar dos mistérios da vida de Jesus, fazendo desse tratado um dos lugares onde melhor podemos compreender a conexão entre sua teologia e a vida espiritual*[533].

Vemos na cristologia de Tomás a concretização final da obra de Deus, que começou, na *prima pars*, com sua obra criadora e o estabelecimento, conservação e governo do universo, mas depois teve que ser focalizada, na *secuna pars*, de uma forma mais específica (por meio das virtudes infusas, dos dons e dos frutos do Espírito Santo, da própria Lei em todas as suas formas, enfim, por meio de manifestações particulares de graça) enquanto o homem tenta realizar a imagem a que foi feito, e a felicidade que lhe é destinada, algo que só é possível enquanto a *tertia pars* detalham a resposta de Deus, na pessoa de Jesus Cristo, ao pecado e corrupção que infecta a condição do homem e o impede de realizar tudo aquilo para o qual foi feito[534].

---

533. Torrell (2005), p. 58.
534. Cf. cap. 1 deste trabalho, onde foi discutida a contribuição de Rudi te Velde para a compreensão da macroestrutura da Suma.

Em Cristo se encontra a consumação da obra inteira de teologia, como declara Tomás no prólogo aos *tertia pars*. Em sua Encarnação e em todos os mistérios relatados na *Suma* a respeito de sua vida estão as graças pelas quais se realiza a cura e a elevação da natureza humana, graças essas que continuam a exercer bem seus efeitos depois dos eventos da vida de Cristo até a consumação do tempo[535]. Para entender como isso acontece, devemos recorrer às discussões de Tomás a respeito dos sacramentos.

O Tratado sobre os sacramentos (questões 60-90)

Este tratado está incompleto, como se observa no primeiro capítulo deste guia de leitura. Ele está dividido em duas seções: a primeira trata dos sacramentos em geral (questões 60-65) e a segunda faz um exame de cada um deles. Tomás completa sua análise de três dos sete sacramentos (Batismo: 66-71, Confirmação: 72, e Eucaristia: 73-83). Ele embarca no Sacramento da Penitência e completa apenas seu exame geral (84-85) e seus efeitos (86-89). Ele abandona na questão 90 tendo enumerado suas partes de uma forma geral[536].

Aidan Nichols apresenta muito bem a situação quando diz que "A missão do Filho [...] encontra sua expressão nos mistérios da vida de Cristo, os quais que se estendem às nossas vidas também, pois quando essas vidas são consideradas vidas da graça cristã, pode-se dizer que esses mistérios as determinam e as estruturam"[537].

---

535. Considerar a discussão de Nichols (2002), p. 118-220, sobre esse ponto.
536. Deixando sem tratar um exame específico dessas partes (contrição, confissão e satisfação), bem como considerações relacionadas ao recebimento da confissão, aos poderes do ministro desse sacramento e à solenização do rito em si, assuntos abordados no suplemento, que, como já foi dito, se baseia no *Comentário sobre as Sentenças de Pedro Lombardo*, de Tomás, uma obra composta cerca de 20 anos antes da *Suma*.
537. Nichols (2002), p. 119.

A ideia aqui é a mesma que foi observada acima com respeito à ressurreição de Cristo, ou seja, que essa ação e, por extensão, todas as outras ações descritas nos mistérios da vida de Cristo, as que ocupam a segunda parte da cristologia de Tomás, são causas de graça não apenas de maneira eficiente, mas também de um modo exemplar, o que significa, recorrendo novamente a Nichols, que "A graça em nós assume a forma de uma participação real no ser agraciado de Cristo, de um compartilhamento desse ser por meio de uma infusão na forma de seus mistérios"[538].

Nisso, os sacramentos constituem o melhor dos meios concedidos por Deus para auxiliar o homem na conquista de sua bem-aventurança, meios esses que são discutidos ao longo de toda a *Suma*, começando com a providência, a predestinação e o governo de tudo o que Ele criou, continuando com os dons que o homem precisa tão desesperadamente para agir em prol de um fim sobrenatural, os das virtudes infusas, os dons e frutos do Espírito Santo, as próprias bem-aventuranças, a Lei e a graça e culminando na união do Verbo com a natureza do homem na Encarnação, nas obras e sofrimentos que Ele suportou para a salvação do homem e, agora, finalmente, tudo isso na medida em que o cristão é movido para a vida do próprio Cristo, por meio dos sacramentos[539].

Em sua consideração geral dos sacramentos, Tomás trata de sua natureza, sua necessidade, seus efeitos, sua causa e seu número (60-65, respectivamente). Ele começa afirmando a descrição de um sacramento feita por Agostinho como sinal de algo sagrado que é dado ao homem sob uma forma visível, ou seja, sensitiva. Essa coisa visível e, portanto, prontamente conhecida, aponta não só

---

538. Ibid., p. 120.
539. Cf. Torrell (2005), p. 59.

para alguma coisa sagrada que lhe é desconhecida, mas também para aquilo que o tornará sagrado. O fato de o sacramento começar pelo sensitivo é algo que acomoda a natureza do conhecer do homem, em que as coisas espirituais e inteligíveis são acessadas apenas por meio das coisas materiais e sensoriais de sua experiência[540]. Essa acomodação por parte de Deus em relação à pessoa humana é encontrada em muitos trechos da *Suma*, particularmente na maneira como Ele se revela nas Sagradas Escrituras, em sua criação da multiplicidade e da diversidade das coisas da criação e na própria Encarnação. Em suas diferentes formas e em intensidade crescente, essas acomodações aproximam cada vez mais a pessoa humana da fonte de onde ela veio. Os sacramentos completam isso. Eles significam a própria causa da santificação do homem, isto é, a paixão de Cristo, a forma de santificação do homem, isto é, a graça e as virtudes, e, por fim, significam o fim último de sua santificação, a bem-aventurança para toda a eternidade. Assim, um sacramento é um "sinal rememorativo do que o precedeu", um "demonstrativo do efeito da paixão de Cristo em nós" e um "prognóstico prenunciador da glória futura"[541].

A necessidade dos sacramentos para a salvação do homem segue este fato básico da natureza humana, de que ele é levado aos bens espirituais e intelectuais de sua bem-aventurança somente por meio das coisas materiais e sensíveis de sua experiência. Assim, na providência e na sabedoria de Deus, Ele forneceu "ao homem os auxílios necessários à salvação sob sinais corporais e sensíveis que se chamam sacramentos" (GALACHE et al., IX, p. 33). Além disso, o pecado do homem, conforme vimos na *prima secundae*,

---

540. ST. III. 60. 1, 2 e 4.
541. ST. III. 60. 3 (GALACHE et al., IX, p. 19-20). A consequência disso é que um sacramento é determinado pela instituição divina, e não pela do homem; cf. ST. III. 60. 5.

submete ele próprio e suas paixões desordenadamente a coisas corpóreas. Então, mais ainda, deve ser dado o remédio para curar essa ferida em sua alma, por assim dizer, de uma forma que possa ser reconhecida e usada apropriadamente por alguém assim doente. Finalmente, a condição corporal de um sacramento respeita o fato de que a maioria dos homens tem dificuldade em se afastar do mundo material e, portanto, os envolve dessa maneira, de tal forma, além disso, que eles são afastados de práticas supersticiosas que prometem falsamente sua santificação. Assim,

> *pela instituição dos sacramentos o homem é instruído mediante o sensível, de modo adaptado a sua natureza; humilha-se recorrendo às realidades corporais, às quais se reconhece assim submetido; enfim, é conservado de danos corporais pela atividade salutar que são os sacramentos*[542].

Essa acomodação da parte de Deus, em conceder a graça dessa maneira, é acentuada pelo fato de que ela não precisa ser de tal forma, mas é considerada conveniente, assim como tem sido o caso de muitas das coisas discutidas na *tertia pars*. É interessante notar, também, que os sacramentos não teriam sido necessários no estado pré-lapso. Pois, em tal estado, não havia nada a ser curado ou elevado na natureza do homem, o que tornaria os sacramentos supérfluos[543]. No entanto, Tomás afirma que, depois do pecado do homem, mas antes do ato salvífico, era preciso ter havido sacramentos, especificamente porque convinha haver "sinais sensíveis, pelos quais o homem professasse sua fé na vinda futura do Salvador"[544]. Estes não se limitavam aos encontrados na Lei Antiga, mas

---

542. ST. III. 61. 1 (GALACHE et al., IX, p. 33-34).
543. ST. III. 61. 2.
544. ST. III. 61. 3 (GALACHE et al., IX, p. 36).

incluem os sacramentos da "lei da natureza, ritos e gestos em que o instinto humano de bem-aventurança veio a expressar-se mesmo sob o paganismo"[545]. Todos eles, porém, perderam qualquer eficácia que tivessem, quando efetivou-se sua causa final, ou seja, a própria paixão de Cristo, pela qual foram "instituídos para significá-la"[546], com o resultado de que agora, depois do ato salvífico de Cristo, "ninguém pode ser santificado a não ser por Cristo"[547]. Evidentemente, o principal efeito dos sacramentos é a graça. No entanto, eles não agem apenas como sinais da graça conferida pela vontade de Deus, por ocasião do recebimento do sacramento. Eles também causam a graça. Para explicar isso, Tomás faz a distinção entre as causas eficientes principais e as instrumentais. De modo principal, nada além de Deus pode causar graça, "porque a graça é uma semelhança participada da natureza divina". De modo instrumental, porém, uma coisa pode agir como causa eficiente não em razão de algo que ela própria possui por meio de sua forma ou essência, mas pelo fato de ser usada para um propósito particular pelo agente que o maneja como ferramenta ou instrumento. Assim, embora as ferramentas usadas por um artesão na construção de uma casa não causem, de modo principal, a casa, já que isso é atribuído ao artesão envolvido quando executa a arte que possui, ainda assim as ferramentas são projetadas e ordenadas para a tarefa de construção, de tal forma que a ferramenta causa instrumentalmente a casa, como extensão das mãos do artesão e da arte. "É desse modo que os sacramentos da Nova Lei causam a graça: por ordem de Deus são utilizados para causar a graça nos homens"[548]. Deve ficar clara a real eficácia do sacramento: assim como o ma-

---

545. Nichols (2002), p. 123. Cf. ST. III. 61. 3. ad. 2.
546. ST. III. 61. 3. ad 1 (GALACHE et al., IX, p. 37).
547. ST. III. 61. 3 (GALACHE et al., IX, p. 36).
548. ST. III. 62. 1 (GALACHE et al., IX, p. 41).

chado, por sua afiação, corta a madeira quando manejado pelo artífice, também o sacramento age instrumentalmente sobre a alma de seu receptor, conforme Deus assim age. O que os sacramentos conferem à alma do homem é algo além das perfeições que são trazidas às várias potências da alma e consequentes atividades pelas virtudes infusas e pelos dons do Espírito Santo. As perfeições que os sacramentos trazem constituem a graça especial de Deus, pela qual Ele auxilia o cristão a alcançar o propósito mesmo do sacramento em questão. Por exemplo, "o Batismo visa à regeneração espiritual, pela qual o homem morre para os vícios e se torna membro de Cristo", algo ao qual as virtudes e os dons podem estar muito bem inclinados, mas não podem por si mesmos causar instrumentalmente[549]. Deve-se ter cuidado, porém, para não pensar que a graça causada pelo sacramento esteja de alguma forma nele tal qual a água está num vaso, mas sim como o instrumento pelo qual se realiza o trabalho específico para o fim do sacramento[550]. Assim, a potência que está no sacramento que ocasiona seu efeito, está lá de forma imperfeita e transiente, ou seja, conforme manejada pelo agente principal, cuja potência é perfeita e que, ao manejar esse instrumento, causa a passagem da potência imperfeita do instrumento para aquele a quem ela é aplicada[551]. Tomás argumenta que podemos ser mais específicos quanto ao agente que maneja esse poder e como ele é recebido. Ele faz uma distinção entre dois tipos de causas instrumentais: as que são destacadas ou separadas do agente, como o machado mencionado anteriormente, e as que estão ligadas ou unidas ao agente, neste exemplo a mão do artesão que, juntamente com o machado, realiza a construção da casa.

---

549. ST. III. 62. 2 (GALACHE et al., p. 43).
550. ST. III. 62. 3. ad. 1.
551. ST. III. 62. 3-4.

À luz dessa imagem, Tomás afirma o seguinte:

> *A causa eficiente principal da graça é Deus mesmo; para quem a humanidade de Cristo é um instrumento unido e o sacramento um instrumento separado. Por isso, é preciso que a força salvífica provenha da divindade de Cristo pela sua humanidade até os sacramentos*[552].

Tendo em vista que as graças específicas dos sacramentos são ordenadas de modo principal para a remoção de quaisquer deficiências incorridas pelo homem em consequência de seus pecados e para a perfeição da alma em sua adoração a Deus, de acordo com os ritos da fé cristã, e que ambas, a remoção das deficiências e a perfeição da alma, foram realizadas por meio da paixão de Cristo, é

> *evidente que a força dos sacramentos da Igreja provém especialmente da paixão de Cristo; a recepção dos sacramentos, por sua vez, como que nos põe em comunicação com a força da paixão de Cristo. Como sinal dessa conexão, do lado de Cristo pendente na cruz fluíram água e sangue: a água se refere ao Batismo, o sangue à Eucaristia, que são os principais sacramentos*[553].

Além do efeito da graça, Tomás afirma que alguns dos sacramentos deixam sua marca sobre aqueles que os recebem. Essa marca ou caráter está impressa espiritualmente na alma do cristão, incumbindo-o ou nomeando-o para um propósito definido, isto é, para uma cerimônia espiritual relativa ao "culto a Deus segundo o rito da religião cristã"[554], uma adoração que consiste em receber as graças divinas ou em concedê-las a outros[555]. Tomás afirma que

---

552. ST. III. 62. 5 (GALACHE et al., p. 49).
553. ST. III. 62. 5 (GALACHE et al., IX, p. 49).
554. ST. III. 63. 2 (GALACHE et al., IX, p. 56).
555. ST. III. 63. 2-3.

> *todo rito da religião cristã decorre do sacerdócio de Cristo. Por isso, é evidente que o caráter sacramental é especificamente caráter de Cristo, a cujo sacerdócio os fiéis são configurados conforme os caracteres sacramentais, que nada mais são do que modos de participação no sacerdócio de Cristo, derivados do próprio Cristo*[556].

Os fiéis, tão marcados pelo sacerdócio eterno de Cristo e participantes dele, possuem esse caráter para sempre. Assim, uma vez batizado, por exemplo, mesmo a apostasia não erradicará esse caráter da alma do indivíduo[557]. Finalmente, enquanto todos os sacramentos são remédios para o pecado, somente o Batismo, a Confirmação e as ordens sacras são ordenadas ao culto divino de acordo com os ritos da religião cristã e, assim, deixam sua marca em seu receptor. O Batismo e a Confirmação conferem aos seus receptores a capacidade de receber os outros sacramentos, enquanto a Ordem designa o indivíduo a conferir esses sacramentos às outras pessoas. A Eucaristia não imprime um caráter, mas é "'o fim e a consumação de todos os sacramentos'. [...] [ela] contém em si a Cristo, no qual não há caráter, mas toda a plenitude do sacerdócio"[558]. Tomás conclui seu tratamento geral dos sacramentos explicando por que é apropriado que haja sete sacramentos. Ele faz isso desenhando os paralelos entre a vida que se torna possível em razão da paixão e do sacerdócio de Cristo (em que se baseia a eficácia dos sacramentos) e da condição corpórea do homem no mundo, um paralelo ou conformidade que resulta em parte da sua visão hilomórfica da natureza humana, conforme discutido em seu *Tratado sobre o homem* na *prima pars*. O propósito dos sacramentos já foi declarado: aperfeiçoar o homem em sua adoração a

---

556. ST. III. 63. 3 (GALACHE et al., IX, p. 58).
557. ST. III. 63. 5. *corpus* e ad. 2.
558. ST. III. 63. 6 (GALACHE et al., IX, p. 64-65).

Deus e curar as feridas que foram causadas pelo pecado. Agora, em relação a seu estado corporal, o homem pode adquirir perfeição tanto em relação ao seu corpo quanto como membro de uma comunidade. Em relação a seu corpo, a perfeição é adquirida direta ou indiretamente, isto é, por exemplo, quando algum sistema fisiológico (como sua digestão) atinge sua condição ótima favorável a seu bom funcionamento ou quando seu bom funcionamento é alcançado por meio da remoção de algo que o dificulte (p. ex., alguma doença ou desordem nos intestinos). A perfeição direta, ele afirma, surge de três maneiras:

> 1º) Pela geração, pela qual o homem começa a existir e viver. Na vida espiritual corresponde a ela o Batismo que é o novo nascimento espiritual [...]. 2º) Por crescimento, pelo qual se atinge a estatura e força perfeitas. É o que acontece na vida espiritual pela Confirmação, em que o Espírito Santo é dado para a fortaleza. [...] 3º) Pela nutrição, que conserva no homem a vida e a força. Na vida espiritual corresponde a ela a Eucaristia[559].

Isso, ele afirma, seria suficiente se o homem não fosse responsável pelas deficiências que podem afligir tanto o corpo quanto a alma e, mais especificamente, se não pecasse com relação a esta última. Uma cura, então, é necessária para essas enfermidades, e de duas maneiras:

> Há uma cura que restitui a saúde, e na vida espiritual é a penitência. [...] A outra é a restituição da saúde anterior por uma dieta e exercício adequados. A ela corresponde, na vida espiritual, a Extrema-unção que remove as sequelas do pecado e prepara o homem para a glória final[560].

---

559. ST. III. 65. 1 (GALACHE et al., IX, p. 88).
560. Ibid. (GALACHE et al., IX, p. 88).

Por último, em relação à perfeição do homem como membro da comunidade, isto é conseguido de duas maneiras:

> *A primeira consiste em receber o poder de reger a multidão e de exercer funções públicas. Corresponde a ela, na vida espiritual o Sacramento da Ordem [...]. Uma segunda maneira diz respeito à propagação natural que se realiza pelo Matrimônio tanto na vida corporal como na espiritual, por não ser apenas sacramento, mas função natural*[561].

Considerada absolutamente, a Eucaristia é o maior dos sacramentos, primeiro, porque contém substancialmente o próprio Cristo, que está contido nos outros sacramentos apenas instrumentalmente; segundo, porque todos os outros sacramentos são ordenados à Eucaristia conforme ao seu fim; e terceiro, porque os outros sacramentos se completam na recepção da Eucaristia. No entanto, a necessidade do Batismo é reconhecida como a que primeiro introduz o indivíduo ao Corpo de Cristo e à Igreja e torna possível, nessa nova vida, a fruição de todos os outros sacramentos[562].

Fica claro, a partir de seu tratamento dos sacramentos em geral, que há uma bela continuidade entre as graças realizadas pelos mistérios da vida, paixão, morte e ressurreição de Cristo, e causalidade contínua destas, tanto eficiente quanto instrumental, dentro do mundo; conforme afirma Kerr, "a cristologia de Tomás não conclui com a entronização do Cristo ressuscitado como juiz de toda a terra"[563]. O cristão se encontra, por meio da fé e dos sacramentos da fé, unido a esses mistérios e à causalidade que eles

---

561. Ibid. (GALACHE et al., IX, p. 88). Considerar comentários de Torrell (2005), p. 61, sobre essa escolha de Tomás.
562. ST. III. 65. 3.
563. Kerr (2002), p. 179.

exercem e, nisso, recebe os frutos do ato salvífico de Cristo, uma participação em uma nova maneira de viver e uma responsabilidade por ela. Isso é dirigido perfeitamente a tudo o que é necessário na adoração a Deus e na remoção de todo dano à natureza do indivíduo que o pecado tenha causado. Nisso, ele é marcado, particularmente por seu Batismo, como uma nova criação em Cristo, ordenada, em última instância, à união que pode ser realizada entre Deus e o homem pela mediação de todos os sacramentos, mas particularmente o da Eucaristia, na qual o cristão é unido substancialmente com o próprio Cristo, algo que, no final das contas, sempre retorna ao próprio ato salvífico e à cruz de Cristo, da qual derivam todas as graças e a própria Igreja[564].

Muitos lamentam o fato de que Tomás, depois de ter considerado apenas três dos sete sacramentos, tenha interrompido sua composição da *Suma*. Embora haja muito a respeito de suas visões sobre os sacramentos presentes em seus tratamentos tanto gerais quanto específicos, especialmente em seus tratados sobre o Batismo e a Eucaristia, o suficiente para obter uma ideia bastante razoável sobre a maturidade de seu pensamento nessa área, ficamos sem conhecer a parte final da *Suma* que teria tratado de questões escatológicas e que levaria a *Suma* a sua conclusão exatamente no lugar em que ela havia começado, ou seja, no próprio Deus. Embora o suplemento ofereça alguma indicação dos contornos desse material (assim como o volume final de sua *Suma contra os gentios*), falta a bela continuidade de pensamento que permeou todo o material da *Suma*, bem como o ímpeto que ela adquiriu à medida que ele, de maneira paciente, meticulosa e amorosa, percorreu seu

---

564. Cf. Nichols (2002), p. 124; Kerr (2005), p. 179-180. Eu não abordei a importante questão da eclesiologia de Tomás. Para uma discussão inicial desse tema, recomendo ao leitor Nichols (2002), p. 120ss., e Torrell (2005), p. 58-61.

caminho até o *eschaton* e o cumprimento dos propósitos com os quais a obra foi escrita. No entanto, há aqui mais do que suficiente, tanto no material de que a *Suma* trata, como no grau em que seus temas e sua arquitetura geral foram realizados, para cativar as mentes e corações dos pensadores, religiosos e não religiosos, desde sua composição, tornando essa obra de influência central pelo menos nos círculos teológicos e filosóficos, algo a que agora nos voltamos brevemente no último capítulo deste guia de leitura.

3
Recepção e influência[565]

Pode ser uma surpresa para o leitor, após ter sido exposto à beleza e profundidade que constitui a *Suma Teológica*, que a obra de Tomás tenha ficado sujeita à desconfiança eclesiástica logo após sua morte. A disputa que existia entre os "aristotélicos radicais" dentro da faculdade de artes e os "conservadores neo-agostinianos"[566] dentro da teologia, mencionada brevemente no primeiro capítulo deste guia de leitura, continuou a se deteriorar mesmo depois do esforço de muitos, inclusive Tomás, em abordar aquilo que, discutivelmente, alcançou a condição de independência das verdades naturalmente encontradas da filosofia em relação às verdades reveladas na Sagrada Escritura, estudadas e defendidas pela teologia, especialmente nas situações em que aquelas contradiziam estas[567]. Argumentou-se que tal importância atribuída aos escritores pagãos e a seus comentadores, especialmente Averróis, era uma inovação perigosa para os princípios fundamentais da fé e, consequentemente, deveria ser tratada com firmeza e determinação[568]. Treze dessas proposições filosóficas haviam sido condenadas já em 1270 pelo bispo de Paris, Stephen Tempier, o que pareceu ter

---

565. Neste capítulo, apoio-me em grande medida no trabalho de Torrell (2005; 1996; 1993) e Weisheipl (1983 [1974]), bem como de O'Meara (1997), Kerr (2002) e Nichols (2002). O leitor deve consultar essas obras para uma abordagem mais robusta e amplamente comentada da recepção e do desenvolvimento da obra de Tomás até os dias de hoje.
566. Torrell (1996 [1993]), p. 298.
567. Cf. Kerr (2002), p. 12-13.
568. Cf. Weisheipl (1983 [1974]), p. 333.

tido pouco efeito em acalmar a inquietação entre os lados opostos. Pois, em 1277, o papa da época, João XXI, tendo ouvido falar da contínua e crescente agitação naqueles círculos escolásticos e religiosos, instruiu Tempier a investigar o assunto, a identificar as posições "prejudiciais à fé"[569], quem as estava promovendo e onde e, então, a enviar-lhe tal informação. Isso resultou numa lista de 219 proposições, recolhidas por uma comissão de 16 teólogos. Esse material, então, sem ter sido enviado ao papa, foi promulgado em 7 de março de 1277, terceiro aniversário da morte de Tomás, levando à excomunhão daqueles que sustentavam tais pontos de vista[570]. A importância dessa condenação, para os propósitos deste guia de leitura, reside na inclusão, dentro de suas 219 proposições, de algumas das que o próprio Tomás sustentou[571]. Embora essa condenação, de acordo com Torrell, não tenha considerado Tomás diretamente[572], a implicação de Tomás nela estava clara[573].

Um ataque mais direto a certas posições defendidas por Tomás foi lançado por uma de suas próprias ordens. Robert Kilwardby, o Arcebispo de Cantuária, em 18 de março de 1277, publicou sua própria lista de 30 proposições condenadas, das quais 3 eram diretamente defendidas por Tomás. Essas proposições, argumentava Kilwardby, colocavam um grave problema à condição de divindade do corpo de Cristo enquanto jazia no túmulo e, se deixadas inverificadas, resultariam numa posição herética da parte de Tomás[574]. O sucessor de Kilwardby, John Pecham, reconfirmou essa conde-

---

569. Ibid., p. 334.
570. Ibid., p. 335, e Torrell (1996 [1993]), p. 299.
571. Entre os alvos diretos estavam Siger de Brabante e Boécio de Dácia, como afirma Weisheipl (1983 [1974]), p. 335. Para as teses tomísticas incluídas na condenação, cf. p. 336-337.
572. Cf. Torrell (1996 [1993]), p. 300.
573. Cf. ibid., p. 301-303, para os detalhes.
574. Cf. Weisheipl (1983 [1974]), p. 337.

nação em 1279[575]. Guilherme de la Mare, que na época ocupava a cátedra franciscana de teologia em Paris, publicou o chamado *Correctorium*, um documento que recolheu 118 proposições das obras de Tomás, incluindo a *Suma Teológica*, com o objetivo de advertir os leitores de seus perigos, oferecendo-lhes críticas e refutações e, assim, "esclarecendo" sua leitura da *Suma Teológica*[576]. Isso deu origem a uma defesa espirituosa de alguns dentro da ordem dominicana que se referiam ao trabalho de Williams como o *Corruptorium* em suas refutações a ele[577]. De uma forma mais geral, a resposta da Ordem Dominicana a esses e outros ataques à obra e à pessoa de Tomás pode ser vista clara e inequivocamente nas diretrizes promulgadas por diversos capítulos da Ordem promovidos entre 1278 e a canonização de Tomás em 1323[578]. Muitas dessas controvérsias foram resolvidas quando a declaração da santidade de Tomás foi feita e, como afirma Weisheipl, "quase todos os dominicanos tinham adotado o ensinamento de Tomás como seu próprio e consideravam um privilégio, bem como uma obrigação, estudá-lo e defendê-lo"[579]. Torrell comenta o desenrolar dos acontecimentos aqui, particularmente com respeito ao *Correctorium* de Guilherme, afirmando que a *Suma Teológica* de Tomás "tinha alcançado importância suficiente mesmo entre os seus adversários que, apesar de não serem capazes de impedir a sua

---

575. Weisheipl (1983 [1974]), p. 338.
576. Torrell (1996 [1993]), p. 305. Ele afirma que muitas dessas proposições a serem corrigidas tinham vindo da *Suma*. "Cerca de 66 ao todo: 48 da primeira parte, 38 da segunda parte (a terceira parte, ainda não em circulação em Paris, foi deixada temporariamente sem censura)" (TORRELL, 2005, p. 88).
577. Weisheipl (1983 [1974]), p. 340; Torrell (1996 [1993]), p. 306-308.
578. Cf. Torrell (1996 [1993]), p. 308-310; Weisheipl (1983 [1974]), p. 341-343.
579. Weisheipl (1983 [1974]), p. 343. Isso não significa que Tomás foi o único teólogo estudado pelos dominicanos, nem que seu pensamento tenha recebido aceitação universal. Cf. Torrell (1996 [1993]), p. 310-316, e Nichols (2002), p. 130.

difusão, julgaram necessário reduzir o seu efeito"[580]. A reputação de Tomás fora de sua ordem tinha começado a crescer, embora a um ritmo muito mais lento do que dentro dos círculos dominicanos. Além da defesa de sua obra conforme discutido acima, muito do trabalho inicial sobre os ensinamentos de Tomás foi dedicado a resumos de sua *Suma*[581], a tabelas e concordâncias de suas obras e a trabalhos que destacam o progresso que o pensamento de Tomás havia alcançado ao longo de sua carreira[582]. Houve também traduções de sua *Suma* para o alemão, grego e armênio[583]. Deve-se notar, contudo, a grande diversidade do pensamento teológico da época, particularmente com a ascensão de novos teólogos, especificamente João Duns Escoto e Guilherme de Ockham, e a falta de envolvimento com esses teólogos por parte daqueles que estudavam Tomás[584].

Esse primeiro período (da sua morte em 1274 a 1450)[585] foi seguido por outro que envolveu a *Suma Teológica* de forma bastante intensa. Esse segundo período (de 1450 a 1800) viu uma ampla difusão da *Suma* antes e, certamente, depois da invenção da imprensa[586]. Embora as Sentenças de Pedro Lombardo continuassem a ser o texto preferido para ensinar teologia, conforme discutido no primeiro capítulo deste guia de leitura, houve um movimento, a partir do início do século XIV, para utilizar a *Suma Teológica* de Tomás em seu lugar. Foi no século XV que os professores começaram a comentar a *Suma*, tanto nas palestras como na forma

---

580. Torrell (2005), p. 88.
581. O'Meara (1997), p. 157.
582. Torrell (2005), p. 91-92.
583. Ibid.; O'Meara (1997), p. 158.
584. Conforme observado por O'Meara (1997), p. 159-160.
585. Sigo aqui as datas indicadas por Torrell (2005).
586. Para mais detalhes e especificidades, cf. Torrell (2005), p. 93-94.

escrita, e no século XVI a prática estava bem estabelecida[587]. Foi durante essa época que alguns dos grandes comentários sobre a *Suma* de Tomás foram compostos. Houve o italiano Tomás de Vio (também conhecido como Caetano), que escreveu um comentário muito bem conhecido sobre toda a *Suma* entre os anos 1507 e 1520[588]. Esse comentário foi publicado com as primeiras obras reunidas de Tomás e foi incluído na edição crítica das obras de Tomás publicada pela Comissão Leonina[589]. Havia teólogos de Salamanca, na Espanha, que tanto faziam palestras sobre a *Suma* como escreviam comentários sobre ela. Entre eles estava Francisco de Vitória (†1545), "o fundador do direito internacional"[590], Domingo de Soto (†1560), Melchior Cano (†1604), e Domingo Bañez (†1604), que foi "conselheiro e defensor de Santa Teresa de Ávila, a quem a reforma carmelita devia muito"[591]. Tanto Torrell como O'Meara notam a importância desses homens na defesa dos nativos americanos, mas especialmente Francisco de Vitória, cujos esforços para estender os direitos humanos a esses povos, por um lado, lhe renderam o desagrado do Imperador Carlos V e, por outro, abriram o caminho para um melhor tratamento desses povos indígenas[592].

Finalmente, houve John Poinsot, mais conhecido como João de São Tomás (†1644), que utilizou o pensamento de Tomás para envolver os pensadores da época e, em menor medida do que os homens de Salamanca, divulgou amplamente as ideias de Tomás,

---

587. Cf. Torrell (2005), p. 94-96 para esses detalhes. Cf. tb. Nichols (2002), p. 133.
588. O'Meara (1997), p. 161.
589. Cf. Torrell (2005), p. 96-98 para Caetano e, depois, p. 117-120 para informações sobre a edição Leonina e a história/trabalho dos seus colaboradores. O'Meara considera o comentário de Caetano sobre a Suma "extraordinário" (1997, p. 161).
590. O'Meara (1997), p. 161.
591. Torrell (2005), p. 99.
592. Ibid., p. 99-100; cf. tb. O'Meara (1997), p. 161.

chegando até ao século passado com sua influência sobre o conhecido tomista Jacques Maritain[593].

A influência de Tomás tinha crescido muito além da de sua própria ordem durante esse segundo período. Torrell e O'Meara notam os jesuítas em particular. Segundo os desejos do fundador dessa ordem, Inácio de Loyola (†1556), o pensamento de Tomás, e especialmente sua *Suma Teológica*, desempenhou um papel importante na educação de seus membros. Muitas de suas importantes figuras iniciais, como Francisco de Toledo (†1596), Francisco Suárez (†1617) e Gabriel Vásquez (†1604), estudaram em Salamanca sob Vitória e Cano[594]. Tanto Suárez como Vásquez escreveram "comentários importantes sobre a *Suma*"[595], assim como expandiram o uso de Tomás para resolver os problemas da época, algo que colocou os jesuítas em conflito com os dominicanos em algumas das suas respectivas visões teológicas[596]. O'Meara nota também a influência que o pensamento de Tomás havia exercido sobre os místicos e os escritores espirituais dos séculos XVI e XVII, como Teresa de Ávila, João da Cruz, Filipe Néri, Inácio de Loyola e Pierre de Bérulle, tendo este último influenciado tanto Vicente de Paulo como Francisco de Sales. O impacto dos escritos dessas pessoas e de todos aqueles que elas influenciaram serviu para disseminar as ideias tomísticas, particularmente nas áreas da espiritualidade e do ministério[597].

Um terceiro período de influência, que se estendeu de meados do século XIX até aos anos de 1960, marcou um ressurgimento da

---

593. Torrell (2005), p. 101-103. Cf. tb. O'Meara (1997), p. 165.
594. Torrell (2005), p. 103; O'Meara (1997), p. 163.
595. Torrell (2005), p. 103.
596. O'Meara (1997), p. 163-164.
597. Ibid., p. 161-162.

influência de Tomás, se não sobre a teologia, então pelo menos sobre a Igreja Católica propriamente dita. Em reação às tendências modernistas vigentes na cultura geral, tais como o relativismo, o materialismo e o subjetivismo, que surgiram em consequência das decepções do Iluminismo e foram consideradas perigosas para a fé cristã, muitos dentro da Igreja, particularmente os papas da época, começaram a procurar formas de contrariar tais tendências e, com isso, proteger a fé, particularmente porque essas tendências já haviam encontrado seu caminho para a teologia da época[598]. Eles encontraram essa defesa na escola do pensamento tomístico, que parecia apresentar uma perspectiva filosófica que, juntamente com sua clara confiança em Aristóteles, era de caráter realista, capaz de conhecer as essências das coisas e de falar objetivamente sobre as próprias coisas que estavam sendo relativizadas pelo êxito que as ciências, entre outras disciplinas modernas, estavam desfrutando naquela época. Conforme afirma Nichols, aquele foi o "século de Darwin e, portanto, a primeira tentativa em larga escala de tratar as origens humanas em termos sistematicamente científicos", sem mencionar a pletora de outros campos que tentavam fazer coisas semelhantes, pondo em perigo não só as doutrinas éticas da época, como também a própria convicção da revelação encontrada nas Sagradas Escrituras[599]. O pensamento de Tomás deu voz àqueles que, na Igreja, desejavam não só enfrentar esses perigos, mas também envolver a cultura geral e tentar contrariar essas mesmas tendências. A neoescolástica[600], que surgiu dessas preocupações, foi fortemente encorajada pelo Papa Leão XIII, que, em 1879, publicou a encíclica *Aeterni Patris*, que, entre outras coisas, concla-

---
598. Para uma abordagem muito mais detalhada dessas questões, considerar O'Meara (1997), p. 167ss., e Nichols (2002), p. 136-139.
599. Nichols (2002), p. 137.
600. Para uma definição desse termo, cf. O'Meara (1997), p. 169.

mava à "restauração da filosofia cristã segundo Santo Tomás"[601]. Nos anos seguintes, ele foi fundamental na criação de academias e escolas dedicadas ao estudo e ensino de todas as coisas tomísticas, a fundação de uma cátedra de tomismo em Lovaina, tornando Tomás o santo padroeiro das escolas e universidades católicas e encorajando tanto os jesuítas como os franciscanos a adotarem o pensamento de Tomás, além de sua dedicação a Suárez e Escoto, respectivamente, todos eles renovados pelos papas sucessores[602]. Torrell oferece um relato muito bom das "primícias" desses esforços e das limitações e fracassos que os acompanharam[603]. Entre os êxitos duradouros estão as muitas e diversas revistas dedicadas a todas as coisas tomísticas, as universidades e institutos que foram fundados ao redor do mundo com uma dedicação especial ao pensamento de Tomás, a renovação do interesse pelo pensamento da Idade Média, que deu origem a algumas excelentes bolsas de estudo em teologia, filosofia e história do período, e, por último, uma boa quantidade de traduções das obras de Tomás para muitas línguas modernas, cuja precisão foi possível graças ao excelente trabalho da Comissão Leonina, encarregada da publicação de edições críticas de todas as obras de Tomás, algo que se tornou absolutamente necessário pelas numerosas variantes que encontraram seu caminho, ao longo do tempo, nas várias edições não críticas latinas de suas obras que existem[604].

O caráter dominante dessa renovação foi filosófico e não teológico, consequência da história sugerida acima. Os resultados foram mistos, mas acabaram por conduzir, nos anos de 1960 e,

---

601. Torrell (2005), p. 108, citando a encíclica.
602. Cf. Nichols (2002), p. 136-137.
603. Cf. Torrell (2005), p. 108-111.
604. Para os detalhes completos a respeito, cf. Torrell (2005), p. 108-120; O'Meara (1997), p. 168-200.

especialmente, após o Concílio Vaticano II, ao colapso dessa renovação[605]. No entanto, os êxitos acima mencionados, combinados com a atenção constante ao longo desse ressurgimento, deram origem, desde o final dos anos de 1970, a um renovado e intenso interesse pela teologia de Tomás, como evidenciado pelas muitas e diversas publicações, revistas e institutos que surgiram durante esse período; muitas das obras utilizadas neste guia de leitura são os frutos dessa renovação[606]. A influência de Tomás nos círculos filosóficos continua forte, mas esse aspecto de seu pensamento é agora balanceado por uma maior atenção dedicada à sua teologia e pelo trabalho de muitos historiadores que ajudaram muito a nossa abordagem dos ensinamentos de Tomás, tanto em seus contextos originais quanto nas releituras que têm sido elaboradas por diferentes escolas de pensamento desde então[607].

Muitas pessoas, tanto religiosas como seculares, notaram a influência duradoura que a *Suma Teológica* e as obras do Aquinate em geral tiveram sobre toda a teologia cristã desde sua composição há mais de 700 anos. Temos um corpo de trabalho que não está simplesmente relegado à história das ideias, mas que consegue até hoje evocar a paixão tanto a favor como contra, certamente, nos círculos teológicos e filosóficos. É raro que se tenha atribuído aos autores de obras filosóficas e teológicas uma escola particular

---

605. O'Meara (1997), p. 198. Muitos *post mortem* estão disponíveis. Referindo-se às obras citadas neste guia de leitura, considerar O'Meara (1997), p. 170-173, e Nichols (2002), p. 138-142. O livro de Kerr, *After Aquinas* [Depois do Aquinate], serve como um excelente relato dos detalhes e das lutas mais particulares desse período, assim como a forma como estes são abordados no mais recente trabalho sobre a teologia de Tomás, decorrente da última renovação do interesse em sua obra.
606. Cf. Torrell (2005), p. 127-130.
607. Considerar, p. ex., Jordan (2006) e as bibliografias encontradas em Torrell (2005), (1996 [1993]) e (2003 [1996]). Considerar também Torrell (2005), p. 120-127. Deve-se prestar atenção aos conselhos finais que Torrell oferece em (2005), p. 133, sobre como o pensamento de Tomás deve ser abordado.

de pensamento e, mais raro ainda, que essa escola tenha penetrado em todas as áreas de uma disciplina, o que, de fato, é o caso da tradição teológica da Igreja Católica, na qual Tomás e, particularmente, sua *Suma Teológica*, não só são citados em todos os níveis e em toda sorte de documentos editados pela própria Igreja, como também formam uma parte intrínseca, embora mais indiretamente agora do que no passado, da formação de seus religiosos, com os quais ouso dizer que Tomás teria ficado satisfeito, de acordo com sua intenção expressa na composição da *Suma*, em primeiro lugar, conforme relatado no primeiro capítulo deste trabalho. A influência de Tomás, embora forte dentro dos círculos católicos, certamente não se restringe a eles, mas tem também impactado de várias formas as Igrejas Orientais, as fés protestantes e até os outros dois monoteísmos da tradição intelectual ocidental. Suas obras têm alcançado muito além desses círculos e têm sido ativamente procuradas por vários tipos de estudiosos, particularmente nos campos da ética, do direito, da história e dos estudos medievais. Suas obras têm, inclusive, inspirado poetas e romancistas, como Dante, Sigrid Undset, J.R.R. Tolkien, C.S. Lewis, G.K. Chesterton, James Joyce, Umberto Ecco e Flannery O'Connor (que, supostamente, lia a *Suma* de Tomás todas as noites antes de dormir), só para mencionar alguns poucos. O interesse entre alguns teólogos e filósofos é dedicado não apenas à compreensão precisa do que Tomás ensinou, mas também à sua aplicação em campos diferentes dos que ele pretendia ou dos que ele sequer tinha conhecimento. Essa extensão de seu pensamento, à luz de seu espírito, tem tido resultados irregulares, mas indica, por outro lado, a atração que suas obras têm sobre quem as lê e estuda[608]. A riqueza e a profundidade

---

608. Considerar o cap. 5: "Thomas Aquinas Today" [Tomás de Aquino hoje] de O'Meara (1997), p. 201-243, assim como sua conclusão.

de seu pensamento também são evidenciadas pela pluralidade de tomismos que existem até hoje, tomismos que se baseiam em tradições aparentemente opostas, tanto teológicas como filosóficas[609]. Esses são apenas alguns testemunhos da influência duradoura dessa obra. Espero que este guia encoraje o leitor a explorar mais a *Suma Teológica* e, ao fazê-lo, a aproveitar mais plenamente a sabedoria que ela contém.

---

609. Cf., p. ex., O'Meara (1997), p. 154-156 e p. 173-200; Hudson e Moran (1992); bem como Kerr (2002), que, como um todo, testemunha esse ponto.

Referências

Existe uma série de excelentes bibliografias a que o leitor pode recorrer em seu desejo de aprofundar a sua compreensão da *Suma Teológica*, bem como da pessoa e da obra de Tomás. Entre os melhores que tratam suas obras como um todo, oferecendo breves descrições de cada uma e as traduções disponíveis em inglês, está o *Brief Catalogue of the Works of Saint Thomas Aquinas* [Breve catálogo das obras de Santo Tomás de Aquino] de Giles Emery, O.P., conforme encontrado em Torrell (1996 [1993]), p. 330-361. Esse trabalho atualiza *A Brief Catalogue of Authentic Works* [Um breve catálogo de obras autênticas], conforme encontrado em Weisheipl (1983 [1974]), p. 355-405, e *A Catalogue of St. Thomas's Works* [Um catálogo das obras de Santo Tomás] de I.T. Eschmann, O.P., conforme encontrado em Gilson (1994 [1956]), p. 381-430. Na composição deste guia de leitura foram utilizadas as seguintes obras, que por sua vez podem ser consultadas de modo proveitoso, bem como para as suas respectivas bibliografias. Adicionamos, ainda, as respectivas traduções disponíveis em português.

Traduções da *Suma Teológica*

TOMÁS DE AQUINO (2001-2009). *Suma Teológica*. São Paulo: Loyola [trad. organizada por Gabriel Galache, S.J., e Fidel Rodríguez, S.J., em 9 vols. – citada como Galache et al.]

_____ (1980). *Suma Teológica*. Porto Alegre: Escola Superior de Teologia São Lourenço de Brindes [trad. de Alexandre Correa em 11 vols.].

_____ (1964-1973). *Summa Theologiae*. Cambridge: Blackfriars [trad. em inglês organizada por Thomas Gilby, O.P. e T.C. O'Brien, 60 vols.].

_____ (1947). *The Summa Theologica of St. Thomas Aquinas*. Nova York: Benziger Brothers [trad. em inglês pelos padres da Província Dominicana Inglesa, 3 vols.].

Outros textos

AUMANN, J. (1962). *The Theology of Christian Perfection*. Dubuque: Priory.

BARNES, J. (org.) (2001). *Aristotle*: A Very Short Introduction. Oxford: Oxford University Press.

_____ (1995). *The Cambridge Companion to Aristotle* Cambridge: Cambridge University Press

BOYLE, L.E. (1982). *The Setting of the Summa theologiae of Saint Thomas*. Toronto: Pontifical Institute of Medieval Studies [Série Etienne Gilson, vol. 5].

BURRELL, D.B. (2005). "Analogy, Creation, and Theological Language". In: NIEUWENHOVE, R.V. & WAWRYKOW, J. (orgs.). *The Theology of Thomas Aquinas*. Notre Dame: University of Notre Dame Press, p. 77-98.

CARRUTHERS, M. (1990). *The Book of Memory*: A Study of Memory in Medieval Culture. Cambridge: Cambridge University Press.

CHENU, M.-D. (1967). *Santo Tomás de Aquino e a teologia*. Rio de Janeiro: Agir [Mestres Espirituais].

_____ (1964 [1950]). *Toward Understanding St. Thomas*. Chicago: Regnery.

COPLESTON, F.C. (1955). *Aquinas*. Middlesex: Penguin.

DAVIES, B. (1992). *The Thought of Thomas Aquinas*. Oxford: Clarendon.

EMERY, G. (2005). "Trinity and Creation". In: NIEUWENHOVE, R.V. & WAWRYKOW, J. (orgs.). *The Theology of Thomas Aquinas*. Notre Dame: University of Notre Dame Press, p. 58-76.

GILSON, E. (1994 [1956]). *The Christian Philosophy of St. Thomas Aquinas*. Notre Dame: University of Notre Dame Press.

_____ (1965). *The Arts of the Beautiful*. Nova York: Scribners.

_____ (1957). *Painting and Reality*. Ohio: World Publishing.

GONDREAU, P. "The Humanity of Christ, the Incarnate Word". In: NIEUWENHOVE, R.V. & WAWRYKOW, J. (orgs.). *The Theology of Thomas Aquinas*. Notre Dame: University of Notre Dame Press, p. 252-276.

HART, D.B. (2005). *The Doors of the Sea*: Where Was God in the Tsunami? Cambridge: Eerdmans.

HUDSON, D.W. & MORAN, D. (orgs.) (1992). *The Future of Thomism*. Notre Dame: University of Notre Dame Press.

JORDAN, M.D. (2006). *Rewritten Theology*: Aquinas after His Readers. Oxford: Blackwell.

_____ (2003). "The Summa's Reform of Moral Teaching – and Its Failures". In: KERR, F. (org.) (2003). *Contemplating Aquinas*: On the Varieties of Interpretation. Notre Dame: University of Notre Dame Press, p. 41-54.

_____ (1992). *The Alleged Aristotelianism of Thomas Aquinas*. Toronto: Pontifical Institute of Medieval Studies [Série Etienne Gilson, vol. 15].

_____ (1988). "Medicine and Natural Philosophy in Aquinas". In: ZIMMERMANN, A. (org.). *Thomas von Aquin*. Berlim/Nova York: Walter de Gruyter, p. 233-246 [Miscellanea Mediaevalia, 19].

KERR, F. (2002). *After Aquinas* – Versions of Thomism. Oxford: Blackwell.

KERR, F. (org.) (2003). *Contemplating Aquinas*: On the Varieties of Interpretation. Notre Dame: University of Notre Dame Press.

KREEFT, P. (org.) (1990). *A Summa of the Summa*. São Francisco: Ignatius.

LOUGHLIN, S. (2008). "Thomas Aquinas and the Importance of Fasting to the Christian Life". In: *Pro Ecclesia* 17, p. 343-361.

MARENBON, J. (1987). *Later Medieval Philosophy*: 1150-1350. Londres: Routledge.

MERRIELL, D.J. (2005). "Trinitarian Anthropology". In: NIEUWENHOVE, R.V. & WAWRYKOW, J. (orgs.). *The Theology of Thomas Aquinas*. Notre Dame: University of Notre Dame Press, p. 123-142.

NICHOLS, A. (2002). *Discovering Aquinas* – An Introduction to His Life, Work, and Influence. Cambridge: Eerdmans.

NIEUWENHOVE, R.V. & WAWRYKOW, J. (org.) (2005). *The Theology of Thomas Aquinas*. Notre Dame: University of Notre Dame Press.

O'MEARA, T.F. (1997). *Thomas Aquinas*: Theologian. Notre Dame: University of Notre Dame Press.

PASNAU, R. (2002). *Thomas Aquinas on Human Nature*. Cambridge: Cambridge University Press.

PIEPER, J. (1997 [1986]). *Faith, Hope and Love*. São Francisco: Ignatius.

_____ (1990 [1988]). *Only the Lover Sings*: Art and Contemplation. São Francisco: Ignatius.

_____ (1989 [1966]). *Living the Truth*. São Francisco: Ignatius.

_____ (1966 [1954]). *The Four Cardinal Virtues*. Notre Dame: University of Notre Dame Press.

PINCKAERS, S. (2005). *The Pinckaers Reader*: Renewing Thomistic Moral Theology. Washington: Catholic University of America Press.

_____ (2003 [1991]). *Morality*: The Catholic View. South Bend: St. Augustine's.

_____ (1995 [1993]). *The Sources of Christian Ethics*. Washington: Catholic University of America Press.

REGAN, R. (org.) (2003). *A Summary of Philosophy*. Indianapolis: Hackett.

RIKHOF, H. (2005). "Trinity". In: NIEUWENHOVE, R.V. & WAWRYKOW, J. (orgs.). *The Theology of Thomas Aquinas*. Notre Dame: University of Notre Dame Press, p. 36-57.

ROSS, W.D. (1953). *Aristotle*. 5. ed. Cleveland: Meridian.

SOKOLOWSKI, R. (1995 [1982]). *The God of Faith and Reason*: Foundations of Christian Theology. Washington: Catholic University of America Press.

STUMP, E. (2003). *Aquinas*. Londres: Routledge.

TORRELL, J.-P. (2008). *Santo Tomás de Aquino*: mestre espiritual. São Paulo: Loyola [trad. de J. Pereira].

_____ (2005). *Aquinas's Summa* – Background, Structure and Reception. Washington: Catholic University of America Press.

_____ (2004 [1999]). *Iniciação a Santo Tomás de Aquino*: sua pessoa e sua obra. São Paulo: Loyola [trad. de Luiz Paulo Rouanet].

_____ (2003 [1996]). *St. Thomas Aquinas* – Spiritual Master. Vol. 2. Washington: Catholic University of America Press.

_____ (1996 [1993]). *St. Thomas Aquinas* – The Person and His Work. Vol. 1. Washington: Catholic University of America Press.

TUGWELL, S. (1988). *Albert and Thomas*: Selected Writings. The Classics of Western Spirituality. Mahwah: Paulist.

VELDE, R.A. (2006). *Aquinas on God*: The "Divine Science" of the Summa Theologiae. Aldershot: Ashgate.

_____ (2005). "Evil, Sin. and Death: Thomas Aquinas on Original Sin". In: NIEUWENHOVE, R.V. & WAWRYKOW, J. (orgs.). *The Theology of Thomas Aquinas*. Notre Dame: University of Notre Dame Press, p. 143-166.

_____ (2003). "Understanding the Scientia of Faith: Reason and Faith in Aquinas's 'Summa Theologiae'". In: KERR, F. (org.). *Contemplating Aquinas*: On the Varieties of Interpretation. Notre Dame: University of Notre Dame Press, p. 55-74.

WAWRYKOW, J. (2005a). "Grace". In: NIEUWENHOVE, R.V. & WAWRYKOW, J. (orgs.). *The Theology of Thomas Aquinas*. Notre Dame: University of Notre Dame Press, p. 192-221.

_____ (2005b) "Hypostatic Union". In: NIEUWENHOVE, R.V. & WAWRYKOW, J. (orgs.). *The Theology of Thomas Aquinas*. Notre Dame: University of Notre Dame Press, p. 222-251.

WEISHEIPL, J.A. (1983 [1974]). *Friar Thomas D'Aquino: His Life, Thought, and Works*. Washington: Catholic University of America Press.

YATES, F.A. (2007). *A arte da memória*. Campinas: Ed. Unicamp, [trad.: Flavia Bancher].

_____ (1992 [1966]). *The Art of Memory*. Londres: Pimlico.

ÍNDICE REMISSIVO

Anjos 120-128
    natureza de seu conhecimento 123-125
    natureza de sua vontade 124-128
    puramente espiritual 120-122

Atividade voluntária 187-204
    circunstâncias que envolvem 190
    estrutura da 190-198
    moralidade da 198-204
    natureza da 187-189

Bem-aventuranças 251-256

Boyle, Leonard 22n. 6, 23n. 7, 24, 25n. 13

Chenu, Marie-Dominique 34n. 20, 34-37

Criação 78-120, 128-131
    bondade da 83, 85-88
    ex nihilo 111
    mal presente dentro da 115-120
    perfeição da 130
    realizada pela Trindade 112-114
    seis dias da 128-131

Deus
- atividades imanentes de 81-91
- bondade 72-74
- conhecimento do homem sobre 68-70, 76s.
- essência de 67-76
- eternidade 75-77
- governo 166-175
- imutabilidade 74s.
- infinidade 74s.
- inteligência 81
- não criador do mal 115-120
- nomeação de 78-80
- onipresença 74
- perfeição 71s.
- potência 90s.
- providência 87-90
- provas da existência 59-68
- simplicidade 70
- Trindade 91-109
- unidade de 75
- vida 82s.
- vontade 83-86
- Cf. tb. Trindade; Espírito Santo; Jesus Cristo

Disputa 40-43

Doutrina sagrada
- definição 51-54
- método 54-58
- necessidade 47-50

Espírito Santo
   dons do 246-251
   frutos do 256-258, 260
   exitus – reditus 34, 36-38

Felicidade 179-186

Gilson, Etienne 169s., 170n. 145, 171n. 148, 173s., 175n. 155

Graça 305-318
   causas 314-317
   efeitos 313, 316
   natureza 311-313
   necessidade 305-312
   tipos 312-314

Hábitos 217-226
   definição 217-219
   diminuição/corrupção 225s.
   formação/crescimento 222-225
   necessidade 219-222

Hart, David Bentley 88, 118

Homem
   apetite natural 144-146
   apetite sensitivo 146-150
   eleição/escolha 150-154
   estado da perfeição do 359-363
   estado original do 159-163

horizonte/microcosmo 131, 133
imagem e semelhança de Deus 155-160
liberdade 87, 89
mal 115-120
paixões 204-217
potências do 139-154
razão 93-96, 141-145, 153-155
união de corpo e alma 132-139
vontade/apetite intelectual 84, 97s., 149-154

Jesus Cristo 367-390
    consumação da teologia 388-390
    deficiências assumidas em sua humanidade 375s.
    Encarnação, conveniência da 367-371
    e Maria, a Mãe de Deus 379s.
    modo de união de sua divindade e humanidade 371-375
    obras e sofrimentos de 378-390

Kerr, Fergus 105, 108, 367

Lei 276-305
    Antiga 289-294
    definição de 276-279
    divina 289-304
    eterna 282
    e o Sermão da Montanha 302-304
    humana 286-289
    natural 281-286

Nova 294-304
tipos de lei 279-281

Mal 88-90, 115-120

Paixões 204-217
    concupiscível 207-209
    definição 205-207
    estrutura 207-211
    irascível 208-210, 212
    moralidade das 210
    temor 212-216

Pieper, Josef 228n. 193, 229n. 194, 332s., 356, 356n. 440

Pinckaers, Servais 217n. 179, 326, 327n. 397

Sacramentos 390-401
    efeito 394-396
    natureza 391-393
    necessidade 392s., 399s.
    número 397

Sokolowski, Robert 119, 120n. 86, 261, 264n. 260, 265n. 262

Suma Teológica
    citação de texto 43n. 35
    fontes 44-46
    filosofia e a 58
    influência 411-413
    macroestrutura 24-39

    microestrutura 39-43
    natureza e propósito 22-24
    natureza incompleta 33n. 18, 365s., 390n. 536, 399-401
    prima pars 25-28, 47-177
    prima secundae 30s., 177-320
    recepção 403-411
    secunda pars 28, 177-365
    secunda secundae 31, 320-365
    tertia pars 32s., 365-401

Temperança 328-358
    abstinência 341s.
    aborda aspecto concupiscível do homem 331-336
    Cristo e 354-356
    definição 330s.
    jejum 342-347
    natureza 331-334, 337s., 349-354
    ordem de tratamento 329s.
    partes da 333, 335s.
    vergonha e honestidade 339s.
    vício oposto à, gula 347-350

Teologia
    apofática 69, 75s., 78
    filosofia e 45s., 58s., 67s.
    natureza da 51-58

Tomás de Aquino, Santo
    biografia 13-18
    caráter 19s.
    obras 20s., 415s.

Torrell, Jean-Pierre 36, 41, 44, 58, 132, 159, 218s., 249, 324n. 393

Tratados
   sobre os anjos 120-128
   sobre os atos humanos 186-204
   sobre a criação 109-120
   sobre a doutrina sagrada 47-58
   sobre a Encarnação 367-379
   sobre a essência divina 58-91
   sobre a felicidade 179-186
   sobre o governo divino 166-175
   sobre a graça 305-318
   sobre os hábitos 217-226
   sobre o homem 131-165
   sobre a Lei 276-305
   sobre a obra de seis dias da criação 128-131
   sobre as obras e sofrimentos de Jesus Cristo 379-390
   sobre as paixões 204-217
   sobre os sacramentos 390-401
   sobre a temperança 328-358
   sobre a Trindade 91-106
   sobre os vícios e os pecados 262-275
   sobre as virtudes 226-262

Trindade
   como evento 106-109
   definição de pessoa 103-106
   dificuldade na descrição 92s.
   processão das pessoas da 93-101
   papéis na criação 112s.
   relação entre as pessoas da 100-103
   vestígio nas coisas criadas 113s.

Velde, Rudi A. te 26, 37, 60, 164, 177

Vício/pecado 262-275
    causas do, externas 271-274
    causas do, internas 267-271
    efeitos do 274s.
    mortal distinguido do venial 266
    natureza do 263-267

Virtude 157, 226-262, 320-358
    aquisição (natural *vs.* infusa) 236-240
    cardeal/moral 230-235, 323-327
    definição 226-228, 239-242, 326s.
    distinguida das bem-aventuranças 251-256
    distinguida dos dons do Espírito Santo 246-251
    distinguida dos frutos do Espírito Santo 256-258
    intelectual 227-230
    primazia da prudência e caridade 241-245, 357s.
    temperança 328-358
    teologal (fé, esperança, caridade) 234-237, 324-327

Coleção Chaves de Leitura

- *Fundamentação da metafísica dos costumes – Uma chave de leitura*
Sally Sedgwick

- *Fenomenologia do espírito – Uma chave de leitura*
Ralf Ludwig

- *O príncipe – Uma chave de leitura*
Miguel Vatter

- *Assim falava Zaratustra – Uma chave de leitura*
Rüdiger Schmidt e Cord Spreckelsen

- *A república – Uma chave de leitura*
Nickolas Pappas

- *Ser e tempo – Uma chave de leitura*
Paul Gorner

- *A Ética a Nicômaco – Uma chave de leitura*
Michael Pakaluk

- *Suma Teológica – Uma chave de leitura*
Stephen J. Loughlin

- *O ser e o nada – Uma chave de leitura*
Sebastian Gardner

- *Confissões – Uma chave de leitura*
Cathernine Conybeare

CULTURAL
Administração
Antropologia
Biografias
Comunicação
Dinâmicas e Jogos
Ecologia e Meio Ambiente
Educação e Pedagogia
Filosofia
História
Letras e Literatura
Obras de referência
Política
Psicologia
Saúde e Nutrição
Serviço Social e Trabalho
Sociologia

CATEQUÉTICO PASTORAL
Catequese
  Geral
  Crisma
  Primeira Eucaristia

Pastoral
  Geral
  Sacramental
  Familiar
  Social
  Ensino Religioso Escolar

TEOLÓGICO ESPIRITUAL
Biografias
Devocionários
Espiritualidade e Mística
Espiritualidade Mariana
Franciscanismo
Autoconhecimento
Liturgia
Obras de referência
Sagrada Escritura e Livros Apócrifos

Teologia
  Bíblica
  Histórica
  Prática
  Sistemática

REVISTAS
Concilium
Estudos Bíblicos
Grande Sinal
REB (Revista Eclesiástica Brasileira)

VOZES NOBILIS
Uma linha editorial especial, com importantes autores, alto valor agregado e qualidade superior.

VOZES DE BOLSO
Obras clássicas de Ciências Humanas em formato de bolso.

PRODUTOS SAZONAIS
Folhinha do Sagrado Coração de Jesus
Calendário de mesa do Sagrado Coração de Jesus
Agenda do Sagrado Coração de Jesus
Almanaque Santo Antônio
Agendinha
Diário Vozes
Meditações para o dia a dia
Encontro diário com Deus
Guia Litúrgico

CADASTRE-SE
www.vozes.com.br

EDITORA VOZES LTDA.
Rua Frei Luís, 100 – Centro – Cep 25689-900 – Petrópolis, RJ
Tel.: (24) 2233-9000 – Fax: (24) 2231-4676 – E-mail: vendas@vozes.com.br

UNIDADES NO BRASIL: Belo Horizonte, MG – Brasília, DF – Campinas, SP – Cuiabá, MT
Curitiba, PR – Fortaleza, CE – Goiânia, GO – Juiz de Fora, MG
Manaus, AM – Petrópolis, RJ – Porto Alegre, RS – Recife, PE – Rio de Janeiro, RJ
Salvador, BA – São Paulo, SP